21世纪普通高等院校系列规划教材

经济法

Jingji Fa （第三版）

主　编　刘成高　张淑芳
副主编　郭玉坤　李永政　王泽华

西南财经大学出版社

图书在版编目(CIP)数据

经济法/刘成高,张淑芳主编.—3版.—成都:西南财经大学出版社,2018.8

ISBN 978-7-5504-3351-9

Ⅰ.①经… Ⅱ.①刘…②张… Ⅲ.①经济法—中国 高等学校 教材 Ⅳ.①D922.29

中国版本图书馆CIP数据核字(2018)第003352号

经济法(第三版)

主编 刘成高 张淑芳

责任编辑:李才
助理编辑:刘佳庆
封面设计:杨红鹰 张姗姗
责任印制:朱曼丽

出版发行	西南财经大学出版社(四川省成都市光华村街55号)
网　　址	http://www.bookcj.com
电子邮件	bookcj@foxmail.com
邮政编码	610074
电　　话	028-87353785　87352368
照　　排	四川胜翔数码印务设计有限公司
印　　刷	郫县犀浦印刷厂
成品尺寸	185mm×260mm
印　　张	19
字　　数	433千字
版　　次	2018年8月第3版
印　　次	2018年8月第1次印刷
印　　数	1—2000册
书　　号	ISBN 978-7-5504-3351-9
定　　价	44.80元

21 世纪普通高等院校系列规划教材

总序

为推进中国高等教育事业可持续发展，经国务院批准，教育部、财政部启动实施了“高等学校本科教学质量与教学改革工程”（下面简称“本科质量工程”），《国家教育中长期发展规划纲要（2010—2020）》也强调全面实施“高等学校本科教学质量与教学改革工程”的重要性。这是落实“把高等教育的工作重点放在提高质量上”的战略部署，在新时期实施的一项意义重大的本科教学改革举措。“本科质量工程”以提高高等学校本科教学质量为目标，以推进改革和实现优质资源共享为手段，按照“分类指导、鼓励特色、重在改革”的原则，对推进课程建设、优化专业结构、改革培养模式、提高培养质量发挥了重要的作用。为满足本科层次经济类、管理类教学改革与发展的需求，培养具有国际视野、批判精神、创新意识和精湛业务的高素质应用型和复合型人才，迫切需要普通本科院校经管类学院开展深度合作，加强信息交流。在此背景下，我们协调和组织部分高等院校特别是四川的高校，通过定期召开普通本科院校经济管理学院院长联席会议，就学术前沿、教育教学改革、人才培养、学科建设、师资建设和社会科学研究等方面的问题进行广泛交流、研讨和合作。

为了切实推进“本科质量工程”，2008 年的第一次联席会议将“精品课程、教材建设与资源共享”作为讨论、落实的重点。与会人员对普通本科的教材内容建设问题进行了深入探讨并认为，在高等教育进入大众化教育的新时期，各普通高校使用的教材与其分类人才培养模式脱节，除少数 985 高校定位创新拔尖型和学术型人才外，大多数高校定位于培养复合型和应用型经管人才，而现有的经管类教材存在理论性较深、实践性不强、针对性不够等问题，需要编写一套满足复合型和应用型人才培养要求的高质量的普通本科教材，以促进人才培养和课程体系的合理构建，推动教学内容和教学方法的改革创新，形成指向明确、定位清晰和特色鲜明的课程体系，奋力推进经济管理类高等教育质量的稳步提高。与会人员一致认为，共同打造符合高教改革潮流、深刻把握普通本科教育内涵特征、满足教学需求的系列规划教材，非常必要。鉴于此，本编委会与西南财经大学出版社合作，组织了三十余所普通本科院校的经济学类、管理学类的学院教师共同编写本系列规划教材。

本系列规划教材编写的指导思想是：在适度的基础知识与理论体系覆盖下，针对普通本科院校学生的特点，夯实基础，强化实训。编写时，一是注重教材的科学性和前沿性，二是注重教材的基础性，三是注重教材的实践性，力争使本系列教材做到“教师易教、学生乐学、方便实用”。

本系列规划教材以立体化、系列化和精品化为特色。一是除纸质教材外，还建设课件、视频、案例、习题等数字化教学资源；二是力争做到“基础课横向广覆盖，专业课纵向成系统”；三是力争把每种教材都打造成精品，让多数教材能成为省级精品课教材、部分教材成为国家级精品课教材。

为了编好本系列教材，在西南财经大学出版社的协调下，经过多次磋商和讨论，成立了首届编委会，首届编委会主任委员由西华大学管理学院院长章道云教授担任。2017 年由于相关学院院长职务变动，经协商调整了编委会的构成。调整后的编委会由西南财经大学副校长张邦富教授任名誉主任，蒋远胜教授任主任，李成文教授、张华教授、周佩教授、赵鹏程教授、傅江景教授、董洪清教授任副主任，二十余所院校经济管理及相关学院院长或教授任编委会委员。

在编委会的组织、协调下，该系列教材由各院校具有丰富教学经验并有教授或副教授职称的教师担任主编，由各书主编拟订大纲，经编委会审核后再编写。同时，每一种教材均吸收多所院校的教师参加编写，以集众家之长。自 2008 年启动以来，经过近十年的打造，现在已出版了公共基础、工商管理、财务与会计、旅游管理、电子商务、国际商务、专业实训、金融经济、综合类九大系列近百种教材。该系列教材出版后，社会反响好，师生认可度高。截至 2017 年年底，已有 30 多种图书获评四川省“十二五”规划教材，多个品种成为省级精品课程教材，教材在西南地区甚至全国普通高校的影响力也在不断增强。

当前，中国特色社会主义进入了新时代，我们要建设教育强国，习近平总书记在党的十九大报告对高等教育提出明确要求，加快一流大学和一流学科（简称“双一流”）建设，实现高等教育内涵式发展。“双一流”建设的核心是提升学校自身的办学水平，关键是提高人才培养质量和学科建设水平，同时办学声誉得到国际社会的认可。为此，高等学校要更新教育思想观念，遵循教育教学规律，坚持内涵发展，进一步深化本科人才培养模式改革。而教材是体现高校教学内容和方法的知识载体，是高等院校教学中最基本的工具，也是高校人才培养的基础，因此，高校必须加强教材建设。

为适应“双一流”建设的需要，全面提升高校人才培养质量，构建学术型人才和应用型人才分类、通识教育和专业教育结合的培养制度，满足普通本科院校教师和学生需求，需要对已出版的教材进行升级换代。一是结合教学需要对现有教材进行精心打造。具体而言，贯穿厚基础、重双创的理念，突出创新性、应用性、操作性的特色，反映新知识、新技术和新成果的学科前沿；利用数字技术平台，加快数字化教材建设，打造立体化的优质教学资源库，嵌入可供学生自主学习和个性化学习的网络资源模块；二是根据学科发展的需要，不断补充新的教材，特别是规划旅游类、实训类、应用型教材。

我们希望，通过编委会、主编和编写人员及使用教材的师生共同努力，将此系列教材打造成适应新时期普通本科院校需要的高质量教材。在此，我们对各经济管理学院领导的大力支持、各位作者的智力成果以及西南财经大学出版社的辛勤劳动表示衷心的感谢！

21世纪普通高等院校系列规划教材编委会

2018年5月

前言

经济法是国家在协调和管理国民经济过程中所产生的法律规范的总和。因此，经济法的首要任务就是要研究如何使法律成为国家调控和管理经济的有效手段，从而使经济得以健康、持续和有序发展。

经济法作为一门学科，是教育部确定的经济管理类专业14门核心课程之一。而法律在经济管理类人才培养过程中的目的和意义，主要在于帮助其防范和识别市场中的交易风险，懂得实务性的交易规则；掌握和培养其在职业生涯和企业经营管理过程中所必需的法律素养和技能，以实现其在法律和制度框架下的效益最大化。鉴于此，本书在结构和内容安排上仍然采用了国内大多数非法学院专业教材所沿用的既包容宏观与微观，又兼收公法与私法的经济法、民商法和其他相关部门法相统一的广义经济法体系。

在本书的编写过程中，我们力图做到使其更具实用性和时效性。一方面，通过紧扣教材的同步例题和解析，加深学习者对我国经济法律法规的理解，提高其对法律知识的实际运用能力；另一方面，力求将我国在经济立法和司法方面的最新成果予以吸收和采纳，突出其时效性。

本书的编写和出版，得到了西南民族大学管理学院和西南财经大学出版社的支持和帮助，在此表示感谢。书中参考和借鉴了许多国内外学者的论述，以此一并致谢。

本书由刘成高、张淑芳担任主编，郭玉坤、李永政、王泽华担任副主编。具体写作分工如下：刘成高编写第一章、第八章；张淑芳编写第十章、第十一章、第十二章、第十三章；刘成高、李永政编写第二章、第七章；刘成高、王泽华编写第三章、第九章；张淑芳、郭玉坤编写第四章、第五章、第六章。全书由刘成高、张淑芳修正、定稿。

限于编者的水平，书中不当和疏漏之处在所难免，敬请读者批评指正。

编者

目 录

第一章　经济法总论

本章知识要点：

本章串讲视频

（1）了解经济法的概念、熟悉经济法的渊源。

（2）了解经济法律关系的概念和构成要素。

（3）掌握法律行为和代理的概念、特征和其他相关规定。

（4）了解经济法的实施及违反经济法的法律责任。

（5）掌握经济纠纷的解决途径。

第一节　经济法概述

一、经济法的概念

从字面意义上理解，经济法是指“与经济有关的法律规范”，这既是经济法广义的、最初的含义，同时也是本书内容体系所指的经济法范畴，它既包括部门经济法的主要内容，还包括了部分民法、商法和其他部门的法律规范。而从另外的角度，即教育部所确定的法学专业主干课程内容看，经济法是“调整国家在管理与协调经济运行过程中发生的经济关系的法律规范的总称”。这是严格意义上讲的经济法概念，也是人们通常所指的狭义的经济法。

从经济法产生的社会背景考察，西方国家的经济法，是在自由资本主义经济过渡到垄断资本主义经济过程中，国家为应对经济发展中出现的垄断、市场失灵和经济危机等问题，而越来越普遍采取干预措施的背景下产生和发展起来的。现代经济法的概念形成于20世纪初期的德国。1919年，德国颁布的《煤炭经济法》是世界上第一个以经济法命名的法规。这样，一门新的法律学科——经济法学在德国逐步建立起来，并陆续传播到其他国家。

在我国，经济法是改革开放的深入和民主与法治进程加快的产物，并随着市场经济体制的推进而不断得以完善。尽管理论界对经济法所调整的范围并不完全一致，但绝大多数学者能形成这样的共识：横向经济关系不应由经济法调整，国家权力干预经济才是经济法的主要标志。因此，从这个意义上讲，经济法调整的对象主要是纵向的经济关系，是国家运用公共权力、采取法律手段，对社会经济生活所进行的计划、组织、管理和协调。具体包括以下四个方面：①市场主体调控关系，是指国家在对市场主体的活动进行管理以及市场主体在自身运行过程中所发生的经济关系；②市场运行调控关系，是指国家为了建立市场经济秩序，维护国家、市场经营者和消费者的合法权益而干预市场所发生的经济关系；③宏观经济调控关系，是指国家从长远和社会公共利益出发，对关系国计民生的重大经济因素，实行全局性的管理过程中与其他社会组织所发生的具有隶属性或指导性的经济关系；④社会分配调控关系，是指国家在对国民收入进行分配和再分配过程中所发生的经济关系。

经济法在我国作为一个独立的“法律部门”，具有重要的地位，发挥着不可替代的作用。这里所称“法律部门”，也称部门法，一般是指根据一定标准和原则划定的调整同一类社会关系的法律规范的总称。划分法律部门的主要标准是法律所调整的不同社会关系，即法的调整对象，其次是法律的调整方法。

二、经济法的渊源

经济法的渊源是指经济法律规范借以存在和表现的形式，它主要表现在各立法或国家机关根据其权限范围所制定的各种具有普遍约束力的规范性文件之中。基于此，我国经济法的渊源主要包括：

（一）宪法

宪法是国家的根本大法，由最高立法机构全国人民代表大会制定，具有最高的法律效力，其他任何法律、法规和规章等都不得与其抵触。宪法是经济法的基本渊源，也是经济立法的基础。经济法以宪法为渊源，主要表现在有关国家经济制度的精神和调控措施方面，例如，“中华人民共和国的社会主义经济制度的基础是生产资料的社会主义公有制，即全民所有制和劳动群众集体所有制”；“国家实行社会主义市场经济。国家加强经济立法，完善宏观调控”；等等。

（二）法律

法律是由全国人民代表大会及其常务委员会制定的规范性文件，其地位和效力仅次于宪法，是经济法的主要渊源。以法律形式表现的经济法律规范是经济法的主体和核心组成部分。我国现有的经济法律主要有：合同法、反不正当竞争法、反垄断法、产品质量法、消费者权益保护法、会计法、公司法、个人独资企业法、合伙企业法、中外合资经营企业法、中外合作经营企业法、外资企业法、企业破产法、政府采购法、证券法、注册会计师法、税收征收管理法、企业所得税法、个人所得税法、价格法、中国人民银行法、商业银行法、土地管理法，等等。

（三）法规

法规包括行政法规和地方性法规，其效力次于宪法和法律。行政法规是国务院根据宪法和法律的施行需要而制定的规范性文件。地方性法规是省、自治区、直辖市以及较大的市的人民代表大会及其常务委员会根据本级行政区域的具体情况和实际需要，在不同宪法、法律、行政法规相抵触的前提下制定的规范性文件。其中，较大的市的人民代表大会及其常务委员会制定的地方性法规需报省、自治区的人民代表大会常务委员会批准后施行。经济特区所在地的市的人民代表大会及其常务委员会也可以根据全国人民代表大会的授权决定制定法规，并在经济特区范围内实施。经济法大量以法规的形式存在，法规是经济法的重要渊源。经济行政法规例如：增值税、营业税、消费税、资源税等税收暂行条例，《企业财务会计报告条例》，《公司登记管理条例》，《反倾销条例》，《反补贴条例》，《外汇管理条例》，《汶川地震灾后恢复重建条例》，等等。地方性法规的种类和数量很多，在此不再列举。

（四）规章

规章包括国务院部门规章和地方政府规章。部门规章是指国务院各部委及直属机构根据法律和国务院的行政法规或决定等，在本部门的权限范围内制定的规章。地方政府规章是指省、自治区、直辖市和较大的市的人民政府根据法律、行政法规和本省、自治区、直辖市的地方性法规制定的规章。规章是法律、行政法规的补充，对正确适用和执行法律、行政法规具有重要意义。部门规章例如：财政部颁布的《会计从业资格管理办法》、中国人民银行颁布的《贷款通则》、证监会颁布的《证券公司管理办法》等等。

（五）司法解释

司法解释是指最高人民法院或最高人民检察院在总结审判和其他司法实践经验的基础上发布的指导性文件和法律解释。司法解释也是经济法的渊源之一，例如，最高人民法院颁发的《关于适用〈中华人民共和国合同法〉若干问题的解释》《关于审理票据纠纷案件若干问题的规定》《关于审理商品房买卖合同纠纷案件适用法律若干问题的解释》，等等。

（六）国际条约、协定

国际条约、协定是指我国作为国际法主体缔结或参加的国际条约、双边或多边协定及其他具有条约、协定性质的文件。国际条约、协定在我国生效后，对我国国家机关、公民、法人或者其他组织就具有法律上的约束力，因此，其也是经济法的渊源之一。

第二节　经济法律关系

一、经济法律关系概念和特征

法律关系是一种社会关系，也是社会关系被法律规范确认和调整之后所形成的权利和义务关系。经济法律关系是指经济关系被经济法律规范确认和调整之后所形成的权利和义务关系，即经济法主体根据经济法律规范产生的、经济法主体之间在国家管理与协调经济过程中形成的权利与义务关系。

经济法律关系具有以下特征：①经济法律关系是由经济法律规范确认和调整所形成的法律关系。法律规范是法律关系产生、变更和终止的前提，权利义务关系是依相应法律规定而形成的。在经济法律关系中，任何主体不享有经济法律规定以外的权利，不承担经济法律规定以外的义务。②经济法律关系是主体之间法律上的具有经济内容的权利义务关系。权利义务关系是法律关系的核心，法律确认某一法律关系的目的也是依靠确认权利义务来实现的。③经济法律关系是由国家强制力保障实施的社会关系。由国家强制力作保障，实质上就是对经济法主体经济权利的保护，以使其能够切实地付诸实现。

二、经济法律关系的要素

经济法律关系的要素是指构成经济法律关系的必要条件，由经济法律关系的主体、经济法律关系的内容、经济法律关系的客体三个要素构成。这三个要素紧密相连，互相依存，缺少其中的一个要素就不能构成经济法律关系，而改变其中的任何一个要素则会产生一个新的经济法律关系。

（一）经济法律关系的主体

经济法律关系的主体是指在经济法律关系中享有一定权利、承担一定义务的当事人或参加者。享受经济权利的一方为权利主体，承担义务的一方为义务主体。而在绝大多数情况下，权利主体往往也是相应的义务主体。

根据主体在经济法律关系中所处的地位和作用不同，经济法主体可分为：

（1）经济决策主体，即根据法律规定，在经济法律关系中享有经济决策权的经济活动主体，主要包括作为宏观经济决策者的国家机关和作为微观经济决策者的企业等。

（2）经济管理主体，即根据法律的规定或国家机关的授权，在经济法律关系中享有经济管理权限的经济活动主体，主要包括作为经济管理者角色的国家机关、企业事业单位、社会团体等。

（3）经济实施主体，按照法律规定，在经济法律关系中为实现决策和管理主体所确立的目标和任务或出于自身需要，具体进行生产经营活动的经济活动主体，主要包括实施经济活动的企业事业单位、社会团体、个体工商户、农村承包经营户及公民个人等。

根据主体在经济运行中的客观形态划分，经济法主体可分为以下几类：

1. 国家

国家机关是指行使国家职能的各种机关的通称，包括国家权力机关、国家行政机关和国家司法机关等。其中，国家权力机关主要作为经济决策主体出现在经济法律关系中；国家行政机关，特别是具有经济管理职能的行政机关，主要作为经济管理主体出现经济法律关系中，根据宪法、法律、法规规定的职能和任务等，承担组织、管理和协调经济运行的职能。国家行政机关由国务院及其所属的部、委、办、局等机构，以及地方各级人民政府及其所属机构组成。在某些情况下，国家机关或国家作为整体也可以作为经济实施主体参加经济法律关系，例如，国家对外签订政府贷款或担保合同，对内对外发行政府债券，政府出让土地使用权，作为股东投资设立企业等。

2. 企业

企业是指依法设立的，以营利为目的从事生产、流通和服务等经营活动的经济组织，包括各类法人企业、公司及其他非法人企业。企业是重要的经济法主体，它承担着保证国家微观经济运行质量、效益和秩序的重要使命，是联系作为经济管理主体的国家机关和作为消费主体的单位和个人的重要纽带。企业在经济法律关系中主要作为实施主体出现，但个别依法具有经济管理职能的特殊企业或公司，如中国国际金融有限公司、中国航天科工集团，以及各类国有资产经营管理公司等，也是经济管理主体。此外，企业相对于其内部组织而言，也是经济决策主体和管理主体。企业内部组织，如分公司、分厂、车间等分支机构或生产单位，虽无独立法律人格，但在一定条件下也是经济法律关系的主体。例如，其根据经济法律规定与企业订立承包或租赁等责任制合同，而将内部的组织管理关系外部化时；或分公司、分店等依法作为纳税人参加税收法律关系时，便具有经济法主体的地位。

3. 事业单位

事业单位是由国家财政预算拨款或其他资金来源设立的，不以营利为目的从事文化、教育、科研、卫生等事业的单位，如学校、医院、科研院所等。事业单位主要以经济实施主体的身份参加经济法律关系，但在根据法律授权或行政机关委托实施经济管理职责时，是以经济管理主体的身份参加经济法律关系。

4. 社会团体

社会团体是由公民或组织依法自愿组成的从事公益事业、党团事务、行业管理和服务等社会活动的社会组织，包括党团组织、工会、妇联、行业性、职业性协会及公益性、学术性团体等。当前，一些社会团体作为第三部门参加经济法律关系，在促进社会经济发展和政府职能转换、维护正常经济秩序、完善市场经济功能中发挥了独特的重要功能。

5. 个体工商户、农村承包经营户

个体工商户是指公民在法律允许的范围内，依法经核准登记，以营利为目的从事工商业经营的个体经济。农村承包经营户是指农村集体经济组织的成员，在法律允许的范围内进行经济活动。

6. 自然人

自然人是重要的经济法律关系参加者，其参加的经济法律关系主要是合同关系、税收关系、消费关系及竞争关系等。例如，公民依法向税务机关缴纳个人所得税时，即是税收法律关系的主体。

（二）经济法律关系的内容

经济法律关系的内容指经济法律关系的主体所具体享有的权利和承担的义务。它是经济法律关系的核心，也是联结经济法主体之间及主体与客体之间的桥梁，直接体现了经济法主体的利益和要求。

1. 经济权利

经济法律关系的内容是指经济法主体享有能够作为或不作为一定行为，以及要求他人作为或不作为一定行为的资格。现阶段，我国经济法主体所享有的经济权利主要有：

（1）经济职权。指国家机关及其工作人员在行使经济管理职能时依法享有的权利。经济职权是具有隶属性质的权利，具有一定的行政权力性质。经济职权既是权力又是义务或职责，两者高度统一，且不得随意转让或放弃。经济职权具体包括决策、审核、确认、批准、许可、指挥、协调、命令处罚，等等。

（2）所有权和其他物权。所有权是指所有人依法对自己的财产享有的占有、使用、收益和处分的权利。所有权是一种不依赖、不从属于其他权利而独立存在的自主权利。它具有支配性、排他性、绝对性，一物之上只能有一个所有权，而所有权人无需他人协助即可实现其权利。所有权具有四项权能，一是占有权，指对财产的实际控制权能；二是使用权，指按照财产的性能与用途加以利用的权能；三是收益权，指获取财产所产生的利益的权能；四是处分权，指决定财产在事实上和法律上命运的权能。所有权的占有、使用、收益、处分四项权能可以在一定条件下与所有人分离，这种分离是所有人行使其财产权的一种方式。其他物权是指所有权以外的物权，它是在所有权权能与所有权人发生分离的基础上产生的，其他物权人对物享有一定程度的直接支配权，主要包括用益物权和担保物权，用益物权如承包经营权，担保物权如抵押、质押、留置等权利。

（3）法人财产权。指企业法人对企业所有者投资所设的全部财产在经营中所享有的占有、使用、收益与处分的权利。法人财产权亦可理解为企业或公司法人对企业或公司财产拥有的经营管理权。确立法人财产权，对于明确我国国有企业或公司中作为出资者的国家与作为管理者的企业法人之间的权责关系，具有重要经济和法律意义。

（4）债权。指经济权利的主体按照法律规定或合同约定所产生的请求权，其义务主体是特定的。

（5）知识产权。即商标权、专利权、著作权等，是智力成果的创造人依法所享有的权利和生产经营活动中标记所有人依法所享有的权利的总称。

2. 经济义务

经济义务是指经济法主体根据法律规定或为满足权利主体的要求，必须作为或不作为一定行为的责任。经济义务包括三层含义：①为满足权利主体的要求，义务主体必须作为或不作为一定的行为；②义务主体只承担法定范围内的义务，超出法定范围，义务主体则不受限制；③义务主体如果不依法履行法定义务，则要承担相应的法律责任。

经济主体的权利和义务互相依存，具有对等性，互以对方的存在为前提，没有无权利的义务，也没有无义务的权利。

（三）经济法律关系的客体

经济法律关系的客体是指经济法主体权利和义务所指向的对象，它是权利和义务关系形成的载体，没有经济法律关系的客体，权利和义务就失去了目标，经济法律关系也不能成立。根据我国经济法律的有关规定，经济法律关系的客体包括物、经济行为和非物质财富。

1. 物

物是指能够为人力控制和支配的、具有一定经济价值的、可通过具体物质形态表现存在的物品。物包括自然存在的物品和人类劳动生产的产品，以及固定充当一般等价物的货币和有价证券等。从法律角度物可以作多种划分，例如：生产资料和生活资料；流通物与限制流通物；特定物与种类物；动产与不动产；等等。

2. 行为

行为是指经济法主体为达到一定的经济目的，实现其权利和义务所进行的经济活动，包括经济管理行为、完成工作行为和提供劳务行为等。经济管理行为是指经济法主体行使管理权或经营权所指向的行为，例如，经济决策行为、经济命令行为、审查批准行为等。完成工作行为是指经济法主体的一方利用自己的资金和技术设备为对方完成一定的工作任务，而对方根据完成工作的数量和质量支付一定报酬的行为。提供劳务行为是指为对方提供一定劳务或服务满足对方的需要而对方支付一定报酬的行为。

3. 非物质财富

非物质财产也可称为精神财富或精神产品，包括智力成果、道德产品和经济信息等。智力成果是指经济法主体从事智力劳动所创造取得的成果，如科学发明、技术成果、艺术创作成果、商标、专利、学术论著等。道德产品，是指人们在各种社会活动中取得的非物化的道德价值，如荣誉称号、嘉奖表彰等。经济信息是指反映社会活动发生、变化等情况的各种消息、数据、情报和资料等的总称。

【例 1-1】甲乙双方签订房屋租赁合同，约定由甲提供给乙一套二居室房屋（约 70 平方米），乙依据双方约定向甲支付租金，租期 1 年，双方还约定了其他相关事宜。请问在甲乙之间的经济法律关系中，主体、内容和客体各是什么？

【解析】甲乙之间已形成了经济法律关系。甲与乙是该经济法律关系的主体。提供双方约定的一套二居室房屋是甲的经济义务，相对应地，获得该房屋的使用权是乙的经济权利；另一方面，收取房屋租金是甲的经济权利，而支付租金则是乙的经济义务。这些经济权利和经济义务共同构成双方经济法律关系的内容。而经济法主体权利和义务指向的对象房屋租赁关系，即为该经济法律关系的客体。

三、经济法律关系的发生、变更和消灭

经济法律规范本身并不能必然在经济法主体间形成权利与义务关系，只有在一定的经济法律事实出现后，才能使经济法律关系以经济法律规范为依据而发生、变更和消灭。据此，经济法律关系的发生、变更和消灭需要具备以下三个条件：

（一）经济法律规范

经济法律规范是指经济法律关系发生、变更和消灭的法律依据。

（二）经济法律主体

经济法律主体是指权利和义务的实际享有和承担者。

（三）经济法律事实

经济法律事实是指由经济法律规范所规定的，能够引起经济法律关系发生、变更和消灭的客观现象。经济法律事实是客观事实的一部分，那些不为法律规范所规定，

不能引起任何法律后果的客观事实不是经济法律事实。经济法律事实可分为两类：

1. 事件

事件是指不依经济法主体的主观意志为转移的，能引起经济法律关系发生、变更和消灭的现象。它包括自然现象和社会现象两种。自然现象又称绝对事件，如自然灾害；社会现象又称相对事件，相对事件虽由人的行为引起，但其出现在特定经济法律关系中并不以当事人的意志为转移，如因人类战争导致合同无法履行，因人的死亡导致劳务关系终止等。

【例 1-2】甲农产品公司与乙超市公司之间签订了一份农产品买卖合同，合同规定甲公司向乙公司出售一批新鲜蔬菜和水果。但由于在合同履行过程中发生地震，致使甲公司前往乙公司的所有道路毁坏，双方不能履行合同。乙公司据此解除了双方的买卖合同。请指出引起双方经济法律关系终止的法律事实是什么？

【解析】法律事实是能引起法律关系发生、变更和消灭的客观现象，分为事件和行为两种，本案中，在甲农产品公司与乙超市公司之间的买卖法律关系中，因为地震这一事件导致双方签订的合同无法履行，是引起双方经济法律关系终止的法律事实。

2. 行为

行为是经济法律关系的主体为实现一定的经济目标而进行的有意识的活动。它与事件不同，它是以经济法主体的主观意志为转移。根据经济法律关系主体的行为是否违法，可以将行为分为合法行为和违法行为两种。无论是合法行为还是违法行为，均可以引起经济法律关系的变化。

有的经济法律关系的发生、变更和消灭，只需一个法律事实出现即可成立；有些经济法律关系的发生、变更或消灭则需要两个以上的法律事实同时具备。引起某一经济法律关系发生、变更或消灭的数个法律事实的总和，称为事实构成。如保险赔偿关系的发生，需要订立保险合同和发生保险事故两个法律事实出现才能成立。

第三节　民事法律行为和代理

一、民事法律行为

（一）民事法律行为的概念和特征

民事法律行为是民事主体通过意思表示设立、变更、终止民事法律关系的行为。民事法律行为可以基于双方或者多方的意思表示一致成立，也可以基于单方的意思表示成立。法人、非法人组织依照法律或者章程规定的议事方式和表决程序做出决议的，该决议行为成立。它是法律事实的一种，具有以下特征：

1. 以达到一定的民事或经济法律后果为目的

这一方面表明法律行为应是行为人有意识创设的、自觉自愿的行为，而非受胁迫、受欺诈的行为；另一方面表明法律行为是行为人以达到预期目的为出发点和归宿的。法律行为的目的性，是决定和实现行为的法律效果的基本依据。

2. 以意思表示为要素

意思表示是指行为人将其期望发生法律效果的内心意思，以一定方式表达于外部的行为。意思表示是法律行为的核心要素，也是法律行为与非表意行为，例如事实行为等相区别的重要标志。行为人仅有内心意思但不表达于外部，则不构成意思表示，法律行为也不能成立；行为人表达于外部的意思如果不是其真实意思，法律行为原则上也不能成立。

3. 具有法律约束力

民事法律行为成立并生效后，对行为人产生一定的法律后果，合法的民事法律行为产生行为人肯定的法律后果，非法的民事法律行为产生否定的法律后果。

（二）民事法律行为的分类

法律行为从不同角度可作不同的分类。不同类型的法律行为，具有不同的法律意义。

1. 单方法律行为和多方法律行为

这是按照法律行为的成立是否需要几个方面的意思表示而进行的分类。单方法律行为是指依一方当事人的意思表示而成立的法律行为，例如债务的免除、委托代理的撤销、无权代理的追认等。多方法律行为是指依两个以上当事人意思表示一致而成立的法律行为，例如合同行为等。这种分类的法律意义在于便于正确认定法律行为的成立及其效力。单方法律行为只需一方当事人意思表示即可成立；而多方法律行为则需要双方或多方当事人之间意思表示达成一致才能成立。

2. 有偿法律行为和无偿法律行为

这是按照法律行为是否存在对待的给付而进行的分类。这里所称的对待给付，是指一方为获取对方提供的利益而偿付的代价。有偿法律行为是指当事人相互之间享有权利时必须偿付相应代价的法律行为，例如买卖、租赁、承揽等。无偿法律行为是指一方当事人享有权利时不需支付任何代价的法律行为，例如赠与、无偿委托、借用等。这种分类的法律意义在于便于确立当事人权利义务的范围及其责任后果的承担。一般而言，有偿法律行为的义务人的法律责任比无偿法律行为义务人的法律责任要重。

3. 要式法律行为和非要式法律行为

这是按照法律行为的成立是否需要具备法律规定的形式而进行的分类。要式法律行为是指法律明确规定必须采取一定形式或履行一定程序才能成立的法律行为。例如，合同法规定融资租赁合同、建设工程合同、商品房买卖等合同应当采用书面形式。非要式法律行为是指法律未规定特定形式，可由当事人自由选择形式即可成立的法律行为。

区分要式与非要式法律行为对于判定法律行为的成立具有意义，同时，法律规定某些法律行为须以要式成立，可以督促当事人谨慎进行民事活动，使权利义务关系明确具体并有确凿凭证，从而起到稳定交易秩序的作用。

4. 主法律行为和从法律行为

这是按照法律行为之间的依存关系而进行的分类。主法律行为是指不需要有其他法律行为的存在就可以独立成立的法律行为。从法律行为是指从属于其他法律行为而存在的法律行为。例如，当事人之间订立一项借款合同，为保证合同的履行，又订立一项担保合同。其中，借款合同是主合同，担保合同是从合同。这种分类的法律意义在于便于明确主从法律行为的效力关系。从法律行为的效力依附于主法律行为；主法律行为不成立，从法律行为则不能成立；主法律行为无效，则从法律行为也当然不能生效。

法律行为除上述分类外，还有单务法律行为和双务法律行为、诺成法律行为和实践法律行为等分类方法。

（三）民事法律行为的有效要件

民事法律行为的有效是指法律行为足以引起权利义务设立、变更、终止的法律效力。法律行为的成立是法律行为有效的前提，法律行为自成立时生效，但是法律另有规定或者当事人另有约定的除外。行为人非依法律规定或未经对方同意，不得擅自变更或解除民事法律行为。但是，已成立的法律行为不一定必然发生法律效力，只有具备一定有效条件的法律行为，才能产生预期的法律效果。法律行为的有效要件分为形式有效要件和实质有效要件。

1. 民事法律行为的形式有效要件

这是指行为人的意思表示的方式必须符合法律的规定。根据《中华人民共和国民法总则》（以下简称《民法总则》）的规定，民事法律行为可以采用书面形式、口头形式或其他形式。法律、行政法规规定或者当事人约定采用特定形式的，应当采用特定形式。如果行为人对法律规定必须采用特定形式而未采用的，其所进行的法律行为则不产生法律效力。

书面形式可分为一般书面形式和特殊书面形式。特殊书面形式主要包括公证形式、鉴证形式、审核批准形式、登记形式、公告形式等。一般而言，书面形式优于口头形式，特殊书面形式优于一般书面形式。

其他形式主要有视听材料和沉默形式。根据我国最高人民法院有关司法解释的规定，当事人以录音、录像等视听资料形式实施的民事行为，如有两个以上无利害关系人作为证人或有其他证据证明该民事行为符合《民法总则》规定的实质有效要件的，可以认定有效；一方当事人向对方当事人提出民事权利的要求，对方未用语言或文字明确表示意见，但其行为表明已接受的，可以认定为默示，不作为的默示只有在法律有规定当事人双方有约定的情况下，才可以视为意思表示。

2. 民事法律行为的实质有效要件

根据《民法总则》的规定，民事法律行为应当具备下列实质有效要件：

（1）行为人具有相应的民事行为能力。只有具有相应民事行为能力的人才能进行民事法律行为。民事行为能力是指法律确认自然人、法人或者其他组织能够通过自己的行为实现民事权利、承担民事义务的资格。根据《民法总则》的规定：不满八周岁的未成年人和不能辨认自己行为的成年人，是无民事行为能力人，由其法定代理人代理实施民事法律行为。八周岁以上的未成年人和不能完全辨认自己行为的成年人，是限制民事行为能力人，只能实施与其年龄、智力或精神健康状况相适应的民事法律行为，其他民事法律行为应由其法定理人代理，或经其法定代理人同意、追认；无民事行为能力人和限制民事行为能力人可以独立实施纯获利益的民事法律行为。完全民事行为能力人，即十八周岁以上的成年人和十六周岁以上不满十八周岁但以自己的劳动收入为主要生活来源的未成年人，视为完全民事行为能力人。

这里所称的民事权利能力和民事行为能力是两个相对应的概念。民事权利能力是指法律赋予自然人、法人或非法人组织享有民事权利、承担民事义务的资格。行为能力的实现是以具有权利能力为前提的，首先要有权利资格，然后才谈得上是否能够通过自己有意识的行为来加以实现。一般来说，法人的权利能力与行为能力是统一的，均随法人的成立而产生，随其终止而消灭。但对自然人来说，有权利能力，不一定就有行为能力。法律一般以年龄和精神、智力状况作为判断和确定公民行为能力的依据。

（2）意思表示真实。这是指行为人的意思表示是其自觉自愿做出的，同时与其内心所表达的意思相一致。法律行为必须是意思表示真实的行为，如果意思表示不真实，则不应产生法律效力。例如：行为人的意思表示是基于受胁迫、欺诈原因而做出的，则因其不能真实反映行为人的意志而不产生法律上的效力；行为人基于某种错误认识而导致意思表示与内心意志不一致的，则只有在存在重大错误的情况下，才有权请求人民法院或仲裁机关予以变更或撤销；行为人故意做出不真实的意思表示的，则该行为人无权主张行为无效，而善意的相对人或第三人可根据情况主张行为无效。

（3）不违反法律、行政法规的强制性规定，不违背公序良俗。不违反法律是指意思表示的内容不得与法律的强制性或禁止性规定相抵触，也不得滥用法律的授权或任意性规定达到规避法律强制规范的目的。不违反公序良俗是主体所从事的民事法律行为不得违背公共秩序和善良风俗。

（四）附条件和附期限的民事法律行为

1. 附条件的民事法律行为

这是指当事人在法律行为中约定一定的条件，并以将来该条件的成就（或发生）或不成就（或不发生）作为法律行为生效或不生效的根据。民事法律行为可以附条件，但是按照其性质不得附条件的除外。附生效条件的民事法律行为，自条件成就时生效，附解除条件的民事法律行为，自条件成就时失效。所附条件可以是事件，也可以是行为。如果所附的条件是违背法律规定或者不可能发生的，应当认定该民事行为无效。当事人恶意促使条件成就的，应当认定条件没有成就，当事人恶意阻止条件成就的，应当认定条件已经成就。

能够作为民事法律行为所附条件的事实必须具备以下条件：一是将来发生的事实，已发生的事实不能作为条件；二是不确定的事实，即条件是否必然发生，当事人不能肯定；三是当事人任意选择的事实，而非法定的事实；四是合法的事实，不得以违法或违背道德的事实作为所附条件；五是所限制的是法律行为的发生或消灭，而不涉及法律行为的内容，即不与行为的内容相矛盾。

2. 附期限的民事法律行为

这是指当事人在法律行为中约定一定的期限，并以该期限的到来作为法律行为生效或解除的根据。民事法律行为可以附期限，但是按照其性质不得附期限的除外。附生效期限的民事法律行为，自期限届至时生效。附终止期限的民事法律行为，自期限届满时失效。期限是必然要到来的事实，这是与附条件的法律行为所附条件的根本区别。法律行为所附期限可以是明确的期限，例如某年某月某日，也可以是不确定的期限，例如“某公民死亡之日”。

（五）无效的民事法律行为

1. 无效民事法律行为的概念和种类

无效民事法律行为是指因欠缺民事法律行为的有效要件，因而当然不发生法律效力的民事法律行为。无效民事法律行为的本质特征在于其违法性，即当事人一方或双方所实施的民事行为违法。

根据《民法总则》的规定，下列几种民事法律行为无效：

（1）无民事行为能力人实施的民事法律行为。

（2）限制民事行为能力人依法不能独立实施的民事法律行为。但间歇性精神病人的民事行为，确能证明是其在没有发病期间实施的，并且符合民事法律行为应当具备的条件的，应当认定有效。

（3）行为人与相对人以虚假的意思表示实施的民事法律行为。

（4）行为人与相对人恶意串通，损害他人合法权益的民事法律行为。

（5）违反法律、行政法规的强制性规定的民事法律行为。但该强制性规定不导致该民事法律行为无效的除外。

（6）违背公序良俗的民事法律行为。

民事法律行为部分无效，不影响其他部分的效力的，其他部分仍然有效。

2. 无效民事法律行为的法律后果

无效的民事法律行为，自始没有法律约束力。其在法律上产生以下法律后果：

（1）恢复原状。恢复到无效民事法律行为发生之前的状态，当事人因该行为取得的财产应当返还给受损失的一方。

（2）折价补偿。不能返还或者没有必要返还的，应当折价补偿。

（3）赔偿损失。即有过错的一方应当赔偿对方因此所受到的损失。各方都有过错的，应当各自承担相应的责任。

（4）法律另有规定的，依照其规定。

（六）可撤销的民事法律行为

1. 可撤销民事法律行为概念及种类

可撤销民事法律行为是指可以因为行为人自愿请求法院或仲裁机关予以撤销而归于无效的民事行为。根据《民法总则》的规定，下列民事法律行为，一方有权请求人民法院或仲裁机关予以撤销：

（1）基于重大误解实施的民事法律行为，行为人有撤销请求权。重大误解是指行为人因为对行为的性质、对方当事人、标的物的品种、质量、规格和数量等的错误认识，使行为的后果与自己的真实意思相违背，并造成较大损失的情形。

（2）一方以欺诈手段，使对方在违背真实意思的情况下实施的民事法律行为，受欺诈方有撤销请求权；第三人实施欺诈行为，使一方在违背真实意思的情况下实施的民事法律行为，对方知道或者应当知道该欺诈行为的，受欺诈方有撤销请求权。

（3）一方或者第三人以胁迫手段，使对方在违背真实意思的情况下实施民事法律行为，受胁迫方有撤销请求权。

（4）一方利用对方处于危困状态、缺乏判断能力等情形，致使民事法律行为成立时显失公平的，受损害方有撤销请求权。

2. 可撤销民事行为的法律后果

被撤销的民事法律行为自始没有法律约束力。如果享有撤销权的当事人未在法定期间内行使撤销权的，则可撤销民事行为视同法律行为，对当事人具有约束力；如果可撤销民事行为被依法撤销后，则具有与无效民事法律行为相同的法律后果。

【例 1-3】赵某是古玩字画爱好者，并以买卖古玩为业。一天，赵某在同事王某家看到一套瓷器便反复央求以 2 000 元购得。赵某明知该瓷器系清代道光年间制作，且市场价格绝不低于 10 000 元，但未告知李某。王某并不了解瓷器价格行情，当其得知该瓷器市场价格后，向人民法院请求变更瓷器买卖的民事行为。请问人民法院是否应当予以变更？并说明理由。

【解析】人民法院应当予以变更。在本案中，赵某利用熟悉瓷器市场价格的优势及王某没有经验，致使双方的瓷器买卖行为的权利与义务明显违反公平、等价有偿原则，属于显失公平的民事行为。根据《民法总则》的规定，显失公平的民事行为属于可撤销的民事法律行为，当事人请求变更的，人民法院应当予以变更。

二、代理

（一）代理的概念和特征

代理是指代理人在代理权限内，以被代理人的名义与第三人实施法律行为，由此产生的法律后果直接由被代理人承担的法律制度。代理关系的主体包括代理人、被代理人和第三人。代理人是替被代理人实施法律行为的人；被代理人是由代理人替自己实施法律行为并承担法律后果的人；第三人是与代理人实施法律行为的人。代理关系包括三种关系：一是被代理人与代理人之间的代理权关系；二是代理人与第三人之间的实施法律行为的关系；三是被代理人与第三人之间的承担代理行为法律后果的关系。

代理具有以下特征：

（1）代理人必须以被代理人的名义实施法律行为。这是因为代理的法律后果由被代理人承受，而非归属于代理人。非以被代理人名义而是以自己的名义代替他人实施的法律行为，不属于代理行为，例如行纪、寄售等受托处分财产的行为。

（2）代理人在代理权限内独立地向第三人进行意思表示。代理行为属于法律行为，代理人在代理权限范围内，有权根据情况独立进行判断，并直接向第三人进行意思表示，以实现代理目的。非独立进行意思表示的行为，不属于代理行为，例如传递信息等。

（3）代理行为的法律后果直接归属于被代理人。虽然代理行为是在代理人与第三人之间进行的，但行为的目的是为了实现被代理人的利益，代理人并不因代理行为直接取得利益，因此其产生的权利义务等法律后果当然应由被代理人承担。这使代理行为与无效代理行为、冒名欺诈等行为区别开来。

（二）代理的适用范围

代理适用于民事主体之间设立、变更和终止权利义务的法律行为。依照法律规定、当事人约定或民事法律行为的性质，应当由本人亲自实施的民事法律行为，不得代理，如遗嘱、婚姻登记、收养子女等行为。本人未亲自实施的，应当认定行为无效。

（三）按代理的种类划分可分为委托代理和法定代理

1. 委托代理

委托代理是指基于被代理人的授权委托而发生的代理。委托代理，可以用书面形式，也可以用口头形式。法律规定用书面形式的，应当用书面形式。书面委托代理的授权委托书应当载明代理人的姓名或名称、代理事项、权限和期间，并由被代理人签名或盖章。委托书授权不明的，被代理人应当向第三人承担民事责任，代理人负连带责任。

2. 法定代理

法定代理是指依照法律规定而设定的代理。法定代理一般适用于被代理人是无行为能力人、限制行为能力人的情况。

（四）代理权的行使

1. 代理权行使的一般要求

委托代理人应按照被代理人的委托行使代理权，法定代理人应依照法律的规定行使代理权。代理人行使代理权必须符合被代理人的利益，并做到勤勉尽职、审慎周到，不得与他人恶意串通损害被代理人利益，不得利用代理权牟取私利。代理人不履行或者不完全履行职责，造成被代理人损害的，应当承担民事责任。代理人和相对人恶意串通，损害被代理人合法权益的，代理人和相对人应当承担连带责任。

2. 滥用代理权的禁止

代理人不得滥用代理权。常见的滥用代理权的情形有：①代理人以被代理人的名义与自己进行民事活动；②同一代理人代理双方当事人进行同一项民事活动；③代理人与第三人恶意串通损害被代理人的利益。

法律禁止滥用代理权。代理人滥用代理权的，其行为视为无效行为，给被代理人及他人造成损失的，应当承担相应的赔偿责任。代理人和第三人串通，损害被代理人的利益的，由代理人和第三人负连带责任。

（五）无权代理

1. 无权代理的概念

无权代理是指没有代理权而以他人名义进行的代理行为。无权代理表现为三种形式：①没有代理权而实施的代理；②超越代理权实施的代理；③代理权终止后而实施的代理。

2. 无权代理的法律后果

在无权代理的情况下，只有经过被代理人的追认，被代理人才承担民事责任。未经追认的行为，由行为人承担民事责任。但是，有以下几种情况的除外：①被代理人知道他人以本人名义实施民事行为而不作否认表示的，视为同意，即应由被代理人承担民事责任。②委托代理人为了维护被代理人的利益，在紧急情况下实施的超越代理权的民事法律行为，可以认定有效，但其采取的行为不当给被代理人造成损失的，可以酌情由委托代理人承担适当的责任。

3. 表见代理及构成要件

表见代理是指行为人虽无代理权，但相对人有理由相信其有代理权，从而与其发生民事行为，该项法律行为的效果直接归属于被代理人的法律制度。

根据我国《民法总则》相关规定，表见代理的构成要件有：

（1）行为人以本人名义为民事法律行为。包括以本人名义实施意思表示或受领意思表示。因为如果不是以本人名义为民事法律行为，即使有为本人计算的意思，只能适用无因管理或隐名代理的规定，表见代理只是适用于显名代理。

（2）行为人无代理权。代理人如果有代理权，属于有权代理，不发生无权代理问题。所谓无代理权是指在进行代理行为时无代理权或对于所实施的行为无代理权。

（3）客观上须有使相对人相信代理人有代理权的情形。

（4）相对人为善意且无过失。所谓善意且无过失，是指相对人不知无权代理人的代理行为欠缺代理权，而且相对人的这种不知情不能归咎于他的疏忽或懈怠。这是表见代理的主观要件。如果相对人已知或应知代理人无权代理，或者由于自己的过失疏忽而不知代理人为无权代理，则不构成表见代理，本人对此概不承担责任。

法律确立表见代理规则的主要意义在于维护人们对代理制度的信赖，保护善意无过失的相对人，从而保障交易秩序和安全。常见的表见代理情形有：被代理人对第三人表示已将代理权授予他人，而实际并未授权；被代理人将某种有代理权的证明文件如盖有公章的空白介绍信、空白合同文本、合同专用章等交给他人，他人以该种文件使第三人相信其有代理权并与之进行法律行为；代理授权不明；代理人违反被代理人的意思或者超越代理权，第三人无过失地相信其有代理权而与之进行法律行为；代理关系终止后未采取必要的措施而使第三人仍然相信行为人有代理权，并与之进行法律行为等。

第三人知道或应当知道行为人无权代理还与行为人实施民事行为给他人造成损害的，由第三人和行为人负连带责任。

【例 1-4】甲商贸公司委托其业务经理到某电器公司购买一批彩电。该业务经理在购买彩电时，得知乙电器公司正在对一批质量优良的空调进行降价促销，该业务经理了解到甲公司也正需要购进一批空调，便代甲公司签订合同一并购买了十台。甲公司知道上述情况后，并未提出异议。请根据有关代理权的法律规定，对业务经理代为购买空调的行为进行评价，并说明其行为产生的民事责任由谁承担？

【解析】该业务经理代甲公司购买空调的行为属于超越代理权的无权代理行为。其行为产生的民事责任应由甲公司承担。根据《民法总则》的规定，超越代理权实施的代理是无权代理。但被代理的，视为同意。甲公司对其业务经理的委托授权只是购买彩电，并未委托其购买空调，因此，该业务经理的行为超越了代理权限，属于无权代理。但由于甲公司知道有关情况后并未提出反对意见，因此，应视为其同意，并由其承担相应的民事责任。

（六）代理关系的终止

委托代理终止的法定情形有：①代理期间届满或者代理事务完成；②被代理人取消委托或代理人辞去委托；③代理人丧失民事行为能力；④代理人或者被代理人死亡；⑤作为被代理人或代理人的法人、非法人组织终止。

法定代理终止的法定情形有：①被代理人取得或恢复完全民事行为能力；②代理人丧失民事行为能力；③被代理人或代理人死亡；④法律规定的其他情形。

第四节　经济法实施

一、违反经济法的法律责任

（一）经济法的实施和法律责任概述

经济法的实施是指经济法主体使经济法律规范在社会生活中获得实现的活动，也是经济法的目的和意义之所在。经济法的实施将经济法律规范的要求转化为经济法主体的行为，使经济法律、法规得到严格遵守，经济权利得以正确行使，经济义务得以切实履行，经济违法行为得到应有的制裁。

法律责任，是指行为人因实施了违反法律法规规定的行为而应承担的法律后果。违反经济法的法律责任，亦称经济法责任，是指经济法主体因实施了违反经济法律法规的行为而应承担的法律果。由于经济法责任固有的惩戒性，对经济法主体行为保持端正具有威慑和督促作用，能够推动经济法主体恪守经济义务约束。

（二）违反经济法法律责任的具体形式

经济法责任是一个具有综合性的范畴，它是由不同性质的多种责任形式构成的统一 体。根据我国法律的规定，违反经济法法律责任的形式主要有以下三种：

1. 民事责任

民事责任是指经济法主体违反经济法律法规给对方造成损害时依法应承担的民事法 律后果。根据《民法总则》的规定，经济法主体承担民事责任的方式主要有：停止侵害；排除妨碍；消除危险；返还财产；恢复原状；修理、重作、更换；继续履行；赔偿损失；支付违约金；消除影响、恢复名誉；赔礼道歉等。法律规定惩罚性赔偿的，依照其规定。以上承担民事责任的方式，可以单独适用，也可以合并适用。

2. 行政责任

行政责任是指经济法主体违反经济法律法规依法应承担的行政法律后果，包括行政处罚、行政处分、行政补偿和行政赔偿等。根据《中华人民共和国行政处罚法》（以下简称《行政处罚法》）的规定，行政处罚的种类包括：警告；罚款；没收违法所得、没收非法财物；责令停产、停业；暂扣或吊销许可证、暂扣或吊销营业执照；行政拘留等。行政处分的种类包括：警告；记过；记大过；降级；撤职；开除等。

3. 刑事责任

刑事责任是指经济法主体违反经济法律法规构成犯罪依法应承担的刑事法律后果。依《中华人民共和国刑法》（以下简称《刑法》）规定，刑罚分为主刑和附加刑。主刑的种类包括：管制，拘役，有期徒刑，无期徒刑，死刑。

附加刑的种类包括：罚金；剥夺政治权利；没收财产。附加刑也可以独立适用。对犯罪的外国人可以独立适用或附加适用驱逐出境。法律规定为单位犯罪的，单位应当负刑事责任，对单位判处罚金，并可根据实际情况对直接负责的主管人员和其他直接责任人员判处刑罚。

需要注意的是，经济违法行为与经济法律责任之间并不是简单的一一对应关系，其相互联系具有一定的重叠性和复杂性，一个经济违法行为所应承担的责任，既可能是以上法律责任形式中的一种，也可能是几种。

二、经济纠纷的解决途径

经济纠纷是经济法主体在经济管理与经济活动中产生的权益争议。解决经济纠纷的途径主要有：当事人协商、调解、诉讼、仲裁和行政复议

（一）诉讼

诉讼是指人民法院在双方当事人及其他诉讼参与人的参加下，审理和解决民事、经济纠纷案件的活动以及由于这些活动形成的各种诉讼法律关系的总称。由于各类主体之间的财产和经济纠纷都可以通过民事诉讼得以解决，而且其适用的实体法律规范也包括了民商法、经济法范畴，所以本书主要介绍民事诉讼及相关规定。

1. 诉讼参加人

诉讼参加人是指参加民事诉讼的当事人和诉讼代理人。

（1）当事人，指公民、法人或其他组织因经济权益发生争议或受到损害，以自己的名义进行诉讼，并受人民法院调解或裁判约束的利害关系人。当事人包括原告、被告、共同诉讼人和第三人。

（2）诉讼代理人，指以被代理人的名义，在代理的权限内，为维护被代理人的合法权益而进行诉讼的人。包括法定代理人、指定代理人和委托代理人。

2. 诉讼管辖

经济诉讼的管辖，是指在上下级人民法院之间和同级人民法院之间受理第一审经济纠纷案件的分工和权限。基于管辖的规定而产生的具体的人民法院审理经济纠纷的权限称为管辖。

（1）级别管辖。级别管辖是指各级人民法院之间受理第一审经济纠纷案件的分工和权限。

它从案件性质及其影响范围等方面体现人民法院之间管辖的纵向分工。我国目前的人民法院体系分为四级，即最高人民法院、高级人民法院、中级人民法院和基层人民法院；此外还有专门法院即军事法院、铁路运输法院、海事法院。按此划分，基层人民法院原则上管辖第一审经济纠纷，中级人民法院管辖在本辖区内有重大影响的第一审经济纠纷案件和最高人民法院确定由中级人民法院管辖的经济纠纷案件；高级人民法院管辖在本辖区内有重大影响的第一审经济纠纷案件；最高人民法院管辖在全国有重大影响的经济纠纷案件和认为应当由本院审理的经济纠纷案件。

（2）地域管辖。地域管辖是指同级人民法院之间受理第一审经济纠纷案件的分工和权限。它从行政区划上体现人民法院之间管辖的横向分工。地域管辖主要可分为一般地域管辖和特殊地域管辖。

一般地域管辖是指以当事人住所地确定行使管辖权的法院。一般地域管辖实行“原告就被告”的原则，即原告应向被告所在地人民法院提起诉讼，同一诉讼的几个被告所在地在两个以上人民法院辖区的，各人民法院都有管辖权，原告可以选择其中一个法院起诉，由最先受理的人民法院管辖。

特殊地域管辖，是指根据被告住所地及诉讼标的或者引起法律关系的产生、变更、消灭的法律事实所在地确定有管辖权的人民法院。根据《中华人民共和国民事诉讼法》（以下简称《民事诉讼法》）的规定，有以下几种诉讼适用特殊地域管辖：①因合同纠纷提起的诉讼，由被告住所地或合同履行地人民法院管辖；②保险合同纠纷提起的诉讼，由被告住所地或保险标的物所在地人民法院管辖；③因票据纠纷提起的诉讼，由票据支付地或被告住所地人民法院管辖；④因铁路、公路、水上、航空或联合运输合同纠纷提起的诉讼，由运输始发地、目的地或被告住所地人民法院管辖；⑤因侵权行为引起的诉讼，由侵权行为地或被告住所地人民法院管辖；⑥因铁路、公路、水上和航空事故请求损害赔偿提起的诉讼，由事故发生地或车辆、船舶最先到达地，航空器最先降落地或被告住所地人民法院管辖；⑦因船舶碰撞或其他海损事故请求损害赔偿提起的诉讼，由碰撞发生地、碰撞船舶最先到达地、加害船舶被扣留地或者被告住所地人民法院管辖；⑧因海难救助费用提起的诉讼，由救助地或被救助船舶最先到达地人民法院管辖；⑨因共同海损提起的诉讼，由船舶最先到达地、共同海损理赔地或者航程终止地人民法院管辖。

3. 诉讼时效

（1）诉讼时效的概念。

诉讼时效，是指民事诉讼中权利人不在法定期限内行使权利而失去诉讼保护的制度。我国的诉讼时效有以下特点：①诉讼时效以权利人不行使法定权利的事实状态的存在为前提。②诉讼时效届满消灭的是胜诉权，并不消灭实体权利。时效届满后，当事人自愿履行义务的，不受诉讼时效限制。义务人履行了义务后，又以超过诉讼时效为由反悔的，法律不予支持。③诉讼时效具有普遍性和强制性，除法律规定外，当事人均应普遍适用，不得作任何变更。

（2）诉讼时效期间。

诉讼时效期间是指权利人请求人民法院保护其民事权利的法定期间。

根据《民法总则》第一百八十八条的规定，向人民法院请求保护民事权利的诉讼时效期间为三年。法律另有规定的，依照其规定。如，《中华人民共和国合同法》（以下简称《合同法》）第一百二十九条规定，国际货物买卖合同和技术进出口合同争议提起诉讼或者申请仲裁的期限为 4 年，自当事人知道或者应当知道其权利受到侵害之日起计算。

诉讼时效期间自权利人知道或者应当知道权利受到损害以及义务人之日起计算。法律另有规定的，依照其规定。但是，自权利受到损害之日起超过二十年的，人民法院不予保护。有特殊情况的，人民法院可以根据权利人的申请决定延长。当事人约定同一债务分期履行的，诉讼时效期间自最后一期履行期限届满之日起计算。无民事行为能力人或限制民事行为能力人对其法定代理人的请求权的诉讼时效期间，自该法定代理终止之日起计算。未成年人遭受性侵害的损害赔偿请求权的诉讼时效期间，自受害人年满十八岁之日起计算。

诉讼时效期间届满的，义务人可以提出不履行义务的抗辩。诉讼时效期间届满后，义务人同意履行的，不得以诉讼时效期间届满为由抗辩；义务人已自愿履行的，不得请求返还。人民法院不得主动适用诉讼时效的规定。

（3）诉讼时效的中止与中断。

诉讼时效中止是指在诉讼时效进行期间，因发生法定事由而使权利人不能行使请求权，诉讼依法暂时停止进行，并在法定事由消失之日起继续进行的情况，又称为时效的暂停。对此，《民法总则》第一百九十四条规定，在诉讼时效期间的最后六个月内，因下列障碍，不能行使请求权的，诉讼时效中止：第一，不可抗力，如自然灾害、军事行动等，都是当事人无法预见和克服的客观情况；第二，无民事行为能力人或者限制民事行为能力人没有法定代理人，或者法定代理人死亡、丧失民事行为能力、丧失代理权；第三，继承开始后未确定继承人或遗产管理人；第四，权利人被义务人或其他人控制；第五，其他导致权利人不能行使请求权的障碍。自中止时效的原因消除之日起满六个月，诉讼时效期间届满。

诉讼时效中断是指已开始的诉讼时效因发生法定事由不再进行，并使已经经过的时效期间丧失效力。我国《民法总则》第一百九十五条规定，有下列情形之一的，诉讼时效中断，从中断、有关程序终结时起，诉讼时效重新计算：第一，权利人向义务人提出履行请求；第二，义务人同意履行义务；权利人提起诉讼或者申请仲裁；第四，与提起诉讼或者申请仲裁具有同等效力的其他情形。诉讼时效的目的是促使权利人行使请求权，消除权利义务关系的不稳定状态，从而诉讼时效进行的条件是权利人不行使权利，如果当事人通过实施这些行为，使权利义务关系重新明确，则诉讼时效已无继续计算的意义，当然应予以中断。

下列请求权不适用诉讼时效的规定：第一，请求停止侵害、排除妨碍、消除危险；第二，不动产物权和登记的动产物权的权利人请求返还财产；第三，请求支付抚养费、赡养费或者扶养费；第四，依法不适用诉讼时效的其他请求权。诉讼时效的期间、计算方法以及中止、中断的事由由法律规定，当事人约定无效。当事人对诉讼时效利益的预先放弃无效。

(4) 审判程序。

审判程序包括第一审程序、第二审程序、审判监督程序等。

第一审程序是指各级人民法院审理第一审经济案件适用的程序，分为普通程序和简易程序。普通程序是经济案件审判中最基本的程序，主要包括以下内容：①起诉和受理。起诉是指公民、法人或其他组织在其民事权益受到损害或发生争议时，向人民法院提出诉讼请求的行为。人民法院接到起诉状或口头起诉后，经审查认为符合起诉条件的，应当在7日内立案，并通知当事人。②审理前的准备。人民法院应当在立案之日起5日内将起诉状副本发送被告。被告应在收到之日起15日内提出答辩状。被告不提出答辩状的，不影响人民法院审理。③开庭审理是指在审判人员主持和当事人及其他诉讼参与人的参加下，在法庭上对案件进行审理的诉讼活动。开庭审理一般都公开进行，但涉及国家秘密、个人隐私或法律另有规定的情况及当事人申请不公开审理的，不公开进行审理。

第二审程序又称上诉程序，是指上级人民法院审理当事人不服第一审人民法院尚未生效的判决或裁定而提起的上诉案件所适用的程序。我国实行两审终审制，当事人不服第一审人民法院判决、裁定的，有权向上一级人民法院提起上诉。《民事诉讼法》规定，当事人不服地方人民法院第一审判决的，有权在判决书送达之日起15日内向上一级人民法院提起上诉。当事人不服地方人民法院第一审裁定的，有权在裁定书送达之日起10日内向上一级人民法院提起上诉。第二审人民法院对上诉案件经过审理，按照下列情况分别处理：①原判决认定事实清楚，适用法律正确的，判决驳回上诉，维持原判决；②原判决适用法律错误，依法改判；③原判决认定事实错误，或者原判决认定事实不清，证据不足，裁定撤销原判决，发回原审人民法院重审，或者查清事实后改判；④原判决违反法定程序，可能影响案件正确判决的，裁定撤销原判决，发回原审人民法院重审。第二审人民法院的判决、裁定是终审的判决、裁定。当事人对发回重审案件的判决、裁定可以上诉。

审判监督序。指有审判监督权的人员和机关，发现已经发生法律效力的判决、裁定确有错误的，依法提出对原案重新进行审理的一种特别程序，又称再审程序。《民事诉讼法》规定，当事人对生效的判决、裁定仍不服的，可在2年内申请再审，再审期间不停止原判决和裁定的执行。当事人对已经发生法律效力的调解书，提出证据证明调解违反自愿原则或调解协议的内容违反法律的，可以申请再审。

【例题1-5】(多选题) 关于我国人民法院对经济纠纷案件的审理，下列说法正确的有（　　）。

A. 我国人民法院审理经济纠纷案件实行两审终审制。

B. 不经过一审，不能进入二审程序。

C. 当事人不服一审判决、裁定而上诉，则进入二审程序。

D. 当事人对生效的判决、裁定仍不服的，可申请再审，并应当暂停执行

【解析】正确答案为ABC。本题考核点是审判程序。当事人对已经生效的人民法院判决、裁定仍不服的，可在2年内申请再审，但不影响判决、裁定的执行。

执行程序。执行程序是人民法院依法对已经发生法律效力的判决、裁定及其他法

律文书的规定，强制义务人履行义务的程序。对发生法律效力的判决、裁定、调解书和其他应由人民法院执行的法律文书，当事人必须履行。一方拒绝履行的，对方当事人可以向人民法院申请强制执行。

（二）仲裁

仲裁是指争议双方在争议发生前或争议发生后达成协议，自愿将争议交给第三方仲裁机构做出裁决的解决纠纷的方式。我国的仲裁制度作为解决经济争议的一种有效方式，现行仲裁法律规范主要适用于1994年8月31日，由第八届全国人民代表大会常务委员会第9次会议通过并于1995年9月1日起施行《中华人民共和国仲裁法》（以下简称《仲裁法》）。

1. 仲裁的基本原则

（1）自愿原则。自愿原则是仲裁制度的基本特点和原则，当事人采用仲裁方式解决纠纷，应当双方自愿，达成仲裁协议。没有当事人双方达成的仲裁协议，一方申请仲裁的，仲裁委员会不予受理。我国仲裁机构无权主动提起案件，即使当事人已达成仲裁协议，也要由一方当事人自愿向仲裁机构书面提出申请仲裁，仲裁机构才可依法予以受理。

（2）依据事实、符合法律规定、公平合理地解决纠纷的原则。仲裁机构是基于当事人的信任，居中解决经济纠纷的，因此，为了充分保护当事人的合法权益，仲裁机构应以客观案情为依据，在查证确认双方当事人应负的法律责任的基础上，以国家法律和行政法规为衡量尺度，公平合理地解决纠纷。

（3）仲裁依法独立进行的原则。仲裁依法独立进行，不受行政机关、社会团体和个人的干涉。仲裁委员会独立于行政机关，与行政机关没有隶属关系。仲裁委员会之间也没有隶属关系。中国仲裁协会根据章程对仲裁委员会及其组成人员、仲裁员的违纪行为进行监督；人民法院对仲裁机构的活动及裁决依法进行必要的监督。

（4）先行调解原则。仲裁庭在做出裁决前，可以先行调解。当事人自愿调解的，仲裁庭应当调解。调解不成的，应当及时做出裁决。

（5）一裁终局原则。经济仲裁实行一裁终局的制度，裁决做出后，当事人应当履行裁决。当事人就同一纠纷再申请仲裁或者向人民法院起诉的，仲裁委员会或人民法院不予受理。

2.《仲裁法》的适用范围

我国《仲裁法》规定：平等主体的公民、法人和其他组织之间发生的合同纠纷和其他财产权益纠纷，可以仲裁。但是，与人身有关的婚姻、收养、监护、抚养、继承纠纷不能仲裁；依法应当由行政机关处理的行政争议不能仲裁。此外，劳动争议和农业集体经济组织内部的农业承包合同纠纷不同于一般的经济纠纷，其解决纠纷 的原则、程序应适用专门的规定，因此《仲裁法》不适用于解决这两类纠纷。

3. 仲裁协议

仲裁协议是指当事人双方在自愿基础上达成的、将已经发生或将来可能发生的一定法律关系的争议提交仲裁，并服从仲裁约束力的一种协议。仲裁是在双方当事人自愿、充分协商并达成一致意见的基础上依法订立的。仲裁协议应包括下列内容：①请求仲裁的意思表示；②仲裁事项；③选定的仲裁委员会。仲裁协议对仲裁事项或者仲裁委员会没有约定或约定不明确的，当事人可以补充协议，达不成补充协议的，仲裁协议无效。

《仲裁法》规定，仲裁协议应采取书面形式，或在合同中订立仲裁条款，或以其他书面方式达成仲裁协议。仲裁协议可以是当事人在纠纷发生前达成的，也可以纠纷发生后达成的。

有下列情形之一的，仲裁协议无效：

（1）约定的仲裁事项超出法律规定的仲裁范围的；

（2）无民事行为能力人或者限制民事行为能力人订立的仲裁协议；

（3）一方采取胁迫手段，迫使对方订立仲裁协议的。

仲裁协议对仲裁事项或者仲裁委员会没有约定或约定不明确的，当事人可以补充协议；达不成补充协议的，仲裁协议无效。

当事人对仲裁协议的效力有异议的，可以请求仲裁委员会做出决定或者请求人民法院做出裁定。一方请求仲裁委员会做出决定，另一方请求人民法院做出裁定的，由人民法院裁定。当事人对仲裁协议的效力有异议，应当在仲裁庭首次开庭前提出。

4. 仲裁程序

（1）申请仲裁和受理。申请仲裁应当符合下列条件：①有仲裁协议；②有具体的仲裁请求和事实、理由；③属于仲裁委员会的受理范围。

当事人申请仲裁，应当向仲裁委员会递交仲裁协议、仲裁申请书及副本。仲裁申请书应当注明下列事项：①当事人的姓名、性别、年龄、职业、工作单位和住所，法人或者其他组织的名称、住所和法定代表人或者主要负责人的姓名、职务；②仲裁请求和所根据的事实、理由；③证据和证据来源、证人姓名和住所。

（2）仲裁庭的组成。仲裁庭可以由 3 名仲裁员或者 1 名仲裁员组成。由 3 名仲裁员组成的，设首席仲裁员，并应当由当事人各自选定或者各自委托仲裁委员会主任指定一名仲裁员，第三名仲裁员由当事人共同选定或者共同委托仲裁委员会主任指定。第三名仲裁员是首席仲裁员。当事人约定由一名仲裁员成立仲裁庭的，应当由当事人共同选定或者共同委托仲裁委员会主任指定仲裁员。

当事人没有在仲裁规则规定的期限内约定仲裁庭的组成方式或者选定仲裁员的，由仲裁委员会主任指定。

（3）开庭和裁决。仲裁应当开庭进行，当事人协议不开庭的，仲裁庭可以根据仲裁申请书、答辩书以及其他材料做出裁决。仲裁一般不公开进行，当事人协议公开的，可以公开进行，但涉及国家秘密的除外。在仲裁过程中，当事人有义务对自己的主张提供证据（仲裁庭只有在认为有必要收集证据时才自行收集）。同时，当事人有权进行辩论。

仲裁庭应在事实清楚的基础上，及时裁决。仲裁庭仲裁纠纷时，其中一部分事实已经清楚的，可以就该部分先行裁决。仲裁裁决评议，实行少数服从多数的原则，但如果仲裁庭不能形成多数意见时，裁决应当按照首席仲裁员的意见做出。

（4）仲裁效力。我国仲裁实行一次裁决终局制，裁决书经仲裁机构做出之日起即发生法律效力，当事人应当履行裁决。一方当事人不履行仲裁裁决的，仲裁机构无权强制执行，只能由另一方当事人依照民事诉讼法的有关规定向人民法院申请执行，受申请的人民法院应当执行。

当事人有申请撤销裁决的权利。即当事人能提出证据证明裁决有下列情形之一的，可以自收到裁决书之日起 6 个月内，向仲裁委员会所在地的中级人民法院申请撤销裁决：①没有仲裁协议的；②裁决的事项不属于仲裁协议的范围或者仲裁委员会无权仲裁的；③仲裁庭的组成或者仲裁的程序违反法定程序的；④裁决所依据的证据是伪造的；⑤对方当事人隐瞒了足以影响公正裁决的证据的；⑥仲裁员在仲裁该案时有索贿受贿、徇私舞弊、枉法裁决行为的。

（三）行政复议

行政复议是指公民、法人和其他组织认为行政机关的具体行政行为侵犯其合法权益，依法向特定行政机关提出申请，由受理该申请的行政机关对原具体行政行为依法进行审查并做出行政复议决定的活动。《中华人民共和国行政复议法》（以下简称《行政复议法》）于 1999 年 10 月 1 日实施，并于 2009 年 8 月 27 日修订。

1. 行政复议的范围

根据《行政复议法》相关规定，有下列情形之一的，公民、法人或其他组织可以申请行政复议：①对行政机关做出的警告、罚款、没收违法所得、没收非法财物、责令停产停业、暂扣或者吊销许可证、暂扣或者吊销执照、行政拘留等行政处罚决定不服的；②对行政机关做出的限制人身自由或者查封、扣押、冻结财产等行政强制措施决定不服的；③对行政机关做出的有关许可证、执照、资质证、资格证等证书变更、中止、撤销的决定不服的；④对行政机关做出的关于确认土地、矿藏、水流、森林、山岭、草原、荒地、滩涂、海域等自然资源的所有权或者使用权的决定不服的；⑤认为行政机关侵犯合法的经营自主权的；⑥认为行政机关变更或者废止农业承包合同，侵犯其合法权益的；⑦认为行政机关违法集资、征收财物、摊派费用或者违法要求履行其他义务的；⑧认为符合法定条件，申请行政机关颁发许可证、执照、资质证、资格证等证书，或者申请行政机关审批、登记有关事项，行政机关没有依法办理的；⑨申请行政机关履行保护人身权利、财产权利、受教育权利的法定职责，行政机关没有依法履行的；⑩申请行政机关依法发放抚恤金、社会保险金或者最低生活保障费，行政机关没有依法发放的；⑪认为行政机关的其他具体行政行为侵犯其合法权益的。这里所指的具体行政行为，是指行政主体在国家行政管理活动中行使职权，针对特定的行政相对人，就特定的事项，做出有关该行政相对人权利义务的单方行为。

公民、法人或者其他组织认为行政机关的具体行政行为所依据的下列规定不合法，在对具体行政行为申请行政复议时，可以一并向行政复议机关提出对该规定的审查申请：①国务院部门的规定；②县级以上地方各级人民政府及其工作部门的规定；③乡、镇人民政府的规定。以上所列规定不含国务院部、委员会规章和地方人民政府规章。规章的审查依照法律、行政法规办理。

根据《行政复议法》的规定，下列事项不能申请行政复议，但可以通过其他救济方式解决：①不服行政机关做出的行政处分或其他人事处理决定的，依照有关法律、行政法规的规定提出申诉。②不服行政机关对民事纠纷做出的调解或其他处理，依法申请仲裁或者向人民法院提起诉讼。

2. 行政复议程序

（1）复议申请。

公民、法人或者其他组织认为具体行政行为侵犯其合法权益的，可以自知道该具体行政行为之日起60日内提出行政复议申请，但是法律规定的申请期限超过60日的除外。

行政复议申请已被行政复议机关依法受理的，或法律、法规规定应当先向复议机关申请复议，对复议决定不服再向人民法院提起行政诉讼的，在法定行政复议期限内不得再向人民法院提起行政诉讼。

（2）复议管辖。

根据做出具体行政行为机关不同类型及级别，《行政复议法》分别规定了具有行政复议申请管辖权的行政复议机关。具体如下：①对县级以上地方各级人民政府工作部门的具体行政行为不服的，由申请人选择，可以向该部门的本级人民政府申请行政复议，也可以向上一级主管部门申请行政复议。②对海关、金融、国税、外汇管理等实行垂直领导的行政机关和国家安全机关的具体行政行为不服的，向上一级主管部门申请行政复议。③对地方各级人民政府的具体行政行为不服的，向上一级地方人民政府申请行政复议。④对省、自治区人民政府依法设立的派出机关所属的县级地方人民政府的具体行政行为不服的，向该派出机关申请行政复议。⑤对国务院部门或者省、自治区、直辖市人民政府的具体行政行为不服的，向做出该具体行政行为的国务院部门或者省、自治区、直辖市人民政府申请行政复议。对行政复议决定不服的，可以向人民法院提起行政诉讼；也可以向国务院申请裁决，国务院依照本法的规定做出最终裁决。

对其他行政机关、组织的具体行政行为不服的，按照下列规定申请行政复议：①对县级以上地方人民政府依法设立的派出机关的具体行政行为不服的，向设立该派出机关的人民政府申请行政复议；②对政府工作部门依法设立的派出机构依照法律、法规或者规章规定，以自己的名义做出的具体行政行为不服的，向设立该派出机构的部门或者该部门的本级地方人民政府申请行政复议；③对法律、法规授权的组织的具体行政行为不服的，分别向直接管理该组织的地方人民政府、地方人民政府工作部门或者国务院部门申请行政复议；④对两个或者两个以上行政机关以共同的名义做出的具体行政行为不服的，向其共同上一级行政机关申请行政复议；⑤对被撤销的行政机关在撤销前所做出的具体行政行为不服的，向继续行使其职权的行政机关的上一级行政机关申请行政复议。有这五种情形之一的，申请人也可以向具体行政行为发生地的县级地方人民政府提出行政复议申请，由接受申请的县级地方人民政府依照《行政复议法》的规定办理。

（3）复议受理。

行政复议机关收到行政复议申请后，应当在 5 日内进行审查，决定是否受理。除有特殊情况外，行政复议期间具体行政行为不停止执行。

（4）复议决定。

行政复议原则上采用书面审查办法，但申请人提出要求或复议机关认为有必要的，可以采取调查、听证等方法。行政复议机关应当自受理申请之日起 60 日内做出行政复议决定；但是法律规定的行政复议期限少于 60 日的除外。延长期限最多不超过 30 日。行政复议决定书一经送达即发生法律效力。被申请人应当履行行政复议决定，不履行或无正当理由拖延履行的，行政复议机关或上级有关行政机关应当责令其限期改正。

本章复习思考题

1. 经济法调整的对象是什么？
2. 经济法律关系的主体、客体、内容包括哪些？
3. 什么是代理？代理有哪些特征？无权代理和表见代理的区别？
4. 简述无效民事行为的概念、种类和后果。
5. 诉讼时效的概念及中止和中断的基本规定。
6. 违反经济法法律责任的形式的主要分类及含义。
7. 仲裁应遵循的基本原则有哪些？哪些事项不能进行仲裁？

本章主要参考的法律法规

1.《中华人民共和国宪法》（1982 年 12 月 4 日第五届全国人民代表大会第 5 次会议通过，1982 年 12 月 4 日实施。1988 年 4 月 12 日第七届全国人民代表大会第 1 次会议、1993 年 3 月 29 日第八届全国人民代表大会第 1 次会议、1999 年 3 月 15 日第九届全国人民代表大会第 2 次会议、2004 年 3 月 14 日第十届全国人民代表大会第 2 次会议分别通过了《宪法修正案》，对宪法进行了修正）

2.《中华人民共和国民法总则》（2017 年 3 月 15 日第十二届全国人民代表大会第 5 次会议通过，2017 年 10 月 1 日起施行）

3.《中华人民共和国刑法》（1979 年 7 月 1 日第五届全国人民代表大会第 2 次会议通过，1997 年 3 月 14 日第八届全国人民代表大会第 5 次会议修订，1997 年 10 月 1 日起施行。1999 年 12 月 25 日第九届全国人民代表大会常务委员会第 13 次会议、2001 年 8 月 31 日第九届全国人民代表大会常务委员会第 23 次会议、2001 年 12 月 29 日第九届全国人民代表大会常务委员会第 25 次会议、2002 年 12 月 28 日第九届全国人民代表大会常务委员会第 31 次会议、2005 年 2 月 28 日第十届全国人民代表大会常务委员会第 14 次会议、2006 年 6 月 29 日第十届全国人民代表大会常务委员会第 22 次会议、2009 年 2 月 28 日第十一届全国人民代表大会常务委员会第 7 次会议、2011 年 2 月 25 日第十一届全国人民代表大会常务委员会第 19 次会议以及 2015 年 8 月 29 日第十二届全国

人民代表大会常务委员会第 16 次会议分别通过了《刑法修正案》，对《刑法》进行了修改和补充）

4.《中华人民共和国行政处罚法》（1996 年 3 月 17 日第八届全国人民代表大会第 4 次会议通过，1996 年 10 月 1 日起施行）

5.《中华人民共和国行政复议法》（1999 年 4 月 29 日第九届全国人民代表大会常务委员会第 9 次会议通过，2009 年 8 月 27 日第十一届全国人民代表大会常务委员会第 10 次会议修订）

6.《中华人民共和国仲裁法》（1994 年 8 月 31 日第八届全国人民代表大会常务委员会第 9 次会议通过，1994 年 8 月 31 日中华人民共和国主席令第 31 号公布，1995 年 9 月 1 日起施行）

7.《中华人民共和国民事诉讼法》（1991 年 4 月 9 日第七届全国人民代表大会第 4 次会议通过，2012 年 8 月 31 日第十一届全国人民代表大会常务委员会第 28 次会议修订）

第二章　公司及企业法律制度

本章知识要点：

本章串讲视频

（1）了解公司和公司法的概念和特征，正确区分法人财产权和股东权利，基本掌握公司登记管理的相关知识。

（2）掌握有限责任公司的设立条件和程序及组织机构，股权转让的有关法律规定。

（3）了解股份有限公司的设立条件、程序及其组织机构，了解上市公司组织机构的特别规定，掌握股份发行和转让的基础知识。

（4）学习公司债券的概念、种类和法律特征，了解关于公司财务、会计的作用、基本要求及公司收益分配制度的相关知识。

（5）了解公司合并与分立的形式和程序，公司注册资本减少和增加的法律规定，掌握公司解散和清算的相关知识。

（6）学习并掌握公司发起人和股东、公司、清算组、承担资产评估、验资或者验证机构、公司登记机关的法律责任及其他有关的法律责任。

（7）了解其他企业法法律制度如个人独资企业和合伙企业的概念、设立和清算等。

第一节　公司法概述

一、公司的概念、种类及法律特征

（一）概念

公司是一种重要的企业组织形式，根据《中华人民共和国公司法》（以下简称《公司法》）规定，公司是指股东投资设立，以营利为目的，股东其认缴的出资额或认购的股份为限对公司承担责任，公司以其全部独立法人财产对公司债务承担责任的企业法人。

（二）种类

1. 以公司资本结构和股东对公司债务承担责任的方式为标准可以分为有限责任公司、股份有限公司、无限公司、两合公司等四种基本类型

有限责任公司，又称有限公司，是指股东以其认缴的出资额为限对公司承担责任，

公司以其全部财产对公司的债务承担责任的公司；股份有限公司，又称股份公司，是指公司将全部资本分为等额股份，股东以其认购的股份为限对公司承担责任，公司以其全部财产对公司的债务承担责任的公司；无限公司是指由两个以上的股东组成，全体股东对公司的债务承担无限连带责任的公司；两合公司是指由负无限责任的股东和负有限责任的股东组成，无限责任股东对公司债务负无限连带责任，有限责任股东就其认缴的出资额为限对公司债务承担责任。

2. 以公司的信用基础为标准可以分为资合公司、人合公司、资合兼人合的公司等三种基本类型

资合公司是指以资本的结合作为信用基础的公司，其典型的形式为股份有限公司；人合公司是指以股东个人的财力、能力和信誉作为信用基础的公司，其典型的形式为无限公司；资合兼人合的公司是指同时以公司资本和股东个人信用作为公司信用基础的公司，其典型的形式为两合公司和股份两合公司。

3. 以公司组织关系为标准可以分为母公司和子公司、本公司和分公司等两种基本类型

（1）在不同公司之间存在控制与依附关系时，处于控制地位的是母公司，处于依附地位的则是子公司。子公司具有法人资格，依法独立承担民事责任。

（2）分公司是公司依法设立的以分公司名义进行经营活动，其法律后果由本公司承受的分支机构。相对分公司而言，公司成为本公司或总公司。分公司不具有法人资格，其民事责任由公司承担。

我国《公司法》规定的公司形式仅为有限责任公司和股份有限公司。

（三）法律特征

1. 依法设立

公司必须依法定条件、法定程序设立。

2. 以营利为目的

营利特征使公司区别于国家行政机关或从事社会公益活动的事业单位和其他非营利性的社会团体。

3. 以股东投资行为为基础设立

公司由股东的投资行为设立，股东投资行为形成的权利是股权。《公司法》规定，公司股东依法享受受益、参与重大决策和选择管理者等权利。

4. 具有法人资格

公司是企业法人，应当符合《民法总则》规定的法人条件。主要是独立的法人财产和独立承担民事责任。

二、公司法的概念与性质

（一）概念

公司法是规定公司法律地位、调整公司组织关系、规范公司在设立、变更与终止过程中的组织行为的法律规范的总称。狭义的公司法仅指专门调整公司问题的法律，

如《公司法》；广义的公司法除包括专门的《公司法》外，还包括其他有关公司的法律、法规、规章等调整公司组织关系、规范公司组织行为的法律规范，如《公司登记管理条例》等。

（二）性质

公司法规定公司的法律地位，规范公司股东之间、股东与公司之间的关系，调整公司的设立、变更与终止活动，规范公司内部组织机构的设置与运作，公司与其他企业间的控制关系以及法律责任等。因此，公司法是组织法与行为法的结合，在调整公司组织关系的同时，也对与公司组织活动有关的行为加以调整，如公司股份的发行和转让等，其组织法性质为公司法的本质特征。

《公司法》的立法宗旨是：规范公司的组织和行为，保护公司、股东和债权人的合法权益，维护社会经济秩序，促进社会主义市场经济的发展。

三、公司法人财产权与股东权利

（一）法人财产权

法人财产权是指公司拥有由股东投资形成的法人财产，并依法对财产行使占有、使用、受益、处分的权利。公司以其全部财产对公司的债务承担责任。有限责任公司的股东以其认缴的出资额为限对公司债务承担责任；股份有限公司的股东以其认购的股份对公司债务承担责任。

（二）股东权利

公司股东是持有公司股份或者出资的人，股东权是基于股东资格而享有的权利。

1. 股东权利的内容

《公司法》规定，公司股东依法享有资产受益、参与重大决策和选择管理者等权利。股东因出资而对公司享有的权利称为股东权，股东权的内容一般包括财产权和管理参与权利两部分。其中财产权是核心，是股东出资的目的所在，管理参与权则是手段，是保障股东实现其财产权的必要途径。

2. 股东权利行使的限制

《公司法》规定，公司股东应当遵守法律、行政法规和公司章程，依法行使股东权利，不得滥用股东权利损害公司或者其他股东的利益；不得滥用公司法人独立地位和股东有限公司损害公司债权人的利益。公司股东滥用股东权利给公司或者其他股东造成损失的，应当依法承担赔偿责任。公司股东滥用公司法人独立地位和股东有限责任，逃避债务，严重损害公司债权人利益的，应当对公司债务承担连带责任。

3. 股东权的保护

为保护股东利益，《公司法》规定公司的控股股东、实际控制人、董事、监事、高级管理人员不得利用其关联关系损害公司利益，违反规定给公司造成损失的，应当承担赔偿责任。公司股东会或股东大会、董事会的决议内容违反法律、行政法规的无效。股东会或股东大会、董事会的会议召集程序、表决方式违反法律、行政法规或者公司章程，或者决议内容违反公司章程的，股东可以自决议做出之日起60日内请求人民法院撤销。股东据此规定提起诉讼的，人民法院可以应公司的请求，要求股东提供相应担保。

为保护善意相对人利益，根据《民法总则》的相关规定，股东会或董事会的决议被人民法院依法撤销的，公司依据该决议与善意相对人形成的民事法律关系不受影响。

第二节 公司的登记管理

一、公司登记的概念、管辖和事项

公司登记是国家赋予公司法人资格与企业经营资格，并对公司的设立、变更、注销加以规范、公示的行政行为。《公司法》规定，设立公司，应当依法向公司登记机关申请设立登记。

我国的公司登记机关是工商行政管理机关。公司登记实行国家、省（自治区、直辖市）、市（县）三级管辖制度。

《公司登记管理条例》规定，公司的登记事项包括：①名称；②住所；③法定代表人姓名；④注册资本；⑤公司类型；⑥经营范围；⑦营业期限；⑧有限责任公司股东或者股份有限公司发起人的姓名或者名称。

公司的登记事项应当符合法律、行政法规的规定。不符合法律、行政法规规定的，公司登记机关不予登记。

公司登记分为设立登记、变更登记、注销登记。公司设立分公司的，也应当进行必要的登记。

二、设立登记

公司设立登记是公司的设立人依照《公司法》规定的设立条件与程序向公司登记机关提出设立申请，并提交法定等级事项文件，公司登记机关审核后对符合法律规定的准予登记，并发给《企业法人营业执照》的活动。

（一）公司名称预先核准

设立公司应当申请名称预先核准。如果法律、行政法规或者国务院决定设立公司必须报经批准，或者公司经营范围中属于法律、行政法规或者国务院决定规定在登记前须经批准的项目，应当在报送批准前办理公司名称预先核准，并以公司登记机关核准的公司名称报送批准。

预先核准的公司名称保留期为6个月。预先核准的公司名称在保留期内，不得用于从事经营活动，不得转让。

（二）公司设立的申请与登记

1. 有限责任公司的设立申请

设立有限责任公司，应当由全体股东指定的代表或者共同委托的代理人向公司登记机关申请设立登记。设立国有独资公司，应当由国务院或者地方人民政府授权的本机人民政府国有资产监督管理机构作为申请人，申请设立登记。法律、行政法规或者国务院决定规定设立有限责任公司必须报经批准的，应当自批准之日起90日内向公司登记机关申请设立登记；逾期申请设立登记的，申请人应当报批准机关确认原批准机关确认原批准文件的效力或者另行报批。

申请设立有限责任公司，应当向公司登记机关提交法律规定的相关文件。法律、行政法规或者国务院决定规定设立有限责任公司必须报经批准的，还应当提交有关批准文件。

2. 股份有限公司的设立申请

设立股份有限公司，应当由董事会向公司登记机关申请设立登记。以募集方式设立股份有限公司的，应当于创立大会结束后30日内向公司登记机关申请设立登记。

申请设立股份有限公司，应当向公司登记机关提交法律规定的相关文件。以募集方式设立股份有限公司的，还应当提交创立大会的会议记录以及依法设立的验资机构出具的验资证明；以募集方式设立股份有限公司公开发行股票的，还应当提交国务院证券监督管理机构的批准文件。

法律、行政法规或者国务院决定规定设立股份有限公司必须报经批准的，还应当提交有关批准文件。公司申请登记的经营范围中属于法律、行政法规或者国务院决定规定在登记前须经批准的项目，应当在申请登记前报经国家有关部门批准，并向公司登记机关提交有关批准文件。

依法设立的公司，由公司登记机关发给《企业法人营业执照》。公司营业执照签发日期为公司成立日期。公司凭公司登记机关核发的《企业法人营业执照》刻制印章，开立银行账户，申请纳税登记。

三、变更登记

公司变更登记事项，应当向原公司登记机关申请变更登记。未经变更登记的，公司不得擅自改变登记事项。变更登记事项涉及《企业法人营业执照》载明事项的，公司登记机关应当换发《企业法人营业执照》。

公司申请变更登记，应当向公司登记机关提交下列文件：公司法定代表人签署的变更登记申请书；依照《公司法》做出的变更决议或决定；国家工商行政管理总局规定要求提交的其他文件。公司变更登记涉及修改公司章程的，应当提交由公司法定代表人签署的修改后的公司章程或者公司章程修正案。变更登记事项依照法律、行政法规或者国务院决定规定在登记前须报批准的，还应当向公司登记机关提交有关批准文件。

四、注销登记

公司解散有两种情况，一是不需要清算的，如因合并、分立而解散的公司，因其债权、债务由合并、分立后继续存续的公司继承；二是应当清算的，即公司债权债务无人承继的。公司解散应当申请注册登记，经公司登记机关注销登记，公司终止。

《公司登记管理条例》规定，有下列情形之一的，公司清算组应当自公司清算结束之日起 30 日内向原公司登记机关申请注销登记：①公司被依法宣告破产的；②公司章程规定的营业期限届满或者公司章程规定的其他解散事由出现，但公司通过修改公司章程而存续的除外；③股东会、股东大会决议解散或者一人有限责任公司的股东、外商投资的公司董事会决议解散；④依法被吊销营业执照、责令关闭或者被撤销；⑤人民法院依法予以撤销；⑥法律、行政法规规定的其他解散情形。

公司申请注销登记，应当提交法律规定的相关文件。

五、分公司的登记

分公司是指公司在其住所以外设立的从事经营活动的机构。分公司不具有企业法人的资格。分公司的登记事项包括：名称、营业场所、负责人、经营范围。分公司的名称应当符合国家有关规定。分公司的营业范围不得超出公司的经营范围。

公司设立分公司的，应当自决定做出之日起 30 日之内向分公司所在地的公司登记机关申请登记；法律、行政法规或者国务院决定规定必须报经有关部门批准的，应当自批准之日起 30 日内向公司登记机关申请登记。

分公司的公司登记机关准予登记的，发给《营业执照》。公司应当自分公司登记之日起 30 日内，持分公司的《营业执照》到公司登记机关办理备案。

分公司变更登记事项的，应当向登记机关申请变更登记。申请变更登记，应当提交公司法定代表人签署的变更登记申请书。

分公司被公司撤销、依法责令关闭、吊销营业执照的，公司应当自决定做出之日起 30 日内向该公司的公司登记机关申请注销登记。

【例 2-1】甲股份有限公司经营电子产品，因业务规模不断扩大，公司决定在上海、深圳两地设立分公司。该股份有限公司下列作法正确的有（　　）。

A. 向分公司所在地的登记机关申请登记，由公司登记机关核准登记，发给营业执照

B. 向公司所在地的登记机关申请法人登记，由公司登记机关核准登记，发给法人营业执照，取得法人资格

C. 分公司的经营范围与公司的经营范围一致，必须继续经营电子产品

D. 分公司的经营范围与公司的经营范围可以不一致，但必须向分公司登记机关备案

【解析】正确答案为 A C。本题考核点是设立分公司。公司设立分公司的，应当自决定做出之日起30 日内向分公司所在地的公司登记机关申请登记，所以选项 A 正确，选项 B 错误；分公司的经营范围不得超出公司的经营范围，所以选项 C 正确，选项 D 错误。

六、登记程序

申请公司、分公司登记，申请人可以到公司登记机关提交申请，也可以通过信函、电报、电传、传真、电子数据交换和电子邮件等方式提出申请。

公司登记机关应当根据法律规定的相关情况分别做出是否受理的决定。公司登记机关决定予以受理的，应当出具《受理通知书》；决定不予受理的，应当出具《不予受理通知书》，说明不予受理的理由，并告之申请人享有依法申请行政复议或者提起行政诉讼的权利。

公司登记机关对决定予以受理的登记申请，应当分别情况在规定的期限内做出是否准予登记的决定。公司登记机关需要对申请文件、材料核实的，应当自受理之日起15日内做出是否准予登记的决定。

公司登记机关应当将公司登记、备案信息通过企业信用信息公示系统向社会公示。吊销《企业法人营业执照》和《营业执照》的公告由公司登记机关发布。

第三节　有限责任公司

一、有限责任公司的设立

（一）设立条件

1. 股东符合法定人数

有限责任公司由50个以下的股东出资设立。

2. 有符合公司章程规定的全体股东认缴的出资额

有限责任公司的注册资本为在公司登记机关登记的全体股东认缴的出资额。法律、行政法规以及国务院决定对有限责任公司注册资本实缴、注册资本最低限额另有规定的，从其规定。

3. 股东共同制定公司章程

章程是记载公司组织、活动基本准则的公开性法律文件。设立有限责任公司必须由股东共同依法制定公司章程。

4. 有公司名称，建立符合有限责任公司要求的组织机构

公司设立自己的名称时，应当经过公司登记管理机关进行预先核准登记。

5. 有公司住所

公司以其主要办事机构所在地为住所。

（二）设立程序

1. 订立公司章程

股东设立有限责任公司必须先订立公司章程，将要设立的公司基本情况以及各方面的权利义务加以明确规定。

2. 申请公司名称预先核准

设立公司应当申请名称预先核准。法律、行政法规或者国务院决定规定设立公司必须报经批准，或者公司经营范围中属于法律、行政法规或者国务院决定规定在登记前须经批准的项目的，应当在报送批准前办理公司名称预先核准，并以公司登记机关

核准的公司名称报送批准。

3. 办理审批手续

对于法律、行政法规规定必须报经批准方能成立的公司，应当在公司登记前依法办理批准手续。这里的审批内容不是仅指需要批准方可经营的公司业务，而主要是指需要批准方允许成立的公司。

4. 股东认缴出资

股东可以用货币出资，也可以用实物、知识产权、土地使用权等可以用货币估价并可以依法转让的非货币财产作价出资；但是，法律、行政法规规定不得作为出资的财产除外。对作为出资的非货币财产应当评估作价，核实财产，不得高估或者低估作价。法律、行政法规对评估作价有规定的，从其规定。

股东应当按期足额缴纳公司章程中规定的各自所认缴的出资额。股东以资本出资的，应当将货币出资足额存入有限责任公司在银行开设的账户；以非货币财产出资的，应当依法办理其财产权的转移手续。股东不按照规定缴纳出资的，除应当向公司足额缴纳外，还应当向已按期缴纳出资的股东承担违约责任。

5. 申请设立登记

股东认足公司章程规定的出资后，由全体股东指定的代表或者共同委托的代理人向公司登记机关报送公司登记申请书、公司章程等文件，申请设立登记。

6. 登记发照

只有获得了公司登记机关颁发的营业执照，公司设立的程序才宣告结束。

二、组织机构

有限责任公司的组织机构包括股东会、董事会、监事会及高级管理人员，但其设置较股份有限公司灵活。

（一）股东会

1. 股东会的职权

有限责任公司股东会由全体股东组成。股东会是公司的权力机构，行使下列职权：①决定公司的经营方针和投资计划；②选举和更换非由职工代表担任的董事、监事，决定有关董事、监事的报酬事项；③审议批准董事会或者执行董事的报告；④审议批准监事会或者监事的报告；⑤审议批准公司的年度财务预算方案、决算方案；⑥审议批准公司的利润分配方案和弥补亏损方案；⑦对公司增加或者减少注册资本做出决议；⑧对发行公司债券做出决议；⑨对公司合并、分立、变更公司形式、解散和清算等事项做出决议；⑩修改公司章程；⑪公司章程规定的其他职权。对上述事项股东以书面形式一致表示同意的，可以不召开股东会会议，直接做出决定，并由全体股东在决定文件上签名、盖章。

2. 股东会的会议形式

股东会会议分为定期会议和临时会议。定期会议应当按照公司章程的规定按时召开。代表1/10以上表决权的股东，1/3以上的董事，监事会或者不设监事会的公司的监事提议召开临时会议的，应当召开临时会议。

3. 股东会的召开

首次股东会会议由出资最多的股东召集和主持，依法行使职权。以后的股东会会议，公司设立董事会的，由董事会召集，董事长主持；董事长不能或者不履行职务的，由副董事长主持；副董事长不能或者不履行职务的，由半数以上董事共同推举一名董事主持。公司不设董事会的，股东会会议由执行董事召集和主持。董事会或者执行董事不能或者不履行召集股东会会议职责的，由监事会或者不设监事会的公司的监事召集和主持；监事会或者监事不召集和主持的，代表 1/10 以上表决权的股东可以自行召集和主持。

召开股东会会议，应当于会议召开 15 日以前通知全体股东，但公司章程另有规定或者全体股东另有约定的除外。股东会应当将所议事项的决定做成会议记录，出席会议的股东应当在会议记录上签名。

4. 股东会的表决

股东会会议由股东按照出资比例行使表决权，但公司章程另有规定的除外。股东会的议事方式和表决程序，除《公司法》有规定的外，由公司章程规定。

股东会会议做出修改公司章程、增加或减少注册资本的决议，以及公司合并、分立、解散或者变更公司形式的决议，必须经代表 2/3 以上表决权的股东通过。

（二）董事会

1. 董事会的组成

有限责任公司设董事会（依法不设董事会者除外），其成员为 3 人至 13 人。两个以上的国有企业或者其他两个以上的国有投资主体投资设立的有限责任公司，其董事会成员中应当有公司职工代表；其他有限责任公司董事会成员中也可以有公司职工代表。

2. 董事会的任期

董事任期由公司章程规定，但每届任期不得超过 3 年。董事任期届满，连选可以连任。董事任期届满未及时改选，或者董事在任期内辞职导致董事会成员低于法定人数的，在改选出的董事就任前，原董事仍应当依照法律、行政法规和公司章程的规定，履行董事职务。

3. 董事会的职权

董事会对股东会负责，行使下列职权：①召集股东会会议，并向股东会报告工作；②执行股东会的决议；③决定公司的经营计划和投资方案；④制订公司的年度财务预算方案、决算方案；⑤制订公司的利润分配方案和弥补亏损方案；⑥制订公司增加或者减少注册资本以及发行公司债券的方案；⑦制订公司合并、分立、变更公司形式、解散的方案；⑧决定公司内部管理机构的设置；⑨决定聘任或者解聘公司经理及其报酬事项，并根据经理的提名决定聘任或者解聘公司副经理、财务负责人及其报酬事项；⑩制定公司的基本管理制度；⑪公司章程规定的其他职权。

4. 董事会的召开

董事会会议由董事长召集和主持；董事长不能或者不履行职务的，由副董事长召集和主持；副董事长不能或者不履行职务的，由半数以上董事共同推举一名董事召集和主持。

5. 董事会的决议

董事会的议事方式和表决程序，除《公司法》有规定的外，由公司章程规定。董事会决议的表决，实行一人一票。董事会应当将所议事项的决定做成会议记录，出席会议的董事应当在会议记录上签名。

6. 经理

有限责任公司可以设经理，由董事会决定聘任或者解聘。经理对董事会负责，行使下列职权：①主持公司的生产经营管理工作，组织实施董事会决议；②组织实施公司年度经营计划和投资方案；③拟订公司内部管理机构设置方案；④拟订公司的基本管理制度；⑤制定公司的具体规章；⑥提请聘任或者解聘公司副经理、财务负责人；⑦决定聘任或者解聘除应由董事会决定聘任或者解聘以外的负责管理人员；⑧董事会授予的其他职权。经理列席董事会会议。公司章程对经理职权另有规定的，从其规定。

7. 执行董事

有限责任公司股东人数较少或者规模较小的，可以设一名执行董事，不设立董事会。执行董事可以兼任公司经理。执行董事的职权由公司章程规定。

（三）监事会

1. 监事会的组成

有限责任公司设立监事会，其成员不得少于 3 人。股东人数较少或者规模较小的有限责任公司，可以设 1 至 2 名监事．不设立监事会。监事会应当包括股东代表和适当比例的公司职工代表，其中职工代表的比例不得低于 1/3，具体比例由公司章程规定。

监事会设主席 1 人，由全体监事过半数选举产生。监事会主席召集和主持监事会会议；监事会主席不能或者不履行职务的，由半数以上监事共同推举 1 名监事召集和主持监事会会议。董事、高级管理人员不得兼任监事。

2. 监事会的任期

监事的任期每届为 3 年。监事任期届满，连选可以连任。监事任期届满未及时改选，或者监事在任期内辞职导致监事会成员低于法定人数的，在改选出的监事就任前，原监事仍应当依照法律、行政法规和公司章程的规定，履行监事职务。

3. 监事会的职权

监事会、不设监事会的公司的监事行使下列职权：①检查公司财务；②对董事、高级管理人员执行公司职务的行为进行监督，对违反法律、行政法规、公司章程或者股东会决议的董事、高级管理人员提出罢免的建议；③当董事、高级管理人员的行为损害公司的利益时，要求董事、高级管理人员予以纠正；④提议召开临时股东会会议，在董事会不履行本法规定的召集和主持股东会会议职责时召集和主持股东会会议；⑤向股东会会议提出提案；⑥依照《公司法》第一百五十二条的规定，对董事、高级管理人员提起诉讼；⑦公司章程规定的其他职权。

监事可以列席董事会会议，并对董事会决议事项提出质询或者建议。监事会、不设监事会的公司的监事行使职权所必需的费用，由公司承担。监事会、不设监事会的公司的监事发现公司经营情况异常，可以进行调查；必要时，可以聘请会计师事务所等协助其工作，费用由公司承担。

4. 监事会的决议

监事会每年度至少召开一次会议，监事可以提议召开临时监事会会议。监事会的议事方式和表决程序，除《公司法》有规定的外，由公司章程规定。监事会决议应当经半数以上监事通过。监事会应当将所议事项的决定做成会议记录，出席会议的监事应当在会议记录上签名。

（四）对公司董事、监事、高级管理人员责任的追究

1. 股东代表诉讼

股东代表诉讼，也称股东间接诉讼，是指公司的董事、监事和高级管理人员或者他人的违反法律、行政法规或者公司章程的行为给公司造成损失，公司拒绝或者怠于向该违法行为人请求诉讼赔偿时，具备法定资格的股东有权代表其他股东，代替公司提起诉讼，请求违法行为人赔偿公司损失的行为。

2. 股东直接诉讼

这是指股东对董事、高级管理人员违反规定损害股东利益的行为提起的诉讼。《公司法》规定，公司董事、高级管理人员违反法律、行政法规或者公司章程的规定，损害股东利益的，股东可以依法向人民法院提起诉讼。

三、一人有限责任公司的特别规定

一人有限责任公司，是指只有一个自然人股东或者一个法人股东的有限责任公司。一人有限公司是有限公司的一种特别表现形式。

《公司法》对一人有限公司的设立和组织机构做了特别规定，主要有以下几个方面：

（1）一个自然人只能投资设立一个一人有限责任公司，禁止其设立多个一人有限责任公司，而且该一人有限责任公司不能投资设立新的一人有限责任公司。

（2）一人有限责任公司应当在公司登记中注明自然人独资或者法人独资，并在公司营业执照中载明。一人有限责任公司章程由股东制定。

（3）一人有限责任公司不设股东会。法律规定的股东会职权由股东行使，当股东行使相应职权做出决定时，应当采用书面形式，并由股东签字后置备于公司。

（4）一人有限责任公司应当在每一会计年度终了时编制财务会计报告，并经会计师事务所审计。

（5）一人有限责任公司的股东不能证明公司财产独立于股东自己财产的，应当对公司债务承担连带责任。

四、国有独资公司的特别规定

国有独资公司，是指国家单独出资、由国务院或者地方人民政府委托本级人民政

府国有资产监督管理机构履行出资人职责的有限责任公司。

《公司法》对国有独资公司的设立和组织机构作了特殊规定，主要有：

（1）国有独资公司章程由国有资产监督管理机构制定，或者由董事会制订报国有资产监督管理机构批准。

（2）国有独资公司不设股东会，由国有资产监督管理机构行使股东会职权。国有资产监督管理机构可以授权公司董事会行使股东会的部分职权，决定公司的重大事项，但公司的合并、分立、解散、增减注册资本和发行公司债券，必须由国有资产监督管理机构决定；其中，重要的国有独资公司合并、分立、解散、申请破产的，应当由国有资产管理机构审核后，报本级人民政府批准。

（3）国有独资公司设立董事会，依照法律规定的有限责任公司董事会的职权和国有资产监督管理机构的授权行使职权。董事会成员由国有资产监督管理机构委派，董事长、副董事长由国有资产监督管理机构从董事会成员中指定。

（4）国有独资公司设经理，由董事会聘任或者解聘。国有独资公司经理的职权与普通有限责任公司相同。经国有资产监督管理机构同意，董事会成员可以兼任经理。

（5）国有独资公司的董事长、副董事长、董事、高级管理人员，未经国有资产监督管理机构同意，不得在其他有限责任公司、股份有限公司或者其他经济组织兼职。

（6）国有独资公司监事会成员不得少于 5 人，其中职工代表的比例不得低于 1/3，具体比例由公司章程规定。监事会成员由国有资产监督管理机构委派；但是，监事会中的职工代表由公司职工代表大会选举产生。监事会主席由国有资产监督管理机构从监事会成员中指定。国有独资公司监事会的职权范围小于普通有限责任公司的监事会权。

五、股权转让

有限责任公司股东转让股权包括股东之间转让股权、股东向股东以外的人转让股权和人民法院强制转让股权几种情形。

《公司法》规定，有限责任公司的股东之间可以相互转让其全部或者部分股权。股东向股东以外的人转让股权，应当经其他股东过半数同意。股东应就其股权转让事项书面通知其他股东征求同意，其他股东自接到书面通知之日起满 30 日未答复的，视为同意转让。其他股东半数以上不同意转让的，不同意的股东应当购买该转让的股权；不购买的，视为同意转让。经股东同意转让的股权，在同等条件下，其他股东有优先购买权。两个以上股东主张行使优先购买权的，协商确定各自的购买比例；协商不成的，按照转让时各自的出资比例行使优先购买权。公司章程对股权转让另有规定的，从其规定。

人民法院依照法律规定的强制执行程序转让股东的股权时，应当通知公司及全体股东。其他股东在同等条件下有优先购买权。其他股东自人民法院通知之日起满 20 日不行使优先购买权的，视为放弃优先购买权。自然人股东死亡后，其合法继承人可以继承股东资格，但公司章程另有规定的除外。

股东转让股权后，公司应当注销原股东的出资证明书，向新股东签发出资证明书，并相应修改公司章程和股东名册中有关股东及其出资额的记载。对公司章程的该项修改不需再由股东会表决。

为维护少数股东权益，《公司法》设置了股东的股权回购请求权，规定有下列情形之一的，对股东会该项决议投反对票的股东可以请求公司按照合理的价格收购其股权：①公司连续 5 年不向股东分配利润，而公司该 5 年连续盈利，并且符合法律规定的分配利润条件的；②公司合并、分立、转让主要财产的；③公司章程规定的营业期限届满或者章程规定的其他解散事由出现，股东会会议通过决议修改章程使公司存续的。自股东会会议决议通过之日起 60 日内，股东与公司不能达成股权收购协议的，股东可以自股东会会议决议通过之日起 90 日内向人民法院提起诉讼。

第四节　股份有限公司

一、股份有限公司的设立

股份有限公司是指全部资本划分为等额股份，股东以其所持股份为限对公司承担责任，公司以其全部资产为限对公司债务承担责任的企业法人。

（一）设立方式

股份有限公司的设立可以采取发起设立或者募集设立的方式

发起设立是指发起人认购公司应发行的全部股份而设立公司。以发起设立方式设立的股份有限公司在其发行新股之前，其全部股份都由发起人持有，公司的全部股东都是设立公司的发起人。

募集设立是指发起人认购公司应发行股份的一部分，其余股份向社会公开募集或者向特定对象募集而设立公司。法律对采用募集设立方式设立公司规定了较为严格的程序，以保护广大投资者的利益，保证正常的经济秩序。

（二）设立条件

（1）发起人符合法定人数。设立股份有限公司应当有 2 人以上 200 人以下为发起人，其中须有半数以上的发起人在中国境内有住所。

（2）有符合公司章程规定的全体发起人认购的股本总额或者募集的实收股本总额。

股份有限公司采取发起设立方式设立的，注册资本为在公司登记机关登记的全体发起人认购的股本总额。在发起人认购的股份缴足前，不得向他人募集股份。

股份有限公司采取募集方式设立的，注册资本为在公司登记机关登记的实收股本总额。法律、行政法规以及国务院决定对股份有限公司注册资本实缴、注册资本最低限额另有规定的，从其规定。

（3）股份发行、筹办事项符合法律规定。相关法律是指公司法和证券法及相关法规等。

（4）发起人制定公司章程，经创立大会通过。

（5）有公司名称，建立符合股份有限公司要求的组织机构。

（6）有公司住所。

（三）设立程序

1. 发起设立的主要程序

（1）发起人书面认足公司章程规定其认购的股份。

（2）缴纳出资。发起人书面认足公司章程规定其认购的股份后，应照公司章程规定缴纳出资。以非货币财产出资的，应当依法办理其财产权的转移手续。

发起人不依照上述规定缴纳出资的，应当按照发起人协议承担违约责任。

（3）选举董事会和监事会。发起人认足公司章程规定的出资后，应当选举董事会和监事会，建立公司的组织机构。

（4）申请设立登记。由董事会向公司登记机关报送公司章程以及法律、行政法规规定的其他文件，申请设立登记。一旦公司登记机关依法予以登记，发给公司营业执照，公司即告成立。

2. 募集设立的主要程序

（1）发起人认购股份。发起人认购的股份不得少于公司股份总数的35%；但是法律、行政法规另有规定的，从其规定。

（2）向社会公开募集股份。发起人向社会公开募集股份，必须公告招股说明书，并制作认股书。

（3）召开创立大会。发行股份的股款缴足后，必须经依法设立的验资机构验资并出具证明。发起人应当自股款缴足之日起30日内主持召开公司创立大会。创立大会由发起人、认股人组成。发行的股份超过招股说明书规定的截止期限尚未募足的，或者发行股份的股款缴足后，发起人在30日内未召开创立大会的，认股人可以按照所缴股款并加算银行同期存款利息，要求发起人返还。

发起人应当在创立大会召开15日前将会议日期通知各认股人或者予以公告。创立大会应有代表股份总数过半数的发起人、认股人出席，方可举行。

（4）申请设立登记。董事会应于创立大会结束后30日内，依法向公司登记机关申请设立登记，并报送法律规定的相关文件。

股份有限公司应当将公司章程、股东名册、公司债券存根、股东大会会议记录、董事会会议记录、监事会会议记录、财务会计报告置备于本公司。股东有权查阅这些文件，对公司的经营提出建议或者质询。

（四）股份有限公司发起人承担的责任

根据《公司法》的规定，股份有限公司的发起人应当承担下列责任：公司不能成立时，对设立行为所产生的债务和费用负连带责任；公司不能成立时，对认股人已缴纳的股款，负返还股款并加算银行同期存款利息的连带责任；在公司设立过程中，由于发起人的过失致使公司利益受到损害的，应当对公司承担赔偿责任。

（五）有限责任公司变更为股份有限公司

有限责任公司变更为股份有限公司时，折合的实收股本总额不得高于公司净资产额。有限责任公司变更为股份有限公司，为增加资本公开发行股份时，应当依法办理。

二、组织机构

股份有限公司的组织机构由股东大会、董事会、监事会等组成。

（一）股东大会

1. 股东大会的职权

股份有限公司股东大会由全体股东组成。股东大会是公司的权力机构，依法行使职权，其职权范围与有限责任公司股东会相同。

此外，根据中国证券监督管理委员会发布的《上市公司章程指引》的规定，上市公司的股东大会还有权对公司聘用、解聘会计师事务所做出决议；审议代表公司发行在外有表决权股份总数的5%以上的股东的提案；审议法律、法规和公司章程规定应当由股东大会决定的其他事项。

2. 股东大会的会议形式

股份有限公司的股东大会分为股东年会与临时大会两种。股东年会是指依照法律和公司章程的规定每年按时召开的股东大会。《公司法》规定，股东大会应当每年召开一次。

临时股东大会是指股份有限公司在出现召开临时股东大会的法定事由时，应当在法定期限2个月内召开的股东人会。有下列情形之一的，应当在两个月内召开临时股东大会：①董事人数不足《公司法》规定人数或者公司章程所定人数的2/3时；②公司未弥补的亏损达实收股本总额1/3时；③单独或者合计持有公司10%以上股份的股东请求时；④董事会认为必要时；⑤监事会提议召开时；⑥公司章程规定的其他情形。

3. 股东大会的召开

股东大会会议由董事会召集，董事长主持；董事长不能或者不履行职务的，由副董事长主持；副董事长不能或者不履行职务的，由半数以上董事共同推举一名董事主持。董事会不能或者不履行召集股东大会会议职责的，监事会应当及时召集和主持；监事会不召集和主持的，连续90日以上单独或者合计持有公司10%以上股份的股东可以自行召集和主持。

召开股东大会会议，应当将会议召开的时间、地点和审议的事项于会议召开20日前通知各股东；临时股东大会应当于会议召开15日前通知各股东；发行无记名股票的，应当于会议召开30日前公告会议召开的时间、地点和审议事项。单独或者合计持有公司3%以上股份的股东，可以在股东大会召开10日前提出临时提案并书面提交董事会；董事会应当在收到提案后2日内通知其他股东，并将该临时提案提交股东大会审议。临时提案的内容应当属于股东大会职权范围，并有明确议题和具体决议事项。股东大会不得对向股东通知中未列明的事项做出决议。无记名股票持有人出席股东大会会议的，应当于会议召开5日前至股东大会闭会时将股票交存于公司。

4. 股东大会的表决

股东出席股东大会会议，所持每一股份有一表决权。股东可以委托代理人出席股东大会会议，代理人应当向公司提交股东授权委托书，并在授权范围内行使表决权。公司持有的本公司股份没有表决权。

股东大会决议的事项分为普通事项与特别事项两类。股东大会对普通事项做出决议，必须经出席会议的股东所持表决权过半数通过。股东大会对修改公司章程、增加或者减少注册资本，以及公司合并、分立、解散或者变更公司形式的特别事项做出决议，必须经出席会议的股东所持表决权的 2/3 以上通过。

《公司法》和公司章程规定公司转让、受让重大资产或者对外提供担保等事项必须经股东大会做出决议的。董事会应当及时召集股东大会会议，由股东大会就上述事项进行表决。

股东大会选举董事、监事，可以根据公司章程的规定或者股东大会的决议，实行累积投票制。累积投票制，是指股东大会选举董事或者监事时，每一股份拥有与应选董事或者监事人数相同的表决权，股东拥有的表决权可以集中使用。

股东大会应当对所议事项的决定做成会议记录，主持人、出席会议的董事应当在会议记录上签名。会议记录应当与出席股东的签名册及代理出席的委托书一并保存。

（二）董事会

1. 董事会的组成与职权

股份有限公司设董事会，其成员为 5 人至 19 人。董事会成员中可以有公司职工代表。董事会中的职工代表由公司职工通过职工代表大会、职工大会或者其他形式民主选举产生。股份有限公司董事的任期、董事会的职权与有限责任公司相同。

2. 董事会的召开

董事会设董事长一人，可以设副董事长。董事长和副董事长由董事会以全体董事的过半数选举产生。董事长召集和主持董事会会议，检查董事会决议的实施情况。副董事长协助董事长工作，董事长不能或者不履行职务的，由副董事长履行职务；副董事长不能或者不履行职务的，由半数以上董事共同推举一名董事履行职务。

董事会每年度至少召开两次会议，每次会议应当于会议召开 10 日前通知全体董事和监事。代表 1/10 以上表决权的股东、1/3 以上董事或者监事会，可以提议召开董事会临时会议。董事长应当自接到提议后 10 日内，召集和主持董事会会议。董事会召开临时会议，可以另定召集董事会的通知方式和通知时限。

3. 董事会的决议

董事会会议应有过半数的董事出席方可举行。董事会做出决议必须经全体董事的过半数通过。董事会决议的表决实行一人一票。董事会会议应由董事本人出席，董事因故不能出席，可以书面委托其他董事代为出席，委托书中应载明授权范围。

董事会应当对会议所议事项的决定做成会议记录，出席会议的董事应当在会议记录上签名。董事应当对董事会的决议承担责任。董事会的决议违反法律、行政法规或者公司章程、股东大会决议，致使公司遭受严重损失的，参与决议的董事对公司负赔偿责任。但经证明在表决时曾表明异议并记载于会议记录的，该董事可以免除责任。

【例 2-2】某股份有限公司的董事会由 11 人组成，其中董事长 1 人，副董事长 2

人。该董事会某次会议发生的下列行为不符合《公司法》规定的有（ ）。

A. 因董事长不能出席会议，董事长指定一位副董事长王某主持该次会议

B. 通过了增加公司注册资本的决议

C. 通过了解聘公司现任经理，由副董事长王某兼任经理的决议

D. 会议所有议决事项均载入会议记录，由主持会议的副董事长王某和记录员签名存档

【解析】正确答案为B、D。要注意董事会与股东大会职权的区别。B选项所述内容属股东大会行使的职权，而非董事会的职权；D选项的违法之处在于，仅由主持会议的副董事长王某和记录员在会议记录上签名存档违反《公司法》的规定，应由全体参加董事会会议的董事在会议记录上签名。

4. 经理

股份有限公司设经理，由董事会决定聘任或者解聘，其职权与有限责任公司经理相同。公司董事会可以决定由董事会成员兼任经理。

公司应当定期向股东披露董事、监事、高级管理人员从公司获得报酬的情况。公司不得直接或者通过子公司向董事、监事、高级管理人员提供借款。

（三）监事会

1. 监事会的组成与职权

股份有限公司设立监事会，其成员不得少于3人。监事会应当包括股东代表和适当比例的公司职工代表，其中职工代表的比例不得低于1/3，具体比例由公司章程规定。董事、高级管理人员不得兼任监事。

股份有限公司监事的任期、监事会的职权与有限责任公司相同。监事会行使职权所必需的费用，由公司承担。

2. 监事会的召开

监事会设主席一人，可以设副主席。监事会主席和副主席由全体监事过半数选举产生。监事会主席召集和主持监事会会议；监事会主席不能或者不履行职务的。由监事会副主席召集和主持监事会会议；监事会副主席不能或者不履行职务的. 由半数以上监事共同推举一名监事召集和主持监事会会议。

监事会每6个月至少召开一次会议。监事可以提议召开临时监事会会议。监事会的议事方式和表决程序，除法律有规定的外，由公司章程规定。监事会应当对所议事项的决定做成会议记录，出席会议的监事应当在会议记录上签名。

三、上市公司组织机构的特别规定

上市公司，是指其股票在证券交易所上市交易的股份有限公司。《公司法》对上市公司组织机构与活动原则的特别规定主要有以下几项：

1. 增加股东大会特别决议事项

上市公司在一年内购买、出售重大资产或者担保金额超过公司资产总额30%的，应当由股东大会做出决议，并经出席会议的股东所持表决权的2/3以上通过。

2. 上市公司设立独立董事，具体办法由国务院规定

独立董事，是指不在公司担任除董事外的其他职务，并与其所受聘的上市公司及其主要股东不存在可能妨碍其进行独立客观判断的关系的董事。独立董事除了应履行董事的一般职责外，主要职责在于对控股股东及其选任的上市公司的董事、高级管理人员，以及其与公司进行的关联交易等进行监督。

3. 上市公司设立董事会秘书

董事会秘书负责公司股东大会和董事会会议的筹备、文件保管以及公司股权管理，办理信息披露事务等事宜。

4. 增设关联关系董事的表决权排除制度

上市公司董事与董事会会议决议事项所涉及的企业有关联关系的，不得对该项决议行使表决权，也不得代理其他董事行使表决权。该董事会会议由过半数的无关联关系董事出席即可举行，董事会会议所作决议须经无关联关系董事过半数通过。出席董事会的无关联关系董事人数不足 3 人的，应将该事项提交上市公司股东大会审议。

四、股份发行和转让

（一）股份发行

股份的发行应当遵循公平原则、公正原则、同股同权原则。《公司法》规定，同次发行的同种类股票，每股的发行条件和价格应当相同；任何单位或者个人所认购的股份，每股应当支付相同价额。

股票发行价格可以按票面金额，也可以超过票面金额，但不得低于票面金额。股票采用纸面形式或者国务院证券监督管理机构规定的其他形式。目前我国上市公司股票的发行、交易均已通过计算机采用存储信息等无纸化方式进行。公司发行的股票，可以为记名股票，也可以为无记名股票。公司向发起人、法人发行的股票为记名股票，应当记载该发起人、法人的名称或者姓名，不得另立户名或者以代表人姓名记名。

公司发行记名股票的，应当置备股东名册，记载下列事项：①股东的姓名或者名称及住所；②各股东所持股份数；③各股东所持股票的编号；④各股东取得股份的日期。发行无记名股票的，公司应当记载其股票数量、编号及发行日期。

公司发行新股，依照公司章程的规定由股东大会或者董事会对下列事项做出决议：①新股种类及数额；②新股发行价格；③新股发行的起止日期；④向原有股东发行新股的种类及数额。

公司经国务院证券监督管理机构核准公开发行新股时，必须公告新股招股说明书和财务会计报告，并制作认股书。

（二）股份转让

股份转让是指股份有限公司的股份持有人依法自愿将自己所拥有的股份转让给他人，使他人取得股份或增加股份数额成为股东的法律行为。

《公司法》对股份有限公司的股份转让做出了具体的规定，主要有：

（1）股东持有的股份可以依法转让。股东转让其股份，应当在依法设立的证券交

易场所进行或者按照国务院规定的其他方式进行。

（2）记名股票，由股东以背书方式或者法律、行政法规规定的其他方式转让；转让后由公司将受让人的姓名或者名称及住所记载于股东名册。

（3）发起人持有的本公司股份，自公司成立之日起1年内不得转让。公司公开发行股份前已发行的股份，自公司股票在证券交易所上市交易之日起1年内不得转让。

（4）除法定情形之外，公司不得收购本公司股份为防止变相违规收购本公司股份，公司不得接受本公司的股票作为质押权的标的。

（5）记名股票被盗、遗失或者灭失，股东可以依照《民事诉讼法》规定的公示催告程序，请求人民法院宣告该股票失效。人民法院宣告该股票失效后，股东可以向公司申请补发股票。

第五节 公司债券、财务与会计

一、公司债券

（一）公司债券的概念、种类和法律特征

1. 概念

公司债券是指公司依照法定程序发行、约定在一定期限还本付息的有价证券。

2. 种类

依照不同的标准，对公司债券可作不同的分类。

（1）记名公司债券和无记名公司债券。记名公司债券是指在公司债券上记载债权人姓名或者名称的债券；无记名公司债券是指在公司债券上不记载债权人姓名或者名称的债券。区分记名公司债券和无记名公司债券的法律意义在于两者转让的要求不同。

（2）可转换公司债券和不可转换公司债券。可转换公司债券是指可以转换成公司股票的公司债券。这种公司债券在发行时规定了转换为公司股票的条件与办法，当条件具备时，债券持有人拥有将公司债券转换为公司股票的选择权。不可转换公司债券是指不能转换为公司股票的公司债券。凡在发行债券时未做出转换约定的，均为不可转换公司债券。

3. 法律特征

（1）公司债券的持有人是公司的债权人，对于公司享有民法上规定的债权人的所有权利，而股票的持有人则是公司的股东，享有《公司法》所规定的股东权利。

（2）公司债券的持有人，无论公司是否有盈利，对公司享有按照约定给付利息的请求权，而股票持有人，则必须在公司有盈利时才能依法获得股利分配。

（3）公司债券到了约定期限，公司必须偿还债券本金，而股票持有人仅在公司解散时方可请求分配剩余财产。

（4）公司债券的持有人享有优先于股票持有人获得清偿的权利，而股票持有人必须在公司全部债务清偿之后，方可就公司剩余财产请求分配。

（5）公司债券的利率一般是固定不变的，风险较小，而股票股利分配的高低，与公司经营好坏密切相关，故常有变动，风险较大。

（二）公司债券的发行

《公司法》规定，公司发行公司债券应当符合《证券法》规定的发行条件与程序。

有下列情形之一的，不得再次公开发行公司债券：

（1）前一次公开发行的公司债券尚未募足；

（2）对已公开发行的公司债券或者其他债务有违约或者延迟支付本息的事实，仍处于继续状态；

（3）违反法律规定，改变公开发行公司债券所募资金的用途。

（三）公司债券的转让

《公司法》规定，公司债券可以转让，转让价格由转让人与受让人约定。公司债券在证券交易所上市交易的，按照证券交易所的交易规则转让。

根据公司债券种类的不同，公司债券的转让有记名公司债券的转让和无记名公司债券的转让两种方式。

发行可转换为股票的公司债券的，公司应当按照其转换办法向债券持有人换发股票，但债券持有人对转换股票或者不转换股票有选择权。

二、公司财务、会计

（一）公司财务、会计的作用

公司财务、会计是公司经营活动中的一项基础工作，在公司中发挥着重要作用：

（1）有利于保护投资者和债权人的利益。财务会计工作的规范化，可以保证公司正确核算经营成果，合理分配利润，保证公司资产的完整，使债券人的利益得到保护。

（2）有利于吸收社会投资。公司财务会计制度的规范化和公开化，可使社会各方面都能方便地了解到公司的经营状况和盈利能力。如果经营状况较好，可以吸收更多的社会投资。

（3）有利于政府的宏观管理。公司在统一的财务会计制度规定下筹集分配资金，记录反映经济业务，有利于政府掌握情况，制定政策，实施管理。

（二）公司财务、会计的基本要求

1. 公司应当依照法律、行政法规和国务院财政部门的规定建立本公司的财务、会计制度

2. 公司应当依法编制财务会计报告

公司应当在每一会计年度终了时编制财务会计报告，并依法经会计师事务所审计。公司财务会计报告主要包括：①资产负债表；②利润表；③现金流量表等报表及附注。

3. 公司应当依法披露有关财务、会计资料

有限责任公司应当按照公司章程规定的期限将财务会计报告送交各股东。股份有限公司的财务会计报告应当在召开股东大会年会的 20 日前置备于本公司，供股东查

阅；公开发行股票的股份有限公司必须公告其财务会计报告。

4. 公司除法定的会计账簿外，不得另立会计账簿

对公司资产，不得以任何个人名义开立账户存储。

5. 公司应当依法聘用会计师事务所对财务会计报告审查验证

公司聘用、解聘承办公司审计业务的会计师事务所，依照公司章程的规定，由股东会、股东大会或者董事会决定。公司股东会、股东大会或者董事会就解聘会计师事务所进行表决时，应当允许会计师事务所陈述意见。公司应当向聘用的会计师事务所提供真实、完整的会计凭证、会计账簿、财务会计报告及其他会计资料，不得拒绝、隐匿、谎报。

（三）公司的收益分配制度

1. 利润

公司利润是指公司在一定会计期间的经营成果。公司应当按照如下顺序进行利润分配：①弥补以前年度的亏损，但不得超过税法规定的弥补期限；②缴纳所得税；③弥补在税前利润弥补亏损之后仍存在的亏损；④提取法定公积金；⑤提取任意公积金；⑥向股东分配利润。

公司弥补亏损和提取公积金后所余税后利润，有限责任公司按照股东实缴的出资比例分配，但全体股东约定不按照出资比例分配的除外；股份有限公司按照股东持有的股份比例分配，但股份有限公司章程规定不按持股比例分配的除外。

公司股东会、股东大会或者董事会违反规定，在公司弥补亏损和提取法定公积金之前向股东分配利润的，股东必须将违反规定分配的利润退还公司。公司持有的本公司股份不得分配利润。

2. 公积金

公积金是公司在资本之外所保留的资金金额，又称为附加资本或准备金。公积金制度是各国公司法通常采用的一项强制性制度。

公积金分为盈余公积金和资本公积金两类。盈余公积金是从公司税后利润中提取的公积金，分为法定公积金和任意公积金两种。法定公积金按照公司税后利润的10%提取，当公司法定公积金累计额为公司注册资本的50%以上时可以不再提取。公司的法定公积金不足以弥补以前年度亏损的，在依照规定提取法定公积金之前，应当先用当年利润弥补亏损。任意公积金按照公司股东会或者股东大会决议，从公司税后利润中提取。资本公积金是直接由资本原因形成的公积金，股份有限公司以超过股票票面金额的发行价格发行股份所得的溢价款以及国务院财政部门规定列入资本公积金的其他收入，应当列为公司资本公积金。

公积金应当按照规定的用途使用，其用途主要如下：①弥补公司亏损；②扩大公司生产经营；③转增公司资本。公司为了实现增加资本的目的，可以将公积金的一部分转为资本。对用任意公积金转增资本的，法律没有限制，但用法定公积金转增资本时，《公司法》规定，转增后所留存的该项公积金不得少于转增前公司注册资本的25%。

【例 2-3】某股份有限公司的注册资本为 6 000 万元，2006 年末的净资产为 8 000 万元，法定公积金余额为 3 000 万元。2007 年年初，经股东大会决议通过，拟将部分法定公积金转增股本，根据《公司法》的规定，本次转增股本最多不得超过（　　）万元。

A. 1 000　　B. 1 200　　C. 1 500　　D. 2 000

【解析】正确答案为 C。用法定公积金转增资本时，转增后所留存的该项公积金不得少于“转增前”公司注册资本的 25%。在本题中，设 X 为该公司拟进行转增的股本额，则 $(3\ 000-X)/6\ 000 \leq 25\%$，则 $X \leq 1\ 500$。

第六节　公司合并与分立、增资与减资、解散与清算

一、公司合并与分立

（一）公司合并

1. 公司合并的形式

公司合并是指两个以上的公司依照法定程序变为一个公司的行为。有两种形式：一是吸收合并，指一个公司吸收其他公司加入本公司，被吸收的公司解散；二是新设合并，指两个以上公司合并设立一个新的公司，合并各方解散。

2. 公司合并的程序

（1）签订合并协议。公司合并，应当由合并各方签订合并协议。

（2）编制资产负债表及财产清单。

（3）做出合并决议。公司在签订合并协议并编制资产负债表及财产清单后，应当就公司合并的有关事项做出合并决议。

（4）通知债权人。公司应当自做出合并决议之日起 10 日内通知债权人，并于 30 日内在报纸上公告。债权人自接到通知书之日起 30 日内，未接到通知书的自公告之日起 45 日内，可以要求公司清偿债务或者提供相应的担保。

（5）依法进行登记。公司合并后，应当依法向公司登记机关办理相应的变更登记、注销登记、设立登记。

3. 公司合并各方的债权、债务

公司合并时，合并各方的债权、债务，应当由合并后存续的公司或者新设的公司承继。

（二）公司分立

1. 公司分立的形式

公司分立是指一个公司依法分为两个以上的公司。公司分立的形式有两种：一是派生分立，指一个公司分出一个或者几个部分，成立新的公司，新的公司取得法人资格，原公司继续存在；二是新设分立，是指一个公司分解成两个或者两个以上的公司，

原公司解散，新分立的公司成为新的公司法人。

2. 公司分立的程序

公司分立的程序与公司合并的程序基本一样，要签订分立协议，编制资产负债表及财产清单，做出分立决议，通知债权人，办理工商变更登记等。

3. 公司分立前的债务

公司分立前的债务由分立后的公司承担连带责任。但是，公司在分立前与债权人就债务清偿达成的书面协议另有约定的除外。

二、公司注册资本的减少和增加

（一）公司注册资本的减少

公司需要减少注册资本时，必须编制资产负债表及财产清单。

公司减少注册资本时，应当自做出减少注册资本决议之日起 10 日内通知债权人，并于30 日内在报纸上公告。债权人自接到通知书之日起30 日内，未接到通知书的自公告之日起 45 日内，有权要求公司清偿债务或者提供相应的担保。

公司减少注册资本，应当依法向公司登记机关办理变更登记。

（二）公司注册资本的增加

有限责任公司增加注册资本时，股东认缴新增资本的出资，依照《公司法》设立有限责任公司缴纳出资的有关规定执行。股份有限公司为增加注册资本发行新股时，股东认购新股，依照《公司法》设立股份有限公司缴纳股款的有关规定执行。

公司增加注册资本，应当依法向公司登记机关办理变更登记。

【例 2-4】某有限责任公司的法律顾问在审查公司减少注册资本的方案时，提出以下意见，其中不符合《公司法》规定的是（　　）。

A. 公司现有注册资本为人民币 40 万元，拟减少 10 万元。

B. 股东会同意本方案的决议，经 2/3 以上的股东通过即可。

C. 公司自做出减资决议之日起，10 日内通知债权人外，还应在 30 日内登报公告。

D. 如果债权人在法定期限内要求公司清偿债务或者提供相应的担保，公司有义务予以满足。

【解析】正确答案为 B。有限责任公司增加、减少注册资本，应当经代表 2/3 以上“表决权”的股东通过，而非人数。

三、公司的解散和清算

（一）公司解散

公司解散是指公司因法律或章程规定的事由出现而停止营业活动并逐渐终止其法人资格的行为。它是公司主体资格消灭的必经程序。公司解散分为自愿解散和强制解散。

《公司法》规定，公司解散的原因有以下五种情形：①公司章程规定的营业期限届满或者公司章程规定的其他解散事由出现；②股东会或者股东大会决议解散；③因公司合并或者分立需要解散；④依法被吊销营业执照、责令关闭或者被撤销；⑤人民法院依法予以解散。

公司有上述第（1）项情形的，可以通过修改公司章程而存续。公司依照规定修改公司章程的，有限责任公司须经持有 2/3 以上表决权的股东通过，股份有限公司须经出席股东大会会议的股东所持表决权的 2/3 以上通过。

公司经营管理发生严重困难，继续存续会使股东利益受到重大损失，通过其他途径不能解决的，持有公司全部股东表决权 10% 以上的股东，可以请求人民法院解散公司。

公司被依法宣告破产的，依照有关企业破产的法律制度实施清算破产清算。

（二）公司清算

公司清算是指公司解散后，清理其财产及债权债务、分配公司剩余财产、了结公司法律关系、最终消灭公司法人资格的行为。我国《公司法》将公司清算分为破产清算和非破产清算，在非破产清算中，清算组如果发现公司财产不足以清偿债务时，应当转为破产清算。

1. 成立清算组

《公司法》规定，公司应当在解散事由出现之日起 15 日内成立清算组，开始清算。有限责任公司的清算组由股东组成，股份有限公司的清算组由董事或者股东大会确定的人员组成。逾期不成立清算组进行清算的，债权人可以申请人民法院指定有关人员组成清算组进行清算。人民法院应当受理该申请，并及时组织清算组进行清算。

2. 清算组的职权

清算组在公司清算期间代表公司进行一系列民事活动，全权处理公司经济事务和民事诉讼活动。清算组成员应当忠于职守，依法履行清算义务。清算组成员不得利用职权收受贿赂或者其他非法收入，不得侵占公司财产。清算组成员因故意或者重大过失给公司或者债权人造成损失的，应当承担赔偿责任。

3. 清算工作程序

（1）登记债权。

清算组应当自成立之日起 10 日内通知债权人，并于 60 日内在报纸上公告。债权人应当自接到通知书之日起 30 日内，未接到通知书的自公告之日起 45 日内，向清算组申报其债权。债权人申报债权，应当说明债权的有关事项，并提供证明材料。清算组应当对债权进行登记。在申报债权期间，清算组不得对债权人进行清偿。

（2）清理公司财产，制订清算方案。

清算组应当对公司财产进行清理，编制资产负债表和财产清单，制订清算方案。清算方案应当报股东会、股东大会或者人民法院确认。清算组在清理公司财产、编制资产负债表和财产清单后，发现公司财产不足清偿债务的。应当依法向人民法院申请宣告破产。公司经人民法院裁定宣告破产后，清算组应当将清算事务移交给人民法院。公司解散时，股东尚未缴纳的出资均应作为清算财产。股东尚未缴纳的出资，包括到期应缴未缴的出资，以及依照公司法的规定分期缴纳尚未届满缴纳期限的出资。

（3）清偿债务。

公司财产在分别支付清算费用、职工的工资、社会保险费用和法定补偿金，缴纳所欠税款，清偿公司债务后的剩余财产，有限责任公司按照股东的出资比例分配，股份有限公司按照股东持有的股份比例分配。清算期间，公司存续，但不得开展与清算无关的经营活动。公司财产在未按上述规定清偿前，不得分配给股东。公司财产不足以清偿债务时，债权人主张未缴出资股东，以及公司设立时的其他股东或者发起人在未缴出资范围内对公司债务承担连带清偿责任的，人民法院应依法予以支持。

（4）公告公司终止。

公司清算结束后，清算组应当制作清算报告，报股东会、股东大会或者人民法院确认，并报送公司登记机关，申请注销公司登记，公告公司终止。

第七节　违反公司法的法律责任

一、公司发起人、股东的法律责任

（1）违反《公司法》规定，虚报注册资本、提交虚假材料或者采取其他欺诈手段隐瞒重要事实取得公司登记的，由公司登记机关责令改止，对虚报注册资本的公司，处以虚报注册资本金额5%以上15%，以下的罚款；对提交虚假材料或者采取其他欺诈手段隐瞒重要事实的公司，处以5万元以上50万元以下的罚款；情节严重的，撤销公司登记或者吊销营业执照。

（2）公司的发起人、股东虚假出资，未交付或者未按期交付作为出资的货币或者非货币财产的，由公司登记机关责令改正，处以虚假出资金额5%以上15%以下的罚款。

（3）公司的发起人、股东在公司成立后，抽逃其出资的，由公司登记机关责令改正，处以所抽逃出资金额5%以上15%以下的罚款。

二、公司的法律责任

（1）公司违反《公司法》规定，在法定的会计账簿以外另立会计账簿的，由县级以上人民政府财政部门责令改正，处以5万元以上50万元以下的罚款。

（2）公司在依法向有关主管部门提供的财务会计报告等材料上作虚假记载或者隐瞒重要事实的，由有关主管部门对直接负责的主管人员和其他直接责任人员处以3万元以上30万元以下的罚款。

（3）公司不依照《公司法》规定提取法定公积金的，由县级以上人民政府财政部门责令如数补足应当提取的金额，可以对公司处以20万元以下的罚款。

（4）公司在合并、分立、减少注册资本或者进行清算时，不依照《公司法》规定通知或者公告债权人的，由公司登记机关责令改正，对公司处以1万元以上10万元以下的罚款。

（5）公司在进行清算时，隐匿财产，对资产负债表或者财产清单作虚假记载或者在未清偿债务前分配公司财产的，由公司登记机关责令改正，对公司处以隐匿财产或者未清偿债务前分配公司财产金额5%以上10%以下的罚款；对直接负责的主管人员和其他直接责任人员处以1万元以上10万元以下的罚款。

（6）公司在清算期间开展与清算无关的经营活动的，由公司登记机关予以警告，没收违法所得。

（7）公司成立后无正当理由超过6个月未开业的，或者开业后自行停业连续6个月以上的，可以由公司登记机关吊销营业执照。

（8）公司登记事项发生变更时，未依照《公司法》规定办理有关变更登记的，由公司登记机关责令限期登记；逾期不登记的，处以1万元以上10万元以下的罚款。

（9）外国公司违反《公司法》规定，擅自在中国境内设立分支机构的，由公司登记机关责令改正或者关闭，可以并处5万元以上20万元以下的罚款。

（10）公司违反《公司法》规定，应当承担民事赔偿责任和缴纳罚款、罚金的，其财产不足以支付时，先承担民事赔偿责任。

三、清算组的法律责任

（1）清算组不依照《公司法》规定向公司登记机关报送清算报告，或者报送清算报告隐瞒重要事实或者有重大遗漏的，由公司登记机关责令改正。

（2）清算组成员利用职权徇私舞弊、谋取非法收入或者侵占公司财产的，由公司登记机关责令退还公司财产，没收违法所得，并可以处以违法所得1倍以上5倍以下的罚款。

四、承担资产评估、验资或者验证的机构的法律责任

（1）承担资产评估、验资或者验证的机构提供虚假材料的，由公司登记机关没收违法所得，处以违法所得1倍以上5倍以下的罚款，并可以由有关主管部门依法责令该机构停业、吊销直接责任人员的资格证书，吊销营业执照。

（2）承担资产评估、验资或者验证的机构因过失提供有重大遗漏的报告的，由公司登记机关责令改正，情节较重的，处以所得收入1倍以上5倍以下的罚款，并可以由有关主管部门依法责令该机构停业、吊销直接责任人员的资格证书，吊销营业执照。

（3）承担资产评估、验资或者验证的机构因其出具的评估结果、验资或者验证证明不实，给公司债权人造成损失的，除能够证明自己没有过错的外，在其评估或者证明不实的金额范围内承担赔偿责任。

五、公司登记机关的法律责任

（1）公司登记机关对不符合《公司法》规定条件的登记申请予以登记，或者对符合《公司法》规定条件的登记申请不予登记的，对直接负责的主管人员和其他直接责任人员，依法给予行政处分。

（2）公司登记机关的上级部门强令公司登记机关对不符合《公司法》规定条件的登记申请予以登记，或者对符合《公司法》规定条件的登记申请不予登记的，或者对违法登记进行包庇的，对直接负责的主管人员和其他直接责任人员依法给予行政处分。

六、其他有关法律责任

（1）未依法登记为有限责任公司或者股份有限公司，而冒用有限责任公司或者股份有限公司名义的，或者未依法登记为有限责任公司或者股份有限公司的分公司，而冒用有限责任公司或者股份有限公司的分公司名义的，由公司登记机关责令改正或者予以取缔，可以并处10万元以下的罚款。

（2）利用公司名义从事危害国家安全、社会公共利益的严重违法行为的，吊销营业执照。

（3）违反公司法规定，构成犯罪的，依法追究刑事责任。

第八节　个人独资和合伙企业法

一、个人独资企业法

（一）个人独资企业

个人独资企业是指依法在中国境内设立，由一个自然人投资，财产为投资人个人所有，投资人以其个人财产对企业债务承担无限责任的经营实体。

个人独资企业具有以下法律特征：

（1）个人独资企业是由一个自然人投资的企业；

（2）个人独资企业内部机构设置简单，经营方式灵活；

（3）个人独资企业的投资人对企业的债务承担无限责任；

（4）个人独资企业是非法人企业。

（二）个人独资企业法的概念和基本原则

现行调整个人独资企业的法律规范主要是指1999年8月30日全国人大常委会第十一次会议通过，自2000年1月1日起施行的《中华人民共和国个人独资企业法》（以下简称《个人独资企业法》）。

《个人独资企业法》遵循下列基本原则：

（1）依法保护个人独资企业的财产和其他合法权益；

（2）个人独资企业从事经营活动必须遵守法律、行政法规，遵守诚实信用原则，不得损害社会公共利益；

（3）个人独资企业应当依法履行纳税义务；

（4）个人独资企业应当依法招用员工；

（5）个人独资企业职工的合法权益受法律保护。

（三）个人独资企业的设立

1. 设立条件

根据《个人独资企业法》的规定，主要有：

（1）投资人为一个自然人，且只能是中国公民；

（2）有合法的企业名称；

（3）有投资人申报的出资；

（4）有固定的生产经营场所和必要的生产经营条件；

（5）有必要的从业人员。

2. 设立程序

（1）提出申请。申请设立个人独资企业，应当由出资人或者其委托的代理人向个人独资企业所在地的登记机关提出设立申请。

（2）工商登记。登记机关应当在收到设立申请文件之日起 15 日内，对符合《个人独资企业法》规定条件的予以登记，发给营业执照。对不符合《个人独资企业法》规定条件的，不予登记，并发给企业登记驳回通知书。个人独资企业营业执照的签发日期为个人独资企业成立日期。

个人独资企业设立分支机构，应当由投资人或者其委托的代理人向分支机构所在地的登记机关申请设立登记。个人独资企业分支机构的民事责任，由设立分支机构的个人独资企业承担。

（四）个人投资企业的投资人

根据《个人独资企业法》的规定，法律、行政法规禁止从事营利性活动的人，不得作为投资人申请设立个人独资企业。因此，国家公务员、党政机关干部、法官、检察官、商业银行工作人员等，均不得作为投资人申请设立个人独资企业。

由于个人独资企业是一个投资人以其个人财产对企业债务承担无限责任的经营实体，因此，当企业财产不足以清偿债务的，投资人应当以其个人的其他财产予以清偿。如果个人独资企业投资人在申请企业设立登记时明确以其家庭共有财产作为个人出资的，应当依法以家庭共有财产对企业债务承担无限责任。

（五）个人独资企业解散和清算

1. 解散

个人独资企业有下列情形之一的，应当解散：

（1）投资人决定解散；

（2）投资人死亡或者被宣告死亡，无继承人或者继承人决定放弃继承；

（3）被依法吊销营业执照；

（4）法律、行政法规规定的其他情形。

2. 清算

个人独资企业解散由投资人自行清算或者由债权人申请人民法院指定清算人进行清算。清算期间，个人独资企业不得开展与清算目的无关的经营活动。企业解散后，原投资人对个人独资企业存续期间的债务仍应承担偿还责任，但债权人在 5 年内未向债务人提出清偿请求的，该责任消灭。

个人独资企业解散的，财产应当按照下列顺序清偿：①所欠职工工资和社会保险费；②所欠税款；③其他债务。

个人独资企业清算结束后，投资人或清算人应当编制清算报告，并于 15 日内到登记机关办理注销登记。

二、合伙企业法

（一）合伙企业的概念

合伙企业是指自然人、法人和其他组织依照《中华人民共和国合伙企业法》（以下简称《合伙企业法》）在中国境内设立的普通合伙企业和有限合伙企业。其主要特点是：共同出资、共同经营、共享收益、共担风险。

（二）合伙企业法的概念

我国现行调整合伙企业的法律规范主要是指 1997 年 2 月 23 日由第八届全国人大常委会第 24 次会议通过，并经 2006 年 8 月 27 日第十届全国人大常委会第 23 次会议修订的《中华人民共和国合伙企业法》。

《合伙企业法》遵循下列原则：

（1）协商原则；

（2）自愿、平等、公平、诚实信用原则；

（3）守法原则；

（4）合伙权益受法律保护原则；

（5）依法纳税原则。

（三）普通合伙企业

1. 概念

普通合伙企业是指由普通合伙人组成，合伙人对合伙企业债务依法承担无限连带责任的一种合伙企业。《合伙企业法》对普通合伙人承担责任的形式有特别规定的，从其规定。

2. 设立

根据《合伙企业法》的规定，设立合伙企业，应当具备下列条件：

（1）有 2 个以上合伙人，我国合伙企业法未对合伙人数做最高限额规定；

（2）有书面合伙协议；

（3）有合伙人认缴或者实际缴付的出资，除一般的企业出资方式如货币、实物等之外，合伙人可以以劳务出资；

（4）有合伙企业的名称和生产经营场所；

（5）法律、行政法规规定的其他条件。

合伙企业的设立登记应按如下程序进行：①申请人向企业登记机关提交相关文件；

②企业登记机关核发营业执照。申请人提交的登记申请材料齐全、符合法定形式，予以登记的，发给营业执照。合伙企业的营业执照签发日期为合伙企业的成立日期。合伙企业领取营业执照前，合伙人不得以合伙企业名义从事合伙业务。

合伙企业可以由全体合伙人执行合伙事务，也可以委托一个或者数个合伙人对外代表合伙企业，执行合伙事务。作为合伙人的法人、其他组织执行合伙事务的，由其委派的代表执行。

合伙企业委托一个或者数个合伙人执行合伙事务的，其他合伙人不再执行合伙事务。不执行合伙事务的合伙人有权监督执行事务合伙人执行合伙事务的情况。

合伙企业设立分支机构应当向分支机构所在地的企业登记机关申请登记领取营业执照。

（四）有限合伙企业

1. 概念

有限合伙企业是指由普通合伙人和有限合伙人组成，普通合伙人对合伙企业债务承担无限连带责任，有限合伙人以其认缴的出资额为限对合伙企业债务承担责任的合伙组织。

2. 设立

本部分主要介绍有限合伙企业设立的特殊规定，主要有：

（1）有限合伙企业由 2 个以上 50 个以下合伙人设立。但是，法律另有规定的除外。有限合伙企业至少应当有一个普通合伙人。有限合伙企业名称中应当表明“有限合伙”字样。

（2）有限合伙企业协议除符合普通合伙企业合伙协议的规定外，还应当载明一些特别规定事项。

（3）有限合伙人可以用货币、实物、知识产权、土地使用权或者其他财产权利作价出资，但不得以劳务出资；有限合伙企业登记事项中应当载明有限合伙人的姓名或者名称及认缴的出资额度。

（4）有限合伙人不执行合伙事务，不得对外代表有限合伙企业。

【例 2-5】甲、乙、丙三人拟设立一普通合伙企业，其合伙协议部分内容如下：①甲的出资为现金 2 万元和劳务作价 1 万元；②乙的出资为商标使用权，作价 2 万元，于合伙企业成立后半年内缴付；③丙的出资为作价 5 万元的房屋一栋，不办理财产转移手续；④合伙企业的经营期限，于合伙企业成立满 2 年时再协商确定。试分析该合伙协议上述内容是否符合法律规定？为什么？

【解析】①甲的出资合法。合伙人可以用货币、实物等出资，也可以用劳务出资。②乙的出资合法。合伙人可以先认缴出资额，等合伙企业成立后再缴付出资。③丙的出资不符合法律规定。非货币财产出资的，应当依法办理财产转移手续。④未约定合伙企业经营期限合伙。合伙经营期限不属于合伙协议中应当记载事项。

3. 入伙、退伙与债务承担

根据《合伙企业法》的规定，在有限合伙企业中，新入伙的有限合伙人对入伙前有限合伙企业的债务，以其认缴的出资额为限承担责任。在普通合伙企业中，新入伙的合伙人对入伙前企业的债务承担无限连带责任。

退伙人对基于退伙前发生的债务承担无限连带责任，且合伙人之间对债务分担的约定不得对抗债权人。

普通合伙人转为有限合伙人，应经全体合伙人一致同意，有限合伙人转为普通合伙人的，对其作为有限合伙人期间有限合伙企业发生的债务承担无限连带责任。普通合伙人转为有限合伙人的，对其作为普通合伙人期间合伙企业的债务承担无限连带责任。

（五）合伙企业的解散和清算

1. 解散

合伙企业有下列情形之一时，应当解散：合伙期限届满，合伙人决定不再经营；合伙协议约定的解散事由出现；全体合伙人决定解散；合伙人已不具备法定人数满 30 天；合伙人约定的合伙目的已经实现或无法实现；依法被吊销营业执照、责令关闭或者被撤销；法律、行政法规规定的其他原因。

2. 清算

合伙企业解散应当由清算人进行清算，清算人由全体合伙人担任。经全体合伙人半数同意，可以自合伙企业解散事由出现后 15 日内指定一个或者数个合伙人，或者委托第三人担任清算人。自合伙企业解散事由出现之日起 15 日内未确定清算人的，合伙人或者其他利害关系人可以申请人民法院指定清算人。

清算人自被确定之日起 10 日内将合伙企业解散事项通知债权人，并于 60 日内在报纸上公告。债权人应当自接到通知书之日起 30 日内，未接到通知书的自公告之日起 45 日内，向清算人申报债券。

合伙企业财产在支付清算费用和职工工资、社会保险费用、法定补偿金以及缴纳所欠税款、清偿债务后的剩余财产，依照《合伙企业法》关于利润分配和亏损分担的规定进行分配。

清算结束，清算人应当编制清算报告，经全体合伙人签名、盖章后，在 15 日内向企业登记机关报送清算报告，申请办理合伙企业注销登记。

本章复习思考题

1. 有限责任公司和股份有限公司在设立方式、股东人数、出资方式、股权转让、注册资本、组织机构等方面有何区别？

2. 设立有限责任公司和股份有限责任公司应当分别具备哪些条件？

3. 以发起设立方式和募集设立方式设立股份有限公司的程序是什么？有何区别？

4. 股份有限公司召开临时股东大会的情形有哪些？

5. 我国公司法确立的公司法人否认原则体现在哪些方面？

6. 公开发行公司债券应该具备哪些条件？需要经历什么程序？

7.《公司法》规定对公司董事、监事、高级管理人员责任的追究的方式有哪些？

8. 一人公司和国有企业有哪些特殊规定？

9. 公司应当按照什么顺序进行利润分配？公司公积金有哪些用途？

10. 个人独资企业和合伙企业的设立条件是什么，需要哪些程序？

本章主要参考的法律法规

1.《中华人民共和国公司法》（全国人大常委会，1993 年 12 月 29 日通过，1999 年 12 月 25 日，2004 年 8 月 28 日，2005 年 10 月 27 日，2013 年 12 月 28 日修正）

2.《中华人民共和国公司登记管理条例》（国务院，1994 年 6 月 24 日通过，2005 年 12 月 18 日修正，2014 年 2 月 19 日，2016 年 2 月 6 日修正。）

3.《公司注册资本登记管理条例》（国家工商行政管理总局，2005 年 12 月 27 日通过，2014 年 2 月 20 日修订）

4.《中华人民共和国证券法》（全国人大常委会，1998 年 12 月 29 日通过，2004 年 8 月 28 日，2005 年 10 月 27 日修正）

5.《最高人民法院关于适用〈中华人民共和国公司法〉若干问题的规定（一）》（最高人民法院，2006 年 3 月 27 日通过）

6.《最高人民法院关于适用〈中华人民共和国公司法〉若干问题的规定（二）》（最高人民法院，2008 年 5 月 5 日通过）

7.《最高人民法院关于适用〈中华人民共和国公司法〉若干问题的规定（三）》（最高人民法院，2010 年 12 月 6 日通过）

8.《最高人民法院关于适用〈中华人民共和国公司法〉若干问题的规定（四）》（最高人民法院，2016 年 12 月 5 日通过）

9.《中华人民共和国合伙企业法》（全国人大常委会，1997 年 2 月 23 日通过，2006 年 8 月 27 日修订）

10.《中华人民共和国民法总则》（全国人大常委会，2017 年 3 月 15 日通过）

第三章　企业破产法

本章知识要点：

（1）破产与破产法的概念、破产法的适用范围。
（2）破产的申请与受理。
（3）破产管理人制度的法律规定。
（4）债务人财产、破产费用与共益债务。
（5）债权申报与债权人会议。
（6）重整制度与和解。
（7）破产宣告和破产清算。

本章串讲视频

第一节　破产申请和受理

一、破产与破产法的概念和适用范围

（一）破产与破产法的概念

破产是企业法人不能清偿到期债务，并且资产不足以清偿全部债务或者明显缺乏清偿能力的，由法院主持清算其全部财产，公平清偿全体债权人的法律制度。

破产法是规定在债务人丧失清偿能力时，法院强制对其全部财产进行清算分配，公平清偿给债权人，或通过债务人与债权人会议达成的和解协议清偿债务，或进行企业重整，避免债务人破产的法律规范的总称。破产法有广义和狭义之分。狭义的破产法特指破产法，广义的破产法则还包括其他有关破产的法律、法规、行政规章、司法解释，及散见于其他立法中的调整破产关系的法律规范。现代意义上的破产法均由破产清算制度与挽救债务人的和解、重整制度两方面的法律构成。

破产法律规范分为实体规范和程序规范。实体规范包括破产或者重整的原因、破产财产的范围、管理人的职权、债权人会议、债权人委员会的职权以及破产财产的分配等等。程序规范包括破产申请的提出和受理、破产宣告、债权申报、破产程序的中止和终结，等等。破产法是集实体与程序内容合一的综合性法律，解决的重点是如何公平清偿债务，即执行问题。

《中华人民共和国企业破产法》（以下简称《企业破产法》）是 2006 年 8 月 27 日由全国人大通过，2007 年 7 月 1 日起正式实施。该法分为总则、申请和受理、管理人、

债务人财产、破产费用和共益债务、债权申报、债权人会议、重整、和解、破产清算、法律责任等共12章，136条。根据2007年10月28日第十届全国人大常委会第30次会议《关于修改〈中华人民共和国民事诉讼法〉的决定》，删除原法第19章“企业法人破产还债程序”，破产问题统一由新破产法调整。

(二) 破产法的适用范围

《企业破产法》第二条规定，其主体适用范围是所有的企业法人。同时，该法第一百三十五条规定：“其他法律规定企业法人以外的组织的清算，属于破产清算的，参照适用本法规定的程序”，破产法还规定有若干主体适用法律的特殊情况。

破产法的适用地域范围是指破产宣告的域外效力问题，《企业破产法》第五条规定：“依照本法开始的破产程序，对债务人在中华人民共和国领域外的财产发生效力。对外国法院做出的发生法律效力的破产案件的判决、裁定，涉及债务人在中华人民共和国领域内的财产，申请或者请求人民法院承认和执行的，人民法院依照中华人民共和国缔结或者参加的国际条约，或者按照互惠原则进行审查，认为不违反中华人民共和国法律的基本原则，不损害国家主权、安全和社会公共利益，不损害中华人民共和国领域内债权人的合法权益的，裁定承认和执行。”

二、破产申请

破产案件的申请和受理就是破产程序的启动。破产申请与受理是指法院收到申请人的破产申请后，予以审查，对于符合法定条件的破产申请予以受理，并且由此开始破产程序的一种司法行为。我国在破产程序的启动方式上执行的是申请主义原则。破产程序只能够由法定破产申请主体提出申请而开始的，法院不能依职权开始破产程序。

(一) 破产界限（破产原因）

破产界限，是指法院判定债务人丧失清偿能力的法律标准。

根据《企业破产法》第二条规定：“企业法人不能清偿到期债务，并且资产不足以清偿全部债务或者明显缺乏清偿能力，依照本法规定清理债务。”由此看来，破产原因分为两种情况：第一，债务人不能清偿到期债务，经审查和认定，资产不足以清偿全部债务；第二，债务人不能清偿到期债务，经审查和认定明显缺乏清偿能力。而所谓债务人不能清偿到期债务，是指下面三种情形同时存在：一是债权债务关系依法成立；二是债务履行期限已经届满；三是债务人未完全清偿债务。

根据最高人民法院《〈中华人民共和国企业破产法〉若干问题的规定（一)》，相关当事人以对债务人的债务负有连带责任的人未丧失清偿能力为由，主张债务人不具备破产原因的，人民法院不予支持。债务人账面资产虽大于负债，但存在下列情形之一的，人民法院应当认定其明显缺乏清偿能力：

(1) 因资金严重不足或者财产不能变现等原因，无法清偿债务；

(2) 法定代表人下落不明且无其他人员负责管理财产，无法清偿债务；

(3) 经人民法院强制执行，无法清偿债务；

(4) 长期亏损且经营扭亏困难，无法清偿债务；

（5）导致债务人丧失清偿能力的其他情形

（二）破产案件申请的主体和破产案件的管辖

债务人发生破产原因，可以向人民法院提出重整、和解或者破产清算申请。债务人不能清偿到期债务，债权人可以向人民法院提出对债务人进行重整或者破产清算的申请。因此，债权人、债务人和负有清算责任的人都可以成为破产申请人。

破产申请应向对破产案件有管辖权的人民法院提出。破产案件由债务人住所地人民法院管辖。

（三）破产案件申请的形式

破产申请应以书面形式提出。申请当事人向人民法院提出破产申请，应当提交破产申请书和有关证据。破产申请书应当载明下列事项：①申请人、被申请人的基本情况；②申请目的；③申请的事实和理由；④人民法院认为应当载明的其他事项。

债务人提出申请的，还应当向人民法院提交财产状况说明、债务清册、债权清册、有关财务会计报告、职工安置预案以及职工工资的支付和社会保险费用的缴纳情况。人民法院受理破产申请前，申请人可以请求撤回申请。债权人提出破产申请的，人民法院应当自收到申请之日起 5 日内通知债务人。债务人对申请有异议的，应当自收到人民法院的通知之日起 7 日内向人民法院提出。人民法院应当自异议期满之日起 10 日内裁定是否受理。除上述情形外，人民法院应当自收到破产申请之日起 15 日内裁定是否受理。有特殊情况需要延长受理案件期限的，经上一级人民法院批准，可以延长 15 日。

三、破产受理

（一）破产申请受理的期限

人民法院裁定受理破产申请的，应当将裁定自做出之日起 5 日内送达申请人。债权人提出申请的，人民法院应当自裁定做出之日起 5 日内送达债务人。债务人应当自裁定送达之日起 15 日内，向人民法院提交财产状况说明、债务清册、债权清册、有关财务会计报告以及职工工资的支付和社会保险费用的缴纳情况。

人民法院裁定不受理破产申请的，应当将裁定自做出之日起 5 日内送达申请人并说明理由。申请人对裁定不服的，可以自裁定送达之日起 10 日内向上一级人民法院提起上诉。

人民法院裁定受理破产申请的，应当同时指定管理人，并在裁定受理破产申请之日起 25 日内通知已知债权人，并予以公告。

（二）破产申请受理的法律后果

1. 债务人要妥善保管好其占有管理的所有财产、印章和账簿文书等资料。

为保证破产程序顺利进行，自人民法院受理破产申请的裁定送达债务人之日起至破产程序终结之日，债务人的有关人员承担下列义务：

（1）妥善保管其占有和管理的财产、印章和账簿、文书等资料；

（2）根据人民法院、管理人的要求进行工作，并如实回答询问；

（3）列席债权人会议并如实回答债权人的询问；

（4）未经人民法院许可，不得离开住所地；

（5）不得新任其他企业的董事、监事、高级管理人员。

债务人妥善保管的财产、印章和账簿文书等资料，对于管理人接管企业、掌握企业的财产和财务账簿，对决定企业的命运是非常重要的。

2. 债务人应当依法向人民法院提交其财产状况说明、债务清册、债权清册、财务会计报告等有关材料，债务人拒不提交的，人民法院可以对债务人的直接责任人员采取罚款等强制措施。

3. 债务人对个别债权人实施的清偿无效。

为保证对全体债权人的公平清偿，《企业破产法》第十六条规定："人民法院受理破产申请后，债务人对个别债权人的债务清偿无效。"但有下面几种例外情况，一是债务人以其自有财产向债权人提供物权担保的，其在担保物价值内向债权人所作的债务清偿，不受上述规定限制。二是债务人为维系基本生产需要而支付水费、电费等；债务人支付劳动报酬、人身损害赔偿金的以及使债务人财产受益的其他个别清偿；三是债务人经诉讼、仲裁、执行程序对债权人进行的个别清偿，但是，债务人与债权人恶意串通损害其他债权人利益的除外。

4. 债务人的债务人或者财产持有人应当向管理人清偿债务或者交付财产。

债务人的债务人或者财产持有人故意违反前款规定向债务人清偿债务或者交付财产，使债权人受到损失的，不免除其清偿债务或者交付财产的义务。

5. 管理人对破产申请受理前成立而债务人和对方当事人均未履行完毕的合同有权决定解除或者继续履行，并通知对方当事人。管理人自破产申请受理之日起二个月内未通知对方当事人，或者自收到对方当事人催告之日起三十日内未答复的，视为解除合同。

管理人决定继续履行合同的，对方当事人应当履行；但是，对方当事人有权要求管理人提供担保。管理人不提供担保的，视为解除合同。

6. 有关债务人财产的保全措施应当解除，执行程序应当中止。

7. 人民法院受理破产申请后，已经开始而尚未终结的有关债务人的民事诉讼或者仲裁应当中止；在管理人接管债务人的财产后，该诉讼或者仲裁继续进行。

人民法院受理破产申请后，有关债务人的民事诉讼，只能向受理破产申请的人民法院提起。

【例 3-1】人民法院裁定受理破产申请，下列做法错误的是（　　）。

A. 人民法院裁定受理破产申请的，应当同时指定管理人

B. 人民法院受理破产申请后，债务人的债务人或财产持有人应当向管理人清偿债务或交付财产

C. 人民法院裁定受理破产申请的，应当将裁定自做出之日起5日内送达申请人

D. 人民法院受理破产申请后，债务人可以对个别重要债权人进行债务清偿

【解析】正确答案：D。《企业破产法》第十九条规定，人民法院受理破产申请后，债务人对个别债权人的债务清偿无效。

四、破产债权的申报与确认

（一）债权申报

债权申报是指债权人在接到人民法院的破产申请受理裁定通知或公告后，在法定期限内向人民法院申请登记债权，取得破产债权人地位的行为。

人民法院受理破产申请后，应当确定债权人申报债权的期限。债权申报期限自人民法院发布受理破产申请公告之日起计算，最短不得少于30日，最长不得超过3个月。未到期的债权，在破产申请受理时视为到期。

在人民法院确定的债权申报期限内，债权人未申报债权的，可以在破产财产最后分配前补充申报；但是，此前已进行的分配，不再对其补充分配。为审查和确认补充申报债权的费用，由补充申报人承担。债权人未依照本法规定申报债权的，不得依照本法规定的程序行使权利。

债权人应当在人民法院确定的债权申报期限内向管理人申报债权。但债务人所欠职工的工资和医疗、伤残补助、抚恤费用，所欠的应当划入职工个人账户的基本养老保险、基本医疗保险费用，以及法律、行政法规规定应当支付给职工的补偿金，不必申报，由管理人调查后列出清单并予以公示。

债权人申报债权时，应当书面说明债权的数额和有无财产担保，并需提交有关证据。如果申报的债权是连带债权，还应当说明。连带债权人可以由其中一人代表全体连带债权人申报债权，也可以共同申报债权。

（二）债权的确认

根据破产法规定，管理人收到债权申报材料后，应当登记造册，对申报的债权进行审查，并编制债权表。管理人必须将申报的债权全部编入债权表，不允许以其认为债权不成立等为由拒绝编入债权表。管理人依法编制的债权表，应当提交第一次债权人会议核查。

【例3-2】人民法院受理破产申请后，应当确定债权人申报债权的期限。债权申报期限自人民法院发布受理破产申请公告之日起计算，最短不得少于（　　），最长不得超过（　　）。（　　）

A. 30日；3个月

B. 30日；60日

C. 20日；3个月

D. 1个月；2个月

【答案】A

【解析】债权申报期限自人民法院发布受理破产申请公告之日起计算，最短不得少于30日，最长不得超过3个月。

第二节　破产管理人与债权人会议

一、破产管理人

（一）管理人的概念和产生

破产管理人是破产程序中最为重要的机构。破产管理人是指破产宣告后成立的，全面接管破产企业并负责破产财产的保管、清理、估价、处理和分配等破产清算事务的专门机构。

管理人由人民法院指定。债权人会议认为管理人不能依法、公正执行职务或者有其他不能胜任职务情形的，可以申请人民法院予以更换。指定管理人和确定管理人报酬的办法，由最高人民法院规定。管理人没有正当理由不得辞去职务。管理人辞去职务应当经人民法院许可。管理人经人民法院许可，可以聘用必要的工作人员。

管理人依法执行职务，向人民法院报告工作，并接受债权人会议和债权人委员会的监督。管理人应当列席债权人会议，向债权人会议报告职务执行情况，并回答询问。

（二）管理人的任职资格条件

管理人可以由有关部门、机构的人员组成的清算组或者依法设立的律师事务所、会计师事务所、破产清算事务所等社会中介机构担任。人民法院根据债务人的实际情况，可以在征询有关社会中介机构的意见后，指定该机构具备相关专业知识并取得执业资格的人员担任管理人。

有下列情形之一的，不得担任管理人：

（1）因故意犯罪受过刑事处罚；

（2）曾被吊销相关专业执业证书；

（3）与本案有利害关系；

（4）人民法院认为不宜担任管理人的其他情形。

根据《企业破产法》的有关规定，中介机构中具备相关专业知识并取得执业资格的个人，也可以担任管理人，但个人担任管理人的，应当参加执业责任保险。

【例 3-3】下列有关管理人产生方式和组成的说法中，正确的是（　　）。

A. 管理人由债权人会议依法指定

B. 管理人可以由依法设立的律师事务所担任

C. 因故意犯罪受过刑事处罚但已经刑满释放的人可以担任管理人

D. 破产企业的法定代表人可以担任管理人

【解析】正确答案：B。管理人由人民法院指定，因故意犯罪受过刑事处罚的人不得担任管理人，与破产案件有利害关系的当事人不得担任管理人，破产企业的法定代表人是与本案有直接利害关系的当事人，因此选项 ACD 的说法是错误的。

（三）管理人的职责与报酬

1. 管理人的职责

管理人应当勤勉尽责，忠实执行职务。根据《企业破产法》规定，管理人履行下列职责：①接管债务人的财产、印章和账簿、文书等资料；②调查债务人财产状况，制作财产状况报告；③决定债务人的内部管理事务；④决定债务人的日常开支和其他必要开支；⑤在第一次债权人会议召开之前，决定继续或者停止债务人的营业；⑥管理和处分债务人的财产；⑦代表债务人参加诉讼、仲裁或者其他法律程序；⑧提议召开债权人会议；⑨人民法院认为管理人应当履行的其他职责。

《企业破产法》对管理人的职责另有规定的，适用其规定。同时，《企业破产法》第二十六条还规定："在第一次债权人会议召开之前，管理人决定继续或者停止债务人的营业或者有本法第六十九条规定行为之一的，应当经人民法院许可。"

管理人经人民法院许可，可以聘用必要的工作人员。管理人依法执行职务，向人民法院报告工作，并接受债权人会议和债权人委员会的监督。管理人辞去职务，应当经人民法院的许可。

管理人未依法勤勉尽责，忠实执行职务的，人民法院可以依法处以罚款；给债权人、债务人和第三人造成损失的，应当承担赔偿责任。

【例 3-4】根据《企业破产法》规定，不属于管理人的职责的有（　　）。

A. 接管债务人的财产、印章和账簿、文书等资料

B. 管理和处分债务人的财产

C. 决定继续或者停止债务人的营业

D. 对破产企业未履行的合同决定解除或者继续履行

【解析】正确答案：C。见上述有关管理人职责的相关规定。

2. 管理人的报酬

管理人履行职责，应当获得合理的报酬。管理人的报酬由人民法院确定。债权人会议对管理人的报酬有异议的，有权向人民法院提出。

根据《企业破产法》第四十一条之规定，管理人执行职务的费用、报酬和聘用工作人员的费用为破产费用。在和解、重整程序中，管理人报酬方案应当列入和解协议草案或重整计划草案。

二、债权人会议

在破产程序中，债权人会议是全体债权人的自治性组织，与法院、管理人、债务人或破产人等有关当事人进行交涉，负责处理涉及全体债权人共同利益的问题，维护全体债权人的利益。但本身无执行功能，其所做出的相关决议一般由管理人负责执行。

（一）债权人会议的概念

我国破产程序中的债权人会议，是由所有依法申报债权的债权人组成，以保障债权人共同利益为目的，为实现债权人的破产程序参与权，讨论决定有关破产事宜，表达债权人意志，协调债权人行为的破产议事机构。

（二）债权人会议的组成

债权人会议由依法申报债权的债权人组成，债权尚未确定的债权人，除人民法院能够为其行使表决权而临时确定债权额的外，不得行使表决权。

对债务人的特定财产享有担保权的债权人，未放弃优先受偿权利的，其对通过和解协议和破产财产的分配方案的事项不享有表决权。

债权人可以委托代理人出席债权人会议，行使表决权。代理人出席债权人会议，应当向人民法院或者债权人会议主席提交债权人的授权委托书。

为维护企业职工的权益，债权人会议应当有债务人的职工和工会的代表参加，对有关事项发表意见。但债务人的职工和工会的代表在债权人会议上没有表决权。

债权人会议设主席一人，由人民法院在有表决权的债权人中指定，通常是在破产程序中无优先权的债权人。债权人会议主席依法行使职权，负责债权人会议的召集、主持等工作。

（三）债权人会议的召集

债权人会议是依召集方式活动的决议机关。第一次债权人会议由人民法院召集，自债权申报期限届满之日起 15 日内召开。以后的债权人会议，在人民法院认为必要时，或者管理人、债权人委员会、占债权总额 1/4 以上的债权人向债权人会议主席提议时召开。召开债权人会议，管理人应当提前 15 日通知已知的债权人。

（四）债权人会议的职权

《企业破产法》规定，债权人会议行使下列职权：①核查债权；②申请人民法院更换管理人，审查管理人的费用和报酬；③监督管理人；④选任和更换债权人委员会成员；⑤决定继续或者停止债务人的营业；⑥通过重整计划；⑦通过和解协议；⑧通过债务人财产的管理方案；⑨通过破产财产的变价方案；⑩通过破产财产的分配方案；⑪人民法院认为应当由债权人会议行使的其他职权。债权人会议应当对所议事项的决议做成会议记录。

（五）债权人会议的决议

债权人会议的决议，由出席会议的有表决权的债权人过半数通过，并且其所代表的债权额占无财产担保债权总额的 1/2 以上，但是《企业破产法》另有规定的除外。债权人会议的决议，对于全体债权人均有约束力。

债权人认为债权人会议的决议违反法律规定，损害其利益的，可以自债权人会议做出决议之日起 15 日内，请求人民法院裁定撤销该决议，责令债权人会议依法重新做出决议。

债权人会议决议的两种例外情形：

（1）通过重整计划草案的决议，人民法院应当自收到重整计划草案之日起三十日内召开债权人会议，对重整计划草案进行表决。出席会议的同一表决组的债权人过半数同意重整计划草案，并且其所代表的债权额占该组债权总额的 2/3 以上的，即为该组通过重整计划草案。

（2）通过和解协议草案的决议，债权人会议通过和解协议的决议，由出席会议的有表决权的债权人过半数同意，并且其所代表的债权额占无财产担保债权总额的 2/3 以上。

三、债权人委员会

（一）债权人委员会的概念与组成

《企业破产法》规定，在债权人会议中可以设置债权人委员会。债权人委员会是遵循债权人的共同意志，代表债权人会议监督管理人行为以及破产程序的合法、公正进行，处理破产程序中的有关事项的常设监督机构。

债权人委员会由债权人会议选任的债权人代表和一名债务人的职工代表或者工会代表组成。债权人委员会成员不得超过九人。

（二）债权人委员会的职权

债权人委员会行使下列职权：①监督债务人财产的管理和处分；②监督破产财产分配；③提议召开债权人会议；④债权人会议委托的其他职权。

债权人委员会执行职务时，有权要求管理人、债务人的有关人员对其职权范围内的事务做出说明或者提供有关文件。管理人、债务人的有关人员违反法律规定拒绝接受监督的，债权人委员会有权就监督事项请求人民法院做出决定，强制施行。人民法院接到债权人委员会的请求应当在 5 日内做出决定。

为保障债权人委员会能够及时了解破产程序进行的有关信息，行使监督权力，管理人实施下列行为，应当及时报告债权人委员会：①涉及土地、房屋等不动产权益的转让；②探矿权、采矿权、知识产权等财产权的转让；③全部库存或者营业的转让；④借款；⑤设定财产担保；⑥债权和有价证券的转让；⑦履行债务人和对方当事人均未履行完毕的合同；⑧放弃权利；⑨担保、物的收回；⑩对债权人利益有重大影响的其他财产处分行为。

未设立债权人委员会的，管理人实施上述行为应当及时报告人民法院。

第三节 债务人财产与破产费用

一、债务人财产

（一）债务人财产的构成

债务人财产包括破产申请受理时属于债务人的全部财产，以及破产申请受理后至破产程序终结前债务人取得的财产。除债务人所有的货币、实物外，债务人依法享有的可以用货币估价并可以依法转让的债权、股权、知识产权、用益物权等财产和财产权益，均为债务人财产。

债务人已依法设定担保物权的特定财产，也应当认定为债务人财产。对债务人的特定财产在担保物权消灭或者实现担保物权后的剩余部分，在破产程序中可用以清偿破产费用、共益债务和其他破产债权。

债务人对按份享有所有权的共有财产的相关份额，或者共同享有所有权的共有财产的相应财产权利，以及依法分割共有财产所得部分，均为债务人财产。

破产申请受理后，有关债务人财产的执行程序未依照《企业破产法》第十九条的规定中止的，采取执行措施的相关单位应当依法予以纠正。依法执行回转的财产，应当认定为债务人财产。

下列财产不应认定为债务人财产：

（1）债务人基于仓储、保管、承揽、代销、借用、寄存、租赁等合同或者其他法律关系占有、使用的他人财产；

（2）债务人在所有权保留买卖中尚未取得所有权的财产；

（3）所有权专属于国家且不得转让的财产；

（4）其他依照法律、行政法规不属于债务人的财产。

（二）可撤销的债务人财产处分行为

受理破产申请前1年内涉及债务人财产的下列处理行为，管理人可以请求人民法院予以撤销：

（1）无偿转让财产的。

（2）以明显不合理的价格进行交易的。

（3）对没有财产担保的债务提供财产担保的。

（4）对未到期的债务提前清偿的（在破产申请受理前债务已经到期的除外）。

（5）放弃债权的。

人民法院受理破产申请前六个月内，债务人对个别债务人清偿债务的，管理人也可以请求人民法院撤销该债务人的财产处理行为。但是，个别清偿使债务人财产受益的除外。

人民法院受理破产申请前六个月内，债务人有权对以自有财产设定担保物权的债权进行的个别清偿，但是，债务清偿时担保财产的价值低于债权额的除外。

破产申请受理后，管理人未依法请求撤销债务人上述行为的，债权人有权依据《合同法》第七十四条等规定提起代位权诉讼，请求撤销债务人上述行为并将因此追回的财产归入债务人财产。

管理人因过错未依法行使撤销权导致债务人财产不当减损，债权人有权提起诉讼主张管理人对其损失承担相应赔偿责任。

【例3-5】假设人民法院于2007年9月10日受理某企业法人破产案件，12月10日做出破产宣告裁定。在破产企业清算时，下列选项中，管理人可依法行使撤销权的有（　　）。

A. 该企业于2006年3月1日对应于同年10月1日到期的债务提前予以清偿

B. 该企业上级主管部门于2006年4月1日从该企业无偿调出价值10万元的机器设备一套

C. 该企业于2007年5月8日与其债务人签订协议，放弃其15万元债权

D. 该企业于2006年9月1日将价值25万元的车辆作价8万元转让他人

【解析】正确答案：C。人民法院受理破产申请前1年内，涉及债务人财产的特定情况的，管理人有权行使撤销权。选项C属于放弃债权，且发生在人民法院受理破产申请前1年，因此是可以由管理人撤销的。

（三）债务人的无效财产处分行为

涉及债务人财产的下列行为无效：

（1）为逃避债务而隐匿、转移财产的。

（2）虚构债务或者承认不真实的债务的。

（四）债权人的抵销权

债权人在破产申请受理前对债务人负有债务的，无论是否已经到清偿期限、标的是否相同，均可在破产财产最终分配确定前，向管理人主张抵销。但是，有下列情形之一的，不得抵销：

（1）债务人的债务人在破产申请受理后取得他人对债务人的债权的。

（2）债权人已知债务人有不能清偿到期债务或者破产申请的事实，对债务人负担债务的；但是，债权人因为法律规定或者有破产申请一年前所发生的原因而负担债务的除外。

（3）债务人的债务人已知债务人有不能清偿到期债务或者破产申请的事实，对债务人取得债权的；但是，债务人的债务人因为法律规定或者有破产申请一年前所发生的原因而取得债权的除外。

管理人不得主动抵销债务人与债权人的互负债务，但抵销使债务人财产受益的除外。

（五）其他由管理人处理的债务人财产

（1）人民法院受理破产申请后，债务人的出资人尚未完全履行出资义务的，管理人应当要求该出资人缴纳所认缴的出资，而不受出资期限的限制。

（2）债务人的董事、监事和高级管理人员利用职权从企业获取的非正常收入和侵占的企业财产，管理人应当追回。

（3）人民法院受理破产申请后，管理人可以通过清偿债务或者提供为债权人接受的担保，取回质物、留置物。债务清偿或者替代担保，在质物或者留置物的价值低于被担保的债权额时，以该质物或者留置物当时的市场价值为限。

（4）人民法院受理破产申请后，债务人占有的不属于债务人的财产，该财产的权利人可以通过管理人取回。但是，本法另有规定的除外。

（5）人民法院受理破产申请时，出卖人已将买卖标的物向作为买受人的债务人发运，债务人尚未收到且未付清全部价款的，出卖人可以取回在运途中的标的物。但是，管理人可以支付全部价款，请求出卖人交付标的物。

二、破产费用与共益债务

（一）破产费用

破产费用，是在破产程序中为全体债权人共同利益而支付的各项费用的总称。《企业破产法》规定："人民法院受理破产申请后发生的下列费用，为破产费用：①破产案件的诉讼费用；②管理、变价和分配债务人财产的费用；③管理人执行职务的费用、报酬和聘用工作人员的费用。"

（二）共益债务

共益债务，是在破产程序中为全体债权人利益而由债务人财产负担的债务的总称。《企业破产法》规定："人民法院受理破产申请后发生的下列债务，为共益债务：①因管理人或者债务人请求对方当事人履行双方均未履行完毕的合同所产生的债务；②债务人财产受无因管理所产生的债务；③因债务人不当得利所产生的债务；④为债务人继续营业而应支付的劳动报酬和社会保险费用以及由此产生的其他债务；⑤管理人或者相关人员执行职务致人损害所产生的债务；⑥债务人财产致人损害所产生的债务。"

【例 3-6】下列各项中，不属于破产费用的是（　　）。

A. 破产案件的诉讼费用

B. 管理人执行职务的报酬

C. 为债务人继续营业而应支付的劳动报酬和社会保险费用

D. 管理和分配债务人财产的费用

【解析】正确答案：C。根据规定，为债务人继续营业而应支付的劳动报酬和社会保险费用不属于破产费用的范围，该费用属于共益债务。

（三）破产费用与共益债务的清偿

破产费用与共益债务均是以债务人财产为清偿对象的，并享有优先于其他债权的受偿权，但其优先受偿的权利不包括对债权人享有担保物权的特定财产。《企业破产法》还规定："破产费用和共益债务由债务人财产随时清偿。债务人财产不足以清偿所有破产费用和共益债务的，先行清偿破产费用。债务人财产不足以清偿所有破产费用或者共益债务的，按照比例清偿。债务人财产不足以清偿破产费用的，管理人应当提请人民法院终结破产程序。人民法院应当自收到请求之日起 15 日内裁定终结破产程序，并予以公告。"

债务人财产虽然不足以支付所有破产费用和共益债务，但是破产案件的债权人、管理人、债务人的出资人或者其他利害关系人愿意垫付相关费用的，经人民法院同意，破产程序可以继续进行。

在债权人或债务人等提出破产清算申请时，即发现破产人财产不足以支付破产费用、无财产可供分配的，人民法院在确认其属实之后，应当受理破产案件，并做出破产宣告，同时做出终结破产程序的裁定，不应拒绝受理破产案件。

三、破产案件的特别诉讼时效

债务人对外享有债权的诉讼时效，自人民法院受理破产申请之日起中断。

债务人无正当理由未对其到期债权及时行使权利，导致其对外债权在破产申请受理前一年内超过诉讼时效期间的，人民法院受理破产申请之日起重新计算上述债权的诉讼时效期间。

管理人代表债务人提起诉讼，主张出资人向债务人依法缴付未履行的出资或者返还抽逃的出资本息，出资人以认缴出资尚未届至公司章程规定的缴纳期限或者违反出资义务已经超过诉讼时效为由抗辩的，人民法院不予支持。

第五节　和解与重整

一、和解

（一）和解的概念

和解是指具备破产原因的债务人，为了避免破产清算，与债权人会议达成协议解决债务的协议的制度。和解制度是挽救企业、预防债务人破产的法律制度之一。

（二）和解的提出、通过及裁定

和解申请只能由债务人一方提出，债务人可以依法直接向人民法院申请和解，也可以在人民法院受理破产申请后、宣告破产前，向人民法院申请和解。申请和解的原因是债务人发生破产原因。债务人申请和解，应当提出和解协议草案。

人民法院经审查认为和解申请符合法律规定的，应当受理其申请，裁定和解，予以公告，并召集债权人会议讨论和解协议草案。

债权人会议通过和解协议的决议，由出席会议的有表决权的债权人过半数同意，并且其所代表的债权额占无财产担保债权总额的 2/3 以上。对债务人的特定财产享有担保权的债权人，对此事项无表决权。

债权人会议通过和解协议的，由人民法院裁定认可，终止和解程序，并予以公告。管理人应当向债务人移交财产和营业事务，并向人民法院提交执行职务的报告。和解协议草案未获通过，或未获人民法院认可的，人民法院应当裁定终止和解程序，并宣告债务人破产。

（三）和解协议的效力

（1）和解协议对债务人和全体和解债权人都有约束力。

经人民法院裁定认可的和解协议，对债务人和全体和解债权人均有约束力。和解债权人是无财产担保的债权人。债务人应当按照和解协议规定的条件清偿债务。按照和解协议减免的债务，自和解协议执行完毕时起，债务人不再承担清偿责任。

（2）和解协议对债务人的保证人和其他连带债务人所享有的权利，不受和解协议的影响。

(3) 因债务人的欺诈或者其他违法行为而成立的和解协议，人民法院应当裁定无效，并宣告债务人破产。有上述情形的，和解债权人因执行和解协议所受的清偿，在其他债权人所受清偿同等比例的范围内，不予返还。

(四) 和解协议的终止

债务人不能执行或者不执行和解协议的，人民法院经和解债权人请求，应当裁定终止和解协议的执行，并宣告债务人破产。

人民法院裁定终止和解协议执行的，和解债权人在和解协议中做出的债权调整的承诺失去效力。和解债权人因执行和解协议所受的清偿仍然有效，和解债权未受清偿的部分作为破产债权。

人民法院受理破产申请后，债务人与全体债权人就债权债务的处理自行达成协议的，可以请求人民法院裁定认可，并终结破产程序。

按照和解协议减免的债务，自和解协议执行完毕时起，债务人不再承担清偿责任。

【例 3-7】关于和解的申请，下列说法正确的是（　　）。

A. 债务人不能直接向法院申请和解

B. 债务人可以直接向法院申请和解

C. 债务人可以在人民法院受理破产申请后、宣告债务人破产前向法院申请和解

D. 债务人在人民法院受理破产申请后不能向法院申请和解

【解析】正确答案：B、C。债务人可以依照本法规定，直接向人民法院申请和解；也可以在人民法院受理破产申请后、宣告债务人破产前，向人民法院申请和解。债务人申请和解，应当提出和解协议草案。

为尊重当事人的自主决定权，《企业破产法》还规定，人民法院受理破产申请后，债务人与全体债权人就债权债务的处理自行达成协议的，可以请求人民法院裁定认可，并终结破产程序。

二、重整

(一) 重整的概念

重整是指对具备破产原因但又存在挽救希望的企业法人，不立即进行破产清算，而是通过对各方利害关系人的利益协调，制订债务人重整计划，债务人继续经营，在一定期限内偿还债务的制度。

(二) 重整申请

《企业破产法》规定，债务人或者债权人可以依法直接向人民法院申请对债务人进行重整。债权人申请对债务人进行破产清算的，在人民法院受理破产申请后、宣告债务人破产前，债务人或者出资额占债务人注册资本 1/10 以上的出资人，可以向人民法院申请重整。国务院金融监督管理机构可以向人民法院提出对金融机构进行重整的申请。

人民法院经审查认为重整申请符合法律规定的，应当裁定债务人重整，并予以公告。

（二）重整期间

自人民法院裁定债务人重整之日起至重整程序终止，为重整期间。重整期间不包括重整计划得到批准后的执行期间。

在重整期间，经债务人申请，人民法院批准，债务人可以在管理人的监督下自行管理财产和营业事务。

在重整期间，对债务人的特定财产享有的担保权暂停行使。但是，担保物有损坏或者价值明显减少的可能，足以危害担保权人权利的，担保权人可以向人民法院请求恢复行使担保权。

在重整期间，债务人或者管理人为继续营业而借款的，可以为该借款设定担保。

债务人合法占有的他人财产，该财产的权利人在重整期间要求取回的，应当符合事先约定的条件。

在重整期间，债务人的出资人不得请求投资收益分配。

在重整期间，债务人的董事、监事、高级管理人员不得向第三人转让其持有的债务人的股权。但是，经人民法院同意的除外。

在重整期间，有下列情形之一的，经管理人或者利害关系人请求，人民法院应当裁定终止重整程序，并宣告债务人破产：

（1）债务人的经营状况和财产状况继续恶化，缺乏挽救的可能性；

（2）债务人有欺诈、恶意减少债务人财产或者其他显著不利于债权人的行为；

（3）由于债务人的行为致使管理人无法执行职务。

（三）重整计划的制订与批准

1. 重整计划的制订

当事人的重整申请被受理之后，应当在法定期限内提交重整计划草案。债务人自行管理财产和营业事务的，由债务人制作重整计划草案。管理人负责管理财产和营业事务的，由管理人负责制作重整计划草案。

债务人或者管理人应当自人民法院裁定债务人重整之日起六个月内，同时向人民法院和债权人会议提交重整计划草案。规定的期限届满，经债务人或者管理人请求，有正当理由的，人民法院可以裁定延期三个月。

重整计划草案应当包括下列内容：①债务人的经营方案；②债权分类；③债权调整方案；④债权受偿方案；⑤重整计划的执行期限；⑥重整计划执行的监督期限；⑦有利于债务人重整的其他方案。

2. 重整计划草案的表决与批准

重整计划草案在债权人会议上进行分组表决。人民法院应当自收到重整计划草案之日起 30 日内召开债权人会议，对重整计划草案进行表决。出席会议的同一表决组的债权人过半数同意重整计划草案，并且其所代表的债权额占该组债权总额的 2/3 以上的，即为该组通过重整计划草案。各表决组均通过重整计划草案时，重整计划即为通过。自重整计划通过之日起10日内，债务人或者管理人应当向人民法院提出批准重整计划的申请。人民法院经审查认为符合法律规定的，应当自收到申请之日起30日内裁定批准，终止重整程序，并予以公告。

3. 重整计划的执行、监督与终止

（1）重整计划的执行

重整计划由债务人负责执行。人民法院裁定批准重整计划后，已接管财产和营业事务的管理人应当向债务人移交财产和营业事务。

（2）重整计划的监督

自人民法院裁定批准重整计划之日起，在重整计划规定的监督期内，由管理人监督重整计划的执行。在监督期内，债务人应当向管理人报告重整计划执行情况和债务人财务状况。

监督期届满时，管理人应当向人民法院提交监督报告。自监督报告提交之日起，管理人的监督职责终止。管理人向人民法院提交的监督报告，重整计划的利害关系人有权查阅。经管理人申请，人民法院可以裁定延长重整计划执行的监督期限。

（3）重整计划的效力

经人民法院裁定批准的重整计划，对债务人和全体债权人均有约束力，包括对债务人的特定财产享有的担保权的债权人。债权人对债务人的保证人和其他连带债务人所享有的权利，不受重整计划的影响，可以依据原合同约定行使权利。

债务人不能执行或者不执行重整计划的，人民法院经管理人或者利害关系人请求，应当裁定终止重整计划的执行，并宣告债务人破产。

人民法院裁定终止重整计划执行的，债权人在重整计划中做出的债权调整的承诺失去效力。债权人因执行重整计划所受的清偿仍然有效，债权未受清偿的部分作为破产债权。

按照重整计划减免的债务，自重整计划执行完毕时起，债务人不再承担清偿责任。

【例3-8】下列有关重整制度的表述，说法正确的是（　　）。

A. 在重整期间，对债务人的特定财产享有的担保权暂停行使

B. 担保物有损坏或者价值明显减少的可能，足以危害担保权人权利的，担保权人可以向人民法院请求恢复行使担保权

C. 在重整期间，债务人或者管理人为继续营业而借款的，可以为该借款设定担保

D. 在重整期间，债务人的出资人可以请求投资收益分配

【解析】正确答案：ABC。在重整期间，债务人的出资人不得请求投资收益分配。在重整期间，债务人的董事、监事、高级管理人员不得向第三人转让其持有的债务人的股权。但是，经人民法院同意的除外。

第六节　破产宣告与破产清算

一、破产宣告

破产宣告是指法院依据当事人的申请或法定职权裁定宣布债务人破产以清偿债务的活动。债务人被宣告破产后，债务人称为破产人，债务人财产称为破产财产，人民法院受理破产申请时对债务人享有的债权称为破产债权。

人民法院依法宣告债务人破产，应当自裁定做出之日起 5 日内、送达债务人和管理人，自裁定做出之日起 10 日内通知已知债权人，并予以公告。

破产宣告前，有下列情形之一的，人民法院应当裁定终结破产程序，并予以公告：

（1）第三人为债务人提供足额担保或者为债务人清偿全部到期债务的；

（2）债务人已清偿全部到期债务的。

二、破产财产的变价

（一）管理人拟订破产财产变价方案

破产财产的分配以货币分配为基本方式，在破产宣告后，管理人应当及时拟订破产财产变价方案，提交债权人会议讨论。管理人应当按照债权人会议通过的或者人民法院依法裁定的破产财产变价方案，适时变价出售破产财产。

（二）破产财产变价出售的方式

（1）变价出售破产财产应当通过拍卖方式进行，但债权人会议另有决议的除外。

（2）破产企业可以全部或者部分变价出售。企业变价出售时，可以将其中的无形资产和其他财产单独变价出售。

（3）按照国家规定不能拍卖或者限制转让的财产，应当按照国家规定的方式处理。

（三）别除权

《企业破产法》规定："对破产人的特定财产享有担保权的权利人，对该特定财产享有优先受偿的权利。"此项权利是破产法上的别除权。别除权是基于担保物权及特别优先权产生的，其优先受偿权的行使不受破产清算与和解程序的限制，但在重整程序中受到限制。

别除权人行使优先受偿权利未能完全受偿的，其未受偿的债权作为普通债权；别除权人放弃优先受偿权利的，其债权作为普通债权。

三、破产财产的分配

（一）破产财产的分配顺序

破产财产的分配是指将破产财产按照法律规定的债权清偿顺序和案件实际情况决定的受偿比例进行清偿的程序。

根据《企业破产法》规定，破产财产依照下列顺序进行分配：

（1）优先清偿破产费用和共益债务。

（2）破产财产在清偿破产费用和共益债务后的清偿顺序：①破产人所欠职工的工资和医疗、伤残补助、抚恤费用，所欠的应当划入职工个人账户的基本养老保险、基本医疗保险费用，以及法律、行政法规规定应当支付给职工的补偿金；②破产人欠缴的除前项规定以外的社会保险费用和破产人所欠税款；③普通破产债权。

破产财产不足以清偿同一顺序的清偿要求的，按照比例分配。

破产企业的董事、监事和高级管理人员的工资按照该企业职工的平均工资计算。

（二）破产财产的分配方案

管理人应当及时拟订破产财产分配方案，提交债权人会议讨论。破产财产分配方案应当载明下列事项：

参加破产财产分配的债权人名称或者姓名、住所；

参加破产财产分配的债权额；

可供分配的破产财产数额；

破产财产分配的顺序、比例及数额；

实施破产财产分配的方法。

（三）破产财产分配方案的实施

债权人会议通过破产财产分配方案后，由管理人将该方案提请人民法院裁定认可后，由管理人执行。

管理人按照破产财产分配方案实施多次分配的，应当公告本次分配的财产额和债权额。管理人实施最后分配的，应当在公告中指明。

对于附生效条件或者解除条件的债权，管理人应当将其分配额提存。

管理人依照规定提存的分配额，在最后分配公告日，生效条件未成就或者解除条件成就的，应当分配给其他债权人；在最后分配公告日，生效条件成就或者解除条件未成就的，应当交付给债权人。

债权人未受领的破产财产分配额，管理人应当提存。债权人自最后分配公告之日起满 2 个月仍不领取的，视为放弃受领分配的权利，管理人或者人民法院应当将提存的分配额分配给其他债权人。

破产财产分配时，对于诉讼或者仲裁未决的债权，管理人应当将其分配额提存。自破产程序终结之日起满 2 年仍不能受领分配的，人民法院应当将提存的分配额分配给其他债权人。

四、破产程序的终结

（一）破产终结程序

《企业破产法》规定的破产程序终结方式有三种。其一，因和解、重整程序顺利完成而终结；其二，因债务人的破产财产不足以支付破产费用而终结；其三，因破产财产分配完毕而终结。在破产清算程序中仅涉及后两种情况。

管理人在最后分配完结后，应当及时向人民法院提交破产财产分配报告，并提请人民法院裁定终结破产程序。人民法院应当在接到申请的15日内做出是否终结破产程序的裁定。裁定终结的，应当予以公告。管理人应当自破产程序终结之日起10日内，持人民法院终结破产程序的裁定，向破产人的原登记机关办理注销登记。

破产人无财产可供分配的，管理人应当请求人民法院裁定终结破产程序。

（二）破产财产的追加分配

在破产程序因债务人财产不足以支付破产费用而终结，或者因破产人无财产可供分配或破产财产分配完毕而终结时，自终结之日起2年内，有下列情形之一的，债权人可以请求人民法院按照破产财产分配方案进行追加分配：

（1）发现在破产案件中有可撤销行为、无效行为或者债务人的董事、监事和高级管理人员利用职权从企业获取非正常收入和侵占企业财产的情况，应当追回财产的；

（2）发现破产人有可供分配的其他财产的。

有上述情形，但财产数量不足以支付分配费用的，不再进行追加分配，由人民法院将其上交国库。

破产人的保证人和其他连带债务人，在破产程序终结后，对债权人依照破产清算程序未受清偿的债权，依法继续承担清偿责任。但这并不是说，债权人要追究保证人和其他连带债务人的清偿责任必须等到破产程序终结后，在破产程序中，债权人就可以依法追究他们的责任。

五、违反破产法的法律责任

（1）企业董事、监事或者高级管理人员违反忠实义务、勤勉义务，致使所在企业破产的，依法承担民事责任。

有上述情形的人员，自破产程序终结之日起3年内不得担任任何企业的董事、监事、高级管理人员。

（2）有义务列席债权人会议的债务人的有关人员，经人民法院传唤，无正当理由拒不列席债权人会议的，人民法院可以拘传，并依法处以罚款。债务人的有关人员违反本法规定，拒不陈述、回答，或者作虚假陈述、回答的，人民法院可以依法处以罚款。

（3）债务人违反本法规定，拒不向人民法院提交或者提交不真实的财产状况说明、债务清册、债权清册、有关财务会计报告以及职工工资的支付情况和社会保险费用的缴纳情况的，人民法院可以对直接责任人员依法处以罚款。对上述情形的直接责任人，人民法院可以对其依法处以罚款。

（4）债务人违反规定处理债务人财产，损害债权人利益的，债务人的法定代表人和其他直接责任人员依法承担赔偿责任。

（5）管理人未依照本法规定勤勉尽责，忠实执行职务的，人民法院可以依法处以罚款；给债权人、债务人或者第三人造成损失的，依法承担赔偿责任。

(6) 违反本法规定，构成犯罪的，依法追究刑事责任。

本章复习思考题

1. 我国《企业破产法》如何规定破产原因?
2. 简述破产的申请和受理的法律规定。
3. 法院受理破产案件后其法律后果表现在哪些方面?
4. 怎么确定破产财产的范围?
5. 简述破产管理人和重整制度的法律规定。
6. 如何界定破产费用和共益债务。
7. 破产企业的财产依法应该如何分配?

本章主要参考的法律法规

1.《中华人民共和国破产法》(2006 年 8 月通过，自 2007 年 6 月 1 日起正式实施)

2.《最高人民法院关于当前人民法院审理企业破产案件应当注意的几个问题的通知》(法发〔1997〕2 号)，1997 年 3 月 6 日最高人民法院发布；

3.《最高人民法院〈关于审理企业破产案件若干问题的规定〉》(2002 年 7 月 1 最高人民法院审判委员会通过，自 2002 年 9 月 1 日起施行)

4. 《最高人民法院关于适用〈中华人民共和国企业破产法〉若干问题的规定(一)》(2011 年 8 月 29 日最高人民法院审判委员会通过，自 2011 年 9 月 26 日起施行)

5. 《最高人民法院关于适用〈中华人民共和国企业破产法〉若干问题的规定(二)》(2013 年 7 月 29 日最高人民法院审判委员会通过，自 2013 年 9 月 16 日起施行)

第四章　证券法

本章知识要点：

本章串讲视频

（1）了解证券、证券市场和证券法的概念、特征，掌握证券管理原则。

（2）学习并掌握证券市场各构成要素的概念、设立条件、组织机构和主要职责等。

（3）掌握证券发行的一般规定、方式、种类和程序。

（4）学习证券交易的一般规定和对证券上市交易条件、持续信息公开与禁止交易行为的具体规定。

（5）了解上市公司收购的特征、一般规定及收购方式，学习要约收购和协议收购的特征和程序。

（6）学习并了解违反证券法的违法行为和法律责任。

第一节　证券法概述

一、证券的概念、特征和种类

（一）证券的概念

证券是商品经济和社会化大生产发展的产物。它是证明特定经济权利的凭证，必须依法设置，依照法律或行政法规规定的形式、内容、格式与程序制作、签发。

证券有广义和狭义之分。广义的证券是指记载并且代表一定权利的所有凭证。主要包括三类：一是财物证券，如货运单、提货单、购物券等；二是货币证券，如支票、汇票、本票等；三是资本证券，如股票、公司债券、投资基金份额等。我国证券法规定的证券为狭义的证券，仅指资本证券。

（二）证券的特征

证券法规范的证券，具有以下法律特征：

（1）证券是要式凭证。

（2）证券是具有投资属性的凭证。

（3）证券是证明持券人拥有某种财产权利的凭证。

（4）证券是一种可以流通的权利凭证。

（三）证券的种类

证券根据不同的标准可作多种分类，目前我国证券市场发行和流通的证券主要有：

1. 股票

股票是股份公司依法定程序发行的、表示其股东按其所持有的股份享受权利和承担义务的可转让的书面凭证，具有非返还性、收益性、风险性、流通性、参与性等特点。依股东的权利、义务不同，股份可分为普通股和优先股；按票面上是否记载股东的姓名或名称，股票可分为记名股票和无记名股票。

2. 债券

债券是指合格主体依法定程序发行的，约定在一定期限还本付息的有价证券，与股票相比，具有偿还性、低收益和低风险性、非参与性等特点。一般来说，债券按照发行主体的不同可分为：政府债券、企业债券、金融债券等三类。政府债券的发行和交易活动不适用证券法的规定，而要由其他法律、法规另行规定。

3. 基金券

证券投资基金是通过公开发售基金份额募集资金，由基金管理人管理，基金托管人托管，为基金份额持有人的利益，以资产组合方式进行股票、债券投资的集合证券投资方式，基金券是基金份额的表现形式。证券投资基金是一种间接投资工具，可实现规模经营、组合投资、分散风险。主要可以分为封锁型基金券和开放型基金券两类。

【例 4-1】下列哪种证券的发行和交易不适用证券法？（　　）

A. 股票　　B. 国库券　　C. 公司债券　　D. 基金券

【解析】正确答案为 B。《中华人民共和国证券法》（以下简称《证券法》）第二条规定，中华人民共和国境内，股票、公司债券和国务院依法认定的其他证券的发行和交易，适用本法；本法未规定的，适用《公司法》和其他法律、行政法规的规定。政府债券、证券投资基金份额的上市交易，适用本法；其他法律、行政法规有特别规定的，适用其规定。证券衍生品种发行、交易的管理办法，由国务院依照本法的原则规定。

二、证券市场和证券法

（一）证券市场

证券市场是指证券发行与交易的场所。证券市场分为发行市场和流通市场。发行市场又称一级市场，是发行新证券的市场，证券发行人通过证券发行市场将已获准公开发行的证券第一次销售给投资者，以获取资金。证券流通市场又称二级市场，是对已发行的证券进行买卖、转让交易的场所。投资者在一级市场取得的证券可以在二级市场进行交易。

证券市场的经营对象包括证券及其衍生产品，如股票期货、股票期权、认股权证、债券期货、债券期权等。

（二）证券法

证券法是规范证券发行与交易的法律。证券法的概念有狭义和广义之分。狭义的证券法指《中华人民共和国证券法》。广义的证券法是指一起与证券有关的法律规范的总称，既包括《证券法》，还包括其他法律中有关证券管理的规定、国务院颁发的有关证券管理的行政法规、证券管理部门发布的部门规章，地方立法部门颁布的有关证券管理的地方性法规和规章等。

1998年12月29日，第九届全国人民代表大会常务委员会第六次会议通过了《证券法》，自1999年7月1日起施行。2004年8月28日，根据第十届全国人民代表大会常务委员会第十一次会议《关于修改〈中华人民共和国证券法〉的决定》，对《证券法》作了个别条款的修正。2005年10月27日，第十届全国人民代表大会常务委员会第十八次会议对《证券法》作了大幅修订后重新颁布，自2006年1月1日起施行。2013年6月29日第十二届全国人民代表大会常务委员会第三次会议进行第二次修正，2014年8月31日第十二届全国人民代表大会常务委员会第十次会议进行第三次修正。

《证券法》的调整范围，是在中华人民共和国境内股票、公司债券和国务院依法认定的其他证券的发行和交易。《证券法》未规定的，适用《公司法》和其他法律、行政法规的规定。证券衍生品种发行、交易的管理办法，由国务院依照本法的原则规定。

三、证券管理原则

（一）公开、公平、公正原则

公开原则是指有关证券发行、交易的市场信息要公开，让投资者在充分了解真实情况的基础上自行做出投资决策。公平原则是指证券市场的所有参与者在法律上都具有平等的地位，其合法权益都应受到公平的保护。公正原则是指在证券的发行、交易活动执行统一的规则，适用统一的规范。

（二）自愿、有偿、诚实信用原则

证券发行、交易活动的当事人具有平等的法律地位，应当遵守自愿、有偿、诚实信用的原则。自愿原则是指当事人有权按照自己的意愿参与证券发行与证券交易活动，任何机构、组织或个人都不得非法干预，任何一方都不得把自己的意志强加给对方。有偿原则是指在证券发行和交易活动中，一方当事人不得无偿占有他方当事人的财产和劳动。诚实信用原则是指有关各方当事人应当自觉遵守社会公德，参与民事活动要诚实守信、客观公正、信守承诺，不弄虚作假，不自欺欺人，及时、全面地履行承诺。

（三）守法原则

遵守法律、法规是我们在一切社会活动中都必须遵守的原则。证券发行、交易活动必须遵守法律、行政法规；禁止欺诈、内幕交易和操纵证券市场的行为。

（四）证券业与其他金融业分业经营、分业管理原则

《证券法》规定，证券业和银行业、信托业、保险业分业经营、分业管理。证券公司与银行、信托、保险业务机构分别设立。国家另有规定的除外。现行《证券法》在规定分业经营、分业管理原则的同时，规定“国家另有规定的除外”，为混业经营留下了一定的法律空间，也为银行资金间接进入证券市场准备了条件。

（五）政府集中统一监管与行业自律相结合原则

国务院证券监督管理机构依法对全国证券市场实行集中统一监督管理。国务院证券监督管理机构根据需要可以设立派出机构，按照授权履行监督管理职责。在国家对证券发行、交易活动实行集中统一监督管理的前提下，依法设立证券业协会，实行自律性管理。

（六）国家审计监督原则

《证券法》规定，国家审计机关依法对证券交易所、证券公司、证券登记结算机构、证券监督管理机构进行审计监督。国家审计监督有利于促使证券机构依法经营和开展活动，有利于国家对证券市场的监督，有利于保护投资者的利益。

第二节　证券市场的构成要素

证券市场的构成要素包括投资者、发行人、交易所、证券商、其他中介机构、监管机构和自律组织等。

一、证券投资者

（一）概念

证券投资者是证券市场的资金供给者，也是证券的需求者和购买者。投资者是最重要的市场主体，包括个人投资者和机构投资者。

（二）证券投资者的组成

1. 个人投资者

个人投资者是指从事证券买卖的居民个人，其目的是对其剩余、闲置的货币资金加以运用，实现保值和增值的目的。

在发达国家，个人投资者一般通过证券经纪人或购买投资基金间接参与证券市场。目前，我国的个人投资者多数直接参与证券市场交易。

2. 机构投资者

机构投资者是指从事证券买卖的法人单位，主要有非金融企业、金融机构和政府部门等。其资金实力雄厚，投资分析和决策能力强，有较强的抗风险能力，对证券市场的影响力较大。

（1）非金融企业既是证券的发行者，也是证券的投资者。其发行的证券有股票、公司债券、可转换债券等，投资目的是资金的保值、增值，或参股、控股、兼并收购等。

（2）金融机构投资者包括商业银行、证券经营机构、保险公司、投资基金等，是金融证券的发行人和证券市场上主要的投资者，其资金实力和特殊的经营性质，决定了它在证券市场中举足轻重的地位。

（3）最大的政府机构投资者是中央银行，它主要是在国债市场上进行投资，目的是调节货币流通量，控制通货膨胀，稳定币值，实现货币政策目标。

二、证券发行人

（一）概念

证券发行人是资金的需求者和证券的供给者，它通过在市场上发行股票、债券等各类证券来筹集资金。证券发行人包括企业、金融机构、政府部门和其他经济组织。

（二）证券发行人的组成

1. 企业

企业发行的证券包括股票和企业债券，其目的是筹集企业生产经营所需资金。股份有限公司既可以发行股票，也可以发行公司债券，而有限责任公司和国有独资公司只能发行公司债券来筹集资金。

2. 金融机构

金融机构发行证券的主要形式是金融债券和股票，它筹集资金的目的是向其他资金需求者提供资金，是资金供给双方的中介。由于多数金融机构的资金实力雄厚，信用等级高，因此金融债券的发行利率一般低于普通企业债券。

3. 政府部门

政府发行债券的目的主要包括弥补财政赤字，筹集建设资金，实施宏观调控等。政府债券包括中央政府债券和地方政府债券。

三、证券交易所

（一）概念

证券交易所是为证券集中交易提供场所和设施，组织和监督证券交易，实行自律管理的法人。按照证券交易所的组织形式划分，证券交易所可分为会员制证券交易所和公司制证券交易所。会员制证券交易所是由会员自愿出资共同组成，交易所为会员所有和控制，只对会员服务，只有会员才能利用交易所的交易系统进行交易，是非营利性的法人组织。公司制证券交易所是由股东出资设立，以公司形式出现的营利性法人。

（二）组织机构

1. 会员大会

会员大会是证券交易所的权力机构，但它只是一个议事机构，不是常设机构。

2. 理事会

理事会是证券交易所的常设机构和日常管理机构。

3. 总经理

总经理为证券交易所的法定代表人，主持证券交易所的日常管理工作。证券交易所设总经理 1 人，由国务院证券监督管理机构任免。

（三）职责

根据《证券法》规定，证券交易所的职责主要有：为组织公平的集中交易提供保障；办理股票、公司债券的暂停上市、恢复上市或者终止上市的事务；采取技术性停牌，临时停市措施；对在证券交易所进行的证券交易和上市公司披露信息进行监控和监督；筹措并管理号证券风险基金；依照法律、行政法规制定上市规则、交易规则、会员管理规则和其他有关规则，并报国务院证券管理机构批准。

四、证券公司

（一）概念

证券公司是指依照《公司法》和《证券法》规定设立的经营证券业务的有限责任公司或者股份有限公司。证券公司依法享有自主经营的权利，其合法经营不受干涉。

（二）设立条件

设立证券公司，必须经国务院证券监督管理机构审查批准。未经国务院证券监督管理机构批准，任何单位和个人不得经营证券业务。应当具备下列条件：

（1）有符合法律、行政法规规定的公司章程；

（2）主要股东具有持续盈利能力，信誉良好，最近 3 年无重大违法违规记录，净资产不低于人民币 2 亿元；

（3）有符合《证券法》规定的注册资本；

（4）董事、监事、高级管理人员具备任职资格，从业人员具有证券从业资格；

（5）有完善的风险管理与内部控制制度；

（6）有合格的经营场所和业务设施；

（7）法律、行政法规规定的和经国务院批准的国务院证券监督管理机构规定的其他条件。

证券公司必须在其名称中标明证券有限责任公司或者证券股份有限公司字样。证券公司设立、收购或者撤销分支机构，变更业务范围或者注册资本，变更持有 5%以上股权的股东、实际控制人，变更公司章程中的重要条款，合并、分立、变更公司形式、停业、解散、破产，在境外设立、收购或者参股证券经营机构，必须经国务院证券监督管理机构批准。

（三）业务范围

根据《证券法》规定，经国务院证券监督管理机构批准。证券公司可以经营下列部分或者全部业务：

（1）证券经纪；

（2）证券投资咨询；

（3）与证券交易、证券投资活动有关的财务顾问；

（4）证券承销与保荐；

（5）证券自营；

（6）证券资产管理；

（7）其他证券业务。

证券公司经营上述第1项至第3项业务的，注册资本最低限额为人民币5 000万元；经营第4项至第7项业务之一的，注册资本最低限额为人民币1亿元；经营第4项至第7项业务中两项以上的，注册资本最低限额为人民币5亿元。证券公司的注册资本应当是实缴资本。

五、证券登记结算机构

（一）概念

证券登记结算机构是为证券交易提供集中登记、存管与结算服务，不以营利为目的的法人。证券登记结算机构的名称中应当注明证券登记结算字样。

（二）职能

根据《证券法》的规定，证券登记结算机构履行下列职能：

（1）证券账户、结算账户的设立；

（2）证券的存管和过户；

（3）证券持有人名册登记；

（4）证券交易所上市证券交易的清算和交收；

（5）受发行人的委托派发证券权益；

（6）办理与上述业务有关的查询；

（7）国务院证券监督管理机构批准的其他业务。

（三）证券结算

证券结算是指证券交易成交之后对买卖证券双方应收或应付的证券和价款进行计算核定，并转移证券和资金的行为。证券结算包括证券的结算和资金的结算两个方面，在证券交易成交后，卖出方卖出的证券应划转到买入方的账户上，同时将买入方买入证券而需要支付的资金划转到卖出方的账户上。对实物证券交易的结算，需要对证券进行清点、鉴别，并在买卖双方之间交付，对记名证券上所载持有人姓名还须进行更改。对无纸化证券的交易结算，由证券登记结算机构对电脑记载的有关数据资料做出更改。

【例4-2】选项所列哪些是证券登记结算机构应当履行的职能？（　　）

A. 接受投资者的委托代为买卖证券

B. 证券的存管

C. 向投资者提供证券的投资咨询服务

D. 受发行人的委托派发证券权益

【解析】正确答案为B、D。《证券法》第一百五十七条规定，证券登记结算机构履行下列职能：（一）证券账户、结算账户的设立；（二）证券的存管和过户；（三）证券持有人名册登记；（四）证券交易所上市证券交易的清算和交收；（五）受发行人的委托派发证券权益；（六）办理与上述业务有关的查询；（七）国务院证券监督管理机构批准的其他业务。

六、证券服务机构

（一）概念

证券服务机构是指为证券交易提供证券投资咨询和资信评估的机构。专业的证券服务机构包括证券投资咨询机构、资信评估机构。其他证券服务机构主要是指经批准可以兼营证券投资咨询服务的律师事务所、会计师事务所以及资产评估机构等。

（二）从业人员的条件

《证券法》规定，投资咨询机构、财务顾问机构、资信评级机构从事证券服务业务的人员，必须具备证券专业知识和从事证券业务或者证券服务业务 2 年以上的经验。其认定标准和管理办法由国务院证券监督管理机构制定。

（三）证券服务机构从业要求

从事证券服务业务的投资咨询机构和资信评级机构，应当按照国务院有关主管部门规定的标准或者收取办法收取服务费用。

证券服务机构为证券的发行、上市、交易等证券业务活动制作、出具审计报告、资产评估报告、财务顾问报告、资信评级报告或者法律意见书等文件，应当勤勉尽责，对所制作、出具的文件内容的真实性、准确性、完整性进行核查和验证。其制作、出具的文件有虚假记载、误导性陈述或者重大遗漏，给他人造成损失的，应当与发行人、上市公司承担连带赔偿责任，但是能够证明自己没有过错的除外。

七、证券监督管理机构

（一）概念

《证券法》中所称国务院证券监督管理机构是指中国证券监督管理委员会。国务院证券监督管理机构依法对证券市场实行监督管理，维护证券市场秩序，保障其合法运行。

（二）职责

国务院证券监督管理机构在对证券市场实施监督管理中履行下列职责：

（1）依法制定有关证券市场监督管理的规章、规则，并依法行使审批或者核准权；

（2）依法对证券的发行、上市、交易、登记、存管、结算，进行监督管理；

（3）依法对证券发行人、上市公司、证券交易所、证券公司、证券登记结算机构、证券投资基金管理公司、证券服务机构的证券业务活动，进行监督管理；

（4）依法制定从事证券业务人员的资格标准和行为准则，并监督实施；

（5）依法监督检查证券发行、上市和交易的信息公开情况；

（6）依法对证券业协会的活动进行指导和监督；

（7）依法对违反证券市场监督管理法律、行政法规的行为进行查处；

（8）法律、行政法规规定的其他职责。

国务院证券监督管理机构可以和其他国家或者地区的证券监督管理机构建立监督管理合作机制，实施跨境监督管理。

八、证券业协会

（一）概念

证券业协会是证券业的自律性组织，是社会团体法人。中国证券业协会于 1991 年 8 月 28 日成立。

证券业协会的权力机构为由全体会员组成的会员大会。证券业协会章程由会员大会制定，并报国务院证券监督管理机构备案。会员大会每两年举行一次，必要时经常务理事会决议可临时召开。证券业协会设会长、副会长。证券业协会设理事会，理事会成员依章程的规定由选举产生，每届任期两年，可连选连任。

（二）职责

证券业协会履行下列职责：

（1）协助证券监督管理机构教育和组织会员执行法律、行政法规；

（2）依法维护会员的合法权益，向证券监督管理机构反映会员的建议和要求；

（3）收集整理信息，为会员提供服务；

（4）制定会员应遵守的规则，组织会员单位从业人员的业务培训，开展会员间的业务交流；

（5）调解会员之间、会员与客户之间发生的纠纷；

（6）组织会员就证券业的发展、运作及有关内容进行研究；

（7）监督、检查会员行为，对违反法律、行政法规或者协会章程的，按规定给予纪律处分；

（8）国务院证券监督管理机构赋予的其他职责。

第三节　证券发行

一、证券发行的一般规定

（一）公开发行证券的有关规定

《证券法》规定，公开发行证券，必须符合法律、行政法规规定的条件，并依法报经国务院证券监督管理机构或者国务院授权的部门核准；未经依法核准，任何单位和个人不得公开发行证券。

有下列情形之一的，为公开发行：

（1）向不特定对象发行证券的。

（2）向累计超过 200 人的特定对象发行证券的。“特定对象”主要包括发行人的内部人员如股东、公司员工及其亲朋好友等，以及与发行人有联系的公司、机构和人员等；还有一类是机构投资者，比如基金管理公司、保险公司等。

（3）法律、行政法规规定的其他发行行为。

《证券法》还对非公开发行证券作了规范，即向200人以下的特定对象发行证券，不得采用广告、公开劝诱和变相公开方式。

（二）公开发行证券实行保荐制度的有关规定

《证券法》规定，发行人申请公开发行股票、可转换为股票的公司债券，依法采取承销方式的，或者公开发行法律、行政法规规定实行保荐制度的其他证券的，应当聘请具有保荐资格的机构担任保荐人。

保荐人应当遵守业务规则和行业规范，诚实守信，勤勉尽责，对发行人的申请文件和信息披露资料进行审慎核查，督导发行人规范运作。

保荐人的资格及其管理办法由国务院证券监督管理机构规定。

2004年2月1日起正式施行的，由中国证监会颁布的《证券发行上市保荐制度暂行办法》设立了对保荐机构和保荐代表人的注册登记制度，明确了保荐责任和保荐期限，建立了监管部门对保荐机构和保荐代表人施行责任追究的监管机制。

二、证券发行的方式

（一）设立发行和增资发行

依发行的目的不同，分为设立发行和增资发行。设立发行又称初次发行、首次发行，是指股份有限公司在公司设立时向发起人和社会公众发行股份的行为，旨在完成公司的设立。若发行失败，则导致公司不能设立。

增资发行，又称新股发行，是指已成立的股份公司为增加注册资本或改变公司股本结构而发行股票的行为，依认购股份者是否缴纳股款又分为有偿增资、无偿增资、有偿无偿混合增资。

（二）直接发行和间接发行

依是否借助中介机构，分为直接发行和间接发行。直接发行即发行人不通过证券中介机构而直接向投资者发售证券的方式。间接发行即发行人委托证券承销机构办理证券发行事宜并支付佣金的方式。

（三）公募发行和私募发行

依发行对象的不同，分为公募发行和私募发行。公募发行又称公开发行，是发行人向非特定的社会投资者发售证券的方式，一般需要借助证券中介机构进行。

私募发行又称非公开发行，是面向特定投资者发售证券的方式，认购人一般为与发行人关系密切的内部雇员、有经常业务往来的重要客户以及相关的金融机构等。

（四）平价发行、溢价发行和折价发行

依发行价格的不同分为平价发行、溢价发行和折价发行。平价发行即证券发行价

格与证券面额相等。溢价发行即以高于证券面额的价格发行，超过面额部分计入公司的资本公积金。折价发行即以低于证券面额的价格进行发行。我国法律禁止以折价的方式发行证券。

三、证券发行的种类

（一）股票发行

1. 设立股份有限公司公开发行股票的条件

设立股份有限公司公开发行股票，应当符合《中华人民共和国公司法》规定的条件和经国务院批准的国务院证券监督管理机构规定的其他条件，向国务院证券监督管理机构报送募股申请和下列文件：

（1）公司章程；

（2）发起人协议；

（3）发起人姓名或者名称，发起人认购的股份数、出资种类及验资证明；

（4）招股说明书；

（5）代收股款银行的名称及地址；

（6）承销机构名称及有关的协议。

依照本法规定聘请保荐人的，还应当报送保荐人出具的发行保荐书。

法律、行政法规规定设立公司必须报经批准的，还应当提交相应的批准文件。

符合经国务院批准的国务院证券监督管理机构规定的其他条件。

2. 公司公开发行新股的条件

（1）具备健全且运行良好的组织机构；

（2）具有持续盈利能力，财务状况良好；

（3）最近 3 年财务会计文件无虚假记载，并无其他重大违法行为；

（4）经国务院批准的国务院证券监督管理机构规定的其他条件。

公司公开发行新股，应当向国务院证券监督管理机构报送募股申请和下列文件：

（1）公司营业执照；

（2）公司章程；

（3）股东大会决议；

（4）招股说明书；

（5）财务会计报告；

（6）代收股款银行的名称及地址；

（7）承销机构名称及有关的协议。

依照本法规定聘请保荐人的，还应当报送保荐人出具的发行保荐书。

（二）公司债券发行

1. 发行条件

（1）股份有限公司的净资产不低于人民币 3 000 万元，有限责任公司的净资产不低于人民币 6 000 万元；

（2）累计债券余额不超过公司净资产的40%；

（3）最近3年平均可分配利润足以支付公司债券一年的利息；

（4）筹集的资金投向符合国家产业政策；

（5）债券的利率不超过国务院限定的利率水平；

（6）国务院规定的其他条件。

上市公司发行可转换为股票的公司债券，除应当满足公开发行公司债券的各项规定外，还应当符合《证券法》关于公开发行股票的条件，并报国务院证券监督管理机构核准。

公司公开发行新股，应当向国务院证券监督管理机构报送募股申请和下列文件：

（1）公司营业执照；

（2）公司章程；

（3）股东大会决议；

（4）招股说明书；

（5）财务会计报告；

（6）代收股款银行的名称及地址；

（7）承销机构名称及有关的协议。

依照本法规定聘请保荐人的，还应当报送保荐人出具的发行保荐书。

2. 不得再次公开发行公司债券的情形

（1）前一次公开发行的公司债券尚未募足；

（2）对已公开发行的公司债券或者其他债务有违约或者延迟支付本息的事实，仍处于继续状态；

（3）违反《证券法》规定，改变公开发行债券所募集资金的用途。

（三）证券投资基金发行

1. 概念

证券投资基金是一种利益共享、风险共担的集合证券投资方式，即通过发行基金单位，集中投资者的资金，由基金托管人托管，由基金管理人管理和运用资金，从事股票、债券等金融工具投资的方式。

2. 特点

（1）投资基金的单位面值、管理费用和购买费用一般较低。在我国，每份基金单位面值为人民币1元。

（2）投资基金由投资基金管理公司管理，聘请专家经营。

（3）实行组合投资。

四、证券的发行程序

（一）证券发行的核准

发行人发行证券，应当依照法定程序向国务院证券监督管理机构或者国务院授权的部门报送证券发行申请文件。发行人申请首次公开发行股票的，在提交申请文件后，应当按照国务院证券监督管理机构的规定预先披露有关申请文件。

国务院证券监督管理机构或者国务院授权的部门对已做出的核准证券发行的决定，发现不符合法定条件或者法定程序，尚未发行证券的，应当予以撤销，停止发行。已经发行尚未上市的，撤销发行核准决定，发行人应当按照发行价并加算银行同期存款利息返还证券持有人；保荐人应当与发行人承担连带责任，但是能够证明自己没有过错的除外：发行人的控股股东、实际控制人有过错的，应当与发行人承担连带责任。

（二）证券承销

1. 概念

证券承销是指证券经营机构依照协议包销或者代销发行人向社会公开发行的证券的行为。发行人向不特定对象公开发行的证券，法律、行政法规规定应当由证券公司承销的，发行人应当同证券公司签订承销协议。

2. 方式

根据承销商承担责任的方式不同，证券承销分为代销和包销。证券代销是指证券公司代发行人发售证券，在承销期结束时，将未售出的证券全部退还给发行人的承销方式。证券包销是指证券公司将发行人的证券按照协议全部购入或者在承销期结束时将售后剩余证券全部自行购入的承销方式。证券包销分两种情况：一是证券公司将发行人的证券按照协议全部购入，然后再向投资者销售，当卖出价高于购入价时，其差价归证券公司所有；当卖出价低于购入价时，其损失由证券公司承担。二是证券公司在承销期结束后，将售后剩余证券全部自行购入。在这种承销方式下，证券公司要与发行人签订合同，在承销期内，是一种代销行为；在承销期满后，是一种包销行为。

3. 承销协议

证券公司承销证券，应当同发行人签订代销或者包销协议。

承销协议是证券发行人与承销机构签订的明确证券承销权利义务的协议。证券公司与发行人签订承销证券协议，应载明以下事项：

（1）当事人的名称、住所及法定代表人姓名；

（2）代销、包销证券的种类、数量、金额及发行价格；

（3）代销、包销的期限及起止日期；

（4）代销、包销的付款方式及日期；

（5）代销、包销的费用和结算方式；

（6）违约责任；

（7）国务院证券监督管理机构规定的其他事项。

证券公司承销证券，应当对公开发行募集文件的真实性、准确性、完整性进行核查；发现有虚假记载、误导性陈述或者重大遗漏的，不得进行销售活动；已经销售的，必须立即停止销售活动，并采取纠正措施。

4. 承销团承销证券

由几家证券公司一起组成的证券承销的临时组织就叫承销团。证券法规定，向社会公开发行的证券票面总值超过人民币 5 000 万元的，应当由承销团承销。承销团应当由主承销商和参与承销的证券公司组成，在承销团中起主要作用的承销商是主承销商。主承销商是代表承销团与发行者签订承销合同的实力雄厚的大证券公司，一般由竞标或协商的方式确定，其任务主要是负责组建承销团，代表承销团与发行者签订承销协议等文件，决定承销团成员的承销份额等。

证券承销组成承销团有很多优点，主要是能够满足数额较大，或者数额特大的证券发行的需要，可以分散承销风险，提高证券发行速度等。

5. 证券承销的期限

证券的代销、包销期限最长不得超过 90 日。证券公司在代销、包销期内，对所代销、包销的证券应当保证先行出售给认购人，证券公司不得为本公司预留所代销的证券和预先购入并留存所包销的证券。

股票发行采用代销方式，代销期限届满，向投资者出售的股票数量未达到拟公开发行股票数量 70%的，为发行失败。发行人应当按照发行价并加算银行同期存款利息返还股票认购人。

公开发行股票，代销、包销期限届满，发行人应当在规定的期限内将股票发行情况报国务院证券监督管理机构备案。

第四节　证券交易

一、证券交易的基本规则

《证券法》规定，证券交易当事人依法买卖的证券，必须是依法发行并交付的证券。在证券交易中，应遵守以下基本规则：

（一）证券交易的标的物与主体必须合法

首先，交易的证券必须是依法发行的证券。非依法发行的证券，不得买卖。其次，交易的证券必须是已交付的证券。已交付的证券是指已经实际由发行人转移至购买人的证券。证券发行后，不一定立即交付给购买证券的人。

（二）禁止证券在限制转让的期限内进行买卖

《证券法》规定，依法发行的股票、公司债券和其他债券，法律对其转让期限有限制性规定的，在限定的期限内不得买卖。

（三）证券交易活动的场所必须合法

依法公开发行的股票、公司债券及其他证券，应当在依法设立的证券交易所上市交易或者在国务院批准的其他证券交易场所转让。

（四）证券交易的方式必须合法

《证券法》规定，证券在证券交易所上市交易，应当采用公开的集中交易方式或者国务院证券监督管理机构批准的其他方式。采取其他方式进行证券交易，必须经国务院证券管理机构批准。

（五）交易证券的凭证形式既可以是书面形式也可以是经认可的其他形式

《证券法》规定，证券交易当事人买卖的证券可以采用书面形式，也可以采用非书面的其他形式。

（六）证券交易种类既可以是现货交易又可以是由国务院规定的其他形式

证券交易有现货交易和期货交易两种情况。《证券法》规定，证券交易以现货和国务院规定的其他方式进行交易。为了适应证券市场发展的需要，《证券法》允许以现货交易以外的其他形式进行交易，但这种交易方式必须由国务院规定。

（七）证券从业人员、管理人员和其他有关人员在任期或法定期限内不得持有和买卖股票

《证券法》规定，证券交易所、证券公司和证券登记结算机构的从业人员、证券监督管理机构的工作人员以及法律、行政法规禁止参与股票交易的其他人员，在任期或者法定期限内，不得直接或者以化名、借他人名义持有、买卖股票，也不得收受他人赠送的股票。任何人在成为上述人员时，其原已持有的股票，必须依法转让。

（八）依法规范证券交易服务

证券交易所、证券公司、证券登记结算机构必须依法为客户开立的账户保密。除法律和行政法规另有规定者，证券交易所、证券公司、证券登记结算机构不向任何人提供客户开立账户的情况，否则将承担相应的法律责任。

证券交易的收费必须合理，并公开收费项目、收费标准和收费办法。证券交易的收费项目、收费标准和管理办法由国务院有关主管部门统一规定。

（九）证券交易限制

为股票发行出具审计报告、资产评估报告或者法律意见书等文件的证券服务机构和人员，在该股票承销期内和期满后六个月内，不得买卖该种股票。

除前款规定外，为上市公司出具审计报告、资产评估报告或者法律意见书等文件的证券服务机构和人员，自接受上市公司委托之日起至上述文件公开后五日内，不得买卖该种股票。

二、证券上市

（一）申请证券上市交易的一般规定

《证券法》规定，申请证券上市交易，应当向证券交易所提出申请，由证券交易所依法审核同意，由双方签订上市协议。政府债券的上市交易，由证券交易所根据国务院授权部门的决定安排。证券交易所可以依法做出对证券不予上市、暂停上市、终止上市的决定，对迁券交易所的上述决定不服的，可以向证券交易所设立的复核机构申请复核。

（二）股票上市

1. 股票上市交易的条件和报送文件

《证券法》规定，股份有限公司申请股票上市，应当符合下列条件：

（1）股票经国务院证券监督管理机构核准已公开发行；

（2）公司股本总额不少于人民币 3 000 万元；

（3）公开发行的股份达到公司股份总数的 25%以上；公司股本总额超过人民币 4 亿元的，公开发行股份的比例为 10%以上；

（4）公司最近 3 年无重大违法行为，财务会计报告无虚假记载。

证券交易所可以规定高于上述规定的上市条件，并报国务院证券监督管理机构批准。国家鼓励符合产业政策并符合上市条件的公司股票上市交易。

申请股票上市交易，应当向证券交易所报送下列文件：

（1）上市报告书；

（2）申请股票上市的股东大会决议；

（3）公司章程；

（4）公司营业执照；

（5）依法经会计师事务所审计的公司最近三年的财务会计报告；

（6）法律意见书和上市保荐书；

（7）最近一次的招股说明书；

（8）证券交易所上市规则规定的其他文件。

2. 股票暂停上市交易和终止上市交易的情形

暂停上市交易的情形：

（1）公司股本总额、股权分布等发生变化不再具备上市条件；

（2）公司不按照规定公开其财务状况，或者对财务会计报告作虚假记载，可能误导投资者；

（3）公司有重大违法行为；

（4）公司虽近 3 年连续亏损；

（5）证券交易所上市规则规定的其他情形。

终止股票上市交易的情形：

（1）公司股本总额、股权分布等发生变化不再具备上市条件，在证券交易所规定的期限内仍不能达到上市条件；

（2）公司不按照规定公开其财务状况，或者对财务会计报告作虚假记载. 且拒绝纠正；

（3）公司最近 3 年连续亏损，在其后一个年度内未能恢复盈利；

（4）公司解散或者被宣告破产；

（5）证券交易所上市规则规定的其他情形。

【例 4-3】上市公司发生的下列情形中，证交所应决定暂停其股票上市交易的有（　　）。

A. 公司有重大违法行为

B. 公司对财务会计报告作虚假记载者

C. 公司的股本总额由人民币 8 000 万元减至人民币 4 000 万元

D. 公司最近 3 年连续亏损

【解析】正确答案为 A B D。只有当公司股本总额、股权分布等发生变化不再具备上市条件即低于人民币 3 000 万元时，才会被暂停上市交易，所以 C 不正确。

（三）债券上市

1. 债券上市条件

公司申请公司债券上市交易，应当符合下列条件：

（1）公司债券的期限为 1 年以上；

（2）公司债券实际发行额不少于人民币 5 000 万元；

（3）公司申请债券上市时仍符合法定的公司债券发行条件。

2. 债券暂停上市或终止上市情形

公司债券上市交易后。公司有下列情形之一的，由证券交易所决定暂停其公司债券上市交易：①公司有重大违法行为；②公司情况发生重大变化不符合公司债券上市条件；③公司债券所募集资金不按照核准的用途使用；④未按照公司债券募集办法履行义务；⑤公司最近两年连续亏损。

公司有上述第①项、第④项所列情形之一经查实后果严重的，或者有第②项、第③项、第⑤项所列情形之一，在限期内未能消除的，由证券交易所决定终止其公司债券上市交易。公司解散或者被宣告破产的，由证券交易所终止其公司债券上市交易。

【例 4-4】某股份有限公司申请其公司债券上市交易，下列哪一项构成证券监督管理机构驳回其申请的理由？（　　）

A. 公司债券发行额为 6 000 万元

B. 公司债券的期限为 3 年

C. 公司的净资产额为 2 000 万元

D. 公司债券发行规模已达净资产额的 30%

【解析】正确答案为 C。本例题主要考察公司债券上市的条件。《证券法》第十六条规定，公开发行公司债券，股份有限公司的净资产不低于人民币三千万元，有限责任公司的净资产不低于人民币六千万元。上市公司发行可转换为股票的公司债券，除应当符合本款规定的条件外，还应当符合本法关于公开发行股票的条件，并报国务院证券监督管理机构核准。因此，C 项可以构成驳回申请的理由。

（四）证券投资基金上市

《证券投资基金法》规定，申请基金份额上市交易，基金管理人应当向证券交易所提出申请，证券交易所依法审核同意的，双方应当签订上市协议。国务院证券监督管理机构可以授权证券交易所依照法定条件和程序核准基金份额上市交易。

1. 申请上市的基金必须符合的条件

申请上市的基金必须符合下列条件：

（1）基金的募集符合《证券投资基金法》的规定；
（2）基金合同期限为 5 年以上；
（3）基金募集金额不低于 2 亿元人民币；
（4）基金持有人不少于 1 000 人；
（5）基金份额上市交易规则规定的其他条件。

2. 基金的终止上市

终止上市的情形：
（1）不再具备《证券投资基金法》规定的上市交易条件；
（2）基金合同期限届满；
（3）基金份额持有人大会决定提前终止上市交易；
（4）基金合同约定的或者基金份额上市交易规则规定的终止上市交易的其他情形。

开放式基金在销售机构的营业场所销售及赎回，不上市交易。开放式基金单位的认购、申购和赎回业务，可以由基金管理人直接办理，也可以由基金管理人委托经国务院证券监督管理机构认定的其他机构代为办理。

三、证券交易的程序

（一）开户

投资者进行证券交易前应当开设证券账户和资金账户，证券交易以转账的方式进行。证券账户是指证券登记结算机构为投资者设立的，用于记载投资者所持证券及相应的权益变动情况的账册。

（二）委托

投资者买卖证券必须委托证券商办理。投资者向证券商下达以一定的条件买进或卖出证券的指令称为委托，方式有柜台递单委托、电话自动委托、电脑自动委托和远程终端委托。我国目前实行的是当日有效的限价委托，证券商不得接受内容不全的委托或全权委托。

（三）成交

证券商接受投资者的委托指令后，传递到证券交易所的撮合主机。撮合主机对接受的委托进行合法性检测后，按照“时间优先、价格优先”的规则，对同一种证券进行集中竞价，确定成交价格，自动撮合成交，并通过通信手段将成交回报给证券商。不能成交的委托按上述规则排队，当日不能成交的委托自动失效，第二日需重新委托。

（四）清算和交割

清算是指各证券商通过证券交易所的清算机构对证券买卖的数额、金额进行结算和抵销的行为，实行“中央结算、净额交收”的原则。交割是指证券成交后通过证券结算系统进行券款转移的行为。目前，我国的 A 股、债券、基金实行“T+1”制度，在成交的次日办理交割。B 股则实行“T+3”制度，在成交次日起第 3 日办理交割。

四、持续信息公开

持续信息公开也称信息披露，是对证券市场进行监管的有效手段，也是贯彻公开原则的具体体现。发行人、上市公司依法披露的信息，必须真实、准确、完整，不得有虚假记载、误导性陈述或者重大遗漏。

（一）定期报告

定期报告分为中期报告和年度报告。

1. 中期报告

上市公司和公司债券上市交易的公司，应当在每一会计年度的上半年结束之日起两个月内，向国务院证券监督管理机构和证券交易所报送记载以下内容的中期报告，并予公告：

（1）公司财务会计报告和经营情况；

（2）涉及公司的重大诉讼事项；

（3）已发行的股票、公司债券变动情况；

（4）提交股东大会审议的重要事项；

（5）国务院证券监督管理机构规定的其他事项。

2. 年度报告

上市公司和公司债券上市交易的公司，应当在每一会计年度结束之日起 4 个月内，向国务院证券监督管理机构和证券交易所报送记载以下内容的年度报告，并予公告：①公司概况；②公司财务会计报告和经营情况；③董事、监事、高级管理人员简介及其持股情况；④已发行的股票、公司债券情况，包括持有公司股份最多的前 10 名股东名单和持股数额；⑤公司的实际控制人；⑥国务院证券监督管理机构规定的其他事项。

（二）临时报告

发生可能对上市公司股票交易价格产生较大影响的重大事件，投资者尚未得知时，上市公司应当立即将有关该重大事件的情况向国务院证券监督管理机构和证券交易所报送临时报告，并予公告，说明事件的起因、目前的状态和可能产生的法律后果。

《证券法》第六十七条第二款规定，下列 12 种情况为前款所称重大事件：

（1）公司的经营方针和经营范围的重大变化；

（2）公司的重大投资行为和重大的购置财产的决定；

（3）公司订立重要合同，可能对公司的资产、负债、权益和经营成果产生重要影响；

（4）公司发生重大债务和未能清偿到期重大债务的违约情况；

（5）公司发生重大亏损或者重大损失；

（6）公司生产经营的外部条件发生的重大变化；

（7）公司的董事、三分之一以上监事或者经理发生变动；

（8）持有公司百分之五以上股份的股东或者实际控制人，其持有股份或者控制公司的情况发生较大变化；

（9）公司减资、合并、分立、解散及申请破产的决定；

（10）涉及公司的重大诉讼，股东大会、董事会决议被依法撤销或者宣告无效；

（11）公司涉嫌犯罪被司法机关立案调查，公司董事、监事、高级管理人员涉嫌犯罪被司法机关采取强制措施；

（12）国务院证券监督管理机构规定的其他事项。

（三）信息的发布和监督

上市公司董事、高级管理人员应当对公司定期报告签署书面确认意见。上市公司监事会应当对董事会编制的公司定期报告进行审核并提出书面审核意见。上市公司董事、监事、高级管理人员应当保证上市公司所披露的信息真实、准确、完整。

披露的信息有虚假记载、误导性陈述或者重大遗漏，致使投资者在证券交易中遭受损失的，发行人、上市公司应当承担赔偿责任；发行人、上市公司的董事、监事、高级管理人员和其他直接责任人员以及保荐人、承销的证券公司，应当与发行人、上市公司承担连带赔偿责任，但是能够证明自己没有过错的除外；发行人、上市公司的控股股东、实际控制人有过错的，应当与发行人、上市公司承担连带赔偿责任。

依法必须披露的信息，应当在国务院证券监督管理机构指定的媒体发布。同时将其置备于公司住所、证券交易所，供社会公众查阅。

国务院证券监督管理机构对上市公司年度报告、中期报告、临时报告以及公告的情况进行监督，对上市公司分派或者配售新股的情况进行监督，对上市公司控股股东及其他信息披露义务人的行为进行监督。证券监督管理机构、证券交易所、保荐人、承销的证券公司及有关人员，对公司依照法律、行政法规规定必须做出的公告，在公告前不得泄露其内容。

证券交易所决定暂停或者终止证券上市交易，应当及时公告，并报国务院证券监督管理机构备案。

五、禁止的交易行为

禁止的交易行为包括内幕交易行为、操纵证券市场行为、制造虚假信息行为和欺诈客户行为。

（一）内幕交易行为

内幕交易是指证券交易内幕信息的知情人员利用内幕信息进行证券交易的行为。内幕交易的主体是内幕信息知情人员，行为特征是利用其掌握的内幕信息买卖证券，或者是建议他人买卖证券。内幕信息知情人员自己未买卖证券，也未建议他人买卖证券，但将内幕信息泄露给他人，接受内幕信息者依此买卖证券的，也属内幕交易行为。内幕交易行为是一种违法行为。

证券交易内幕信息的知情人包括：发行人的董事、监事、高级管理人员；持有公司5%以上股份的股东及其董事、监事、高级管理人员，公司的实际控制人及其董事、监事、高级管理人员；发行人控股的公司及其董事、监事、高级管理人员；由于所任公司职务可以获取公司有关内幕信息的人员；证券监督管理机构工作人员以及由于法定职责对证券的发行、交易进行管理的其他人员；保荐人、承销的证券公司、证券交易所、证券登记结算机构、证券服务机构的有关人员；等等。

证券交易活动中，涉及公司的经营、财务或者对该公司证券的市场价格有重大影响的尚未公开的信息，为内幕信息。

证券交易内幕信息的知情人和非法获取内幕信息的人，在内幕信息公开前，不得买卖该公司的证券，或者泄露该信息，或者建议他人买卖该证券。内幕交易行为给投资者造成损失的，行为人应当依法承担赔偿责任。

持有或者通过协议、其他安排与他人共同持有公司5%以上股份的自然人、法人、其他组织收购上市公司的股份，按照《证券法》有关上市收购的规定办理。

（二）操纵市场行为

操纵市场是指单位或个人以获取利益或者减少损失为目的，利用其资金、信息等优势或者滥用职权影响证券市场价格，制造证券市场假象，诱导或者致使投资者在不了解事实真相的情况下做出买卖证券的决定，扰乱证券市场秩序的行为。

操纵证券市场行为给投资者造成损失的，行为人应当依法承担赔偿责任。

（三）制造虚假信息行为

制造虚假信息包括编造、传播虚假信息和进行虚假陈述或信息误导两种情况。编造、传播虚假信息即凭空捏造信息或歪曲、篡改已有的信息，并加以宣传。虚假陈述是指行为人故意对证券的发行、交易及其相关活动的性质、前景、法律等事项做出不实、严重误导或含有重大遗漏的陈述或诱导，致使投资者在不了解事实真相的情况下做出证券投资决定。信息舞蹈指行为人非故意地做出了虚假陈述。

（四）欺诈客户行为

欺诈客户是指证券公司及其从业人员在证券交易中违背客户的真实意愿，侵害客户利益的行为。

欺诈客户行为给客户造成损失的，行为人应当依法承担赔偿责任。

（五）其他禁止交易行为的相关规定

其他禁止交易行为主要包括：禁止法人非法利用他人账户从事证券交易；禁止法人出借自己或者他人的证券账户；禁止资金违规流入股市；禁止任何人挪用公款买卖证券等。国有企业和国有资产控股的企业买卖上市交易的股票，必须遵守国家有关规定。

证券交易所、证券公司、证券登记结算机构、证券服务机构及其从业人员对证券交易中发现的禁止的交易行为，应当及时向证券监督管理机构报告。

第五节　上市公司的收购

一、上市公司收购概述

投资者可以采取要约收购、协议收购及其他合法方式收购上市公司。

1. 概念及特征

上市公司收购，是指投资者公开收购已经依法上市交易的股份有限公司的股份，以获得或者进一步巩固对该股份有限公司的控制权的行为。

上市公司收购具有以下特征：

（1）上市公司的收购是指对某一上市公司的收购，对非上市公司的收购不在此列，即如果投资者收购上市公司以外的企业，不属于上市公司的收购；

（2）上市公司的收购是指对上市公司股份的收购，不是指对上市公司资产的收购；

（3）上市公司收购的收购主体是投资者，包括自然人和法人；

（4）上市公司收购是一种投资者与投资者之间进行股份转让的行为；

（5）上市公司收购的目的是获得或者进一步巩固对上市公司的控制权。

2. 一般规定

根据《上市公司收购管理办法》的规定，下列情形表明已获得或拥有上市公司控制权：

（1）投资者为上市公司持股50%以上的控股股东；

（2）投资者可以实际支配上市公司股份表决权超过30%；

（3）投资者通过实际支配上市公司股份表决权能够解决公司董事会半数以上成员选人；

（4）投资者依其可实际支配的上市公司股份表决权足以对公司股东大会的决议产生重大影响；

（5）中国证监会认定的其他情形。

有下列情形之一的，不得收购上市公司：

（1）收购人负有数额较大债务，到期未清偿，且处于持续状态；

（2）收购人最近3年有重大违法行为或者涉嫌有重大违法行为；

（3）收购人最近3年有严重的证券市场失信行为；

（4）收购人为自然人的，存在《公司法》第一百四十七条规定情形，即依法不得担任公司董事、监事、高级管理人员的5种情形；

（5）法律、行政法规规定以及中国证监会认定的不得收购上市公司的其他情形。

3. 收购方式

根据《证券法》和《上市公司收购管理办法》的规定，上市公司收购主要包括以下3种方式：

（1）要约收购，是指投资者向目标公司的所有股东发出要约，表明愿意以要约中的条件购买目标公司的股票，以期达到对目标公司控制权的获得或巩固；

（2）协议收购，是指投资者在证券交易所外与目标公司的股东，主要是持股比例较高的大股东就股票的价格、数量等方面进行私下协商，购买目标公司的股票，以期达到对目标公司控制权的获得或巩固；

（3）其他收购方式。

二、要约收购

1. 特征

（1）要约收购是公开收购行为。要约收购须向被收购公司的全体股东发出公开要约，并披露与收购有关的信息。

（2）要约收购的要约是收购人单方面的意思表示行为。被收购公司的股东是否愿意出售所持股票，由股东自己决定，可以不出售，也可以出售，一旦出售，在收购要约期限内，收购人应当收购。协议收购的协议则是双方的意思表示，通过协商一致，才能达成收购协议。

（3）要约收购的相对人为被上市公司的全体股东。要约收购的收购人不得仅向部分股东发出要约，而协议收购的相对人则是部分股东。

2. 程序

（1）制备并报送上市公司收购报告书

《证券法》规定，收购人发出收购要约，必须事先向国务院证券监督管理机构报送上市公司收购报告书，并同时将公司收购报告书提交证券交易所。收购人应在要约收购报告书中说明有无将被收购公司终止上市的意图。还应说明收购完成后，被收购公司股权分布发生变化是否影响该公司的持续上市地位；造成影响的，应当就维持公司的持续上市地位提出具体方案。

（2）公告收购要约

收购要约是指收购人向被收购公司股东公开发出的、愿意按照要约条件购买其所持有的被收购公司股份的意思表示。收购人在依照法律规定报送上市公司收购报告书之日起 15 日后，公告其收购要约。收购要约的期限不得少于 30 日，并不得超过 60 日。但是出现竞争要约的除外。

（3）预受与收购

预受是指受要约人同意接受要约的初步意思表示，在要约期满前不构成承诺。预受要约的股东有权在要约期满前撤回预受。

要约收购期满，收购人应当按照收购要约规定的条件购买被收购公司股东预受的全部股份；预受要约股份的数量超过预定收购数量时，收购人应当按照同等比例收购预受要约的股份。

收购要约期满后 3 个工作日内，接受委托的证券公司应当向证券登记结算机构申请办理股份转让结算和过户登记手续，解除对超过预定收购比例的股票的临时保管。

（4）收购结束报告与公告

收购上市公司的行为结束后，收购人应当在 15 日内将收购情况报告国务院证券监督管理机构和证券交易所，并予以公告。

三、协议收购

1. 特征

（1）协议收购的主体具有特定性。协议收购的出让方为目标公司的特定股东，受让方为收购人。

（2）协议收购大多为上市公司非流通股。我国《上市公司收购管理办法》规定允许协议收购上市公司流通股，但在实践中协议收购的标的主要是上市公司的非流通股。其原因在于我国上市公司的大部分股份都是非流通股，往往只有收购上市公司的非流通股才能达到控股目的，而且其收购成本远较要约收购低。这也是我国上市公司收购绝大多数采取协议收购方式的重要原因。

（3）协议收购具有场外交易的部分属性。协议收购大多为上市公司非流通股票，非流通股票不采取竞价交易方式，而是依场外交易或场内大宗交易规则进行交易，故协议收购具有场外交易的部分属性，一般采取特殊的监管方式。

（4）协议收购交易便捷、成本低。协议收购与要约收购相比，其交易程序和法律规制相对简单，交易手续费低廉，可以迅速取得对目标公司的控制权。

2. 程序

（1）谈判并拟订收购协议草案

协议收购多属于善意收购，是收购双方或多方的自愿行为。因此，协议收购首先要进行谈判，即双方或各方对股权转让中的一系列问题进行磋商，并在协商一致的基础上，拟订收购协议草案。

（2）经协议双方或各方有关机构批准

大宗股份转让、受让一般均须经买卖各方当事人的股东会或董事会批准。涉及国家授权机构持有的股份的转让，或者须经行政审批方可进行的股份转让，协议收购相关当事人应当获得有关主管部门批准。

（3）签订收购协议

收购协议草案经双方或各方当事人的有关机构批准后，双方或各方当事人正式签订收购协议。

（4）报告与公告

《证券法》规定，以协议方式收购上市公司时，达成协议后，收购人必须在3日内将该收购协议向国务院证券监督管理机构及证券交易所做出书面报告，并予公告。在未做出公告前不得履行收购协议。

（5）委托中介机构保存股票与存放资金

采取协议收购方式的，收购人应在履行收购协议前，委托中介机构证券登记结算机构临时保管拟转让的股票，并将用于支付的现金存放于证券登记结算机构指定的银行账户。

（6）过户

协议收购相关当事人应当按照证券交易所和证券登记结算机构的业务规则和要求，

申请办理股份转让和过户登记手续。未按照规定履行报告、公告义务或者未按照规定提出申请的，证券交易所和证券登记结算机构不予办理股份转让和过户登记手续。

（7）收购结束报告与公告

《证券法》规定，收购上市公司的行为结束后，收购人应当在 15 日内将收购情况报告国务院证券监督管理机构和证券交易所，并予公告。

三、上市公司收购后事项的处理

收购期限届满，被收购公司股权分布不符合上市条件的，该上市公司的股票应当由证券交易所依法终止上市交易；其余仍持有被收购公司股票的股东，有权向收购人以收购要约的同等条件出售其股票，收购人应当收购。收购行为完成后，被收购公司不再具备股份有限公司条件的，应当依法变更企业形式。

在上市公司收购中，收购人持有的被收购的上市公司的股票，在收购行为完成后的 12 个月内不得转让。

收购行为完成后，收购人与被收购公司合并，并将该公司解散的，被解散公司的原有股票由收购人依法更换。

收购行为完成后，收购人应当在 15 日内将收购情况报告国务院证券监督管理机构和证券交易所，并予公告。

收购上市公司中由国家授权投资的机构持有的股份，应当按照国务院的规定，经有关部门的批准。

第六节 违法证券法的法律责任

一、证券违法主体

《证券法》规定应当承担法律责任的证券违法主体主要有：证券发行人；证券公司；信息披露义务人；内幕知情人员；法人；禁止参与股票交易的人员；有证券从业资格的会计师事务所、资产评估机构、律师事务所；证券交易所、证券公司、证券登记结算机构、证券交易服务机构的从业人员；证券监督管理机构的工作人员；证券业协会的工作人员；国家工作人员以及其他人员。

二、证券违法行为及违法犯罪

对于违反证券法的法律责任，2014 年修订的《证券法》设专章共四十七条作了非常详细的规定，增强了可操作性。关于违反《证券法》设计犯罪的行为，《中华人民共和国刑法》主要规定有伪造、变造股票、公司、企业债券罪，擅自发行股票、公司、企业债券罪，内幕交易、泄露内幕信息罪，利用未公开信息交易罪；编造并传播证券、期货交易虚假信息罪；诱骗投资者买卖证券、期货合约罪；操纵证券、期货市场罪，中介组织人员提供虚假证明罪，中介组织人员出具证明文件重大失实罪等。

三、证券违法追究形式

《证券法》规定承担法律责任的形式主要有：责令停止；责令改正；责令依法处理；责令关闭；退还资金；依法赔偿；取缔；取消从业资格；停止其自营业务；吊销从业资格证；吊销公司营业执照；取消许可证；吊销原核定的证券经营资格；警告；罚款；没收违法所得；行政处分；刑事处分。

违反《证券法》的规定，应承担民事赔偿责任和缴纳罚款、罚金，其财产不足以同时支付时，先承担民事赔偿责任。对证券发行、交易违法行为没收的违法所得和罚款，全部上缴国库。当事人如果对证券监督管理机构或国务院授权的部门的处罚不服的，可以依法申请复议，或者依法直接向人民法院提起诉讼。

本章复习思考题

1.《证券法》规定的在证券活动和证券管理中应坚持的原则有哪些？
2. 公开发行新股应具备什么条件？
3. 持续信息公开的方式有哪些？
4.《证券法》规定禁止交易的行为有哪些？
5. 上市公司在什么情况下应当临时报告披露信息？
6. 证券公司设立的资格条件是什么？
7.《证券法》规定承担法律责任有哪些形式？
8. 股票和债券有何区别？

本章主要参考的法律法规

1.《中华人民共和国证券法》（全国人大常委会，2014 年 8 月 31 日修订）
2.《中华人民共和国公司法》（全国人大常委会，2013 年 12 月 28 日修订）
3.《中华人民共和国刑法》（全国人大常委会，2015 年 8 月 29 日修订）
4.《股票发行与交易管理暂行条例》（国务院，1993 年 4 月 22 日发布）
5.《上市公司新股发行管理办法》（证监会，2001 年 3 月 28 日发布）
6.《证券交易所管理办法》（证监会，2001 年 12 月 12 日发布）
7.《证券公司高级管理人员管理办法》（证监会，2004 年 10 月 9 日公布）
8.《证券公司风险处置条例》（国务院，2008 年 4 月 23 日通过）
9.《证券投资基金法》（全国人大常委会，2003 年 10 月通过，2015 年 4 月第二次修正）

第五章 税法

本章知识要点：

（1）了解我国税法的分类，掌握税法的构成要素。
（2）了解我国税法所规定的几个主要税种的内容。
（3）掌握我国税法主要税种的税率和基本计算方法。
（4）掌握税收征收管理的内容及违反税法的法律责任。

本章串讲视频

第一节 税法概述

一、税收与税法

（一）税收的概念、特征

税收是国家为了实现其职能的需要，按照法律规定强制地向纳税人无偿征收货币或实物所形成的分配关系。

税收的特征：

（1）强制性，税收是以国家政治权利为依托，依法强制征收，不以纳税人的主观意愿为征税的要件。国家通过制定税法，赋予作为其代表的征税机关以征税权。纳税人必须依照税法的规定，按时足额地纳税。

（2）无偿性，国家向纳税人征税不以支付任何对价为前提。税收将纳税人所有的部分财产转移给国家所有，形成国家财政收入，纳税人纳税后并未得到任何报酬。

（3）固定性，国家在征税之前，就以法律的形式规定了纳税人、征税对象以及税率等基本课税要素，税务机关和纳税人都必须遵守税法的规定。

（二）税法的概念和基本原则

1. 税法的概念和调整对象

税法是调整税收关系的法律规范的总称。

税收关系是税法的调整对象，包括税收分配关系和税收征收管理关系。

（1）税收分配关系。

税法调整税收分配关系，主要是确定税收体制、税种、征税对象、纳税人范围、税率和减免等，调整国家与纳税人之间、中央与地方的实体利益分配关系。有两种税收分配关系：一是国家与纳税人之间的税收分配关系，二是中央政府与地方政府之间以及地方各级政府之间的税收分配关系。

（2）税收征收管理关系。

税收征收管理，是指国家征税机关对税收活动进行指导、组织、管理、监督和检查等一系列的管理活动。税收征收管理关系主要包括四类：一是税务管理关系，二是税款征收关系，三是税务检查关系，四是税务稽查关系。

2. 税法的基本原则

（1）税收法定原则。

这是税法的最高原则，纳税人、征税客体、计税依据、税率、税收优惠等课税要素必须且只能由立法机关在法律中加以规定，征纳税程序必须由法律明确规定，执法机关不能擅自修改课税要素、征税程序，税收稽征机关无权开征、停征、减免、退补税收，依法征税既是其职权也是其职责。

（2）税收公平合理原则。

税收负担的分配，对于纳税人应当公平、合理。量能纳税。

（3）税收效率原则。

通过税收分配活动促使资源合理有效地优化配置，最大限度地促进经济的发展，或者最大限度地减轻税收对经济发展的妨碍。

税收与税法的关系：税法是国家与纳税单位和个人的税收权利义务关系；税收是国家与纳税人之间的经济利益分配关系。税法是税收的法律表现形式，税收则是税法所确定的具体内容。税法与税收相互依赖，不可分割。

二、税法的分类

1. 按照税收立法权限或者法律效力的不同，可分为税收的宪法性规范、税收法律、税收行政法规、地方性税收法规和国际税收协定。

2. 按照调整对象不同，分为税收实体法、税收程序法。

税收实体法是规定税收征管过程中征、纳双方主体的实体权利义务内容的税收法律规范。税收程序法是以税收征管过程中税收征收管理程序关系为调整对象的税收法律规范。

3. 按照是否具有涉外因素，分为对内税法和涉外税法。

4. 按照征税对象性质不同，税法可分为流转税法、收益税法、财产税法、行为税法、资源税法。

我国税法主要按照征税对象划分，其中税收实体法主要由流转税法、所得税法、财产税法、行为税与特定目的税法、资源税法等构成。

（1）流转税法，是指调整以流转额为征税对象的税收关系的法律规范的总称。所谓流转额，是指在商品流转中商品销售收入额和经营活动所取得的劳务或业务收入额。以流转额作为征税对象的税收称之为流转税，如增值税、消费税、关税等。

（2）所得税法，是指调整以所得额为征税对象的税收关系的法律规范的总称。所得税是以纳税人的所得或收益额为征税对象的一种税。如企业所得税、个人所得税。

（3）财产税法，是指调整财产税关系的法律规范的总称。财产税是以国家规定的纳税人的某些特定财产的数量或价值额为征税对象的税。如房产税、契税等。

（4）行为税与特定目的税法，是指调整行为税与特定目的税关系的法律规范的总称。行为税与特定目的税是指国家为了特定目的或者针对纳税人的特定行为而征收的一类税收。如印花税、车船使用税、燃油税等。

（5）资源税法，是指调整资源税关系的法律规范的总称。资源税是指以自然资源为课税对象的各种税种的统称。如耕地占用税、城镇土地使用税、土地增值税。

三、税法的构成要素

税法的构成要素，即税法的结构，是各种单行税法的基本构成要素。税法的构成要素包括征税人、纳税人、征税对象、税目、税率、计税依据、纳税环节、纳税期限、纳税地点、减免税和法律责任。其中纳税人、征税对象和税率是构成税法的三个最基本的要素。

（一）征税人、纳税人

征税人又称征税主体，是指代表国家行使税收征管职权的各级税务机关和其他征收机关。纳税人又称纳税义务人，是指税法规定负有纳税义务的社会组织和个人。

负税人是指实际或最终承担税款的单位和个人。在同一税种中，纳税人与负税人可以是一致的，也可以是不一致的。

扣缴义务人即税法规定负有代扣代缴、代收代缴税款义务的社会组织和个人。代扣代缴义务人是指有义务从持有的纳税人收入中扣除纳税人的应纳税款并代为缴纳的单位和个人。代收代缴义务人是指有义务借助经济往来关系向纳税人收取应纳税款并代为缴纳的单位和个人。

（二）征税对象（征税客体）

征税对象是征税主体、纳税主体的权利义务所共同指向的对象，即对什么征税。征税对象是区分不同税种的主要标志。征税对象主要有：流转额、所得额或收益额、财产、行为等，相应地有流转税、所得税、财产税和行为税等。

1. 征税对象同税源、计税依据的关系

征税对象是据以征税的依据，税源又称经济税源，是纳税人的货币收入。税源与征税对象有时一致，如各种所得税；有时不一致，如消费税、房产税等。

计税依据又称税基，是税制规定的用来计算各种应征税款的依据或标准。计税依据同征税对象之间的关系是：征税对象是指对什么征税，计税依据则是在征税对象已经确定的前提下，对征税对象据以计算税款的依据或标准。征税对象是从质的方面对征税目的物做出规定，而计税依据则是从量的方面对征税目的物做出规定，是征税对象量的表现。有些税种，其征税对象的量同其计税依据是一致的，如消费税等；有些税种，两者则不一致，其计税依据只是征税对象的一部分，如企业所得税，其征税对象是纳税人的全部所得额，而计税依据则是从中作了一定扣除后的余额。计税依据分为从价计税和从量计税两种形式。

2. 税目

税目是在征税对象范围内规定的具体的征税类别或项目，是征税对象的具体化。例如，现行税制中的消费税等就采取了规定税目的办法。

（三）税率

应纳税额与征税对象或计税依据之间的比例，是计算纳税额的尺度，反映了征税的深度。也是衡量国家税收负担是否适当的标志。税率是税法的核心要素。税率是在实际征税中可分为两种形式：一种是按绝对量形式规定的固定征收额度，即定额税率或固定税率，适用于从量计征的税种；另一种是按相对量形式规定的征收比例，分为比例税率和累进税率，适用于从价计征的税种和所得课税，累进税率一般在所得课税中采用。

1. 比例税率

它是对同一征税对象，不论数额多少，都适用同一比率计征。比例税率计算简便，税负相同。该税率是税负横向公平的重要体现。但该税率具有累退性，收入越高的纳税人其相对税负则越轻。

2. 累进税率

累进税率是一种多层次的税率，其具体形式是将课税对象按数额大小划分为若干等级，对不同等级规定由低到高的不同税率，包括最低税率、最高税率和若干级次的中间税率。累进税率能体现量能负担原则，体现了税收负担的纵向公平问题。

累进税率分为全额累进税率和超额累进税率。全额累进税率是指纳税人的全部课税对象都按照与之相应的那一级的税率计算应纳税额。超额累进税率是指把纳税人的全部课税对象按规定划分为若干等级，每一等级分别采用不同的税率，分别计算税款。

超额累进税率是依据征税对象数额的不同等级部分，按照规定的每个等级的适用税率计征。征税对象数额增加，需提高一级税率时，只对增加数额按提高一级税率计征税额。每一等级设计一个税率，分别计算税额，各等级计算出来的税额之和就是应纳税额。

3. 定额税率

定额税率，又称固定税率，是按征税对象的计量单位直接规定固定的征税数额。课税对象的计量单位可以是重量、数量、面积、体积等自然单位，按定额税率征税，税额的多少只同征税对象的数量有关，同价格无关。

（四）纳税环节、纳税期限和纳税地点

纳税环节是指应税商品在流转过程中应当缴纳税款的环节。它确定一种税在哪个或哪几个环节征收。我国目前对流转税的征收多采用多环节征税。

纳税期限是指纳税人按照税法规定缴纳税款的期限。税法规定纳税人按日、月、季度、纳税年度缴纳税款。此外，税法还规定按次纳税，即按纳税人从事生产经营活动的次数作为纳税期限。

纳税地点是指缴纳税款的地方。纳税地点一般采用属地主义原则，以纳税人所在地、征税对象的所在地、和应税行为的发生地所在的税务机关为纳税地点。

（五）减免税

减税是对应纳税额的少征。免税是对应征税额全部免除。减免税是对纳税义务的减轻或免除。与此相关的有起征点和免征额。起征点是计税依据的数额达到开征的界限。未达到起征点的不征税；达到或超过起征点的，按其全额征税。免征额，是指在计税依据总额中免于征税的数额。它是按照一定标准从计税依据总额中预先减除的数额。免征额部分不征税，超过免征额的部分征税。加征亦称加成，是按规定税率计算出税款后，再加征一定成数。加成与附加不同，附加是按基本税率征收正税之外，另加征占正税一定比例的税额。

（六）税务争议与税收法律责任

指征税机关与相对人（包括纳税主体与非纳税主体）之间因确认或实施税收法律关系而产生的纠纷。税收法律责任是指税收法律关系的主体因违反税收法律规范所应承担的法律后果。有经济、刑事、行政责任三种。

【例 5-1】税收实体法由多种要素构成。下列各项中，不属于税收实体法基本要素的有（　　）。

A. 纳税担保人　B. 征税对象　C. 征税人　D. 税务代理人

解析：正确答案：A D。本题所说的税收实体法的要素，实际上就是税法的要素，不包括纳税担保人和税务代理人的。

第二节　我国现行税法主要税种的内容

一、流转税法

流转税是以流转额为征税对象，选择其在流转过程中的特定环节（生产、流通、分配、消费）加以征收的税。流转税是我国税收体系中的主要税种，具有征税范围广、税源大，收入比重在整个税收的比重大的特点。我国现行的流转税主要有增值税、消费税、营业税、关税等。

流转税法是调整因流转税的征纳而发生的各种社会关系的法律规范的总称。包括增值税法、消费税法、关税法等。我国现行流转税的附加税主要有城市维护建设税和教育费附加。

（一）增值税法

1. 增值税的概念和特征

在中华人民共和国境内销售货物或者加工、修理修配劳务（以下简称劳务），销售服务、无形资产、不动产以及进口货物的单位和个人，就其取得的货物或应税劳务销售额以及进口货物金额计算税款，并实行税款抵扣制的一种流转税。增值税属于价外税。运用税收抵扣原则征收的一种流转税。

特征：

（1）征税对象是法定的增值额。增值税是以商品生产和流通中各个环节的新增价值额或商品附加值额为征税对象。所谓增值额，指国家税法规定的，纳税人在我国境内销售货物或者提供加工、修理修配劳务以及进口货物过程中新增加的价值额。

（2）税负公平合理，具有中性税属性。增值税按增值征税，不管纳税环节多少。增值税税率档次少，税负公平，利于平等竞争。

（3）消除重复征税。只对增值额征税，对流转额中已征部分不再征税。

2. 增值税的类型

增值税分为生产型增值税、收入型增值税和消费型增值税三种类型。

所谓生产型增值税，就是在计算应纳增值税额时，只允许从当期销项税额中扣除原材料等劳动对象的已纳税款，而不允许扣除固定资产所含税款的增值税。

所谓收入型增值税，就是在计算应纳增值税额时，只允许在当期销项税额中扣除折旧部分所含税金。

所谓消费型增值税，就是在计算应纳增值税额时，对纳税人购入固定资产的已纳税款，允许一次性地从当期销项税额中全部扣除，从而使纳税人用于生产应税产品的全部外购生产资料都不负担税款。

在上述三种类型的增值税中，生产型增值税的税基最大，消费型增值税的税基最小。我国自 2009 年 1 月 1 日起实行消费型增值税。

3. 增值税法的基本内容

我国现行的增值税制度是经由 1994 年的税改确立下来。国务院和有关部委制定了一系列的法规和规章。我国增值税制度主要包括以下几方面内容：

（1）纳税主体

增值税的纳税主体是在中华人民共和国境内销售货物或者加工、修理修配劳务（以下简称“劳务”），销售服务、无形资产、不动产以及进口货物的单位和个人。

增值税的纳税主体从税法地位和税款计算的角度可以分为两大类，即一般纳税人和小规模纳税人。

所谓小规模纳税人，是指年销售额在规定标准以下，并且会计核算不健全，不能按规定报送有关税务资料的增值税纳税人。小规模纳税人的年销售额标准为：

①从事货物生产或者提供应税劳务的纳税人，以及以从事货物生产或提供应税劳务为主、兼营货物批发或零售的纳税人，年应税销售额在 50 万元以下的；

②从事货物批发或零售的纳税人，年应税销售额在 80 万元以下的。

符合上述销售额标准的，为经营规模较小，如果会计核算不健全，即为小规模纳税人。但是，个人、非企业性单位、不经常发生增值税应税行为的企业，即使年应税销售额超过小规模纳税人的标准，也视同小规模纳税人纳税。

所谓一般纳税人，就是指会计核算健全的企业和企业性单位，并且年应税销售额超过规定的小规模纳税人标准，能按规定报送有关税务资料的增值税纳税人。

年应税销售额未超过标准的小规模企业（未超过标准的企业和企业性单位），账簿和会计核算健全的，经企业申请，税务部门可以将其认定为一般纳税人。

一般纳税人可以使用增值税专用发票，并可以用“扣税法”抵扣发票上注明的已纳增值税额。而小规模纳税人则不得使用增值税专用发票，也不能进行税款抵扣。

（2）征税范围

我国增值税的征税范围：销售货物或者加工、修理修配劳务，销售服务、无形资产、不动产以及进口货物。

①销售货物

增值税征税范围内的销售货物，包括一般的销售货物、视同销售货物和混合销售等几种情况。

一般的销售货物是指通常情况下的货物所有权的有偿转让。这里的“货物”是指有形动产，包括电力、热力和气体等。

视同销售货物的行为主要有：将货物交付他人代销，或者销售代销货物；设有两个以上机构并实行统一核算的纳税人，将货物从一个机构移送到其他机构用于销售，但相关机构在同一个县（市）的除外；将自产或委托加工的货物用于非应税项目，或者用于集体福利或个人消费；将自产、委托加工或购买的货物用作投资，或者分配给股东或投资者，或者无偿赠送他人。

混合销售行为是指一项既涉及货物又涉及非应税劳务的销售行为。这里的非应税劳务是指应征收营业税但不应征收增值税的劳务。纳税人的销售行为是否属于混合销售行为，由国家税务总局所属征收机关确定。

②提供应税劳务

增值税的应税劳务主要有两大类，即提供加工劳务和提供修理修配劳务。其中，“加工”是指由委托方提供原材料及主要材料，受托方按照委托方的要求制造货物并收取加工费的业务；“修理修配”是指受托方对损伤和丧失功能的货物进行修复，使其恢复原状和功能的业务。

③进口货物

货物的进出口实质上都是货物销售的形式，我国现行《增值税暂行条例》只将进口货物纳入征税范围，即进口货物应在报关进口时征收进口环节增值税。

④销售服务、无形资产、不动产

【例 5-2】根据增值税法的规定，下列各项中，征收增值税的是（　　）

A. 天然气公司销售天然气

B. 寄售业代委托人销售物品

C. 邮政部门发行报刊

D. 银行销售金银

【解析】ABCD

（3）增值税的税率与计税方法

我国增值税的税率分为三档，即基本税率、低税率和零税率。

①基本税率为 17%，适用于一般情况下的销售货物、提供应税劳务和进口货物；

②纳税人销售交通运输、邮政、基础电信、建筑、不动产租赁服务，销售不动产，转让土地使用权，销售或者进口下列货物，税率为 11%；

粮食等农产品、食用植物油、食用盐；自来水、暖气、冷气、热水、煤气、石油液化气、天然气、二甲醚、沼气、居民用煤炭制品；图书、报纸、杂志、音像制品、电子出版物；饲料、化肥、农药、农机、农膜；国务院规定的其他货物。

③零税率，纳税人出口货物，税率为零；但是，国务院另有规定的除外。

④纳税人销售服务、无形资产，除本条第一项、第二项、第五项另有规定外，税率为6%。

（4）增值税应纳税额的计算

①一般纳税人应纳增值税额的计算

一般纳税人销售货物或提供应税劳务，其应纳增值税额要运用“扣税法”来计算，其计算公式为：

应纳增值税额=当期销项税额-当期进项税额

【例5-3】某企业是一般纳税人，某一纳税时期发生如下购销业务：①采购生产原料聚乙烯取得的专用发票上注明价款120万元；②采购生产用燃料煤炭，取得的专用发票上注明价款75万元；③购买钢材用于基建工程，取得的专用发票上注明价款30万元；④支付运输单位运费，取得的发票上注明价款运费18万元，装卸费2万元，保险费2万元；⑤销售产品农用薄膜，开出的专用发票上注明的价款180万元；⑥销售产品塑料制品，开出的专用发票上注明价款230万元。

要求：计算该企业当期应纳增值税税额。

【解析】

（1）销项税额=180×11%+230×17%=58.9万元 销售农用薄膜适用低税率

（2）进项税额=120×17%+75×11%+18×11%=30.63万元

（3）当期应纳税额=58.9-30.63=28.27万元

②小规模纳税人应纳增值税额的计算

小规模纳税人销售货物或者应税劳务，实行按照销售额和征收率计算应纳税额的简易办法，并不得抵扣进项税额。

应纳税额计算公式：应纳税额=销售额×征收率。

自2009年1月1日起该项征收率统一为3%。

（5）税收减免

下列项目免征增值税：农业生产者销售的自产农产品；避孕药品和用具；古旧图书；直接用于科学研究、科学试验和教学的进口仪器、设备；外国政府、国际组织无偿援助的进口物资和设备；由残疾人的组织直接进口供残疾人专用的物品；销售的自己使用过的物品。增值税的免税、减税项目由国务院规定。任何地区、部门均不得规定免税、减税项目。

就个人纳税人而言，其销售额未达到规定的起征点的，免征增值税；达到或超过起征点的，则应就其销售金额纳税。

（6）纳税期限和纳税地点

在纳税期限方面，增值税的税款计算期分别为1日、3日、5日、10日。15日或者1个月；不能按固定期限纳税的，可以按次纳税。具体期限由主管税务机关根据纳税人应纳税额的大小分别核定。

以上述的 1 个月为一期纳税的，于期满后 15 日内申报纳税；以上述 15 日以内的各类期限为一期纳税的，自期满之日起 5 日内预缴税款，于次月 1 日起 10 日内申报纳税并结清上月应纳税款。

（二）消费税法

1. 消费税的概念和特征

消费税是以特定的消费品或者消费行为的流转额为征税对象的一种税。

消费税的特征：

①征税范围的选择性。即消费税只是选择一部分消费品或消费行为征收。

②税负具有转嫁性。消费税属于间接税，无论在哪个环节征收，纳税人都可以通过销售将自己所纳的消费税转嫁给消费者。

③单环节课征制。即只是在消费品生产、流通或消费的某一环节征收。我国确定在生产（或进口）环节，个别消费品在零售环节征收。

④税率、税额的差别性。消费品应税项目不多，但对不同种类或同一种类不同档次的消费品，设计的税率、税额都不同。

2. 消费税的内容

（1）纳税人

凡在我国境内生产、委托加工和进口《消费税暂行条例》列举的消费品的单位和个人，为消费税的纳税义务人。

（2）征税范围（税目）

消费税征税范围可以概括为：生产、委托加工和进口应税消费品。

消费税应税产品共分 5 类 14 个税目：①过度消费会对人类健康、社会秩序、生态环境等方面有害的消费品，如烟酒及酒精、鞭炮、焰火等。②奢侈品和非生活必需品。③高能耗及高档消费品。④不可再生和不可替代的石油类消费品。⑤具有财政意义的消费品。

14 个税目分别为：烟、酒及酒精、化妆品、贵重首饰、鞭炮焰火、成品油、汽车轮胎、摩托车、小汽车、高尔夫球及球具、高档手表、游艇、木制一次性筷子和实木地板。

（3）税率

采用比例税率和定额税率。对黄酒、啤酒、成品油实行定额税率，采用从量定额征收；对其他应税消费品实行比例税率，采用从价定率征收，税率共有 11 个档次，最高的税率为 56%，最低的税率为 1%。

纳税人兼营不同税率的应税消费品，应当分别核算不同税率应税消费品的销售额、销售数量，否则，从高适用税率。

（4）应纳税额的计算

消费税的应纳税额的计算有三种方法：从价定率计征、从量定额计征、复合计税计征。

①从量定额计征

适用固定税率的消费品，其应纳消费税额实行从量定额计征。其计算公式为：

应纳消费税额=消费品销售数量×单位税额

②从价定率计征

适用比例税率的消费品，其应纳消费税额实行从价定率计征。其计算公式为：

应纳消费税额=消费品销售额×税率

③复合计税计征

应纳税额=销售额×比例税率+销售数量×定额税率

上述公式中的销售额，是纳税人销售应税消费品时向购买方收取的全部价款和价外费用，与作为增值税计税依据的销售额是相同的，是不含增值税的销售额。如果在销售收入中包含了增值税税款，则应将其换算成不含增值税税款的销售额。

（5）纳税环节

消费税实行单一环节课税，因而与增值税的多环节课征不同。消费税的纳税环节为从生产转为销售的环节，一般是由生产者在从事销售行为或视同销售的行为时缴纳。具体说来，包括以下几种情况：

①纳税人生产的应税消费品，在销售时纳税。

②纳税人自产自用的应税消费品，在移送使用时纳税。

③委托加工的应税消费品，在向委托方交货时，由受托方代收代缴税款。

④进口应税消费品的，在报关进口时纳税。

【例 5-4】某汽车制造厂生产的小汽车应按自产自用缴纳消费税的有（　　）。

A. 用于本厂研究所作碰撞试验

B. 赠送给贫困地区

C. 移送改装分厂改装加长型豪华小轿车

D. 供上级单位长期使用

【解析】正确答案：B D 自产自用是指纳税人生产应税消费品后，不是用于直接对外销售，而是用于自己连续生产应税消费品或用于其他方面。用于连续生产应税消费品不缴纳消费税。用于其他方面是指用于：①生产非应税消费品；②在建工程；③管理部门、非生产机构；④馈赠、赞助、集资、广告、样品、职工福利、奖励等方面。AC 属于连续使用不缴纳消费税，BD 属于馈赠、赞助，按规定视为销售，必须缴纳消费税。

消费税的纳税期限与增值税的纳税期限的规定一致。

二、所得税法

（一）所得税的概念和特点

所得税是以纳税人的所得额（或收益额）为征税对象而征收的一类税。所得额是指在一定时期内由于生产、经营等取得的货币收入，扣除为取得这些收入所需各种费用后的净额。我国的所得税包括企业所得税、个人所得税两类。

所得税作为一个税类，主要具有以下特点：

（1）征税对象是所得，计税依据是纯所得额。作为所得税征税对象的所得，主要有四类：①经营所得，也称营业利润，是纳税人从事各类生产、经营活动所取得的纯收益。②劳务所得，是个人从事劳务活动所获取的报酬，也称劳务报酬。③投资所得，即纳税人通过直接或间接投资而获得的股息、利息、红利、特许权使用费等收入。④资本利得，或称财产所得，是纳税人通过财产的拥有或销售所获取的收益。

（2）所得税是直接税。

所得税作为典型的直接税，其税负由纳税人直接承担，税负不易转嫁。

（3）比例税率与累进税率并用。

所得税比流转税更强调公平，以量能纳税为原则，税率的规定中既有比例税率，同时还有累进税率。

（4）计税依据的确定复杂。

所得税的计税依据是纯所得额，是从总所得额中减去各种法定扣除项目后的余额。由于税法对法定扣除项目的规定较为复杂，因而其计税依据的确定也较为复杂。

（二）企业所得税法

企业所得税是国家对企业和组织在一定期间内的纯所得额为计税依据而征收的一种税。企业的法律形态主要有三种，即独资企业、合伙企业和公司企业，我国对独资企业和合伙企业征收个人所得税。

1. 企业所得税的纳税人

企业分为居民企业和非居民企业。居民企业，是指依法在中国境内成立，或者依照外国（地区）法律成立但实际管理机构在中国境内的企业。非居民企业，是指依照外国（地区）法律成立且实际管理机构不在中国境内，但在中国境内设立机构、场所的，或者在中国境内未设立机构、场所，但有来源于中国境内所得的企业。

企业所得税的纳税人分为居民纳税人和非居民纳税人。居民纳税人负全面纳税义务，非居民纳税人负有限纳税义务。

2. 征税范围与税收管辖权

企业所得税的征税对象是企业所得，企业所得税的征收范围是我国境内的企业和组织取得的生产经营所得和其他所得。

企业所得税的税收管辖权，我国选择了同时实行居民管辖权和地域管辖权的原则。居民管辖权是指对本国居民来源于本国和外国的一切所得征税，该原则适用于居民纳税人。地域管辖权是指对来源于境内的一切所得征税，而不论取得这笔所得的是本国人还是外国人，该原则适用于非居民纳税人。

3. 企业所得税的税率

企业所得税税率采用比例税率。按照“简税制、宽税基、低税率、严征管”的税制原则，2008 年《中华人民共和国企业所得税法》（以下简称《企业所得税法》）规定一般企业所得税的税率为 25%，非居民企业在中国境内设立机构、场所的，应当就其所设机构、场所取得的来源于中国境内的所得，以及发生在中国境外但与其所设机构、场所有实际联系的所得，缴纳企业所得税，税率为 25%。非居民企业在中国境内未设立机构、场所的，或者虽设立机构、场所但取得的所得与其所设机构、场所没有实际联系的，应当就其来源于中国境内的所得缴纳企业所得税。适用税率为20%。

国家为了重点扶持和鼓励发展特定的产业和项目，还规定了两档优惠税率：

①符合条件的小型微利企业，减按20%的税率征收企业所得税。

②国家需要重点扶持的高新技术企业，减按15%的税率征收企业所得税。

4. 企业所得税的计税依据和计算

企业所得税的计税依据是应税所得额，应纳税所得额是指企业每一纳税年度的收入总额，减除不征税收入、免税收入、各项扣除以及允许弥补的以前年度亏损后的余额。其计算公式为：

应税所得额=年收入总额一免税收入-不征税收入-各项扣除项目-允许弥补的以往年度亏损

（1）收入总额的确定。

企业以货币形式和非货币形式从各种来源取得的收入，为收入总额。包括：

①销售货物收入；

②提供劳务收入；

③转让财产收入；有偿转让各类财产取得的收入，包括转让固定资产、有价证券、股权以及其他财产而取得的收入

④股息、红利等权益性投资收益；

⑤利息收入；

⑥租金收入；

⑦特许权使用费收入；是指提供或者转让专利权、非专利技术、商标权、著作权以及其他特许权的使用权而取得的收入。

⑧接受捐赠收入；

⑨其他收入；是指除上述各项收入以外的一切收入，包括固定资产盘盈收入、罚款收入、因债权人缘故确实无法支付的应付款项、物资及现金的溢余收入等以及其他收入。

（2）免税收入。

免税收入是属于企业的应税所得但按照税法规定免征税的收入。具体规定是：

①国债利息收入；

②符合条件的居民企业之间的股息、红利等权益性投资收益；

③在中国境内设立机构、场所的非居民企业从居民企业取得与该机构、场所有实际联系的股息、红利等权益性投资收益；

④符合条件的非营利组织的收入。

（3）不征税收入。

不征税收入是指不属于企业生产经营活动带来的营利，不负有纳税义务所得的收入。

①财政拨款；

②依法收取并纳入财政管理的行政事业性收费、政府性基金；

③国务院规定的其他不征税收入。

（4）准予扣除项目。

在计算应税所得额时准予扣除的基本项目有四项，即成本、费用、税金和损失。

①成本，即生产、经营成本，是纳税人为生产、经营商品和提供劳务等所发生的各项直接费用和间接费用。

②费用，即纳税人为生产、经营商品和提供劳务等所发生的销售（经营）费用、管理费用和财务费用。

③税金，即纳税人按规定缴纳的消费税、营业税、城市维护建设税、资源税、土地增值税，教育费附加，可视同税金。

④损失，即纳税人生产、经营过程中的各项营业外支出，已发生的经营亏损和投资损失以及其他损失。

准予扣除的具体项目

①企业发生的公益性捐赠支出，在年度利润总额12%以内的部分，准予在计算应纳税所得额时扣除。

②在计算应纳税所得额时，企业按照规定计算的固定资产折旧，准予扣除。

③在计算应纳税所得额时，企业按照规定计算的无形资产摊销费用，准予扣除。

④在计算应纳税所得额时，企业发生的下列支出作为长期待摊费用，按照规定摊销的，准予扣除：已足额提取折旧的固定资产的改建支出；租入固定资产的改建支出；固定资产的大修理支出；其他应当作为长期待摊费用的支出。

⑤企业使用或者销售存货，按照规定计算的存货成本，准予在计算应纳税所得额时扣除。

⑥企业转让资产，该项资产的净值，准予在计算应纳税所得额时扣除。

⑦企业的下列支出，可以在计算应纳税所得额时加计扣除：

开发新技术、新产品、新工艺发生的研究开发费用；安置残疾人员及国家鼓励安置的其他就业人员所支付的工资。

【例 5-5】根据企业所得税法的规定，下列各项中，可以计算扣除的有（　　）

A. 缴纳的消费税

B. 缴纳的税收滞纳金

C. 赞助支出

D. 缴纳的社会保险费

【解析】答案：A D。根据企业所得税法的规定，计算企业所得额时，缴纳的消费税和社会保险费准予扣除。但税收滞纳金和赞助费不能扣除。

（5）不得扣除的项目。

①除了上述准予扣除的项目以外，在计算应纳税所得额时，按照《企业所得税法》还规定，下列支出不得扣除：

向投资者支付的股息、红利等权益性投资收益款项；企业所得税税款；税收滞纳金；罚金、罚款和被没收财物的损失；企业发生的公益性捐赠支出，在年度利润总额12%以上的部分捐赠支出；赞助支出；未经核定的准备金支出；与取得收入无关的其他支出8项。

②在计算应纳税所得额时，下列固定资产不得计算折旧扣除：

房屋、建筑物以外未投入使用的固定资产；以经营租赁方式租入的固定资产；以融资租赁方式租出的固定资产；已足额提取折旧仍继续使用的固定资产；与经营活动无关的固定资产；单独估价作为固定资产入账的土地；其他不得计算折旧扣除的固定资产7项。

③在计算应纳税所得额时，下列无形资产不得计算摊销费用扣除：

自行开发的支出已在计算应纳税所得额时扣除的无形资产；自创商誉；与经营活动无关的无形资产；其他不得计算摊销费用扣除的无形资产4项。

明确了上述的准予扣除的项目和不准扣除的项目，对于确定应纳税所得额会有相当大的帮助。但要最终确定应纳税所得额，往往还要考虑其他一些复杂的因素，有时还会涉及资产的税务处理、亏损结转、税额抵免等制度。

【例5-6】根据企业所得税法的规定，下列各项中，在计算企业所得税应纳税额时，不准扣除的项目（　　）。

A. 支付的新技术研究开发费用

B. 业务招待费

C. 向投资人支付的红利

D. 以融资租赁方式租出的固定资产

【解析】正确答案：CD。

企业所得税法规定，计算企业应纳税所得额时，下列支出不能扣除：

向投资者支付的股息、红利等权益性投资收益款项；企业所得税税款；房屋、建筑物以外未投入使用的固定资产；以经营租赁方式租入的固定资产；以融资租赁方式租出的固定资产；已足额提取折旧仍继续使用的固定资产等。支付的新技术研究开发费用和业务招待费按法律规定是准予扣除的项目。

（6）弥补亏损。

企业纳税年度发生的亏损，准予向以后年度结转，用以后年度的所得弥补，但结转年限最长不得超过5年。

（7）企业所得税应纳税额的计算。

企业应纳税额是指以企业的应纳税所得额乘以适用税率，减除减免和抵免的税额后的余额。计算公式为：

应纳税额=应纳税所得额×适用税率-减免和抵免税额

Ⅰ. 企业取得的下列所得已在境外缴纳的所得税税额，可以从其当期应纳税额中抵免，抵免限额为该项所得依照本法规定计算的应纳税额；超过抵免限额的部分，可以在以后五个年度内，用每年度抵免限额抵免当年应抵税额后的余额进行抵补：

①居民企业来源于中国境外的应税所得；

②非居民企业在中国境内设立机构、场所，取得发生在中国境外但与该机构、场所有实际联系的应税所得。

Ⅱ. 居民企业从其直接或者间接控制的外国企业分得的来源于中国境外的股息、红利等权益性投资收益，外国企业在境外实际缴纳的所得税税额中属于该项所得负担的部分，可以作为该居民企业的可抵免境外所得税税额，在本法第二十三条规定的抵免限额内抵免。

【例 5-7】某企业 2017 年 1 月 20 日向其主管税务机关申报 2016 年度取得收入总额 250 万元，发生的直接成本 120 万元、其他费用 40 万元，经税务机关检查，其收入、成本、费用无误，向希望小学捐赠 40 万元，该企业 2016 年度应缴纳所得税为（　　）。

A. 6.66 万元　　B. 9.90 万元　　C. 10.56 万元　　D. 19.8 万元

【解析】正确答案：D。

该企业法定公益、救济性捐赠扣除额＝（250－120－40）×12%＝10.8 万元

应纳税所得额＝250－120－40－10.8＝79.2 万元

应纳所得税额＝79.2×25%＝19.8 万元

5. 企业所得税税收优惠

《企业所得税法》规定的企业所得税的税收优惠方式包括减免税、加计扣除、加速折旧、减计收入、税额抵免等。税收优惠政策以产业优惠为主、区域优惠为辅、兼顾社会进步。

（1）国家对重点扶持和鼓励发展的产业和项目，给予企业所得税优惠。

（2）企业的免税收入：见上述应税所得额的确定。

（3）企业的下列所得，可以免征、减征企业所得税：从事农、林、牧、渔业项目的所得；从事国家重点扶持的公共基础设施项目投资经营的所得；从事符合条件的环境保护、节能节水项目的所得；符合条件的技术转让所得。

（4）创业投资企业从事国家需要重点扶持和鼓励的创业投资，可以按投资额的一定比例抵扣应纳税所得额。

（5）企业的固定资产由于技术进步等原因，确需加速折旧的，可以缩短折旧年限或者采取加速折旧的方法。

（6）企业综合利用资源，生产符合国家产业政策规定的产品所取得的收入，可以在计算应纳税所得额时减计收入。

（7）企业购置用于环境保护、节能节水、安全生产等专用设备的投资额，可以按一定比例实行税额抵免。

6. 企业所得税的税收征管

（1）企业所得税按纳税年度计算。纳税年度自公历 1 月 1 日起至 12 月 31 日止。

企业在一个纳税年度中间开业，或者终止经营活动，使该纳税年度的实际经营期不足十二个月的，应当以其实际经营期为一个纳税年度。

企业依法清算时，应当以清算期间作为一个纳税年度。

（2）企业所得税分月或分季预缴

企业应当自月份或者季度终了之日起十五日内，向税务机关报送预缴企业所得税纳税申报表，预缴税款。

企业应当自年度终了之日起 5 个月内，向税务机关报送年度企业所得税纳税申报表，并汇算清缴，结清应缴应退税款。

企业在报送企业所得税纳税申报表时，应当按照规定附送财务会计报告和其他有关资料。

（3）企业在年度中间终止经营活动的，应当自实际经营终止之日起六十日内，向税务机关办理当期企业所得税汇算清缴。

企业应当在办理注销登记前，就其清算所得向税务机关申报并依法缴纳企业所得税。

（4）依照本法缴纳的企业所得税，以人民币计算。所得以人民币以外的货币计算的，应当折合成人民币计算并缴纳税款。

（二）个人所得税法

个人所得税是以个人（自然人）的劳务和非劳务所得为征税对象而征收的一种税。

1. 个人所得税的纳税义务人和扣缴义务人

我国个人所得税的纳税主体包括两类，即居民纳税人和非居民纳税人。区分这两类纳税主体的标准有两个，一个是住所标准，一个是时间标准。

凡在中国境内有住所，或者无住所而在境内居住满 1 年的个人即为居民纳税人，应就其源于中国境内、境外的所得，依法缴纳个人所得税。居民纳税人，应该负有无限纳税义务。

凡在中国境内无住所又不居住或者无住所而在境内居住不满二年的个人，是非居民纳税人，仅就其来源于中国境内的所得，缴纳个人所得税。非居民纳税人承担有限纳税义务。

个人所得税以所得人为纳税义务人，以支付所得的单位或个人为扣缴义务人，扣缴义务人应当按照国家规定办理纳税申报，办理全员全额扣缴申报。

2. 个人所得税的征税对象和税目

个人所得税的纳税人分为居民纳税人和非居民纳税人，居民纳税人应就其来源于中国境内外的全部所得征税；非居民纳税人只就其来源于中国境内所得部分征税，境外所得部分不属于我国的征税范围。

我国的个人所得税法实行分类所得税制，将属于征税范围的所得分为 11 个税目，这 11 项应税所得分别为：

（1）工资、薪金所得；

（2）生产、经营所得；

（3）对企事业单位的承包经营、承租经营所得；

（4）劳务报酬所得；

（5）稿酬所得；

（6）特许权使用费所得，包括个人提供专利权、商标权、著作权、非专利技术以及其他特许权的使用权取得的所得；

（7）利息、股息、红利所得；

（8）财产租赁所得；

（9）财产转让所得，包括个人转让有价证券、股权、建筑物、土地使用权；机器设备、车船以及其他财产取得的所得；

（10）偶然所得，包括个人得奖、中奖、中彩以及其他偶然性质的所得；

（11）其他所得。

3. 税率

个人所得税的税率有两类，一类是超额累进税率，适用于工薪所得，个体工商户的生产、经营所得和对企事业单位的承包、承租经营所得三种情形；另一类是比例税率，其基本税率均为20%，适用于除上述三类所得以外的其他各类所得。

（1）工资、薪金所得，适用七级超额累进税率，税率为3%至45%。

（2）个体工商户的生产、经营所得和对企事业单位的承包经营、承租经营所得，适用五级超额累进税率，税率为5%至35%。

（3）对上述所得以外的其他各类应税所得，适用20%的比例税率，但有以下特殊情况：

①稿酬所得，适用20%的比例税率，并按应纳税额减征30%。

②劳务报酬所得，适用20%的比例税率，但若一次收入畸高，即一次取得劳务报酬，应税所得额超过20 000元的，可以实行加成征收。其中，应纳税所得额超过20 000元至50 000元的部分，依照税法规定计算应纳税额后再按照应纳税额加征五成，超过50 000元的部分，加征十成。

（4）应纳税额和应纳税所得额的计算。

个人所得税的应纳税额应根据应纳税所得额和税率计算，计算公式为：

应纳税额=应纳税所得额×税率

个人所得税应纳税额的计算，关键是应纳税所得额的计算或确定。为此，下面主要介绍各类所得的应纳税所得额的计算。

①工资、薪金所得，以每月收入额扣除3 500元以及法律法规规定的其他费用后的余额，为应纳税所得额。

②个体工商户的生产、经营所得，以每一纳税年度的收入总额，减除成本、费用以及损失后的余额，为应纳税所得额。成本、费用，是指纳税人从事生产、经营所发生的各项直接支出和分配计入成本的间接费用以及销售费用、管理费用和财务费用；损失，是指纳税人在生产、经营过程中发生的各项营业外支出。

③对企事业单位的承包经营、承租经营所得，以每一纳税年度的收入总额，减除必要费用后的余额，为应纳税所得额。

④劳务报酬所得、稿酬所得、特许权使用费所得、财产租赁所得，每次收入不超过4 000元的，减除费用800元；超过4 000元的，减除20%的费用，其余额为应纳税所得额。

⑤财产转让所得，以转让财产的收入额减除财产原值和合理费用后的余额，为应纳税所得额。

⑥利息、股息、红利所得、偶然所得和其他所得，以每次收入额为应纳税所得额。

【例5-8】某画家2017年8月将其精选的书画作品交由某出版社出版. 从出版社取得报酬10万元。该笔报酬在缴纳个人所得税时适用的税目是（　　）。

A. 工资薪金所得　　B. 劳务报酬所得

C. 稿酬所得　　D. 特许权使用费所得

【解析】正确答案：C。根据规定，稿酬所得是指个人因其作品以图书、报刊形式出版、发表而取得的所得。作家将其书画作品通过出版社出版取得的报酬，应属于稿酬所得。

（5）个人所得税的减免税规定。

下列各项所得，免纳个人所得税：

①省级人民政府、国务院部委和中国人民解放军军以上单位，以及外国组织、国际组织颁发的科学、教育、技术、文化、卫生、体育、环境保护等方面的奖金。

②国债和国家发行的金融债券利息，包括因持有财政部发行的债券而取得的利息，以及因持有经国务院批准发行的金融债券而取得的利息。

③按照国家统一规定发给的补贴、津贴，即按国务院规定发给的政府特殊津贴和国务院规定免纳个人所得税的补贴、津贴。

此外，对于独生子女补贴、托儿补助费、差旅费津贴、误餐补助费以及不属于工薪性质的补贴、津贴或者不属于纳税人本人工薪所得项目的收入，不征税。

④福利费、抚恤金、救济金。福利费，是指按规定从企事业单位、国家机关、社会团体提留的福利费或工会经费中支付给个人的生活困难补助费；救济金，是指民政部门支付给个人的生活困难补助费。

⑤保险赔款。

⑥军人的转业费、复员费。

⑦按照国家统一规定发给干部、职工的安家费、退职费、退休工资、离休工资、离休生活补助费。

⑧依照我国有关法律规定应予免税的各国驻华使馆、领事馆的外交代表、领事官员和其他人员的所得。

⑨中国政府参加的国际公约以及签订的协议中规定免税的所得。

⑩经国务院财政部门批准免税的所得。

有下列情形之一的，经批准可以减征个人所得税：

①残疾、孤老人员和烈属的所得。

②因严重自然灾害造成重大损失的。

③其他经国务院财政部门批准减税的。

第三节　税收征管法律制度

税收征管法是调整在税收征纳及其管理过程中发生的社会关系的法律规范的总称。

《中华人民共和国税收征收管理法》（以下简称《税收征管法》）的适用范围，依法由税务机关征收的各种税收的征收管理，均适用该法。由海关负责的关税、船舶吨税及海关代征税收的征管，依照法律、行政法规的有关规定执行。

《税收征管法》主要规定了三大方面的制度，即税务管理制度、税款征收制度和税务检查制度。这三大制度再加上违反该法的法律责任，就构成了该法的主要内容。

一、税务管理

税务管理是国家税务机关依据法律、行政法规对税务活动进行的决策、计划、组织、协调和监督检查等一系列活动的总称，包括税务登记，账簿、凭证管理，纳税申报等三个部分的内容。

（一）税务登记

税务登记是整个税收征管的首要环节，是纳税人与税务机关建立税务联系的开始。税务登记又称纳税登记，是纳税人在开业、歇业前以及生产经营期间发生变动时，在法定时间内就其经营情况向所在地税务机关办理书面登记的制度。税务登记包括三类，即开业税务登记、变更税务登记和注销税务登记。

【例 5-9】2017 年 7 月，甲在 A 县工商局办理了临时营业执照从事服装经营，但未向税务机关申请办理税务登记。9 月，被 A 县税务所查处，核定应缴纳税款 300 元，限其于次日缴清税款。甲在限期内未缴纳税款，对核定的税款提出异议，税务所不听其申辩，直接扣押了其价值 400 元的一件服装。扣押后甲仍未缴纳税款，税务所将服装以 300 元的价格销售给内部职工，用以抵缴税款。

问题：1. 对甲的行为应如何处理？2. 请分析 A 县税务所的执法行为有无不妥？

【解析】1. 对甲未办税务登记的行为，税务所应责令限期改正，可以处以 2 000 元以下的罚款。逾期不改正的，税务机关可提请工商机关吊销其营业执照。2.（1）对于扣押后仍不缴纳税款的，应当经县以上税务局（分局）局长批准，才能拍卖或变卖货物抵税；（2）应依法变卖所扣押的商品、货物。变卖应依法定程序，由依法成立的商业机构销售，而不能自行降价销售给职工。（3）纳税人对税务机关做出的决定享有陈述权和申辩权，税务所未听取甲的申辩。

（二）账簿、凭证管理

账簿、凭证是纳税人全面系统记录其生产经营活动情况，组织经济核算的重要工具，也是税务机关对纳税人、扣缴义务人进行税务检查、确定课税基数和应纳税额的基本依据。

1. 账簿、凭证的设置

从事生产经营的纳税人和扣缴义务人，除经税务机关批准可以不设账的以外，都必须根据税法的规定设置账簿。纳税人必须按会计法、税法等的规定，取得、填制有关原始凭证和记账凭证。

2. 完税凭证

纳税人的完税凭证是其会计凭证的一种，完税凭证，是指由国家税务机关统一制定，税务人员向纳税人征收税款或纳税人向国家金库缴纳税款所使用的一种专用凭证。它既是纳税人或扣缴义务人依法履行纳税义务的书面证明，又是税务机关依法检查纳税人或扣缴义务人是否按期足额缴纳税款或已代扣代缴税款的重要依据。

3. 账簿、凭证的保管

从事生产、经营的纳税人、扣缴义务人应按有关规定妥善保管账簿、凭证，不得伪、变造或者擅自损毁账簿、记账凭证、完税凭证及其他有关资料。除法律、行政法规另有规定的以外，账簿、会计凭证、会计报表、完税凭证及其他纳税资料应当保存10年。

（三）纳税申报

纳税申报，是指纳税人发生纳税义务后，依法在规定时间内向税务机关报送纳税申报表、财务会计报表及其他有关资料的一项征管制度。纳税申报是纳税人必须履行的法定手续，也是税务机关办理征税业务、开具完税凭证的主要根据。

纳税人必须依照法律、行政法规规定或者税务机关依照法律、行政法规的规定确定的申报期限、申报内容如实办理纳税申报，报送纳税申报表、财务会计报表以及税务机关根据实际需要要求纳税人报送的其他纳税资料。

二、税款征收

税款征收是税务机关依照税收法律、法规规定，将纳税人依法缴纳的税款以及扣缴义务人代扣代缴、代收代缴的税款，通过不同的方式组织征收入库的活动。

税款征收是税收征收管理的核心内容，是实现税收职能的最关键环节，在整个税收征收管理工作中占有极其重要的地位。

（一）税款征收方式

税款征收方式，是税务机关根据税法规定和纳税人生产经营及财务管理状况，对纳税人的应纳税款组织入库的具体方式。《税收征管法》规定，税务机关可以采取查账征收、查定征收、查验征收、定期定额征收、代扣代缴、代收代缴、委托代征等多种方式征收税款。

（二）税款的退还、补缴和追征

退还多缴税款主要有两种情况：一是税务机关发现多征税款，应主动通知纳税人办理退还手续，予以退还；二是纳税人自己发现多缴了税款，可以自结算缴纳税款之日起3年内，向税务机关要求退还多缴的税款并加算银行同期存款利息，税务机关及时查实后应当退还。税务机关应于发现或接到纳税人申报退款书之日起60日内将多征税款退还给纳税人，也可按纳税人的要求抵缴下期应纳税款。

未缴或少缴税款的情况有两种：一是因税务机关的责任，致使纳税人、扣缴义务人未缴或者少缴税款的，税务机关可以自应纳税款或结算之日起3年内要求纳税人、扣缴义务人补缴税款，但是不得加收滞纳金；二是因纳税人、扣缴义务人计算等失误，未缴或者少缴的，税务机关在3年内可以追征税款、滞纳金，但数额在10万元以上的，或有欠税行为的纳税人可能想方设法避开法定的追征期的，追征期可以延长到5年。对偷税、抗税、骗税的，税务机关追征其未缴或者少缴的税款、滞纳金或者所骗取的税款，不受期限的限制。

补缴和追征税款的期限，自纳税人、扣缴义务人应缴或者少缴税款之日起计算。

（三）税款的入库及滞纳金

国家税务局和地方税务局应当按照国家规定的税收征收管理范围和税款入库预算级次，将征收的税款缴入国库。对审计机关、财政机关依法查出的税收违法行为，税务机关应当根据有关机关的决定、意见书，依法将应收的税款、滞纳金按照税款入库预算级次缴入国库，并将结果及时回复有关机关。

纳税人缴纳税款后，征税机关经审核没有问题的，必须向纳税人开具完税凭证，办理税款缴库手续。

根据《税收征管法》的规定，纳税人因有特殊困难，不能按期缴纳税款的，应当在规定的缴纳期限内，向主管税务机关提出书面申请，并经县以上税务局（分局）批准后，方可延期缴纳税款。但延期缴纳税款的时间最长不得超过3个月。

纳税人、扣缴义务人未按规定期限缴纳税款或解缴税款的，税务机关除责令限期缴纳或解缴外，从滞纳税款之日起，按日加收滞纳税款万分之五的滞纳金。但对经税务机关批准或延期缴纳税款的纳税人，在批准的期限内，不加收滞纳金。加收税款滞纳金的起止时间，为法律、行政法规规定或者税务机关依照法律、行政法规的规定确定的税款缴纳期限届满次日起，至纳税人、扣缴义务人实际缴纳或者解缴税款之日止。

三、税务检查

税务检查是税务机关以国家税收法律、行政法规为依据，对纳税人、扣缴义务人履行纳税义务和代扣代缴、代收代缴义务的情况进行的审查、稽核、管理监督活动。

税务检查的主要内容包括：一是检查纳税人、扣缴义务人遵守税收实体法的情况。检查其有无偷税、欠税，应扣未扣、应收未收税款，挪用截留税款，骗取退税等违反税法的行为。二是检查纳税人、扣缴义务人遵守税收程序法的情况。检查其有无不按规定程序办事，违反税收征管法律制度的行为。

税务检查的方法主要有三种：一是税务查账，对会计凭证、账簿、报表及银行存款等核算资料检查；二是实地调查，实地现场调查；三是税务稽查，对纳税人的应税货物进行检查。

纳税人、扣缴义务人在税务检查中的义务：

（1）纳税人、扣缴义务人必须接受征税机关依法进行的税务检查，如实反映情况，提供有关资料，不得拒绝、隐瞒。

（2）有关单位和个人有义务向税务机关如实提供有关资料及证明材料。

（3）对未出示税务检查证和税务检查通知书的，被检查人有权拒绝检查。

四、违反税法的法律责任

根据我国税法规定，不同税法主体的违法应承担的税收法律责任不同，大致可分四种情况：纳税人的法律责任、扣缴义务人的法律责任、税务人员和税务机关的法律责任及其他税务当事人的法律责任。

（一）纳税人的税收法律责任

1. 违反税务管理有关规定的行为及其法律责任

根据我国《税收征管法》，纳税人违反税务管理规定的行为主要有以下几种：①不按照规定的期限申报办理、变更或者注销登记；②不按照规定设置、保管账簿或者保管记账凭证和有关资料；③不按照规定财务、会计制度或者财务、会计处理办法和会计核算软件报送税务机关备查；④不按规定将其全部银行账号向税务机关报告；⑤不按照规定安装、使用税控装置，或者擅自改动税控装置；⑥不办理税务登记；⑦不按照规定使用税务登记证件，或者转借、涂改、损毁、买卖、伪造税务登记证件；⑧逃避、拒绝或者以其他方式阻挠税务机关的税务检查。

纳税人的第①至⑤项违法行为，由税务机关责令限期改正，可以处2 000元以下的罚款；情节严重的，处2 000元以上一万元以下的罚款。纳税人的第⑥项违法行为，税务机关责令限期改正；逾期不改正的，经税务机关提请，由工商行政管理机关吊销营业执照。纳税人的第⑦项违法行为，由税务机关处2 000元以上1万元以下的罚款，情节严重的，处1万元以上5万元以下罚款。纳税人的第⑧项违法行为，由税务机关责令改正，可以处1万元以下的罚款；情节严重的，处1万元以上5万元以下的罚款。

2. 违反税款征收规定的行为及其法律责任

（1）违反纳税申报规定的行为及其法律责任。根据《税收征管法》的规定，纳税人未按规定的期限办理纳税申报和报送纳税资料的，由税务机关责令限期改正，可以处2 000元以下的罚款；情节严重的，可以处2 000元以上1万元以下的罚款。纳税人不如实纳税申报，不缴或者少缴应纳税款的，由税务机关追缴其不缴或者少缴的税款、滞纳金，并处不缴或者少缴的税款50%以上5倍以下的罚款。

（2）偷税行为及其法律责任。偷税，是指纳税人伪造、变造、隐匿、擅自销毁账簿、记账凭证，或者在账簿上多列支出或者不列、少列收入，或者经税务机关通知申报而拒不申报或者进行虚假的纳税申报，不缴或者少缴应纳税款的行为。《税收征管法》规定，纳税人偷税的，由税务机关追缴其不缴或者少缴的税款、滞纳金，并处不缴或者少缴的税款50%以上5倍以下的罚款；构成犯罪的，依法追究刑事责任。

（3）欠税行为及其法律责任。纳税人欠缴应纳税款，采取转移或者隐匿财产的手段，妨碍税务机关追缴欠缴的税款的，由税务机关追缴欠缴的税款、滞纳金，并处欠缴税款50%以上5倍以下的罚款；构成犯罪的，依法追究刑事责任。

（4）骗取出口退税的行为及其法律责任。以假报出口或者其他欺骗手段，骗取国家出口退税款的，由税务机关追缴其骗取的退税款，并处骗取税款1倍以上5倍以下的罚款；构成犯罪的，依法追究刑事责任。此外，对骗取国家出口退税款的，税务机关可以在规定期间内停止为其办理出口退税。

（5）抗税行为及其法律责任。抗税是纳税人以暴力、威胁方法拒不缴纳税款。纳税人抗税的，除由税务机关追缴其拒缴的税款、滞纳金外，依法追究刑事责任。情节轻微，未构成犯罪的，由税务机关追缴其拒缴的税款、滞纳金，并处拒缴税款1倍以上5倍以下罚款。

（6）逾期未缴纳税款行为及其法律责任。纳税人在规定期限内不缴或者少缴应纳税款，经税务机关责令限期缴纳，逾期仍未缴纳的，税务机关除依法采取强制执行措施追缴其不缴或者少缴的税款外，可以处不缴或者少缴的税款50%以上5倍以下的罚款。

3. 扣缴义务人的税收法律责任

依税法规定，负有代扣代缴、代收代缴税款义务的扣缴义务人，其违法应承担的税收法律责任主要有：

第一，未按照规定的期限向税务机关报送代扣代缴、代收代缴税款报告表和有关资料的，由税务机关责令限期改正，可以处2 000元以下的罚款；情节严重的，可以处2 000元以上1万元以下的罚款。

第二，采用与纳税人偷税的同样手段，不缴或者少缴已扣、已收税款的，由税务机关追缴其不缴或者少缴的税款、滞纳金，并处不缴或者少缴的税款50%以上5倍以下的罚款；构成犯罪的，依法追究刑事责任。

第三，在规定期限内不缴或者少缴应解缴的税款，经税务机关责令限期缴纳，逾期仍未缴纳的，税务机关除依法采取强制执行措施追缴其不缴或者少缴的税款外，可以处不缴或者少缴的税款50%以上5倍以下的罚款。

第四，应扣未扣、应收而不收税款的，由税务机关向纳税人追缴税款，对扣缴义务人处应扣未扣、应收未收税款50%以上3倍以下的罚款。

（二）税务人员与税务机关的税收法律责任

1. 徇私舞弊或玩忽职守行为及其法律责任

具体情况有：

第一，税务人员徇私舞弊的，对依法应当移交司法机关追究刑事责任的不移交，情节严重的，依法追究刑事责任。

第二，税务人员徇私舞弊或者玩忽职守，不征或者少征应征税款，致使国家税收遭受重大损失，构成犯罪的，依法追究刑事责任；尚不构成犯罪的，依法给予行政处分。

2. 滥用职权行为及其法律责任

具体情况有：

第一，税务机关、税务人员查封、扣押纳税人个人及其所抚养家属维持生活必需的住房和用品的，责令退还，并依法给予行政处分；构成犯罪的，依法追究刑事责任。

第二，税务人员滥用职权，故意刁难纳税人、扣缴义务人的，调离税收工作岗位，并依法给予行政处分。

第三，税务人员违反法律、行政法规的规定，故意高估或者低估农业税计税产量，致使多征或者少征税款，侵犯农民合法权益或者损害国家利益，构成犯罪的，依法追究刑事责任；尚不构成犯罪的，依法给予行政处分。

第四，违反法律、行政法规的规定，擅自做出税收的开征、停征或者减税、免税、退税、补税以及其他同税收法律、行政法规相抵触的决定的，除依法撤销其擅自做出的决定外，补征应征未征税款，退还不应征收而征收的税款，并由上级机关追究直接负责的主管人员和其他直接责任人员的行政责任；构成犯罪的，依法追究刑事责任。

第五，税务机关违反规定擅自改变税收征收管理范围和税款入库预算级次的，责令限期改正，对直接负责的主管人员和其他直接责任人员依法给予降级或者撤职的行政处分。

3. 受贿行为及其法律责任

税务人员利用职务上的便利，收受或者索取纳税人、扣缴义务人财物或者谋取其他不正当利益，构成犯罪的，依法追究刑事责任；尚不构成犯罪的，依法给予行政处分。

4. 打击报复行为及其法律责任

税务人员对控告、检举税收违法违纪行为的纳税人、扣缴义务人以及其他检举人进行打击报复的，依法给予行政处分；构成犯罪的，依法追究刑事责任。

五、税务纠纷的解决方式

纳税人、扣缴义务人、纳税担保人等税务行政相对人与税务机关在税收征管过程中发生的税务纠纷，通常有两种解决方式，即税务行政复议与税务行政诉讼。这里主要阐述税务行政复议的内容。

税务行政复议，是税务行政相对人对税务机关做出的处罚、强制执行措施等具体行政行为不服，依法向上一级税务机关或者本级人民政府提出申诉，由上一级税务机关等复议机关对该具体行政行为进行审查并做出裁决的一项行政司法活动。

税务行政复议的申请人申请税务行政复议，可以书面申请，也可以口头申请。纳税人和其他税务当事人对税务机关做出的征税行为不服，应当先向复议机关申请税务行政复议；对税务行政复议决定不服，再向人民法院起诉。并且，申请人按照此项规定申请税务行政复议，必须先按照税务机关根据法律、行政法规确定的税额、期限缴纳或者解缴税款及滞纳金，然后自收到税务机关填发的缴款凭证之日起 60 日以内提出税务行政复议申请。

申请人对税务机关做出的其他税务具体行政行为不服，可以申请税务行政复议，也可以直接向人民法院提起行政诉讼。申请人可以自得知税务机关做出税务具体行政行为之日起 60 日以内提出税务行政复议申请。因不可抗力或者被申请人设置障碍等正当理由耽误法定申请期限的，申请期限自障碍消除之日起继续计算。

申请人向复议机关申请税务行政复议，复议机关已经受理的，在法定税务行政复议期限以内，申请人不得向人民法院起诉。申请人向人民法院提起行政诉讼，人民法院已经受理的，不得申请税务行政复议。

本章复习思考题

1. 税法的构成要素有哪些？以消费税为例，列举出其税法构成要素。
2. 我国现行的税收体系中有哪几种税率？这些税率各自主要用于哪些税种？

3. 增值税销项税额、进项税额和应纳税额如何计算?

4. 消费税的税目分类有哪些?消费税的销售额和应纳税额如何确定?

5. 简述企业所得税法中，有关计算应纳税所得额时准予扣除项目、不得扣除项目、免税项目、不征税项目的法律规定。企业所得税的税收优惠有哪些规定?

6. 简述个人所得税各类所得的计税依据、扣除标准和税率的法律规定。

7. 简述税收征收管理中有关税务登记、税款征收、税务检查的法律规定以及违反税法应承担的法律责任。

本章主要参考的法律法规

1.《中华人民共和国企业所得税法》(2007 年颁布，2008 年 1 月 1 日起施行)

2.《中华人民共和国企业所得税法实施条例》(2007 年颁布，2008 年 1 月 1 日起施行)

3.《中华人民共和国个人所得税法实施条例》(2007 年第四次修正)

4.《中华人民共和国个人所得税法实施条例》(2008 年 2 月国务院第二次修改，2008 年 3 月 1 日起施行)

5.《中华人民共和国增值税暂行条例》(1993 年 12 月国务院令发布，2008 年 11 月 5 日国务院修订)

6.《中华人民共和国增值税暂行条例实施细则》(财政部和国家税务总局 2008 年修正颁布，2009 年 1 月 1 日施行)

7.《中华人民共和国消费税暂行条例》(1993 年 12 月国务院发布，2008 年 11 月 5 日国务院修订)

8.《中华人民共和国消费税暂行条例实施细则》(财政部和国家税务总局 2008 年 12 月修正颁布，2009 年 1 月 1 日施行)

9.《中华人民共和国个人所得税法》(1980 年颁布实施，2007 年第四次修正)

10.《中华人民共和国个人所得税法实施条例》(1994 年国务院发布，2008 年第二次修订)

11.《中华人民共和国税收征收管理法》(1992 年 9 月颁布，2001 年第二次修订)

12.《中华人民共和国税收征收管理法实施细则》(2002 年 9 月国务院发布)

第六章　产品质量法和消费者权益保护法

本章知识要点：

本章串讲视频

1. 了解和掌握产品、产品质量、产品质量责任的含义。

2. 学习掌握生产者的产品质量义务，产品质量责任的归责原则和赔偿范围。

3. 学习掌握消费者的基本权利和经营者的主要义务。

4. 掌握侵犯消费者合法权益的应承担的法律责任。

第一节　产品质量法概述

一、产品及产品监督法

产品质量法是指调整产品的生产和销售以及产品质量的监督管理等活动中所发生的社会关系的法律规范的总称。为加强对产品质量的监督管理，提高产品质量水平，明确产品质量责任，保护消费者的合法权益，维护社会经济秩序，1993 年 2 月 22 日，全国人民代表大会通过了《中华人民共和国产品质量法》（以下简称《产品质量法》），于同年 9 月 1 日起实行，并于 2000 年进行了修订。

（一）产品质量法的适用范围

《产品质量法》的适用范围包括以下几方面：

1. 产品

产品质量法所指的产品是经过加工、制作，用于销售的产品。产品质量法所确认的产品应当具备以下条件：

（1）产品必须是过加工、制作的。未经加工、制作的产品不是产品质量法上的产品，即天然产品不由产品质量法调整，包括未加工的农副产品、林产品、水产品、畜牧产品、原矿、原油等。

（2）产品必须是用于销售的。非为销售而加工的物品就不是本法意义上的产品，如某企业自制的自用设备。

（3）建设工程不属于产品质量法上的产品。建设工程表其特殊的质量要求，与一般加工制作的产品有很大不同，所以建设工程的质量一般由专门的建筑法调整，不适用产品质量法的规定。但是，建设工程使用的建筑材料、建筑构配件和设备等符合产品质量法产品定义的，适用产品质量法。如用于建设工程的水泥、钢材等。

另外，军工产品质量监督管理办法，由中央军事委员会另行制定，不适用产品质量法。

2. 主体

该法适用于中华人民共和国境内从事产品生产、销售活动的法人、其他经济组织和个人，包括国有企业、集体企业、私营企业、外商投资企业、个体工商户和农村承包经营户。

（二）产品标准、产品质量

产品标准是对产品所做的技术规定，它是判断产品合格与否的主要依据。《产品质量法》第十二条规定，产品质量应当检验合格。所谓合格，即是指产品的质量状况符合相关标准中规定的具体指标。我国现行的标准分为国家标准、行业标准、地方标准和经备案的企业标准。凡有国家标准、行业标准的，必须符合该标准；没有国家标准、行业标准的，允许适用其他标准，但必须符合保障人体健康及人身、财产安全的要求。

国际标准化组织（ISO）规定的产品质量的定义是，产品能满足规定的或者潜在需要的固有特性总和。所谓总和是指在标准中规定的产品的安全性、适用性、可靠性、维修性、有效性、经济性等质量指标，它反映、代表了产品的质量状况。根据产品标准进行检验，符合标准的即是合格产品，方可认为达到了质量要求。

《产品质量法》第二十六条第二款的规定，产品质量应当符合下列要求：不存在危及人体健康，人身、财产安全的不合理危险，有保障人体健康和人身、财产安全的国家标准、行业标准的，应当符合该标准；具备产品应当具备的使用性能，但是，对产品存在使用性能的瑕疵做出说明的除外。符合在产品或其包装上注明采用的产品标准，符合以产品说明、实物样品等方式表明的质量状况。

（三）产品质量法的调整对象

1. 调整产品质量的监督管理关系

它是指各级技术质量监督管理部门与生产者、销售者在产品质量监督管理活动中产生的管理与被管理的关系。质量管理监督部门指的是国务院产品监督管理部门、县级以上地方人民政府产品质量监督管理部门以及其他相关负责产品质量监督管理工作的部门。被管理者指的是一切从事产品的生产、销售活动的法人、自然人和其他经济组织。

2. 调整产品质量责任关系

它是指生产者、销售者与用户或消费者之间在产品质量方面的权利义务以及由此产生的法律责任方面的关系，包括因产品缺陷导致的人身、财产损害在生产者、销售者、消费者之间所产生的损害赔偿法律关系。

在上述产品质量法所调整的社会关系中，前者是一种行政关系，而后者则是一种平等主体间的民事关系。为了保护消费者的利益，把产品责任的民事关系调整中所发生的重要的产品生产、销售以及由此引起的损害赔偿纳入国家监督管理的范围，以国家行政手段来解决一般民事主体之间发生的关系，正是现代经济法的重要特征。

二、产品质量监督管理

（一）监督管理部门

国务院产品质量监督管理部门主管全国的产品质量监督工作，县级以上地方产品质量监督部门主管本行政区域内的产品质量监督工作；国务院有关部门在各自的职责范围内负责产品质量监督工作，县级以上地方政府有关部门在各自的职责范围内负责产品质量监督工作（如卫生部门、食品药品管理部门、工商管理部门等）。法律对产品质量监督部门另有规定的从其规定。

（二）监督管理部门的职权

为增强产品质量法的刚性，使产品质量监督部门有职有权依法行政，有效扭转假冒伪劣产品屡打不绝的严重局面。该法规定，县级以上产品质量监督部门根据已经取得的违法嫌疑证据或者举报，对涉嫌违反该法规定的行为进行查处时，可以行使下列职权：

（1）对当事人涉嫌从事违反本法的生产、销售活动的场所实施现场检查；

（2）向当事人的法定代表人、主要负责人和其他有关人员调查、了解与涉嫌从事违反本法的生产、销售活动有关的情况；

（3）查阅、复制当事人有关的合同、发票、账簿以及其他有关资料；

（4）对有根据认为不符合保障人体健康和人身、财产安全的国家标准、行业标准的产品或者有其他严重质量问题的产品，以及直接用于生产、销售该项产品的原辅材料、包装物、生产工具，予以查封或者扣押。

县级以上工商行政管理部门按照国务院规定的职责范围，对涉嫌违反该法规定的行为进行查处时，可以行使上述职权。

产品质量监督部门或者其他国家机关以及产品质量检验机构不得向社会推荐生产者的产品；不得以对产品进行监制、监销等方式参与产品经营活动。

（三）产品质量监督管理制度的主要内容

1. 质量监督检查制度

国家通过抽查的方式，对产品进行检查，检查费用由国家承担，生产者、销售者对抽查结果有异议的，可申请复检。

产品质量抽查制度是国家对产品质量监管的基本制度之一。监督的主要方式是抽查。抽查的重点，是可能危及人体健康和人身、财产安全的产品，影响国计民生的重要工业产品以及消费者、有关组织反映有质量问题的产品。对抽查的要求，该法规定：为检验的公正，法律规定抽查的样品应当在待销产品中随机抽取；为防止增加企业的负担，不得向被检查人收取检验费用，抽取样品的数量也不得超过检验的合理需要。生产者、销售者对抽查结果有异议的，可以在规定的时间内向监督抽查部门或者上级产品质量监督部门申请复检。为避免重复抽查，国家监督抽查的产品，地方不得另行重复抽查；上级监督抽查的产品，下级不得另行重复抽查。

产品质量检验机构必须具备相应的检测条件和能力，经省级以上人民政府产品质量监督部门或者其授权的部门考核合格后，方可承担产品质量检验工作。

2. 质量状况信息发布制度

为使质量监督管理工作公开、透明，使社会公众及时了解产品质量状况，引导和督促市场经营主体切实提高产品质量。该法规定，国务院和省、自治区、直辖市人民政府的产品质量监督部门应当定期发布其监督抽查的产品的质量状况公告。政府质量信息发布是消费者知情权的基本要求，也是行使监督权的前提条件，政府有关部门必须依法履行该项职责。

3. 企业质量体系认证制度及产品质量认证制度

企业质量体系认证是由独立的认证机构对企业的质量保证和质量管理能力所作的综合评定，它是由企业自愿申请，由认证机构依据国家颁布的标准依法进行的（该标准与国际通用的 IS09000《质量管理与质量保证》系列标准等同）。产品质量认证是依据产品标准和相应的技术要求，由独立的认证机构确认某一产品符合相应标准和相应技术要求的活动。对于认证合格的企业和产品，认证机构发给相应的标志和证书，企业可在产品标识、包装或广告宣传中使用，使产品对消费者更具竞争力，并为进入国际市场提供了通行证。从事产品质量检验、认证的社会中介机构必须依法设立，不得与行政机关和其他国家机关存在隶属关系或其他利益关系。认证机构还应对准许使用认证标志产品进行认证后跟踪检查，对不符合标准的，可要求其改正；情节严重的，取消其使用认证标志的资格。

（四）产品质量的社会监督

1. 公民个人的监督权

消费者有权就产品质量问题，向产品的生产者、销售者查询；向产品质量监督部门、工商行政管理部门及有关部门申诉，接受申诉的部门应当负责处理。

2. 社会组织的监督权

保护消费者权益的社会组织可以就消费者反映的产品质量问题建议有关部门负责处理，支持消费者对因产品质量造成的损害向人民法院起诉。

3. 公众的检举权

任何单位和个人有权对违反本法规定的行为，向产品质量监督部门或者其他有关部门检举，产品质量监督部门和有关部门应当为检举人保密，并按照省、自治区、直辖市人民政府的规定给予奖励。

第二节　生产者、销售者的产品质量责任和义务

一、生产者的产品质量义务

按照《产品质量法》的规定，生产者具有以下三项产品质量义务：

1. 明示担保义务

明示担保是指产品的生产者对产品的性能和质量所做的一种声明或陈述。《产品质

量法》第二十六条第二款第三项要求生产者生产的产品质量应当符合在产品或者包装上注明采用的产品标准，符合以产品说明、实物样品等方式标明的质量状况，如果产品质量不符合明示担保，应当依法承担责任。

2. 默示担保义务

默示担保主要是适销性默示担保，是指生产者用于销售的产品应当符合该产品生产和销售的一般目的。《产品质量法》规定产品质量应当符合下列要求：①不存在危及人身、财产安全的不合理危险，有国家标准、行业标准的应当符合该标准。②具备产品应当具备的使用性能，但是对产品存在使用性能的瑕疵做出说明的除外。

3. 生产者的标识义务

产品标识是表明产品名称、产地、质量状况等信息的表述和指示，产品标识是产品生产者提供的，属于明示担保的范围。产品标识包装必须符合下列条件：

①产品标识必须真实，有产品质量检验合格证明；

②有中文标明的产品名称、生产厂厂名和厂址；

③根据产品的不同特点和使用要求：需要标明产品规格、等级、所含主要成分名称和含量的，用中文相应地予以标明；需要事先让消费者知晓的应当在外包装上标明，或者预先向消费者提供有关资料；

④限期使用的产品应当在显著位置清晰地标明生产日期和安全使用期，或者失效期；

⑤使用不当，容易造成产品本身损坏或者可能危及人身、财产安全的产品，应当有警告标志或者中文警示说明；

⑥特殊产品（如易碎、易燃、易爆的物品，有毒、有腐蚀性、有放射性物品，其他危险物品，储运中不能倒置和有其他特殊要求的产品），其标识、包装质量必须符合相应的要求，依照规定做出警示的说明或中文警示说明。

4. 禁止性规定

除了上述义务之外，法律还规定生产者不得违反若干禁止性规定：

（1）不得生产国家明令淘汰的产品；

（2）不得伪造产地，不得伪造或者冒用他人的厂名、厂址；

（3）不得伪造或者冒用认证标志、名优标志等质量标志；

（4）不得掺杂、掺假，不得以假充真、以次充好，不得以不合格产品冒充合格产品。

【例 6-1】（多选题）下列哪些产品的包装不符合产品质量法的要求？

A. 某商场销售的“三星”彩电只有韩文和英文的说明书

B. 某厂生产的火腿肠没有标明厂址

C. 某厂生产的香烟上没有标明“吸烟有害身体健康”

D. 某厂生产的瓶装葡萄酒没有标明酒精度

【解析】答案：A B C D。根据《产品质量法》规定，产品应当具有中文标明的产品名称、生产厂名和厂址，特殊应当标明产品的主要成分及含量；可能危及人身、财产安全的产品，还应当有警告标志或者中文警示说明。

二、销售者的产品质量义务

销售者在产品质量方面也要承担默示担保义务和明示担保义务。具体来讲，《产品质量法》规定了销售者四个方面的产品质量义务。

1. 进货验收义务

销售者应当建立并执行进货检查验收制度。该制度相对消费者及国家市场管理秩序而言是销售者的义务，相对供货商而言则是销售者的权利。严格执行进货验收制度，可以防止不合格产品或假冒伪劣产品进入流通领域，可以为准确判断和区分生产者及销售者的产品质量责任提供依据。

2. 保持产品质量的义务

销售者进货后应对保持产品质量负责，以防止产品变质、腐烂，丧失或降低使用性能，产生危害人身、财产的瑕疵等。如果进货时的产品符合质量要求，销售时发生质量问题的，销售者应当承担相应的责任。

3. 有关产品标识的义务

销售者在销售产品时，应保证产品标识符合产品质量法对产品标识的要求，符合进货时验收的状态，不得更改、覆盖、涂抹产品标识，以保证产品标识的真实性。

4. 禁止性规定

与生产者一样，销售者同样不得伪造产地、不得伪造或者冒用他人的认证标志和名优标志等质量标志；不得掺假、掺杂，以假乱真、以次充好；不得以不合格的产品冒充合格产品等。

三、产品质量责任

产品质量责任是指产品的生产者、销售者以及对产品质量负有直接责任的人违反产品质量法规定的产品质量义务应承担的法律后果。生产者、销售者违反产品质量义务的行为表现为：生产者、销售者违反法律、法规对产品质量所做的强制性要求；生产者、销售者违反就产品质量向消费者所做的说明或者陈述；产品存在缺陷。根据责任的后果不同，产品质量责任分为民事责任、行政责任和刑事责任。

（一）产品质量民事责任

产品质量民事责任主要包括两种：即产品瑕疵担保的合同责任和缺陷产品的侵权损害赔偿责任。

1. 产品的瑕疵担保责任。产品瑕疵担保责任是指合同当事人违反对产品质量所做的承诺或保证，所应当承担的法律后果，它是一种合同责任。瑕疵担保责任的主体是销售者。销售者出售的产品有以下情形的，应承担产品瑕疵担保责任：①不具备产品应当具备的使用性能而事先未作说明的；②不符合在产品或者其包装上注明采用的产品标准的；③不符合以产品说明、实物样品等方式表明的质量状况的。

销售者应根据不同情况分别负责承担修理、更换、退换、赔偿损失等不同的责任。销售者拖延或拒绝承担上述民事责任的，由产品质量监督部门或者工商行政管理部门责令改正。销售者依照规定负责修理、更换、退货、赔偿损失后，如确能证明是属于生产者的责任或供货者的责任造成产品质量不合格的，有权向生产者、供货者进行追偿。

2. 产品侵权损害赔偿责任

产品侵权损害赔偿责任，又称产品缺陷责任，是指由于产品缺陷造成消费者、使用者或者其他受害人人身、财产损害，依法应承担的损害赔偿的法律后果。产品责任成立的前提是产品存在缺陷，产品没有缺陷，则不构成产品责任。产品侵权损害赔偿责任的主体，是缺陷产品的生产者或者销售者。

（1）产品缺陷责任的归责原则。对于产品缺陷，我国采取严格责任与过错责任相结合的归责原则，即对生产者适用严格责任原则，对销售者适用过错责任原则。

生产者承担严格责任，指的是只要存在产品缺陷，有产品造成损害的事实，该产品的生产者就要承担产品责任。但是生产者若能证明有下列情形之一的，不承担赔偿责任：①未将产品投入流通的；②产品投入流通时，引起损害的缺陷尚不存在的；③将产品投入流通时的科学技术水平尚不能发现缺陷的存在的。如很多淘汰的药品，当初投入市场时，科技水平未发现其危害，因此，造成损害生产者可以免责。

生产者和销售者对产品质量缺陷造成的损害依法承担连带赔偿责任，但是，不论最终责任应由谁承担，销售者对损害都负有先行赔偿的义务，在赔偿后，如属生产者的责任，销售者有追偿权。

【例 6-2】（单选题）甲公司出售给乙商场一批玻璃花瓶，称花瓶上有不规则的抽象花纹为新产品，乙商场接货后即行销售，后受到很多消费者投诉。消费者说花瓶上的花纹实际上裂缝，花瓶漏水，要求乙商场退货并赔偿损失，乙商场与甲公司交涉，甲公司称此类花瓶是用于插装塑料花的，裂缝不影响使用，且有特殊的美学效果，拒绝承担责任。经查，消费者所述属实。下列答案中不正确的是哪项？

A. 乙商场应予退换并赔偿损失

B. 乙商场退换并赔偿损失后可向甲公司追偿

C. 消费者丙被花瓶裂缝划伤，可向甲公司直接索赔

D. 乙商场无过错，不应当对此负责

【解析】正确答案：D。甲公司为生产者，乙商场为销售者，商品致消费者人身损害的，既可向生产者，又可向经营者要求赔偿，经营者不因无过错而免责，因而 D 项错误。

（2）损害赔偿的范围。因产品存在缺陷造成受害人人身伤害的，侵害人应当赔偿医疗费、治疗期间的护理费、因误工减少的收入等费用；造成残疾的，还应当支付残疾者生活辅助具费、生活补助费、残疾赔偿金以及由其抚养的人所必需的生活费等费用；造成受害人死亡的，并应当支付丧葬费、死亡赔偿金以及由死者生前扶养的人所必需的生活费等费用。

（3）产品责任的诉讼时效。因产品存在缺陷造成损害要求赔偿的诉讼时效期间为 2 年，自当事人知道或者应当知道其权益受到损害时起计算。因产品存在缺陷造成损害要求赔偿的请求权，在造成损害的缺陷产品交付最初消费者满十年丧失；但是，尚未

超过明示的安全使用期的除外。

（二）产品质量行政责任

产品质量行政法律责任，是指产品的生产者、销售者以及产品质量检验机构因其违反产品质量法律、法规和规章所规定的义务，实施了扰乱国家对产品质量管理的正常秩序、但是尚未构成刑事犯罪的行为，所应当承担的行政法律后果。违反产品质量法的行政责任的种类主要有：责令停止生产、销售，没收违法生产、销售的产品，没收违法所得，罚款，吊销营业执照等。行使产品质量行政处罚的行政机关主要是产品质量监督部门和工商行政管理部门。

（三）产品质量刑事责任

违反产品质量法规定，生产、销售不符合保障人体健康和人身、财产安全的国家标准，行业标准产品，或者在产品中掺杂、掺假，以假充真、以次充好，或者以不合格产品冒充合格产品，销售失效、变质产品等行为，构成犯罪的，依法追究刑事责任。

应当注意的是，产品瑕疵责任和产品缺陷责任有所不同，产品缺陷责任是指由于制造、设计中的原因或者警示说明不充分、未尽召回警示义务而导致产品存在的危及人身、财产安全的不合理危险，造成买主、用户、消费者和其他人人身和财产的损害而应承担的责任。产品瑕疵是指产品不具备应当具备的使用性能，或者所具备的性能低于明示的产品标准，但不存在危及人身、财产安全的不合理危险。判断某产品是否存在瑕疵是看该产品是否具备通常应当具备的使用性、效用性以及其他约定的品质。产品缺陷关注的是产品的安全性，而产品瑕疵关注的产品的效用性，两者的明显区别是产品的安全性。

一般而言，产品瑕疵责任属于违约责任，赔偿主体是产品的销售者或服务的提供者，赔偿范围限于因产品质量问题而造成产品本身的损失以及消费者因此而产生的运输费、交通费等经济损失。而产品缺陷责任属于特殊的侵权责任，赔偿的主体是生产者，此外，对于造成产品缺陷的销售者或运输者、仓储者等，也可以作为赔偿主体，赔偿范围为因产品存在缺陷而造成的人身损害、缺陷产品以外的其他财产损失，不包括缺陷产品自身的损失。对于明知产品存在缺陷仍然生产、销售，造成他人死亡或者健康严重损害的，被侵权人有权请求相应的不超过实际损失 3 倍的惩罚性赔偿。同时，产品缺陷责任的赔偿范围还包括精神损害赔偿，而产品瑕疵责任的赔偿范围不包括上述惩罚性赔偿和精神损害赔偿。

另外，根据《民法总则》规定，出售质量不合格的商品未声明的诉讼时效期间为三年。而根据《产品质量法》规定，因产品存在缺陷造成损害要求赔偿的诉讼时效期间为二年，自当事人知道或者应当知道其权益受到损害时起计算。因产品存在缺陷造成损害要求赔偿的请求权，在造成损害的缺陷产品交付最初消费者满十年丧失；但是，尚未超过明示的安全使用期的除外。

【例 6-3】（多选题）甲从国外低价购得一项未获当地政府批准销售的专利产品“近视治疗仪”。甲将产品样品和技术资料提交给我国 X 市卫生局指定的医疗产品检验机构。该机构未作任何检验，按照甲书写的文稿出具了该产品的检验合格报告。随后，该市退休医师协会的秘书长乙又以该协会的名义出具了该产品的质量保证书。该产品投入市场后，连续造成多起青少年因使用该产品致眼睛严重受损的事件。现除要求追究甲的刑事责任外，受害者还可以采用哪些民事补救方法？

A. 要求甲承担损害赔偿责任

B. 要求该卫生局承担连带赔偿责任

C. 要求该检验机构承担连带赔偿责任

D. 要求该退休医师协会承担连带赔偿责任

【解析】正确答案：ACD。作为经营者，甲应对其提供的商品存在缺陷承担责任，所以A项应选；根据《产品质量法》第五十七条第三款规定："产品质量认证机构违反本法第二十一条第二款的规定，对不符合认证标准而使用认证标志的产品，未依法要求其改正或者取消其使用认证标志资格的，对因产品不符合认证标准给消费者造成的损失，与产品的生产者、销售者承担连带责任；情节严重的，撤销其认证资格。"C项应选；本法第五十八条还规定："社会团体、社会中介机构对产品质量做出承诺、保证，而该产品又不符合其承诺、保证的质量要求，给消费者造成损失的，与产品的生产者、销售者承担连带责任。"所以D项也应选。

第三节　消费者权益保护概述

一、消费者的概念和特征

1. 消费者的概念

从法律意义上讲，消费者是为个人的目的购买或使用商品或接受服务的社会成员。作为消费者，其消费活动的内容不仅包括为个人和家庭生活需要而购买和使用产品，而且包括为个人和家庭生活需要而接受他人提供的服务。

2. 消费者的法律特征

（1）消费者的消费性质属于生活消费。

消费者的生活消费包括两类：一是物质资料的消费，如衣、食、住、行、用等方面的物质消费；二是精神消费，如旅游、文化教育等方面的消费。

（2）消费者的消费客体是商品和服务。

商品，指的是与生活消费有关的并通过流通过程推出的那部分商品，不管其是否经过加工制作，也不管其是否为动产或不动产。

服务，指的是与生活消费有关的有偿提供的可供消费者利用的任何种类的服务。

（3）消费者的消费方式包括购买、使用（商品）和接受（服务）。

关于商品的消费，即购买和使用商品，既包括消费者购买商品用于自身的消费，也包括购买商品供他人使用或使用他人购买的商品。关于服务的消费，不仅包括自己付费自己接受服务，而且也包括他人付费自己接受服务。不论是商品的消费还是服务的消费，只要其有偿获得的商品和接受的服务是用于生活消费，就属于消费者。

（4）消费者的主体包括公民个人和进行生活消费的单位

生活消费主要是公民个人（含家庭）的消费，而且对公民个人的生活消费是保护的重点。但是，生活消费还包括单位的生活消费，因为在一般情况下，单位购买生活资料最后都是由个人使用，有些单位还为个人进行生活消费而购买商品和接受服务。

二、消费者权益保护法

1. 消费者权益保护法的概念

消费者权益保护法是国家为保护消费者的合法权益而制定的调整人们在消费过程中所发生的社会关系的法律规范的总称。现行消费者权益保护法是指1993年10月31日颁布、1994年1月1日起施行的《中华人民共和国消费者权益保护法》（以下简称《消费者权益保护法》）。该法的颁布实施，是我国第一次以立法的形式全面确认消费者的权利。此举对保护消费者的权益，规范经营者的行为，维护社会经济秩序，促进社会主义市场经济健康发展具有十分重要的意义。根据2009年8月27日第十一届全国人民代表大会常务委员会第十次会议《关于修改部分法律的决定》对该法进行了第一次修正 根据2013年10月25日第十二届全国人民代表大会常务委员会第五次会议《关于修改〈中华人民共和国消费者权益保护法〉的决定》第二次修正，2014年3月15日生效。

2. 消费者权益保护法的适用对象

（1）消费者为生活消费需要购买、使用商品或者接受服务的，适用消费者保护法。

所谓消费者，是指为个人生活消费需要购买、使用商品和接受服务的自然人。这与国际上的通说是一致的。国际标准化组织消费者政策委员会将消费者定义为“为了个人目的购买或者使用商品和接受服务的个体社会成员”。因为分散的、单个的自然人，在市场中处于弱者地位，需要法律的特殊保护。所以，从事消费活动的社会组织、企事业单位不属于消费者保护法意义上的“消费者”。

（2）农民购买、使用直接用于农业生产的生产资料时，参照消费者保护法执行。

消费者保护法的宗旨在于保护作为经营者对立面的特殊群体——消费者的合法权益。农民购买直接用于农业生产的生产资料，虽然不是为个人生活消费，但是作为经营者的相对方，其弱者地位是不言而喻的。所以，《消费者权益保护法》第五十四条将农民购买、使用直接用于农业生产的生产资料行为纳入该法的保护范围。

【例6-4】（单选题）关于《消费者权益保护法》的适用范围，以下说法正确的是：

A.《消费者权益保护法》只调整因生活消费而产生的法律关系

B.《消费者权益保护法》调整因购买、使用商品或者接受服务而产生的所有法律关系

C.《消费者权益保护法》只调整生活消费者与经营者之间的法律关系

D.《消费者权益保护法》主要调整因生活消费而产生的法律关系，也调整农民直接用于农业生产而购买、使用商品所产生的生产消费法律关系

【解析】正确答案为D。本题的考点是《消费者权益保护法》的适用范围。《消费

者权益保护法》第二条规定："消费者为生活消费需要购买、使用商品或者接受服务，其权益受本法保护；本法未作规定的，受其他有关法律、法规保护。"《消费者权益保护法》第三条规定："经营者为消费者提供其生产、销售的商品或者提供服务，应当遵守本法；本法未作规定的，应当遵守其他有关法律、法规。"《消费者权益保护法》第五十四条规定："农民购买、适用直接用于农业生产的生产资料，参照本法执行。"

第四节　消费者的权利和经营者的义务

一、消费者的权利

（一）消费者权利的概念

消费者权利是指法律规定的消费者在进行消费时所享有的权利，即消费者依法可以进行一定的作为或不作为，并要求他人进行一定的作为或不作为。

这一概念包含四层意思：一是消费者在法定范围内有权做出或不做出一定行为；二是消费者在法定或约定范围内，有权要求经营者实施或不实施一定行为；三是消费者在合法权益受到损害时，有权运用法律手段自我保护或请求国家机关保护；四是消费者权利是由法律规定的，不是消费者为自己创设的。

（二）消费者权利的内容

根据我国《消费者权益保护法》规定，消费者所享有的权利主要有以下九个方面：

1. 安全保障权

消费者在购买、使用商品和接受服务时享有人身、财产安全不受损害的权利。

安全权包括两方面内容：一是人身安全权，二是财产安全权。人身安全权在这里是指生命健康权不受损害，即享有保持身体各器官及其机能的完整以及生命不受危害的权利。财产安全权，是指消费者购买、使用的商品或接受的服务本身的安全，并包括除购买、使用的商品或接受服务之外的其他财产的安全。

为了能使这一权利得到实现，消费者有权要求经营者提供的商品或服务符合保障人身、财产安全的要求。也就是说，有国家标准、行业标准的，消费者有权要求商品和服务符合该国家标准、行业标准。如家用电器不允许有漏电、爆炸、自燃等潜在危险存在。对于没有国家标准、行业标准的，必须符合社会普遍公认的安全、卫生要求。

2. 知悉真情权

经营者向消费者提供有关商品或者服务的质量、性能、用途、有效期限等信息，应当真实、全面，不得作虚假或者引人误解的宣传，对消费者就其提供的商品或者服务的质量和使用方法等问题提出的询问，应当做出真实、明确的答复。

经营者提供商品或者服务应当明码标价。

采用网络、电视、电话、邮购等方式提供商品或者服务的经营者，以及提供证券、保险、银行等金融服务的经营者，应当向消费者提供经营地址、联系方式、商品或者服务的数量和质量、价款或者费用、履行期限和方式、安全注意事项和风险警示、售后服务、民事责任等信息。

3. 自主选择权

消费者享有自主选择商品和服务的权利。主要内容有：①有权自主选择提供商品或者服务的经营者；②有权自主选择商品品种或者服务方式；③有权自主决定是否购买任何一种商品或是否接受任何一项服务；④有权对商品或服务进行比较，鉴别和选择。经营者不得以任何方式干涉消费者行使自主选择权。

4. 公平交易权

公平交易权是指经营者与消费者之间的交易应在平等的基础上达到公正的结果。公平交易权体现在两个方面：第一，交易条件公平，即消费者在购买商品或接受服务时，有权获得质量保证、价格合理、计量正确等公平交易条件；，不得设定不公平、不合理的交易条件。第二，不得强制交易，即消费者有权按照真实意愿从事交易活动，对经营者的强制交易行为有权拒绝。

经营者在经营活动中使用格式条款的，应当以显著方式提请消费者注意商品或者服务的数量和质量、价款或者费用、履行期限和方式、安全注意事项和风险警示、售后服务、民事责任等与消费者有重大利害关系的内容，并按照消费者的要求予以说明。

经营者不得以格式条款、通知、声明、店堂告示等方式，做出排除或者限制消费者权利、减轻或者免除经营者责任、加重消费者责任等对消费者不公平、不合理的规定。

5. 获取赔偿权

消费者在购买、使用商品或接受服务受到人身、财产损害时，依法享有的要求获得赔偿的权利。消费者在购买、使用商品或接受服务时，既可能人身权受到侵害，也可能财产权受到侵害。人身权受到的侵害，包括生命健康权，人格方面的姓名权、名誉权、荣誉权等受到侵害。财产损害，包括财产上的直接损失和间接损失。直接损失，指现有财产上的损失，如财物被毁损，伤残后花销的医药费等。间接损失，指可以得到的利益没有得到，如因侵害住院而减少的劳动收入或伤残后丧失劳动能力而得不到劳动报酬等。

【例 6-5】某商店出售热水器伤人案

某职工 2007 年在某商店商场购买了一台燃气热水器，使用中发生爆炸，致家人中一人死亡，一人残疾。商场以消费者使用不当而拒赔，因热水器已经完全毁坏，受害者无法证明系产品质量造成事故，商场也无法证明系使用不当造成事故。

【解析】根据我国《产品质量法》和《消费者权益保护法》的相关规定，商场及热水器生产厂商应证明消费者使用不当而致使事故发生，即应适用于举证责任倒置，否则就应承担相应责任。

6. 依法结社权

消费者享有依法成立维护自身合法权益的社会团体的权利。

在我国，目前消费者社会团体主要是中国消费者协会和地方各级消费者协会（或消费者委员会）。消费者依法成立的各级消费者协会，使消费者通过有组织的活动，在维护自身合法权益方面正发挥着越来越大的作用。

7. 获得相关知识权

获得相关知识权也称受教育权，是从知悉真情权中引申出来的一种消费者的权利，是指消费者享有获得有关消费和消费者权益保护方面的知识的权利。消费知识主要指有关商品和服务的知识；消费者权益保护知识主要指有关消费者权益保护方面及权益受到损害时如何有效解决方面的法律知识。

消费者获得有关知识的权利，有利于提高消费者的自我保护能力，而且也是实现消费者其他权利的重要条件。特别是获得消费者权益保护方面的知识，可以使消费者合法权益受到侵害时，有效地寻求解决消费纠纷的途径，及时获得赔偿。

8. 受尊重权

受尊重权是指消费者在购买、使用商品和接受服务时，享有其人格尊严、民族风俗习惯得到尊重的权利。人格权是消费者人身权的主要组成部分。在市场交易过程中，消费者的人格尊严受到尊重，是消费者应享有的最起码的权利。人格尊严指人的自尊心和自爱心。其权利包括消费者的姓名权、名誉权、荣誉权、肖像权等。民族风俗习惯受尊重的权利，关系到各民族平等，加强民族团结，处理好民族关系，促进国家安定的大问题。对此，必须引起高度重视。

9. 个人信息权

个人信息权是指经营者收集、使用消费者个人信息，应当遵循合法、正当、必要的原则，明示收集、使用信息的目的、方式和范围，并经消费者同意。经营者及其工作人员对收集的消费者个人信息必须严格保密，不得泄露、出售或者非法向他人提供。经营者应当采取技术措施和其他必要措施，确保信息安全，防止消费者个人信息泄露、丢失。经营者未经消费者同意或者请求，或者消费者明确表示拒绝的，不得向其发送商业性信息。

10. 无理由解除权（后悔权）

经营者采用网络、电视、电话、邮购等方式销售商品，除消费者定作的；鲜活易腐的；在线下载或者消费者拆封的音像制品、计算机软件等数字化商品；交付的报纸、期刊等根据商品性质并经消费者在购买时确认不宜退货的商品；其他商品；消费者有权自收到商品之日起七日内退货，且无需说明理由。经营者应当自收到退回商品之日起七日内返还消费者支付的商品价款。

9. 监督批评权

监督批评权是指消费者享有对商品和服务以及保护消费者权益工作进行监督的权利。监督权是上述各项权利的必然延伸，对消费者权利的切实实现至关重要。这种监督权的表现，一是有权对经营者的商品和服务进行监督，在权利受到侵害时有权提出检举或控告；二是有权对国家机关及工作人员的监督，对其在保护消费者权益工作中的违法失职行为进行检举、控告；三是表现为对消费者权益工作的批评、建议权。

二、经营者的义务

（一）经营者义务的概念

经营者义务是指经营者在向消费者提供商品或者服务过程中依法必须履行的职责。

经营者义务的内容表现为经营者必须做出一定的行为或者必须抑制一定的行为。经营者的义务是由法律规定的。

（二）经营者义务的内容

我国《消费者权益保护法》规定的经营者义务主要有下列10项：

1. 履行法定义务及约定义务

经营者在向消费者提供商品或者服务时，应依照法律、法规的规定履行义务。双方有约定的，应按照约定履行义务，但双方的约定不得违背法律、法规的规定。

2. 接受监督的义务

经营者应当听取消费者对其提供的商品或服务的意见，接受消费者的监督。这是对消费者监督批评权实现的一种保障。

3. 保证商品和服务安全的义务

这是与消费者的安全保障权相对应的经营者的义务，是指经营者应当保证其提供的商品或服务符合保障人身、财产安全的要求。经营者应当做到：①对可能危及人身、财产安全的商品和服务，应做出真实说明和明确的警示，标明正确使用及防止危害发生的方法。宾馆、商场、餐馆、银行、机场、车站、港口、影剧院等经营场所的经营者，应当对消费者尽到安全保障义务；②经营者发现其提供的商品或者服务存在严重缺陷，即使正确使用或接受服务仍然可能对人身、财产造成危害的，应立即向政府有关部门报告和告知消费者，并采取停止销售、警示、召回、无害化处理、销毁、停止生产或者服务等措施。采取召回措施的，经营者应当承担消费者因商品被召回支出的必要费用。

4. 提供真实信息的义务

该项义务是与消费者知悉真情权相对应的经营者的义务，它是指经营者应当向消费者提供有关商品和服务的真实信息，不得作引人误解的虚假宣传。

经营者不得以虚假宣传误导甚至欺骗消费者。对消费者关于质量、使用方法等问题的询问，经营者应做出明确的、完备的、符合实际的答复。此外，商店提供商品应明码标价，即明确单位数量的价格，以便于消费者选择，同时防止经营者在单位数量或重量价格上随意更改。

5. 标明真实名称和标记的义务

经营者应当标明其真实名称和标记，租赁他人柜台或者场地的经营者，应当标明其真实名称和标记。

对租赁柜台或场地的行为，《消费者权益保护法》第十二条强调承租方有义务标明自己的真实名称和标记，目的在于区分承租方和出租方，一旦发生责任问题，便于确定责任承担者。

6. 出具凭证或单据的义务

经营者提供商品或者服务，应按照国家规定或商业惯例向消费者出具购货凭证或者服务单据；消费者索要购货凭证或者单据的，经营者必须出具。

7. 保证质量的义务

经营者有义务保证产品质量。该义务体现在两个方面：①经营者应当保证在正常使用商品或者接受服务的情况下其提供的商品或者服务应当具有的质量：性能、用途和有效期限；但消费者在购买该商品或者接受服务前已经知道其存在瑕疵的除外。②经营者以广告、产品说明、实物样品或者其他方式表明商品或者服务的质量状况的，应当保证提供的商品或者服务的实际质量与表明的质量状况相符。

8. 履行“三包”或其他责任的义务

经营者提供商品或者服务，按照国家规定或者与消费者的约定，承担包修、包换、包退或者其他责任的，应当按照规定或者约定履行，不得故意拖延或者无理拒绝。依照前述规定进行退货、更换、修理的，经营者应当承担运输等必要费用。

9. 不得单方做出对消费者不利规定的义务

经营者不得以格式合同、通知、声明、店堂告示等方式做出对消费者不公平、不合理的规定，或者减轻、免除其损害消费者合法权益应当承担的民事责任。

格式合同又称定型化合同或者标准化合同，在消费领域，格式合同是指经营者为了重复使用而单方拟定合同条款，消费者只能全面接受或者全面拒绝，而不能修改的合同。格式合同有利于节约交易成本，国家允许采用这种方式，但为了保护消费者利益，国家做出上述法律规定，以防止经营者利用其优势地位损害消费者的利益。

因此，在上述情况下，经营者的格式合同、通知、声明、店堂告示等含有对消费者不公平、不合理规定的，或者减轻、免除其损害消费者合法权益应当承担的民事责任的，其内容无效。

10. 缺陷产品的召回义务

经营者发现其提供的商品或者服务存在缺陷，有危及人身、财产安全危险的，应当立即向有关行政部门报告和告知消费者，并应采取包括召回等多种措施保障消费者权益。

有关行政部门发现并认定经营者提供的商品或者服务存在缺陷，有危及人身、财产安全危险的，也应当立即责令经营者采取包括召回等处置措施。

10. 举证义务

这一义务在法律上被称为举证责任倒置，主要是针对纠纷过程中消费者举证困难，为了更好地保护消费者权益，在特定领域和特定时间内，将消费者“拿证据维权”转换为经营者“自证洁白”。具体是指经营者提供的机动车、计算机、电视机、电冰箱、空调器、洗衣机等耐用商品或者装饰装修等服务，消费者自接受商品或者服务之日起六个月内发现瑕疵，发生争议的，由经营者承担有关瑕疵的举证责任。

三、消费者权益争议的解决

（一）争议的解决途径

因消费者权益引起的争议，当事人可以通过以下途径予以解决：

1. 和解

当消费者和经营者因商品或服务发生争议时，协商和解应作为首选方式，特别是因误解产生的争议，通过解释、谦让及其他补救措施，便可化解矛盾，平息争议。协商和解必须在自愿平等的基础上进行。重大纠纷，双方立场对立严重，要求相距甚远的，可寻求其他解决方式。

2. 请求消费者协会调解

消费者协会是依法成立的对商品和服务进行社会监督的保护消费者合法权益的社会团体。消费者权益保护法明确消费者协会具有七项职能，其中之一是对消费者的投诉事项进行调查、调解。消费者协会作为保护消费者权益的社会团体，调解经营者和消费者之间的争议，应依照法律、行政法规及公认的商业道德从事，并由双方自愿接受和执行。

3. 向有关行政部门申诉

消费者权益受到侵害时，消费者可根据具体情况，向不同的行政职能部门，如物价部门，工商行政管理部门，技术质量监督部门等投诉，求得行政救济。消费者向有关行政部门投诉的，该部门应当自收到投诉之日起七个工作日内，予以处理并告知消费者。

4. 提请仲裁

由仲裁机构解决争端，在国际国内商贸活动中被广泛采用。消费者权益争议亦可通过仲裁途径予以解决。不过，仲裁必须具备的前提条件是双方订有书面仲裁协议（或书面仲裁条款）。在一般的消费活动中，大多数情况下没有必要也没有条件签订仲裁协议。因此，在消费领域，很少有以仲裁方式解决争议的。

5. 向人民法院提起诉讼

消费者权益保护法及相关法律都规定，消费者权益受到损害时，可径直向人民法院起诉；也可因不服行政处罚决定而向人民法院起诉。

中国消费者协会以及在省、自治区、直辖市设立的消费者协会，对侵害众多消费者合法权益的行为，可以向人民法院提起公益诉讼。

（二）解决争议的几项特定规则

1. 销售者的先行赔付义务

消费者在购买、使用商品时，其合法权益受到损害的，可以向销售者要求赔偿。销售者赔偿后，属于生产者的责任或者属于向销售者提供商品的其他销售者的责任的，销售者有权向生产者或者其他销售者追偿。

2. 生产者与销售者的连带责任

消费者或者其他受害人因商品缺陷造成人身、财产损害的，可以向销售者要求赔偿，也可以向生产者要求赔偿。属于生产者责任的，销售者赔偿后，有权向生产者追偿。属于销售者责任的，生产者赔偿后，有权向销售者追偿。此时，销售者与生产者被看作一个整体，对消费者承担连带责任。

3. 消费者在接受服务时，其合法权益受到损害时，可以向服务者要求赔偿

4. 变更后的企业仍应承担赔偿责任

企业的变更是市场经济活动中常见的现象。为防止经营者利用企业变更之机逃避对消费者应承担的损害赔偿责任，《消费者权益保护法》规定：消费者在购买、使用商品或者接受服务时，其合法权益受到损害，因原企业分立、合并的可以向变更后承受其权利义务的企业要求赔偿。

5. 营业执照持有人与租借人的赔偿责任

出租、出借营业执照或租用、借用他人营业执照是违反工商行政管理法规的行为。《消费者权益保护法》规定：使用他人营业执照的违法经营者提供商品或者服务，损害消费者合法权益的，消费者可向其要求赔偿，也可以向营业执照的持有人要求赔偿。

6. 展销会举办者、柜台出租者的特殊责任

通过展销会、出租柜台销售商品或者提供服务，不同于一般的店铺营销方式。为了在展销会结束后或出租柜台期满后，使消费者能够获得赔偿，消费者权益保护法规定，消费者在展销会、租赁柜台购买商品或者接受服务，其合法权益受到损害的，可以向销售者或服务者要求赔偿。展销会结束或者柜台租赁期满后，也可以向展销会的举办者、柜台的出租者要求赔偿。展销会的举办者、柜台的出租者赔偿后，有权向销售者或者服务者追偿。

7. 网络交易平台的特殊责任

消费者通过网络交易平台购买商品或者接受服务，其合法权益受到损害的，可以向销售者或者服务者要求赔偿。网络交易平台提供者不能提供销售者或者服务者的真实名称、地址和有效联系方式的，消费者也可以向网络交易平台提供者要求赔偿。

网络交易平台提供者明知或者应知销售者或者服务者利用其平台侵害消费者合法权益，未采取必要措施的，依法与该销售者或者服务者承担连带责任。

8. 虚假广告的经营者、发布者、设计、制作和代言者的法律责任

消费者因经营者利用虚假广告提供商品或者服务，其合法权益受到损害的，可以向经营者要求赔偿。广告经营者发布虚假广告的，消费者可以请求行政主管部门予以惩处，广告的经营者不能提供经营者的真实名称、地址的，应当承担赔偿责任。

广告经营者、发布者设计、制作、发布关系消费者生命健康商品或者服务的虚假广告，社会团体或者其他组织、个人在关系消费者生命健康商品或者服务的虚假广告或者其他虚假宣传中向消费者推荐商品或者服务，造成消费者损害的，应与提供该商品或者服务的经营者承担连带责任。

四、违反《消费者权益保护法》的法律责任

法律责任是指消费法律关系主体不履行法律规定的义务所应当承担的法律后果。经营者承担的责任包括民事责任、行政责任、刑事责任。

（一）侵犯消费者合法权益的民事责任

1. 一般规定

经营者提供商品或者服务有下列情形之一的，除本法另有规定外，应当承担民事责任：

①商品存在缺陷的；

②不具备商品应当具备的使用性能而出售时未作说明的；

③不符合在商品或者其包装上注明采用的商品标准的；

④不符合商品说明、实物样品等方式表明的质量状况的；

⑤生产国家明令淘汰的商品或者销售失效、变质的商品的；

⑥销售的商品数量不足的；

⑦服务的内容和费用违反约定的；

⑧对消费者提出的修理、重作、更换、退货、补足商品数量、退还货款和服务费用或者赔偿损失的要求，故意拖延或者无理拒绝的；

⑨法律、法规规定的其他损害消费者权益的情形。

当侵犯消费者权益的行为同时符合消费者权益保护法和民法通则、合同法等普通民事法律的民事责任要件时，消费者有权选择适用消费者保护法请求保护。

2. 经营者应当承担的特殊民事责任

①“三包”责任。《消费者权益保护法》第四十五条明确规定，按照国家规定或者经营者与消费者约定包修、包换、包退的商品，经营者约定负责修理、更换或者退货。在保修期内两次修理仍不能正常使用的，经营者约定负责更换或者退货。对于“三包”的大件商品，消费者要求经营者修理、更换、退货的，经营者应当承担运输等合理费用。

②邮购商品中的民事责任。《消费者权益保护法》规定，经营者以邮购方式提供商品的，应当按照约定提供。未按照约定提供的，应当按照消费者的要求履行约定或者退回货款；并应当承担消费者必须支付的合理费用。

③预收款方式提供商品或服务的责任。《消费者权益保护法》第四十七条规定，经营者以预收款方式提供商品或服务的，应当按照约定提供。未按照约定提供的，应依照消费者的要求履行约定或者退回预付款；并应当承担预付款的利息、消费者必须支付的合理费用。

3. 因提供商品或服务造成人身伤害、人格受损、财产损失的民事责任及赔偿范围

⑴人身伤害的民事责任

经营者提供商品或服务，造成消费者或其他人受伤、残疾、死亡的，应承担下列责任：①造成消费者或者其他受害人人身伤害的，应当支付应当赔偿医疗费、护理费、交通费等为治疗和康复支出的合理费用，以及因误工减少的收入；②造成残疾的，除上述费用外，还应支付残疾者生活辅助具费、生活补助费、残疾赔偿金以及由其抚养的人所必需的生活费等费用；③造成消费者或其他受害人死亡的，应当支付丧葬费、死亡赔偿金以及由死者生前抚养的人所必需的生活费用。

经营者明知商品或者服务存在缺陷，仍然向消费者提供，造成消费者或者其他受害人死亡或者健康严重损害的，受害人有权要求经营者依照该法第四十九条、第五十一条等法律规定赔偿损失，并有权要求所受损失二倍以下的惩罚性赔偿。

⑵侵犯消费者人格尊严、人身自由或依法得到保护个人信息的民事责任

经营者侵害消费者的人格尊严、侵犯消费者人身自由或者侵害消费者个人信息依法得到保护的权利的，应当停止侵害、恢复名誉、消除影响、赔礼道歉，并赔偿损失。

经营者有侮辱诽谤、搜查身体、侵犯人身自由等侵害消费者或者其他受害人人身权益的行为，造成严重精神损害的，受害人可以要求精神损害赔偿。

⑶财产损害的民事责任

经营者提供商品或者服务，造成消费者财产损害的，应当依照法律规定或者当事人约定承担修理、重作、更换、退货、补足商品数量、退还货款和服务费用或者赔偿损失等民事责任。

【例 6-6】以下各项中，属于经营者承担责任的是：

A. 使用商品的受害者的医疗费

B. 使用商品造成伤害的残疾者的轮椅费

C. 使用商品的受害者的全部营养费

D. 使用商品造成伤害的残疾者抚养的无劳动能力人的生活费

【解析】正确答案：ABD。本题的考点是经营者的民事责任。《消费者权益保护法》第四十九条：经营者提供商品或者服务，造成消费者或者其他受害人人身伤害的，应当赔偿医疗费、护理费、交通费等为治疗和康复支出的合理费用，以及因误工减少的收入。造成残疾的，还应当赔偿残疾生活辅助具费和残疾赔偿金。造成死亡的，还应当赔偿丧葬费和死亡赔偿金。

4. 对欺诈行为的惩罚性规定

《消费者权益保护法》第五十五条规定：经营者提供商品或者服务有欺诈行为的，应当按照消费者的要求增加赔偿其受到的损失，增加赔偿的金额为消费者购买商品的价款或者接受服务的费用的 3 倍；增加赔偿的金额不足 500 元的，为 500 元。法律另有规定的，依照其规定。

经营者明知商品或者服务存在缺陷，仍然向消费者提供，造成消费者或者其他受害人死亡或者健康严重损害的，受害人有权要求经营者依照本法第四十九条、第五十一条等法律规定赔偿损失，并有权要求所受损失二倍以下的惩罚性赔偿。

5. 欺诈消费者行为的概念及判断标准

欺诈行为，是指经营者故意在提供的商品或服务中，以虚假陈述或者其他不正当手段欺骗、误导消费者，致使消费者权益受到损害的行为。

构成欺诈行为必须具备下列四个条件：①经营者对其商品或服务有虚假的说明或误导性的陈述；②经营者进行虚假说明或误导性陈述主观上出于故意；③经营者的虚假说明和误导性陈述与消费者上当受骗之间有因果关系；④经营者的欺骗行为使消费者权益受到损害。

（二）侵犯消费者合法权益的行政和刑事责任

1. 经营者有下列情形之一，其他有关法律、法规对处罚机关和处罚方式有规定的，依照法律、法规的规定执行；法律、法规未作规定的，由工商行政管理部门或者其他有关行政部门责令改正，可以根据情节单处或者并处警告、没收违法所得、处以违法所得1倍以上10倍以下的罚款，没收违法所得的，处以50万元以下的罚款；情节严重的，责令停业整顿、吊销营业执照：

①生产、销售的商品不符合保障人身、财产安全要求的；

②在商品里掺杂、掺假，以假充真，以次充了，或者以不合格商品冒充合格商品的；

③生产国家明令淘汰的商品或者销售失效、变质的商品的；

④伪造商品的产地，伪造或者冒用他人的厂名、厂址、伪造或者冒用认证标志、名优标志等质量标志的；

⑤销售的商品应当检验、检疫而未检验、检疫或者伪造检验、检疫结果的；

⑥对商品或者服务作引人误解的虚假宣传的；

⑦拒绝或者拖延有关行政部门责令对缺陷商品或者服务采取停止销售、警示、召回、无害化处理、销毁、停止生产或者服务等措施的；

⑧对消费者提出的修理、重作、更换、退货、补足商品数量、退还货款和服务费用或者赔偿损失的要求，故意拖延或者无理拒绝的；

⑨侵害消费者人格尊严或者侵犯消费者人身自由或者侵害消费者个人信息依法得到保护的权利的；

⑩法律、法规规定的对损害消费者权益应当予以处罚的其他情形。

经营者有前款规定情形的，除依照法律、法规规定予以处罚外，处罚机关应当记入信用档案，向社会公布。

2. 经营者违反本法规定，应当承担民事赔偿责任和缴纳罚款、罚金，其财产不足以同时支付的，先承担民事赔偿责任。

3. 经营者对行政处罚决定不服的，可以依法申请行政复议或者提起行政诉讼。

4. 以暴力、威胁等方法阻碍有关行政部门工作人员依法执行职务的，依法追究刑事责任；拒绝、阻碍有关行政部门工作人员依法执行职务，未使用暴力、威胁方法的，由公安机关依照《中华人民共和国治安管理处罚法》的规定处罚。

5. 经营者违反本法规定提供商品或者服务，侵害消费者合法权益，构成犯罪的，依法追究刑事责任。

本章复习思考题

1.《产品质量法》适用于哪些产品？

2. 试述产品质量监督管理制度的主要内容。

3. 生产者对产品质量负有哪些主要义务？

4. 简述产品质量责任的概念、分类及诉讼时效。

5. 试述消费者权利和经营者的相关义务。

本章主要参考的法律法规

1.《中华人民共和国消费者权益保护法》(1993 年 10 月 31 日第八届全国人民代表大会常务委员会，自 1994 年 1 月 1 日起施行；2009 年 8 月 27 日第一次修正；2013 年 10 月 25 日第二次修正，2014 年 3 月 15 日施行)

2.《中华人民共和国产品质量法》(1993 年 2 月通过，2000 年 7 月修正)

3.《中华人民共和国广告法》(1994 年 10 月 27 日通过，自 1995 年 2 月 1 日起施行)

4.《中华人民共和国民事诉讼法》(1991 年 4 月通过，2007 年 10 月 28 日第一次修正，2012 年 8 月 31 日第二次修正，自 2013 年 1 月 1 日起施行)

5.《中华人民共和国产品质量法》(1993 年 2 月通过 2000 年 7 月修正)

6.《中华人民共和国标准化法》(1998 年 12 月 通过，自 1989 年 4 月 1 日起施行)

7.《中国名牌产品管理办法》(2001 年 12 月通过施行)

第七章　市场竞争法律制度

本章知识要点：

（1）掌握不正当竞争行为的概念及表现形式；
（2）掌握垄断和限制竞争行为的概念和表现形式。
（3）了解反垄断法的概念，掌握垄断行为的基本内容。
（4）了解垄断行为的法律责任。

本章串讲视频

第一节　不正当竞争行为

一、不正当竞争的概念与特征

竞争根据其对社会经济秩序的作用不同，分为正当竞争和不正当竞争。在社会经济竞争中，提倡和保护正当竞争，抑制和打击不正当竞争。

（一）不正当竞争的概念

不正当竞争是指经营者违背自愿、平等、公平、诚实信用的原则和公认的商业道德，损害其他经营者的合法权益，扰乱社会经济秩序的行为。

（二）不正当竞争的特征

不正当竞争具有以下三个特征：

①不正当竞争行为是违法行为。不正当竞争行为的违法性，主要表现在违反了反不正当竞争法的规定。经营者的某些行为虽然表面上难以确认为该法明确规定的不正当竞争行为，但是只要违反了自愿、平等、公平、诚实信用原则或违反了公认的商业道德，损害了其他经营者的合法权益，扰乱了社会经济秩序，也应认定为不正当竞争行为。

②不正当竞争行为的主体是经营者。所谓经营者，是指从事商品经营或营利性服务的法人、其他经济组织和个人。非经营者不是竞争行为主体，所以也不能成为不正当竞争行为的主体。但是在有些情况下，非经营者的某些行为也会妨害经营者的正当经营活动，侵害经营者的合法权益，这种行为也是反不正当竞争法的规制对象。比如，政府及其所属部门滥用行政权力妨害经营者的正当竞争行为就是这种类型。

③不正当竞争行为侵害的客体是其他经营者的合法权益和正常的社会经济秩序。

不正当竞争行为的破坏性主要体现在：危害公平竞争的市场秩序；阻碍技术进步和社会生产力的发展；损害其他经营者的正常经营和合法权益，使守法经营者蒙受物质上和精神上的双重损害。有些不正当竞争行为，如虚假广告和欺骗性有奖销售，还可能损害广大消费者的合法权益。另外，不正当竞争行为还有可能给我国的对外开放政策带来消极影响，严重损害国家利益。

二、反不正当竞争法的含义和立法模式

（一）反不正当竞争法的含义

反不正当竞争法是指调整国家在制止不正当竞争行为过程所发生的社会关系的法律规范的总称。反不正当竞争法通过对不正当竞争行为的调整和规范，确立竞争规则，从而保护和促进正当竞争，维护市场经济秩序。

反不正当竞争法有广义和狭义之分。狭义的反不正当竞争法是指全国人大常委1993年9月通过并颁布的《中华人民共和国反不正当竞争法》（以下简称《反不正当竞争法》），1993年12月1日起实施。广义的反不正当竞争法除《反不正当竞争法》外，还包括国家有关法律、行政法规和规章中关于反不正当竞争的法律规范。如国家工商行政管理局针对几种特殊的不正当竞争行为，发布了相关的行政规章《关于禁止公用企业限制竞争行为的若干规定》《关于禁止有奖销售活动中不正当竞争行为的若干规定》《关于禁止仿冒知名商品特有名称，包装、装潢的不正当竞争行为的若干规定》《关于禁止侵犯商业秘密行为的若干规定》《关于禁止商业贿赂行为的暂行规定》。此外，在其他法规中，也有涉及竞争规范的内容，如商标法、专利法、著作权法、价格法、广告法、招标投标法等。

在市场竞争中，经营者之间不正当竞争关系及监督检查部门与市场竞争主体之间的竞争管理关系由反不正当竞争法调整。

（二）反不正当竞争法的立法模式

从世界范围来看，反不正当竞争法的立法模式主要有二种：

1. 分别制定《反不正当竞争法》和《反垄断法》或《反限制竞争法》。这种立法模式也称分立式，即将垄断行为和不正当行为区分开来分别立法。

2. 综合制定一部法律来调整不正当竞争行为、垄断行为或限制竞争行为。这种立法模式也称单一或统一式，即将垄断行为或限制竞争行为和不正当竞争行为合并在一部法律中加以调整，制定统一的《反不正当竞争法》或称《反托拉斯法》等。

三、不正当竞争行为的种类

根据《反不正当竞争法》的规定，不正当竞争行为主要包括以下种类：

（一）采用假冒或仿冒等混淆手段从事市场交易，损害竞争对手的行为

属于这类不正当竞争行为的有：

1. 假冒他人的注册商标

假冒他人的注册商标行为包括：①未经注册商标所有人许可，在同一种商品或者

类似商品上使用与其注册商标相同或相近似的商标的；②销售明知是假冒注册商标的商品的；③伪造、擅自制造他人注册商标标识或者销售伪造、擅自制造的注册商标标识的；④给他人注册商标专用权造成其他损害的。这些假冒他人注册商标的行为，不仅侵害商标注册人的商标专用权，也损害了消费者的利益。

2. 擅自使用知名商品特有的名称、包装、装潢，或者使用与知名商品近似的名称、包装、装潢，造成和他人的知名商品相混淆，使购买者误认为是该知名商品

知名商品是指在中国境内具有一定的市场知名度，为相关公众所知悉的商品。擅自使用是指未经所有权人的许可而自行使用其知名商品的名称、包装、装潢。根据2006年12月30日《最高人民法院关于审理不正当竞争民事案件应用法律若干问题的解释》的规定，有下列情形之一的，人民法院不认定为知名商品特有的名称、包装、装潢：①商品的通用名称、图形、型号；②仅仅直接表示商品的质量、主要原料、功能、用途、重量、数量及其他特点的商品名称；③仅由商品自身的性质产生的形状，为获得技术效果而需有的商品形状以及使商品具有实质性价值的形状；④其他缺乏显著特征的商品名称、包装、装潢。上述第①、②、④项规定的情形经过使用取得显著特征的，可以认定为特有的名称、包装、装潢。知名商品特有的名称、包装、装潢中含有本商品的通用名称、图形、型号，或者直接表示商品的质量、主要原料、功能、用途、重量、数量以及其他特点，或者含有地名，他人因客观叙述商品而正当使用的，不构成不正当竞争行为。

3. 擅自使用他人的企业名称或者姓名，引人误认为是他人的商品

企业名称或者姓名是经营者的营业标志，是区别商品或者服务来源的标志。根据《最高人民法院关于审理不正当竞争民事案件应用法律若干问题的解释》的规定，企业登记主管机关依法登记注册的企业名称，以及在中国境内进行商业使用的外国（地区）企业名称，应当认定为上述所称的“企业名称”。具有一定的市场知名度、为相关公众所知悉的企业名称中的字号，可以认定为上述所称的“企业名称”。在商品经营中使用的自然人的姓名，应当认定为上述所称的“姓名”。

4. 在商品上伪造或者冒用认证标志、名优标志等质量标志，伪造产地，对商品质量作引人误解的虚假表示

认证标志是指质量认证机构准许经其认证产品质量合格的企业在产品或者其包装上使用的质量标志。名优标志是指经国际或国内有关机构或社会组织评定为名优产品而发给经营者的一种质量荣誉标志。伪造产地是指经营者为提高其商品信誉，隐匿其商品真实的产地。而在商品上标注为信誉、技术较好的产地；这类不正当竞争行为并不侵犯某个特定经营者的知识产权，它或虚构事实，或隐瞒事实真相，是对商品的质量、信誉作引人误解的虚假表示的欺诈性交易行为。

【例题 7-1】下列行为中属于不正当竞争行为的是：

A. 市场一服装摊的卖主将其出售的腈纶衫都挂上私自印制的纯羊毛标志

B. 某地方一个小酒作坊在自己生产的白酒标签上印上“获 1999 尤里卡国际发明博览会金奖”字样，而实际上毫无此事

C. 某食品厂在其生产的汉堡包的包装上印有麦当劳特有的红色“M”

D. 某酱菜厂在自己生产的腐乳包装瓶的标签上印有“王致和”字样，而该厂与王致和厂家毫无关系

【答案】ABCD

【解析】ABCD 都是不正当竞争中的混淆（或称假冒）行为。

（二）商业贿赂行为

商业贿赂行为是指经营者在市场交易中为了争得不低于竞争对手的市场优势，通过给付财物等方式贿赂影响交易的客户或者政府机关及其公职人员的行为。商业贿赂主要包括以下两类：

1. 经营者采用财物或者其他手段进行贿赂以销售或者购买商品

商业贿赂的行为主要表现形式是回扣，所谓回扣是指经营者为了不正当地获得利益、优惠条件而直接向缔约方或者有关方面及其工作人员暗中提供的金钱或有价证券。收受回扣的特点在于是正常交易之外，暗中进行的。这类行为属于不正当竞争行为。

2. 经营者在销售或者购买商品时，在账外给予对方折扣，或者给予非合法的中间人佣金

佣金是商业活动中一种劳务报酬，合法的中间人通过合法的服务获得的合法的佣金是法律允许的，但佣金必须如实入账。国家公务员、企业的雇员、企业的业务代理人，以及其他不是处于独立的中间人地位的人员不能收受佣金。经营者给对方折扣、给中间人佣金的，必须如实入账。接受折扣、佣金的经营者必须如实入账，否则属于不正当竞争行为。

（三）虚假宣传行为

虚假宣传行为是指经营者利用广告或者其他方法，对其经营的商品或者服务进行夸大失实或者引人误解的宣传。经营者不得利用广告或者其他方法，对商品的质量、制作成分、性能、用途、生产者、有效期限、产地等作引人误解的虚假宣传。广告是指经营者用来宣传自己的商品或者服务，扩大自己的商品或者服务知名度的一种手段。虚假宣传是指商品宣传的内容与商品的客观事实不符。引人误解的宣传是指可能使宣传对象或受宣传影响的人对商品的真实情况产生错误的联想，从而影响其购买决策的商品宣传。《中华人民共和国广告法》（以下简称《广告法》）第三条规定：“广告应当真实、合法，符合社会主义精神文明建设的要求。”第四条规定：“广告不得含有虚假的内容，不得欺骗和误导消费者”。经营者利用广告等方法对商品进行虚假宣传，均构成不正当竞争行为。此外，《反不正当竞争法》对广告的经营者也规定了相关的义务，即广告的经营者不得在明知或者应知的情况下，代理、设计、制作、发布虚假广告。《广告法》第二十七条规定：“广告经营者、广告发布者依据法律、行政法规查验有关证明文件，核实广告内容。对内容不实或者证明文件不全的广告，广告经营者不得提供设计、制作、代理业务，广告发布者不得发布。”广告的经营者主要是各类媒体或者广告公司，如果它们从事了虚假广告活动，也要承担法律责任。

根据《最高人民法院关于审理不正当竞争民事案件应用法律若干问题的解释》的规定，经营者具有下列行为之一，足以造成相关公众误解的，可以认定为上述所称的

引人误解的虚假宣传行为：①对商品作片面的宣传或者对比的；②将科学上未定论的观点、现象等当作定论的事实用于商品宣传的；③以歧义性语言或者其他引人误解的方式进行商品宣传的。以明显的夸张方式宣传商品，不足以造成相关公众误解的，不属于引人误解的虚假宣传行为。

（四）侵犯商业秘密行为

所谓商业秘密是指不为公众所知悉，能为权利人带来经济利益、具有实用性并经权利人采取保密措施的技术信息和经营信息。

侵犯商业秘密，就是指经营者不正当获取披露或使用权利人商业秘密的行为。经营者不得采用下列手段侵犯商业秘密：①以盗窃、利诱、胁迫和其他不正当手段获取权利人的商业秘密；②披露、使用或者允许他人使用以前项手段获取的权利人的商业秘密；③根据法律和合同，有义务保守商业秘密的人（包括与权利人有业务关系的单位、个人，在权利人单位就职的职工）披露、使用和允许他人使用其所掌握的商业秘密。第三人明知或应知前款所列违法行为，获取使用或者披露他人的商业秘密，视为侵犯商业秘密。

侵犯商业秘密的经营者可以是内部知情者，也可以是外部知情者或其他人员；可以是个人，也可以是组织。

根据《最高人民法院关于审理不正当竞争民事案件应用法律若干问题的解释》的规定，“不为公众所知悉”，是指有关信息不为其所属领域的相关人员普遍知悉和容易获得。“保密措施”，是指权利人为防止信息泄漏所采取的与其商业价值等具体情况相适应的合理保护措施。具有下列情形之一，在正常情况下足以防止涉密信息泄漏的，应当认定权利人采取了保密措施：①限定涉密信息的知悉范围，只对必须知悉的相关人员告知其内容；②对于涉密信息载体采取加锁等防范措施；③在涉密信息的载体上标有保密标志；④对于涉密信息采用密码或者代码等；⑤签订保密协议；⑥对于涉密的机器、厂房、车间等场所限制来访者或者提出保密要求；⑦确保信息秘密的其他合理措施。

【例题 7-2】根据《反不正当竞争法》的规定，下列行为中，属于不正当竞争行为的是：

A. 一个人明知是他人窃取的商业秘密而有偿取得并使用

B. 甲和乙就一项技术签订了一份技术转让合同，同时约定不论该转让协议是否达成，只要受让方接触到了该技术的核心部分，合同中的保密条款永久有效。而在合同未达成后，受让方即将该技术的核心部分全部泄露给了自己的亲属

C. 使用人不知道自己取得并使用的技术是他人骗取来的

D. 使用人窃取的技术是早已公之于众的技术

【答案】AB

【解析】AB 是不正当竞争中的窃取商业秘密的行为。

（五）低价倾销行为

低价倾销是指经营者以排挤竞争对手为目的，以低于成本的价格销售商品的行为。这类行为客观上侵犯了同业竞争对手的公平交易权利和社会的正常竞争秩序，属于不正当竞争行为。

低价倾销的行为要点如下：

①行为的主体是经营者，而且在绝大多数情况下，是大型企业或在特定市场上具有经营优势地位的企业；

②经营者客观上实施了低价倾销行为；

③经营者低价倾销行为的目的是排挤竞争对手，以便独占市场。

但经营者有下列情形之一的，即使以低于成本的价格销售商品，也不属于不正当竞争行为：①销售鲜活商品；②处理有效期限即将到期的商品或者其他积压的商品；③季节性降价；④因清偿债务、转产、歇业降价销售商品。

【例题7-3】甲家电销售公司和乙家电销售公司是处于同一城市的两家企业，经营的商品种类相同。长期以来，甲公司一直盯着乙公司的价格，乙公司根据自己的需要做出价格调整时，甲公司也相应地对自己的价格做出调整，而且其价格总是低于乙公司。最近，甲为了市场占有率，一直以低于成本的价格销售同乙公司经销的相同种类的电器，被乙公司向有关部门举报。问，甲公司的行为是：

A. 正当的竞争行为　　B. 正当的让利行为

C. 不正当的以虚假价格销售商品的行为　　D. 不正当的低价倾销行为

【答案】D

【解析】本题是不正当竞争中的低价倾销行为。

（六）不正当有奖销售

不正当有奖销售是指经营者在销售商品或提供服务时，以欺骗或其他不正当手段，附带提供给用户和消费者金钱、实物或其他好处，作为对交易的奖励。

其方式大致可分为两种。一种是奖励给所有购买者的附赠式有奖销售，一种是奖励部分购买者的抽奖式有奖销售。

《反不正当竞争法》第十三条以列举方式禁止经营者从事三类有奖销售行为。《关于禁止有奖销售活动中不正当竞争行为的若干规定》，对第十三条加以细化，禁止以下列方式进行有奖销售：

①谎称有奖销售或对所设奖的种类，中奖概率，最高奖金额，总金额，奖品种类、数量、质量、提供方法等作虚假不实的表示；

②采取不正当手段故意让内定人员中奖；

③故意将设有中奖标志的商品、奖券不投放市场或不与商品、奖券同时投放，或者故意将带有不同奖金金额或奖品标志的商品、奖券按不同时间投放市场；

④抽奖式的有奖销售，最高奖的金额超过5 000元（以非现金的物品或者其他经济利益作为奖励的，按照同期市场同类商品或者服务的正常价格折算其金额）；

⑤利用有奖销售手段推销质次价高的商品；

⑥其他欺骗性有奖销售行为。

上述有奖销售行为是超过一定范围或采取不正当手段进行的有奖销售，其结果是造成对竞争秩序的破坏，损害消费者的利益，属于不正当竞争行为。

（七）诋毁商誉行为

诋毁商誉行为是指经营者捏造事实、散布虚假陈述，损害竞争对手的商业信誉和商品声誉的行为。这类行为的结果是对竞争对手合法权益的直接侵犯，并给正常的市场竞争秩序带来破坏，应属于严重违反商业道德的不正当竞争行为。

第三节 垄断和限制竞争行为

反不正当竞争法中除了规定七种不正当竞争行为外，还规定了四种垄断限制竞争的行为。

一、公用企业或者其他依法具有独占地位的经营者，限定他人购买其指定的经营者的商品，以排挤其他经营者的公平竞争

公用企业，是指涉及公用事业的经营者，包括供水、供电、供热、供气、邮政、电信、公共交通运输等行业的经营者。依法具有独占地位的经营者，是指在某个行业或对某种产品依法或者自然形成的具有某种垄断性质的经营者。

这两类经营者在某些行业或对某些产品享有其他经营者无法比拟的经济优势，因此他们最容易利用其优势限制其他经营者的公平竞争。具体表现形式有以下几种：

（1）限定用户、消费者只能购买和使用其附带提供的相关产品，而不得购买和使用其他经营者提供的符合技术标准要求的同类商品，如电信部门安装电话要求用户只能用他提供的电话机，否则不给安装。

（2）限定用户、消费者只能购买和使用其指定的经营者生产或经销的商品而不得购买和使用其他经营者提供的符合技术标准要求的同类商品。

（3）强制用户、消费者购买其提供的不必要的商品及配件。

（4）强制用户、消费者购买其指定的经营者提供的不必要的商品。

（5）以检验商品质量、性能为借口，阻碍用户、消费者购买使用其他经营者提供的符合技术标准要求的其他商品。

（6）对不接受其条件的用户、消费者，拒绝、中断或者削减供应相关商品或者滥收费用。如电信部门对手机双向收费。

（7）其他限制竞争行为。

此类限制竞争行为，其主体具有特定性，一般的经营者不可能实施此种限制竞争行为。

二、政府及其所属部门滥用行政权力限制竞争

政府及其所属部门滥用行政权力，限定他人购买其指定的经营者的商品。政府及

其所属部门滥用行政权力，限制外地商品进入本地市场，或者本地商品流向外地市场。这种行为又称地区封锁行为，主要是指地方政府从地方利益出发，滥用行政权力，不适当地实行地方保护主义政策。

【例题 7-4】某牌啤酒是国内知名品牌产品，2008 年进入某地市场以后，销量直线上升，使当地的一种品牌的啤酒市场占有率迅速下降。当地政府为了保护自己的啤酒市场，责令其质量监督检验检疫局对前者的各种卫生指标进行检查。检查后，该局同政府主管领导协商后，认定该啤酒为不合格产品，并通过媒体向社会发布了检查结果，使该啤酒在这一地区的销量直线下降。后经上级主管部门对该啤酒进行抽查，结果是所有指标均达到了国家标准。那么，该地方政府的行为是：

A. 正当的执法行为　　B. 限制竞争行为

C. 维护公平竞争行为　　D. 正当的扶植本地产业的行为

【答案】B

【解析】本题所涉及法律问题是政府及其所属部门的限制竞争行为。

三、搭售或者附加其他不合理条件的行为

经营者销售商品，违背购买者的意愿搭售商品或者附加其他不合理的条件。这类行为不仅损害了消费者利益，而且侵害了畅销商品经营者的利益。限制了市场的正常竞争，破坏了公平竞争秩序。

四、招标投标中的串通行为

招标投标中的串通行为，也称串通招标或投标，是指投标者之间串通投标，提高或压低标价；或者投标者与招标者相互勾结，排挤竞争对手的行为。在工程招投标中，串标现象比较严重。

串标主要表现为两种形式：

①投标者之间串通投标，抬高标价或者压低标价。投标者这种行为，共同损害了招标者的利益，破坏了招投标活动的公正性，属于不正当竞争行为。

②投标者和招标者相互勾结，以排挤竞争对手的公平竞争。这种行为通常表现为投标者采取贿赂等手段收买招标者或者知情者，使自己在竞标中处于有利的地位. 从而排挤其他投标者。这种行为也属于不正当竞争行为。

【例 7-5】根据《反不正当竞争法》的规定，下列各项中，属于限制竞争的行为是：

A. 某市燃气公司要求该市所有燃气用户只能购买和使用其提供的燃气灶具，否则不予供气

B. 某市公安交通警察支队要求所有的汽车用户必须到其指定的公司安装汽车防盗报警器，否则不准上路

C. 某招标人在招标前将标底提前透露给一个投标人

D. 某电信局要求其辖区内的用户必须使用其提供的电话机，否则不予安装

【答案】ABCD

【解析】ABCD 为《反不正当竞争法》规定的四种限制竞争行为。

五、对不正当竞争行为的监督检查

（一）专门机关的监督检查

根据《反不正当竞争法》的规定，对不正当竞争行为行使监督检查权的机关主要有：

（1）县级以上工商行政管理机关。

（2）法律规定的其他部门。

（二）社会监督

国家鼓励、支持和保护一切组织和个人对不正当竞争行为进行社会监督。

（三）监督检查部门的职权

《反不正当竞争法》赋予监督检查部门下列职权：

（1）询问权。

（2）查询复制权。

（3）检查财务权。

（4）强制措施权。

（5）行政处罚权。

六、违反《反不正当竞争法》的法律责任

违反《反不正当竞争法》应承担的法律责任包括：民事责任、行政责任和刑事责任三种。

（一）民事责任

《反不正当竞争法》规定，经营者违反反不正当竞争法的规定，给被侵害的经营者造成损害的，应当承担损害赔偿责任。被侵害的经营者的损失难以计算的，赔偿额为侵权人在侵权期间因侵权所获得的利润，并应当承担被侵害的经营者因调查该经营者侵害其合法权益的不正当竞争行为所支付的合理费用。被侵害的经营者的合法权益受到不正当竞争行为损害的，可以向人民法院提起诉讼。

（二）行政责任

《反不正当竞争法》对不正当竞争行为的行政责任作了具体的规定。主要包括：

（1）经营者假冒他人的注册商标，擅自使用他人的企业名称或者姓名，伪造或者冒用认证标志、名优标志等质量标志，伪造产地，对商品质量作引人误解的虚假表示的，依照《中华人民共和国商标法》和《中华人民共和国产品质量法》的规定处罚。

经营者擅自使用知名商品特有的名称、包装、装潢，或者使用与知名商品近似的名称、包装、装潢，造成和他人的知名商品相混淆，使购买者误认为是该知名商品的，监督检查部门应当责令停止违法行为，没收违法所得，可以根据情节处以违法所得 1

倍以上3倍以下的罚款；情节严重的可以吊销营业执照。

（2）经营者采用财物或者其他手段进行贿赂以销售或者购买商品，不构成犯罪的，监督检查部门可以根据情节处以1万元以上20万元以下的罚款，有违法所得的，予以没收。

（3）公用企业或者其他依法具有独占地位的经营者，限定他人购买其指定的经营者的商品，以排挤其他经营者的公平竞争的，省级或者设区的市的监督检查部门应当责令停止违法行为，可以根据情节处以5万元以上20万元以下的罚款。被指定的经营者借此销售质次价高商品或者滥收费用的，监督检查部门应当没收违法所得，可以根据情节处以违法所得1倍以上3倍以下的罚款。

（4）经营者利用广告或者其他方法，对商品作引人误解的虚假宣传的，监督检查部门应当责令停止违法行为，消除影响，可以根据情节处以1万元以上20万元以下的罚款。广告的经营者，在明知或者应知的情况下，代理、设计、制作、发布虚假广告的，监督检查部门应当责令停止违法行为，没收违法所得，并依法处以罚款。

（5）违反《反不正当竞争法》的规定侵犯商业秘密的，监督检查部门应当责令停止违法行为，可以根据情节处以1万元以上20万元以下的罚款。

（6）经营者违反《反不正当竞争法》的规定进行有奖销售的，监督检查部门应当责令停止违法行为，可以根据情节处以1万元以上10万元以下的罚款。

（7）投标者串通投标，抬高标价或者压低标价；投标者和招标者相互勾结，以排挤竞争对手的公平竞争的，其中标无效。监督检查部门可以根据情节处以1万元以上20万元以下的罚款。

（8）经营者有违反被责令暂停销售，不得转移、隐匿、销毁与不正当竞争行为有关的财物的行为的，监督检查部门可以根据情节处以被销售、转移、隐匿、销毁财物的价款的1倍以上3倍以下的罚款。

（9）政府及其所属部门违反《反不正当竞争法》的规定，限定他人购买其指定的经营者的商品、限制其他经营者正当的经营活动，或者限制商品在地区之间正常流通的，由上级机关责令其改正；情节严重的，由同级或者上级机关对直接责任人员给予行政处分。被指定的经营者借此销售质次价高商品或者滥收费用的，监督检查部门应当没收违法所得，可以根据情节处以违法所得1倍以上3倍以下的罚款。

（三）刑事责任

《反不正当竞争法》原则地规定了对若干种不正当竞争行为追究刑事责任。我国《刑法》中，则对侵犯商业秘密，损害他人商业信誉、商品声誉等不正当竞争行为的刑事责任做出了相应的明确规定。

第二节 反垄断法

一、反垄断法概念

垄断，是指经营者已经形成或正在进行的应受法律谴责的，在一定市场上限制竞争的某种状态或行为。从广义上讲，反垄断法是指通过规范垄断和限制竞争行为来调整企业和企业联合组织相互间竞争关系的法律规范的总和。狭义的是指全国人大常委会通过的《反垄断法》，即2007年8月30日十届全国人大常委会第二十九次会议通过的《中华人民共和国反垄断法》（以下简称《反垄断法》），该法于2008年8月1日起正式施行，共8章57条。

《反垄断法》规定的垄断行为包括：一是经营者达成垄断协议，二是经营者滥用市场支配地位，三是具有或者可能具有排除、限制竞争效果的经营者集中。

【例7-6】依《反垄断法》规定，下列属于垄断行为的是（　　）。

A. 经营者利用市场支配地位　　B. 经营者达成垄断协议

C. 经营者集中　　D. 政府利用行政权力宏观调控

答案：B

【解析】A没有“滥用”市场支配地位；C没有提到限制竞争的目的；

二、反垄断法的基本内容

反垄断法的任务是防止市场上出现垄断，并对合法的垄断企业进行监督，防止它们滥用市场优势地位。我国反垄断法主要有以下内容：

（一）禁止垄断协议

反垄断法把竞争者之间的限制竞争协议称为横向协议，或者“卡特尔”。《反垄断法》第十三条主要禁止下列横向协议：

（1）固定或者变更商品价格；

（2）限制商品的生产数量或者销售数量；

（3）分割销售市场或者原材料采购市场；

（4）限制购买新技术、新设备或者限制开发新技术、新产品；

（5）联合抵制；

（6）国务院反垄断执法机构认定的其他垄断协议。

第一至第三类协议因为损害竞争的程度非常严重，各国反垄断法一般将它们称为核心卡特尔或者恶性卡特尔，任何情况下都不给予豁免。鉴于竞争者之间有些限制竞争有利于提高经济效率，如为改进技术和节约成本进行的合作研发、统一产品的规格或型号、推动中小企业之间的合作，或者有利于社会公共利益如节约能源、保护环境，《反垄断法》第十五条对某些限制竞争协议做出了豁免的规定。

限制竞争协议除了竞争者之间的书面或者口头协议，还包括企业集团或者行业协会制定的具有排除、限制竞争影响的决定和竞争者之间的协同行为。

反垄断法还对纵向即卖方和买方之间的限制竞争协议做出以下禁止性规定：

禁止经营者与交易相对人达成下列垄断协议：

①固定向第三人转售商品的价格；

②限定向第三人转售商品的最低价格；

③国务院反垄断执法机构认定的其他垄断协议。

因为这些限制不仅严重损害销售商的定价权，而且严重损害消费者的利益。其他类型的纵向协议如独家销售、独家购买、限制地域等，因为它们在很多情况下有合理性，应当适用合理原则。

（二）禁止滥用市场支配地位

反垄断法虽然不反对合法垄断，但因合法垄断者同样不受竞争的制约，从而可能滥用其市场优势地位，损害市场竞争和消费者的利益，因此《反垄断法》规定禁止滥用市场支配地位。

根据《反垄断法》第十七条，滥用市场支配地位的行为主要包括：

（1）以不公平高价销售商品或者以不公平低价购买商品；

（2）没有正当理由，以低于成本的价格销售商品；

（3）没有正当理由，拒绝与交易相对人进行交易；

（4）没有正当理由，限定交易相对人只能与其或者与其指定的经营者进行交易；

（5）没有正当理由，搭售商品或者在交易中附加其他不合理的条件；

（6）没有正当理由，对条件相同的交易相对人在价格等交易条件上实行差别待遇。

此外，该法第五十五条还规定，经营者滥用知识产权、排除、限制竞争的行为，适用本法。这说明知识产权和一般财产权一样，不能得到反垄断法的豁免。

市场支配地位是指经营者在相关市场上能够控制商品的价格、数量或者其他交易条件，或者能够阻碍、影响其他经营者进入相关市场能力的市场地位。这即是说，市场支配地位是一种经济现象，反映了企业与市场竞争的关系，即拥有这种地位的企业不受竞争制约，不必考虑其竞争者或交易对手就可以自由定价或者自由做出其他经营决策。为了使这个关于市场支配地位的定义具有可操作性，《反垄断法》提出了认定市场支配地位的一系列因素，包括经营者的市场份额、相关市场竞争状况、经营者控制市场的能力、经营者的财力和技术条件、其他经营者对该经营者在交易上的依赖程度、其他经营者进入相关市场的难易程度等。

为了提高法律稳定性和当事人的可预见性，我国《反垄断法》还借鉴德国法，提出以下情况下可以推断市场支配地位：

一个经营者在相关市场的份额达到二分之一的；

二个经营者在相关市场的份额合计达到三分之二的；

三个经营者在相关市场的份额合计达到四分之三的。

有上述二、三项规定的情形，其中有的经营者市场份额不足十分之一的，不应当推定该经营者具有市场支配地位。

被推定具有市场支配地位的经营者，有证据证明不具有市场支配地位的，不应当认定其具有市场支配地位。

【例 7-7】依《反垄断法》规定，具有市场支配地位的经营者从事的（　　）的行为是滥用市场支配地位的行为。

A. 以不公平的高价销售商品　　B. 以低于成本的价格销售商品

C. 限定交易相对人只能与其进行交易　　D. 拒绝与交易相对人进行交易

答案：A

解析：BCD 没有提到没有正当理由这个前提。

（三）控制经营者集中

经营者集中有利于提高企业的规模经济，促进企业间的人力、物力、财力以及技术方面的合作，从而有利于提高企业效率和竞争力。然而，如果允许它们无限制地并购企业，就不可避免地会消灭市场上的竞争者，导致垄断性的市场结构。

根据《反垄断法》第二十条，经营者集中是指下列情形：

（1）经营者合并；

（2）经营者通过取得股权或者资产的方式取得对其他经营者的控制权；

（3）经营者通过合同等方式取得对其他经营者的控制权或者能够对其他经营者施加决定性影响。

控制经营者集中的制度主要是集中申报和审批制度。经营者集中达到国务院规定的申报标准的，应事先进行申报，未申报的不得实施集中。

经营者集中具有或者可能具有排除、限制竞争效果的，反垄断执法机构应做出禁止集中的决定。然而，因为经济是非常复杂和活跃的，有些合并即便具有排除、限制竞争的负面影响，同时也可能有利于提高市场竞争强度或者企业的经济效率。因此，经营者能够证明集中对竞争产生的有利因素明显大于不利因素，或者符合社会公共利益的，国务院反垄断执法机构可做出对集中不予禁止的决定。反垄断执法机构审查经营者集中时，主要考虑经营者在相关市场上的份额及其市场支配力、相关市场集中度、经营者集中对市场进入和技术进步的影响、经营者集中对消费者和其他经营者的影响，此外还有对国民经济发展的影响。反垄断执法机构的批准决定中可附加限制性条件，以减少集中对竞争的不利影响。

【例 7-8】依《反垄断法》规定，下列属于经营者集中情形的是（　　）。

A. 经营者通过取得资产的方式，取得对其他经营者的表决权

B. 经营者通过合同等方式，能够对其他经营者施加影响

C. 经营者合并

D. 经营者联合抵制交易

答案：C

解释：AB 都没提到决定性影响，D 文不对题；

（四）禁止行政垄断

《反垄断法》第八条明确规定，行政机关和法律、法规授权的具有管理公共事务的

职能的组织不得滥用行政权力，排除、限制竞争。

《反垄断法》第三十三条规定行政机关和法律、法规授权的具有管理公共事务职能的组织不得滥用行政权力，实施下列行为，妨碍商品在地区之间的自由流通：

（1）对外地商品设定歧视性收费项目、实行歧视性收费标准，或者规定歧视性价格；

（2）对外地商品规定与本地同类商品不同的技术要求、检验标准，或者对外地商品采取重复检验、重复认证等歧视性技术措施，限制外地商品进入本地市场；

（3）采取专门针对外地商品的行政许可，限制外地商品进入本地市场；

（4）设置关卡或者采取其他手段，阻碍外地商品进入或者本地商品运出；

（5）妨碍商品在地区之间自由流通的其他行为。

上述这些规定说明，滥用行政权力限制竞争的行为在本质上都是一种歧视行为，即对市场条件下本来应该有着平等地位的市场主体实施了不平等的待遇，其后果是扭曲竞争，妨碍建立统一、开放和竞争的大市场，使社会资源不能得到合理和有效的配置。

三、垄断行为的法律责任

（一）民事责任

（1）反垄断纠纷民事案件受理范围：因垄断行为受到损失以及因合同内容、行业协会的章程等违反反垄断法而发生争议的自然人、法人或者其他组织，均有权向人民法院提起的民事诉讼。

（2）反垄断民事诉讼不需要以行政执法程序前置为条件。原告既可以直接向人民法院提起民事诉讼，也可以在反垄断执法机构认定构成垄断行为的处理决定发生法律效力后向人民法院提起民事诉讼。只要符合法律规定的受理条件，人民法院均应当受理。

（3）民事责任：被告实施垄断行为，给原告造成损失的，应承担停止侵害、赔偿损失等民事责任。根据原告的请求，因调查、制止垄断行为所支付的合理开支也应当计入损失赔偿范围。

（二）行政责任

1. 经营者的行政责任

（1）经营者违反本法规定，达成并实施垄断协议的，由反垄断执法机构责令停止违法行为，没收违法所得，并处上一年度销售额百分之一以上百分之十以下的罚款；尚未实施所达成的垄断协议的，可以处五十万元以下的罚款。经营者主动向反垄断执法机构报告达成垄断协议的有关情况并提供重要证据的，反垄断执法机构可以酌情减轻或者免除对该经营者的处罚。

（2）经营者违反本法规定，滥用市场支配地位的，由反垄断执法机构责令停止违法行为，没收违法所得，并处上一年度销售额百分之一以上百分之十以下的罚款。

（3）经营者违反本法规定实施集中的，由国务院反垄断执法机构责令停止实施集中、限期处分股份或者资产、限期转让营业以及采取其他必要措施恢复到集中前的状态，可以处五十万元以下的罚款。

（4）对反垄断执法机构依法实施的审查和调查，拒绝提供有关材料、信息，或者提供虚假材料、信息，或者隐匿、销毁、转移证据，或者有其他拒绝、阻碍调查行为的，由反垄断执法机构责令改正，对个人可以处二万元以下的罚款，对单位可以处二十万元以下的罚款；情节严重的，对个人处二万元以上十万元以下的罚款，对单位处二十万元以上一百万元以下的罚款；构成犯罪的，依法追究刑事责任。

2. 行业协会的行政责任

行业协会违反本法规定，组织本行业的经营者达成垄断协议的，反垄断执法机构可以处五十万元以下的罚款；情节严重的，社会团体登记管理机关可以依法撤销登记。

3. 行政机关和具有管理公共事务职能的组织的行政责任

行政机关和法律、法规授权的具有管理公共事务职能的组织滥用行政权力，实施排除、限制竞争行为的，由上级机关责令改正；对直接负责的主管人员和其他直接责任人员依法给予处分。反垄断执法机构可以向有关上级机关提出依法处理的建议。

法律、行政法规对行政机关和法律、法规授权的具有管理公共事务职能的组织滥用行政权力实施排除、限制竞争行为的处理另有规定的，依照其规定。

（三）刑事责任

《反垄断法》规定对反垄断执法机构依法实施的审查和调查，拒绝提供有关材料、信息，或者提供虚假材料、信息，或者隐匿、销毁、转移证据，或者有其他拒绝、阻碍调查行为，情节严重，构成犯罪的，依法追究刑事责任。

反垄断执法机构工作人员滥用职权、玩忽职守、徇私舞弊或者泄露执法过程中知悉的商业秘密，构成犯罪的，依法追究刑事责任。

本章复习思考题

1. 试述反不正当竞争的特征。
2. 不正当竞争行为的内容。
3. 反垄断法的基本内容。

本章主要参考的法律法规

1.《中华人民共和国反不正当竞争法》（1993 年 9 月通过，自 1993 年 12 月 1 日起施行）

2.《中华人民共和国反不正当竞争法》（1993 年 9 月 2 日通过）

3.《中华人民共和国反垄断法》（2007 年 8 月 30 日通过）

4.《关于禁止有奖销售活动中不正当竞争行为的若干规定》（国家工商行政管理局 1993 年 12 月 24 日发布）

5.《最高人民法院关于审理不正当竞争民事案件应用法律若干问题的解释》（最高人民法院 2006 年 12 月 30 日发布）

6.《最高人民法院关于审理因垄断行为引发的民事纠纷案件应用法律若干问题的规定》（最高人民法院 2012 年 5 月 3 日发布）

第八章　合同法

本章知识要点：

本章串讲视频

（1）理解合同的概念、特征、分类。

（2）掌握合同订立的形式，要约、承诺的内容，格式条款，缔约过失责任等。

（3）掌握合同有效的要件，无效合同、可变更与可撤销合同及效力待定合同所包括的类型。

（4）理解合同的履行原则、规则及抗辩权行使，合同的保全措施与合同担保的内容。

（5）掌握合同的变更与转让规则，合同终止的原因，合同法定解除的条件、抵销和提存的法律规定。

（6）掌握承担违约责任的方式。

（7）了解合同法分则的具名合同。

第一节　合同法概述

一、合同的概念与种类

（一）合同的概念

合同也称为契约、协议，《合同法》第二条规定“合同是平等主体的自然人、法人、其他组织之间设立、变更、终止民事权利义务关系的协议。婚姻、收养、监护等有关身份关系的协议，适用其他法律的规定。”根据该条规定，《合同法》排除了对婚姻、收养、监护等身份关系的调整，而仅仅调整财产关系。法人是指依法成立，具有民事权利能力和民事行为能力，依法独立享有民事权利和承担民事义务的组织，包括营利法人、非营利法人以及特别法人等。其他组织是指不具备法人资格的非法人组织，包括个人独资企业、合伙企业、不具有法人资格的专业服务机构等。

（二）合同的种类

合同可以按照不同的标准进行分类，主要有如下分类：

以法律、法规是否对其名称做出明确规定为标准，分为有名合同和无名合同；按照除双方意思表示一致外，是否尚须交付标的物才能成立为标准，分为诺成合同与实践合同；按照法律、法规是否特别要求具备特定形式和手续为标准，分为要式合同和不要式合同；按照双方是否互负义务，分为双务合同和单务合同；按照当事人权利的获得是否支付对价为标准，分为有偿合同与无偿合同；按照合同的主从关系，分为主合同和从合同。

《合同法》分则按照其业务性质和权利义务内容的不同，将合同分为买卖合同，供用电、水、气、热力合同，赠与合同，借款合同，租赁合同，融资租赁合同，承揽合同，建设工程合同，运输合同，技术合同，保管合同，仓储合同，委托合同，行纪合同以及居间合同 15 种合同。

二、合同法的概念、适用范围和基本原则

合同法是指调整平等主体的自然人、法人、其他组织之间设立、变更、终止民事权利义务关系的法律规范的总称。1999 年 3 月 15 日第九届全国人民代表大会第二次会议通过《中华人民共和国合同法》，1999 年 10 月 1 日起开始实施。

合同法的适用范围：平等主体的自然人、法人和其他组织之间设立、变更和终止民事权利义务关系的协议，合同法适用于各类民事合同。排除适用范围：婚姻、收养、监护等有关身份关系的协议，以及行政合同、劳动合同等非民事合同。

合同法的基本原则，是指合同立法的指导思想以及调整合同主体间合同关系所必须遵循的基本方针、准则，其贯通于合同法律规范之中。合同法的基本原则也是制定、解释、执行和研究合同法的基本依据和出发点。

（一）平等原则

《合同法》第三条规定，合同当事人的法律地位平等，一方不得将自己的意志强加给另一方。合同订立过程中当事人法律地位平等，合同成立并生效之后对当事人产生平等的约束力。

（二）自愿原则

《合同法》第四条规定，当事人依法享有自愿订立合同额权利，任何单位和个人不得非法干预。合同当事人依法享有在缔结合同、选择相对人、决定合同内容以及在变更和解除合同、选择合同补救方式等方面的自由。合同自愿原则是体现了合同法律关系的本质特征。

（三）公平原则

《合同法》第五条规定，当事人应当遵循公平原则确定各方的权利和义务。公平原则要求合同当事人本着公正的观念从事活动，正当行使权利和履行义务，在民事活动中兼顾他人利益和社会公共利益。

（四）诚实信用原则

《合同法》第六条规定，当事人行使权利、履行义务应当遵循诚实信用原则。当事人在从事民事活动时，应诚实守信，以善意的方式履行其义务，不得滥用权利及规避

法律或合同规定的义务。在合同订立、履行、终止等各阶段都应遵循诚信原则。

（四）合法原则

《合同法》第七条规定，当事人订立、履行合同，应当遵守法律、行政法规，尊重社会公德，不得扰乱社会经济秩序，损害社会公共利益。

第二节　合同的订立

合同的订立，是指两个或两个以上的当事人，依法就合同的主要条款经过协商一致，达成协议的法律行为。订立合同的过程是主体双方意思表示趋于一致，以使双方最终达成协议的过程。

一、订立合同的主体

合同当事人可以是自然人，也可以是法人或者其他组织，但都应当具有与订立合同相应的民事权利能力和民事行为能力。当事人也可以依法委托代理人订立合同。

二、合同订立的形式

《合同法》规定，当事人订立合同，有书面形式、口头形式和其他形式。法律、行政法规规定采用书面形式的，应当采用书面形式。当事人约定采用书面形式的，应当采用书面形式。

（一）书面形式

书面形式是指合同书、信件和数据电文（包括电报、电传、传真、电子数据交换和电子邮件）等可以有形地表现所载内容的形式。书面形式明确肯定，有据可查，对于防止争议和解决纠纷，有积极意义。实践中，书面形式是当事人最为普遍采用的一种合同约定形式。

（二）口头形式

口头形式是指当事人双方就合同内容面对面或者以电话等通信设备交谈达成协议。这种形式直接、简便、迅速，但是在发生纠纷时难以取证，不容易分清责任，所以，一般说来，这种口头形式只用于可以及时清结的合同，而对于不及时清结的和比较重要的合同一般不宜采用口头形式。

（三）其他形式

除了上述两种形式以外，我国合同法还规定，当事人可以采用其他形式订立合同。一般认为其他形式可以是当事人的行为或者特定情形推定合同成立的形式，可以是默示，也就是当事人未用语言或者文字明确表示订立了合同，但是根据当事人的行为可以表明其已经接受订立合同的要约，或者在特定的情形下推定合同成立，如房屋租赁合同中，合同期满后出租人未让承租人退房，承租人继续缴纳房屋租金，出租人仍然接受租金。

(四) 格式条款

格式条款是当事人为重复使用而预先拟定并在订立合同时未与对方协商的条款。按照公平原则、诚实信用原则、禁止权利滥用等，我国合同法对格式合同有明确的限制：

(1) 提供格式条款的一方有提示、说明的义务。

(2) 提供格式条款的一方免除其责任，加重对方责任，排除对方主要权利的条款无效。

(3) 对格式条款有两种以上解释的，应当做出不利于提供格式条款一方的解释。当双方对格式条款理解不一致时，仲裁机关或法院应做出有利于非格式条款提供方的解释。如果既有格式条款又有非格式条款，两者不一致时应以非格式条款为准。

【例 8-1】对合同格式条款的理解发生争议的，应当按照通常理解予以解释。对格式条款有两种以上解释的，应当做出不利于提供格式条款一方的解释。(　　)

【答案】正确

【解析】按照《合同法》的规定：对格式条款有两种以上解释的，应当做出不利于提供格式条款一方的解释。当双方对格式条款理解不一致时，仲裁机关或法院应做出有利于非格式条款提供方的解释。如果既有格式条款又有非格式条款，两者不一致时应以非格式条款为准。

三、合同的主要条款

合同的条款是合同中经双方当事人协商一致，规定双方当事人权利义务的具体条文。合同当事人的权利义务，除法律规定的以外，主要由合同的条款确定。合同的条款是否齐备、准确，决定了合同能否成立、生效以及能否顺利地履行、实现。由于合同的类型和性质不同，合同的主要条款可能有所不同。根据《合同法》规定，合同的内容由当事人约定，一般应当包括以下条款：①当事人的名称或者姓名和住所；②标的；③数量；④质量；⑤价款或者报酬；⑥履行期限、地点和方式；⑦违约责任；⑧解决争议的方法。

合同条款还可以采用合同示范文本。

四、合同订立的程序

根据《合同法》规定，当事人采取要约、承诺方式订立合同。要约与承诺制度的规定，使合同的成立有了一个较为具体的标准，可以更好地分清各方当事人的责任，正确而恰当地确定合同的成立，充分保障当事人的权益，鼓励交易，减少纠纷。

(一) 要约

1. 要约的概念与要约的有效要件

要约是希望和他人订立合同的意思表示。发出要约的一方为要约人，接受要约的一方为受要约人。在商业实践中，要约又称发价、发盘、出盘、报价等等。

我国《合同法》规定，要约的有效要件是：

（1）要约一般要向特定相对人发出。

（2）要约必须具有缔结合同的目的。

（3）要约的内容应当具体确定。

（4）表明经受要约人承诺，要约人即受该意思表示约束。

要约作为一种意思表示，可以以书面形式做出，如信函、电报、电传、传真等函件。也可以以口头形式做出。具体的表示形式，法律如有规定的，应依法律规定办理；法律没有规定的，可视具体合同自由选择要约形式。

2. 要约邀请

要约邀请是希望他人向自己发出要约的意思表示。要约邀请的目的是邀请他人向自己发出要约，自己如果承诺才成立合同。《合同法》规定，寄送的价目表、拍卖公告、招标公告、招股说明书等都属于要约邀请，商业广告的内容符合要约规定的，视为要约。

要约是一种法律行为，具有法律约束力。而要约邀请是一种事实行为，对行为人不产生法律约束力。

【例 8-2】甲公司 7 月 1 日通过报纸发布广告，称其有某型号的电脑出售，每台售价 8 000 元，随到随购，数量不限，广告有效期至 7 月 30 日。乙公司委托王某携带金额 16 万元的支票于 7 月 28 日到甲公司购买电脑，但甲公司称广告所述电脑已全部售完。乙公司为此受到一定的经济损失。根据合同法律制度的规定，下列表述正确的是（　　）。

A. 甲公司的广告构成要约，乙公司的行为构成承诺，甲公司不承担违约责任

B. 甲公司的广告构成要约，乙公司的行为构成承诺，甲公司应当承担违约责任

C. 甲公司的广告不构成要约，乙公司的行为不构成承诺，甲公司不承担民事责任

D. 甲公司的广告构成要约，乙公司的行为不构成承诺，甲公司不承担民事责任

【答案】B

【解析】商业广告的内容符合要约规定的，视为要约。在本题中，甲公司的广告包括了订立合同的主要条款，构成要约；乙公司在承诺期限内做出承诺，因此甲公司应当承担违约责任。

3. 要约的生效

要约到达受要约人时生效。采用数据电文形式订立合同，收件人指定特定系统接收数据电文的，该数据电文进入该特定系统的时间，视为到达时间；未指定特定系统的，该数据电文进入收件人的任何系统的首次时间，视为到达时间。要约到达受要约人，并不是指要约一定实际送达到受要约人或者其代理人手中，要约只要送达到受要约人通常的地址、住所或者能够控制的地方即为送达。

4. 要约的撤回、撤销与失效

要约撤回是指要约在发出后、生效前，要约人使要约不发生法律效力的意思表示。法律规定要约可以撤回，原因在于这时要约尚未发生法律效力，撤回要约不会对受要约人产生任何影响，也不会对交易秩序产生不良影响。由于要约在到达受要约人时即

生效，因此撤回要约的通知应当在要约到达受要约人之前或者与要约同时到达受要约人。

要约撤销是指要约人在要约生效后、受要约人承诺前，使要约丧失法律效力的意思表示。撤销要约的通知应当在受要约人发出承诺通知之前到达受要约人。也就是说，要约已经到达受要约人，在受要约人做出承诺之前，要约人可以撤销要约。由于撤销要约可能会给受要约人带来不利的影响，损害受要约人的利益，法律规定了两种不得撤销要约的情形：

（1）要约人确定了承诺期限或者以其他形式明示要约不可撤销；

（2）受要约人有理由认为要约是不可撤销的，并已经为履行合同作了准备工作。

要约失效是指要约丧失法律效力，即要约人与受要约人均不再受其约束，要约人不再受要约的拘束，受要约人也丧失了做出承诺的机会或权利。《合同法》规定了要约失效的情形：

（1）拒绝要约的通知到达要约人。受要约人接到要约后，通知要约人不同意与之签订合同，则拒绝了要约，在拒绝要约的通知到达要约人时，该要约失去法律效力。

（2）要约人依法撤销要约。要约在受要约人做出承诺之前被要约人依法撤销后，即失去法律效力。

（3）承诺期限届满，受要约人未做出承诺。要约中确定了承诺期限的，受要约人超过该期限未承诺，则要约失效；要约中没有规定承诺期限的，在通常情况下，要约发出后一段合理时间内不承诺的，要约失效。

（4）受要约人对要约的内容做出实质性变更。发生这种情况即为反要约，反要约是一个新的要约，提出反要约就是对原要约的拒绝，使原要约失去效力，原要约人不再受要约的约束。

【例 8-3】根据《合同法》的规定，下列要约中，不得撤销的有（　　）。

A. 要约人确定了承诺期限的要约

B. 要约人明示不可撤销的要约

C. 已经到达受要约人但受约人尚未承诺的要约

D. 受要约人有理由认为不可撤销，且已为履约做了准备的要约

答案：ABD

【解析】法律规定了两种不得撤销要约的情形：①要约人确定了承诺期限或者以其他形式明示要约不可撤销；②受要约人有理由认为要约是不可撤销的，并已经为履行合同作了准备工作。

（二）承诺

1. 承诺的概念和构成要件

承诺是指受要约人在要约的有效期内做出的对要约内容同意的意思表示。承诺的效力在于表明合同主体意思表示一致，要约一经承诺，合同即告成立。在商业交易中，承诺又称为接盘。承诺的构成要件如下：

（1）承诺必须由受要约人做出。

（2）承诺必须向发出要约的人做出。

（3）承诺的内容应当与要约的内容一致。

（4）承诺应当在要约的有效期限内做出。

2. 承诺的方式

承诺方式是指受要约人将其承诺的意思表示传达给要约人所采用的方式。承诺应当以通知的方式做出，通知的方式可以是口头的，也可以是书面的。具体的承诺形式还应注意：第一，要约中如对承诺的传递方式作了具体规定，则受要约人应按规定的方式进行；第二，受要约人可以采用比要约所指定的传递方式更为快捷的通讯方法做出承诺；第三，依法必须以书面形式订立的合同，承诺也必须以书面形式做出；第四，除有特别规定或约定外，沉默一般不能视为承诺的形式。但根据要约的规定以及市场主体之间确立的习惯做法或惯例，受要约人可以做出某种行为。

3. 承诺的期限

承诺应当在要约确定的期限内到达要约人。要约以信件或者电报做出的，承诺期限自信件载明的日期或者电报交发之日开始计算。信件未载明日期的，自投寄该信件的邮戳日期开始计算。要约以电话、传真等快速通讯方式做出的，承诺期限自要约到达受要约人时开始计算。

要约没有确定承诺期限的，承诺应当依照下列规定到达：①要约以对话方式做出的，应当即时做出承诺，但当事人另有约定的除外；②要约以非对话方式做出的，承诺应当在合理期限内到达。

受要约人超过承诺期限发出承诺的，除要约人及时通知受要约人该承诺有效的以外，为新要约。受要约人在承诺期限内发出承诺，按照通常情形能够及时到达要约人，但因其他原因承诺到达要约人时超过承诺期限的，除要约人及时通知受要约人因承诺超过期限不接受该承诺的以外，该承诺有效。

4. 承诺的生效

承诺通知到达要约人时生效。承诺不需要通知的，根据交易习惯或者要约的要求做出承诺的行为时生效。采用数据电文形式订立合同的，承诺到达的时间与要约到达时间的规定相同。到达生效，即承诺必须是在到达要约人时才发生效力。

5. 承诺的无效

承诺的无效包括：

第一，承诺被撤回。撤回承诺的目的是要阻止承诺发生法律效力，承诺撤回必须在承诺生效以前进行。但注意，撤回承诺的通知应当在承诺通知到达要约人之前或者与承诺的通知同时到达要约人。如果撤回承诺的通知迟到，则承诺仍生效。若因送达的原因致使撤回承诺的通知迟到，要约人应将此迟到情况及时通知承诺人。未立即通知承诺人的，则该承诺的撤回的通知应视为未迟到，承诺人的承诺不发生效力。

第二，承诺迟到。承诺迟到是指承诺于要约有效期限届满后到达要约人。承诺迟到则承诺不发生法律效力。承诺因送达原因迟到的，要约人若不承认该承诺，应将迟到的情况立即通知对方，以避免对方因准备履行而造成的损失；要约人不将承诺迟到的情况通知对方的，承诺视为未迟到，承诺仍具有效力。

第三，受要约人对要约的内容做出实质性变更的，为新要约；有关合同标的、数量、质量、价款或者报酬、履行期限、履行地点和方式、违约责任和解决争议的方法等的变更，是对要约内容的实质性变更。承诺对要约的内容做出非实质性变更的，除要约人及时表示反对或者要约表明承诺不得对要约的内容做出任何变更的以外，该承诺有效，合同的内容以承诺的内容为准。

承诺的法律效力就是承诺一旦生效，合同也就成立了。而承诺通知到达要约人时承诺就生效。承诺不需要通知的，根据交易习惯或者要约的要求做出承诺的行为时承诺就生效。

一般说来，合同订立双方通过要约、反要约、新要约、更新的要约直到达成一致承诺的谈判过程，就是合同订立的全过程，这个过程在承诺生效时就结束。而一旦结束，合同也就是成立，也是说承诺的生效时间就是合同成立的时间。合同成立后，如果具有法律效力，合同当事人就开始享有合同权利并承担合同义务，合同进入履行阶段。

五、缔约过失责任

缔约过失责任是指当事人在订立合同过程中，因违背诚实信用原则给对方造成损失时所应承担的法律责任。一般情况下，当事人根据自愿和诚实信用原则进行协商，决定是否订立合同。协商不成，也无需承担责任。但是如果当事人违背了诚实信用原则，在订立合同过程中有下列情形之一，给对方造成损失，就应当承担损害赔偿责任：

（1）假借订立合同，恶意进行磋商。即根本没有与对方签订合同的目的，以与对方谈判为借口，损害对方或第三人的利益，恶意地与对方进行谈判。

（2）故意隐瞒与订立合同有关的重要事实或者提供虚假情况。

（3）当事人在订立合同过程中知悉的商业秘密，无论合同是否成立，泄露或不正当地使用该商业秘密给对方造成损失的。

（4）有其他违背诚实信用原则的行为。

负有缔约过失责任的当事人，应当赔偿受损害的当事人，赔偿以受损害的当事人的损失为限，包括直接利益的减少和间接利益的损害。

【例 8-4】甲、乙两公司拟签订甲商品为购销合同，在签订过程中，甲公司故意隐瞒了提供的甲商品是赝品的关键事实，后经乙公司调查发现，给乙公司造成损失 60 万元，导致合同无法订立。根据合同法规定，甲公司应承担缔约过失责任，赔偿由此给乙公司造成的损失。(　　)

答案：正确

【解析】甲公司存在故意隐瞒与订立合同有关的重要事实或者提供虚假情况。因此应承担缔约过失责任。

第三节　合同的效力

合同的效力是合同的法律效力，是指已经成立的合同在当事人之间产生的一定的法律约束力。有效合同对当事人具有法律约束力，国家法律予以保护，无效合同不具有法律约束力。《合同法》就合同的效力规定了有效合同、无效合同、可撤销合同、效力待定合同等四种情况。

一、合同有效的要件

（一）合同主体资格合法

当事人在订立合同时必须具有相应的能够订立合同的行为能力，即应具有缔约能力。缔约能力依合同主体的不同而有所不同。当合同主体为自然人时，缔约能力一般依照其民事行为能力的状况来确定。年满 18 周岁的自然人具有完全民事行为能力，依法具有完全的缔约能力。当法人及非法人组织作为合同主体时，应在经核准登记的经营范围内订立合同。超越经营范围订立的合同，不属于无效合同的范围。但违反国家限制经营、特许经营以及法律、行政法规禁止经营规定的除外。

（二）合同当事人意思表示真实

合同当事人的行为应当真实地反映其内心的想法。对意思表示真实的原则主要是通过对不真实意思表示行为的效力评价规则实现的。意思表示的不真实可分为主观原因不真实与客观原因不真实两类。为了平衡利益，只有意思表示基于重大错误的民事行为才可撤销。

（三）不违反法律或者社会公共利益

合同的目的和内容必须合法。当事人订立合同时，不能违反法律的强行性规定。所谓强行性规定是指必须由当事人遵守不得通过其协商加以改变的法律条文。当事人订立的合同只有遵守国家的法律、行政法规，遵守社会公德和善良风俗，才能得到国家的承认和保护并产生当事人预期的法律后果。

二、合同的生效

合同的生效是指合同具备一定要件后，便产生法律上的效力。合同生效后，当事人应当依合同的规定，享受权利、承担义务。依法成立的合同，自成立时生效。大多数合同都属于这一类，但还有以下两种特殊情况：

（一）合同自批准登记时生效

法律行政法规规定应办理批准、登记等手续生效的，没有批准登记的不生效。如《担保法》规定以土地使用权、城市房地产、车辆等抵押的，应当办理抵押物登记，抵押合同自登记之日起生效；没有登记，抵押合同不生效。

（二）合同自条件成就或期限届至时生效（或失效）

当事人对合同的效力可以约定附条件或附期限。

附条件的合同指合同的双方当事人在合同中约定某种事实状态，并以其将来发生或不发生作为合同生效或不生效的限制条件。附生效条件的合同，自条件成就时生效。附解除条件的合同，自条件成就时失效。当事人为自己的利益不正当地阻止条件成就的，视为条件已成就；不正当地促成条件成就的，视为条件不成就。

附期限的合同是指附有将来确定到来的期限作为合同的条款，并在该期限到来时合同的效力发生或终止。附生效期限的合同，自期限届至时生效。附终止期限的合同，自期限届满时失效。附生效条件的，自条件成就时生效。

三、无效合同

（一）无效合同的概念和类型

无效合同指虽经当事人双方协商订立，但不具有法律约束力和不发生履行效力的合同。无效合同自始没有法律约束力，国家不予承认和保护。

根据《合同法》的规定，有下列情形之一的合同无效：

1. 一方以欺诈、胁迫的手段订立合同，损害国家利益

所谓欺诈就是故意隐瞒真实情况或故意告知对方虚假的情况，欺骗对方，诱使对方做出错误的意思表示而与之订立合同。胁迫是指行为人以将要发生的损害或者以直接实施损害相威胁，使对方当事人产生恐惧而与之订立合同。当事人被欺诈和胁迫，是在意思表示不真实的情形下签订的合同，因此合同效力具有瑕疵。但只有在损害国家利益的情况下该合同才是无效合同。

2. 恶意串通，损害国家、集体或者第三人的利益

恶意串通的合同，就是合同的双方当事人非法勾结，为牟取私利而共同订立的损害国家、集体、或者第三人利益的合同。

3. 以合法形式掩盖非法目的

行为人为达到非法目的以迂回的方法避开了法律或行政法规的强制性规定，所以又称伪装合同。

4. 损害社会公共利益

5. 违反法律、行政法规的强制性规定

（二）无效合同的法律后果

在我国，无效合同的确认权属于人民法院或者仲裁机构，其他任何机关、团体、单位或者个人都无权确认合同的权力。无效的合同，从订立时起就没有法律约束力。无效合同不发生法律约束力，并不是指无效合同不会产生任何法律上的后果，而是指不会产生当事人订立合同时所预期的法律后果。合同可以全部无效，也可以部分无效。合同部分无效，不影响其余部分的效力的，其余部分仍然有效。

合同被确认无效后，将产生以下三方面的法律后果：

(1) 返还财产。合同被确认无效后，当事人因该合同取得的财产，应当返还给受损失的一方；不能返还或没有必要返还的，应当折价补偿。

(2) 损害赔偿。合同被确认无效后，有过错的一方应当赔偿对方因此所受的损失；双方都有过错的，应当各自承担相应的责任。

(3) 非民法上的法律后果。这是指无效合同的当事人在订立合同时，实施了危害后果较大的违法行为，有过错的当事人不仅要承担民事责任，还要承担相应的行政责任，甚至刑事责任。包括追缴当事人取得或者约定取得的财产、处以罚款、吊销营业执照、吊销生产许可证、责令停业整顿等。

【例 8-5】根据有关法律的规定，下列选项中，属于无效合同的有（　　）。

A. 不满十周岁的小小自己决定将压岁钱 800 元捐赠给希望工程

B. 李某因认识上的错误为其儿子买回一双不能穿的鞋

C. 甲企业的业务员黄某自己得到乙企业给予的回扣款 1 000 元而代理甲企业向乙企业购买了 10 吨劣质煤

D. 丙公司向丁公司转让一辆无牌照的走私车

答案：C D

【解析】C 是因黄某恶意串通，损害甲企业的利益而无效，D 是丙公司违背了法律的强制性规定。

四、可变更、可撤销合同

（一）可撤销合同的概念

可变更、可撤销合同是指当事人在订立合同时，因意思表示不真实，法律规定享有变更权或撤销权的人通过行使变更权变更合同内容或通过行使撤销权而使合同归于无效的合同。

可撤销合同在未被撤销前是有效的合同；可撤销合同一般是意思表示不真实的合同；可变更、可撤销合同的变更或撤销要由有变更权或撤销权的当事人通过行使权利来实现；可撤销合同的变更或撤销须由人民法院或仲裁机构做出。

（二）可变更、可撤销合同的种类

1. 因重大误解订立的合同

重大误解是指误解者做出意思表示时，对涉及合同法律效果的重要事项存在着认识上的显著缺陷，其后果是使误解者的利益受到较大损失，或者达不到误解者订立合同的目的。重大误解直接影响到当事人所应享有的权利和承担的义务，所以经一方当事人请求，可以变更或撤销。

2. 显失公平的合同

显失公平的合同，是指一方当事人在紧迫或者缺乏经验的情况下订立的使当事人之间的权利义务严重不对等的合同。这种合同使当事人在经济利益上严重失衡，违反了公平合理的原则。

3. 一方以欺诈、胁迫的手段或者乘人之危，使对方在违背真实意思的情况下订立的合同

与上述因欺诈、胁迫订立的无效合同相比较，二者的区别在于是否损害了国家利益。损害国家利益的为无效合同；未损害国家利益的，受欺诈、胁迫的一方可以自主决定该合同有效或撤销，只有受损害方当事人才可以行使请求权。

当事人请求变更的，人民法院或者仲裁机构不得撤销。

（三）合同撤销的法律后果与撤销权的消灭

1. 合同撤销后的法律后果

被撤销的合同从订立时起就无效。当事人依据该合同取得的财产，应返还给对方；不能返还或没有必要返还的，应折价补偿。有过错的一方应赔偿对方因此所受的损失；双方都有过错，各自承担相应的责任。合同无效或被撤销，不影响合同中独立存在的有关解决争议方法的条款的效力。

2. 撤销权的消灭

具有撤销权的当事人自知道或者应当知道撤销事由之日起 1 年内没有行使撤销权，或者知道撤销事由后明确表示或者以自己的行为表示放弃撤销权的，撤销权消灭。

五、效力待定的合同

（一）效力待定合同的概念

效力待定的合同指合同已经成立，但因其不完全具备生效要件，其效力能否发生须经有权人表示承认才能生效。效力待定合同不属于无效合同或可撤销合同，法律允许根据情况予以补救。

（二）效力待定合同的种类

1. 限制民事行为能力人订立的合同

限制民事行为能力人订立的合同，经法定代理人追认后，该合同有效。但纯获利益的合同或者与其年龄、智力、精神健康状况相适应而订立的合同不必经法定代理人追认。相对人可以催告法定代理人在 1 个月内予以追认。法定代理人未作表示的，视为拒绝追认。合同被追认之前，善意相对人有撤销的权利。撤销应当以通知的方式做出。

2. 无处分权人处分他人财产的合同

无处分权人处分他人财产，经权利人追认或无处分权人订立合同后取得处分权的，该合同有效。

无处分权包括两种情况，一是行为人对处分的财产享有所有权，但是其处分权受到限制，使其不得处分其所有的财产；二是行为人对处分的财产没有所有权，只有占有权，因而没有对该财产的处分权。

3. 行为人没有代理权、超越代理权，或者代理权终止后仍然以被代理人的名义与第三人签订的合同

这类合同只有经过被代理人的追认，被代理人才承担民事责任。未经被代理人追

认的合同，对被代理人不产生效力，由行为人承担责任。相对人可以催告被代理人在1个月内予以追认。被代理人未作表示的，视为拒绝追认。合同被追认之前，善意相对人有撤销的权利。撤销应当以通知的方式做出。

第四节 合同的履行

一、合同履行的概念、原则和规则

（一）合同履行的概念和原则

合同的履行，是指双方当事人按照合同的约定，各自完成自己所承担的义务，从而使合同的权利、义务得以实现的整个行为过程。

合同履行的原则，是指合同主体在履行合同时必须遵守的基本准则。合同履行的原则有：

1. 全面履行原则

当事人应当按照合同约定的标的、数量、质量、价金、履行的期限、地点和方式履行，全面完成合同义务。

2. 实际履行原则

实际履行原则，是要求合同主体按照合同的标的履行。该原则有两点含义：第一，它要求当事人自愿地按照约定的或规定的标的履行，不得以违约金、赔偿金等替代；第二，一方不实际履行时，首先应当承担实际履行的责任，对方有权要求其实际履行。

3. 协作履行原则

当事人不仅要按标的、按约定履行义务，还要按诚实信用的原则，根据合同的性质、目的和交易习惯，履行通知、协助、保密等义务，即附随义务。

（二）合同履行的规则

合同履行的规则，是当事人就有关合同内容约定不明确时的履行规则。合同生效后，当事人就质量、价款或者报酬、履行地点等内容没有约定或者约定不明确的，可以协议补充；不能达成补充协议的，按照合同有关条款或者交易习惯确定。仍不能确定的，适用下列规定：

（1）质量要求不明确的，按照国家标准、行业标准履行；没有国家标准、行业标准的，按照通常标准或者符合合同目的的特定标准履行。

（2）价款或者报酬不明确的，按照订立合同时履行地的市场价格履行；依法应当执行政府定价或者政府指导价的，按照规定履行。执行政府定价或者政府指导价的，在合同约定的交付期限内政府价格调整时，按照交付时的价格计价。逾期交付标的物的，遇价格上涨时，按照原价格执行；价格下降时，按照新价格执行。逾期提取标的物或者逾期付款的，遇价格上涨时，按照新价格执行；价格下降时，按照原价格执行。

【例8-6】甲、乙双方签订的购销合同，必须执行政府的定价，2016年9月20日合同签订时政府定价为每吨0.6万元。2016年10月10日政府定价为每吨0.7万元，2016年12月5日为合同履行日，此时政府定价为每吨0.75万元，乙方按期供货。2016年12月20日甲才付款，此时政府定价为每吨0.5万元，则甲应按照每吨（　　）付款。

A. 0.6万元　　B. 0.7万元　　C. 0.5万元　　D. 0.75万元

答案：D

【解析】2016年12月5日为合同履行日，执行政府定价按照交付时的价格计价即每吨0.75万元。乙方按期履行合同，而甲方逾期付款，按照法律规定遇价格上涨时，按照新价格执行；价格下降时，按照原价格执行。因此，应选D。

（3）履行地点不明确，给付货币的，在接受货币一方所在地履行；交付不动产的，在不动产所在地履行；其他标的，在履行义务一方所在地履行。

（4）履行期限不明确的，债务人可以随时履行，债权人也可以随时要求履行，但应当给对方必要的准备时间。

（5）履行方式不明确的，按照有利于实现合同目的的方式履行。

（6）履行费用的负担不明确的，由履行义务一方负担。

【例8-7】甲乙双方签订了买卖合同，在合同履行过程中，发现该合同履行费用的负担问题约定不明确。在这种情况下，可供甲乙双方选择的履行规则有（　　）。

A. 双方协议补充　　B. 按交易习惯确定

C. 由履行义务一方负担　　D. 其他

答案：A. B. C.

【解析】履行费用的负担不明确的，由履行义务一方负担。也可以协商解决，还可以按照交易习惯确定。

二、双务合同履行中的抗辩权

抗辩权又称异议权，是指在双务合同中，一方当事人在对方不履行或履行不符合约定时，依法对抗对方要求或否认对方权利主张的权利。《合同法》规定了同时履行抗辩权、后履行抗辩权和不安（先履行）抗辩权三种。

1. 同时履行抗辩权

《合同法》第六十六条规定：当事人互负债务，没有先后履行顺序的，应当同时履行。一方在对方履行之前有权拒绝其履行要求。一方在对方履行债务不符合约定时，有权拒绝其相应的履行要求。

2. 后履行抗辩权

后履行抗辩权又可称为异时履行抗辩权。《合同法》第六十七条规定：当事人互负债务，有先后履行顺序，先履行一方未履行的，后履行一方有权拒绝其履行要求。先履行一方履行债务不符合约定的，后履行一方有权拒绝其相应的履行要求。

3. 不安抗辩权

不安抗辩权指双务合同成立后，应当先履行的当事人有证据证明对方不能履行合同义务，或者有不能履行合同义务的可能性时，在对方没有履行或提供担保前，有权中止履行合同义务。《合同法》第六十八条规定：应当先履行债务的当事人，有确切证据证明对方有下列情形之一的，可以中止履行：

（1）经营状况严重恶化；

（2）转移财产、抽逃资金，以逃避债务；

（3）丧失商业信誉；

（4）有丧失或可能丧失履行债务能力的其他情形。

先履行方依据《合同法》第六十八条的规定中止履行的，应当及时通知对方。对方提供适当担保的，应当恢复履行。中止履行后，对方在合理期限内未恢复履行能力并且未提供适当担保的，中止履行的一方可以解除合同。先履行方没有确切证据中止履行的，应当承担违约责任。

【例 8-8】甲乙双方订立买卖合同，约定收货后一周内付款。甲方在交货前发现乙方经营状况严重恶化，根据《合同法》的规定，甲方（　　）。

A. 可行使同时履行抗辩权　　B. 可行使后履行抗辩权

C. 可行使不安抗辩权　　D. 可解除合同

答案：C

【解析】此案是后履行方乙方发生了经营状况严重恶化的情形，甲方有证据证明乙方的该情形确实存在，属于不安抗辩权的法定情形。

三、合同的保全措施

合同保全是为防止因债务人的财产不当减少而给债权人的债权带来危害，法律允许债权人为保全其债权的实现而采取的法律措施，包括代位权和撤销权两种。其目的在于保持债务人自身的偿债能力，对债权人不能获清偿起预防和补救作用。

（一）债权人的代位权

1. 代位权的概念

代位权是指债权人因债务人怠于行使其到期债权，债权人为保全债权，以自己的名义向第三人行使债务人现有债权的权利。

2. 行使代位权的条件

（1）债权人对债务人的债权合法；

（2）债务人怠于行使其到期债权，对债权人造成损害；

（3）债务人的债权已到期；

（4）债务人的债权不是专属于债务人自身的债权。所谓专属于债务人自身的债权，是指基于扶养关系、抚养关系、赡养关系、继承关系产生的给付请求权和劳动报酬、退休金、养老金、抚恤金、安置费、人寿保险、人身伤害赔偿请求权等权利。

3. 债权人代位权的行使

根据我国合同法的规定，债权人行使代位权必须向人民法院提出申请。代位权的行使范围以债权人的债权为限。债权人行使代位权的必要费用，由债务人负担。

【例 8-9】债权人甲认为债务人乙怠于行使其债权给自己造成损害，欲提起代位诉讼、下列各项债权中，不得提起代位诉讼的有（　　）。

A. 安置费给付请求权

B. 劳动报酬请求权

C. 人身伤害赔偿请求权

D. 因继承关系产生的给付请求权

答案：ABCD

【解析】这四项均属于专属于债务人自身的债权。

（二）债权人的撤销权

1. 撤销权的概念

撤销权是指债权人在债务人与他人实施处分财产或权利的行为危害债权的实现时，可以申请法院对该行为予以撤销的权利。

2. 债权人撤销权的构成要件

《合同法》第七十四条规定：因债务人放弃到期债权或者无偿转让财产，对债权人造成损害的，债权人可以请求人民法院撤销债务人的行为。债务人以明显不合理的低价转让财产，对债权人造成损害，并且受让人知道该情形的，债权人也可以请求人民法院撤销债务人的行为。据此可知，对于债务人放弃债权或无偿转让财产的行为，只需具备有害债权这一客观要件即可；对于债务人以明显不合理的低价转让财产的行为，除须具备有害债权这一客观要件以外，还须受让人有损害债权的恶意。

3. 债权人撤销权的行使

根据《合同法》第七十四条的规定，债权人行使撤销权，必须向人民法院提出申请。债权人行使撤销权，其效力依法院判决的确立而产生，并对债务人、受让人或转得人、其他债权人均产生效力。

4. 债权人撤销权的消灭

《合同法》第七十五条的规定：撤销权自债权人知道或应当知道撤销事由之日起一年内行使。自债务人的行为发生之日起五年内没有行使撤销权的，该撤销权消灭。

【例 8-10】根据合同法律制度的规定，债务人的下列行为中，债权人认为对自己造成损害的，可以请求人民法院予以撤销的有（　　）。

A. 放弃到期债权

B. 无偿转让财产

C. 拍卖优良资产

D. 以明显不合理的低价转让财产，且受让人知道该情形

【答案】ABD

【解析】拍卖优良资产没有造成债务人财产的“不当减少”，因此选项 C 不能撤销。债务人以明显不合理的低价转让财产，如果受让人知道该情形，表明受让人是恶意的，因此选项 D 可以撤销。

四、合同的担保

合同的担保，是指合同双方当事人，为确保合同的切实履行，依照法律规定或当

事人约定而采取的具有法律效力的保证措施。根据《中华人民共和国担保法》的规定，担保的方式分为保证、抵押、质押、留置和定金五种。

（一）保证

保证是指由保证人以自己的名义和债权人约定，当债务人不履行合同义务时，保证人按照约定履行或者承担连带责任。保证人为被保证人提供担保时，可以要求被保证人提供反担保。

保证人必须具备独立清偿债务能力或代位清偿债务能力的法人、其他组织和个人。

以下单位不能成为保证人：国家机关，但经国务院批准为使用外国政府或者国际经济组织贷款进行转贷的除外。学校、幼儿园、医院等以公益为目的的事业单位、社会团体。企业法人的分支机构、职能部门。但企业法人的分支机构有法人书面授权的，可以在授权范围内提供保证。

保证合同应当以书面形式订立。与此同时，当事人可就单个主合同分别订立保证合同，也可以在最高债权额限度内就一定期间连续发生的借款合同或者某项商品交易合同订立一个保证合同。保证担保的范围包括主债权及利息、违约金、损害赔偿金和实现债权的费用。

保证方式分为一般保证和连带责任保证。

一般保证，是指当事人在保证合同中约定，债务人不能履行债务时，由保证人承担保证责任的保证。一般保证的保证人在主合同纠纷未经审判或者仲裁，并就债务人财产依法强制执行仍不能履行债务前，对债权人可以拒绝承担保证责任。但有下列情形之一的除外：①债务人住所变更，致使债权人要求其履行债务发生重大困难的；②人民法院受理债务人破产案件，中止执行程序；③保证人以书面形式放弃上述权利的。

所谓连带责任保证，是指当事人在保证合同中约定，保证人与债务人对债务承担连带责任的保证。连带责任保证的债务人在主合同规定的债履行期届满没有履行债务的，债权人可以要求债务人履行其债务，也可以要求保证人在其保证范围内承担保证责任。当事人对保证方式没有约定或者约定不明确的，按照连带保证责任承担保证责任。

保证期间由保证人与债权人在保证合同中约定。一般保证未约定保证期间的，保证期间为主债务履行期届满之日起6个月；连带责任保证未约定保证期间的，债权人有权自主债务履行期届满之日起6个月内要求保证人承担保证责任。

【例8-11】甲公司向乙银行贷款1 000万元，约定2015年12月2日一次性还本付息。丙公司为甲公司做保证人，没有约定担保期间。甲到期没有清偿债务，乙银行每个月都向其催收，均无效果，最后一次催收的时间是2016年3月6日。乙银行在下列哪一时间向丙行使权利，才能得到法院的保护？

A. 2016年9月2日　　B. 2015年12月2日

C. 2016年6月2日　　D. 2017年3月6日

答案：C

【解析】没有约定担保期间的保证人，债权人必须在主债务履行期届满之日起6个月行使。

（二）抵押

抵押是指债务人或第三人不转移物的占有，将该财产作为债权的担保，债务人不履行债务时，债权人有权依法以该财产折价或者拍卖、变卖该财产的价款优先受偿。在抵押关系中，债务人或者第三人称为抵押人，债权人称为抵押权人，提供担保的财产称为抵押物。

根据《中华人民共和国担保法》（以下简称《担保法》）和《中华人民共和国物权法》（以下简称《物权法》）规定，可以抵押的财产有：

（1）建筑物和其他土地附着物；

（2）建设用地使用权；

（3）以招标、拍卖、公开协商等方式取得的荒地等土地承包经营权；

（4）生产设备、原材料、半成品、产品；

（5）正在建造的建筑物、船舶、航空器；

（6）交通运输工具；

（7）法律、行政法规规定未禁止抵押的其他财产。

抵押人所担保的债权不得超出其抵押物的价值。财产抵押后，该财产的价值大于所担保债权的余额部分，可以再次抵押，但不得超出其余额部分。

法律规定不得抵押的财产，其抵押无效。不得抵押的财产有：

（1）土地所有权；

（2）耕地、宅基地、自留山等集体所有的土地使用权，但法律规定可以抵押的除外；

（3）学校、幼儿园、医院等以公益为目的的事业单位、社会团体的教育设施、医疗卫生设施和其他社会公益设施；

（4）所有权、使用权不明或者有争议的财产；

（5）依法被查封、扣押、监管的财产；

（6）依法不得抵押的其他财产。

抵押人和抵押权人应当以书面形式订立抵押合同，法律规定应当办理登记的，应当向有关部门办理抵押登记，抵押合同自登记之日起生效。办理抵押物登记的部门如下：

（1）以无地上附着物的土地使用权抵押的，为核发土地使用权证书的土地管理部门；

（2）以城市房地产或者乡（镇）、村企业的厂房等建筑物抵押的，为县级以上地方人民政府规定的部门；

（3）以林木抵押的，为县级以上林木主管部门；

（4）以航空器、船舶、车辆抵押的，为运输工具的登记部门；

（5）以企业的设备和其他动产抵押的，为财产所在地的工商行政管理部门。

抵押担保的范围应包括主债权及利息、违约金、损害赔偿金和实现抵押权的费用。

除了上述五种特定财产抵押应当采用登记生效外，其他财产抵押的，可以自愿办理抵押物登记，抵押合同自签订之日起生效。当事人未办理抵押物登记的，不得对抗第三人。

抵押设定之后，抵押人不得擅自处分抵押财产。

在债务人到期不履行债务的事由发生后，即债务履行期届满抵押权人未受清偿的，抵押权人可以与抵押人协议以抵押物折价或者以拍卖、变卖该抵押物所得的价款受偿。

（三）质押

质押是指债务人或第三人将其动产或者权利移交债权人占有，将该动产或权利作为债权担保，当债务人不履行债务时，债权人有权依法就该动产或权利卖得价款优先受偿。质押分动产质押和权利质押。

（1）动产质押，动产质押是指债务人或者第三人将其动产移交债权人占有，将该动产作为债权的担保。债务人不履行债务时，债权人有权依法以该动产折价或者以拍卖、变卖该动产的价款优先受偿。在质押关系中，债务人或者第三人称为出质人，债权人称为质权人，移交的动产称为质物。

质押应当订立书面合同。合同自质物移交于质权人占有时生效。质权人负有妥善保管质物的义务。因保管不善致使质物灭失毁损，质权人应承担民事责任。债务履行期满质权人未受清偿的，可以与出质人协议以质物折价或依法拍卖、变卖。

（2）权利质押，权利质押是指债务人或者第三人将其享有并可依法转让的财产权利的凭证交给债权人占有，作为债权的担保。债务人不履行债务时，债权人可依法处置并以所得款项或货物清偿债权。《担保法》规定，可以质押的权利有：①汇票、支票、本票、债券、存款单、仓单、提单；②依法可以转让的股份、股票；③依法可以转让的商标专用权、专利权、著作权中的财产权；④依法可以质押的其他权利。

权利质押也应签订质押合同。合同自权利凭证交付之日起生效。以依法可以转让的股票和股份出质的，合同自办理出质登记之日起生效。以依法可以转让的商标专用权、专利权、著作权中的财产权出质的，合同也自依法办理出质登记后才生效。

【例 8-12】甲公司向银行贷款，并以所持乙上市公司股份用于质押。根据担保法律制度的规定，该质押合同生效的时间是（　　）。

A. 借款合同签订之日

B. 质押合同签订之日

C. 向证券登记机构申请办理出质登记之日

D. 证券登记机构办理出质登记之日

答案：D

【解析】以依法可以转让的股票和股份出质的，合同自办理出质登记之日起生效。

（四）留置

留置是一方当事人按照合同约定占有对方的动产，对方不按照合同约定的期限履行义务的，占有人有权依照法律规定留置该财产。留置财产后，对方在不少于两个月的期限内仍不履行义务，占有人有权依法将扣留的财产折价或者拍卖、变卖，并从所得价款中优先受偿。如价款仍不足清偿，还可以要求对方补偿不足部分。如果优先受偿后还有剩余，应退还给对方。因保管不善致使留置物灭失或毁损的，留置权人应当承担民事责任。法律明确规定，保管合同、运输合同、加工承揽合同及法律规定可以留置的其他合同。

（五）定金

定金是合同当事人一方于合同未履行前，为了证明合同的成立和保证合同的履行，在应支付的规定数额以内，预先支付一定金额款项作为债权的担保。债务人履行债务后，定金应当抵作价款或者收回。给付定金的一方不履行约定的债务时，无权要求对方返还定金；接受定金的一方不履行约定的债务时，应双倍返还定金。定金合同从实际交付定金之日起生效。

定金的数额由当事人约定，但不得超过主合同标的额的20%，超过部分可以转为预付款。

第五节　合同的变更与转让

根据合同法的基本原则，合同一经依法成立，即具有法律约束力，应当严格履行合同义务，不允许单方擅自变更或者解除合同。但是，法律为保护双方利益，允许双方协商变更或转让合同，并且在出现法定原因时，变更或转让合同。

一、合同的变更

合同的变更是指合同成立后，在完全履行前，双方当事人协商一致，可以变更合同。法律、行政法规规定变更合同应办理批准、登记手续的从其规定。

合同的变更是在合同的主体不改变的前提下对合同内容或标的的变更，合同性质和标的性质并不改变。合同变更后，变更后的内容就取代了原合同的内容，当事人就应当按照变更后的内容履行合同。

当事人对合同变更的内容约定不明确的，推定为未变更，目的是为了减少可能发生的纠纷，合同生效后，当事人不得因姓名、名称的变更或者法定代表人、负责人、承办人的变更而不履行合同义务。

二、合同的转让

合同的转让，是指合同当事人一方将其合同的权利和义务全部或部分转让给第三人。合同的转让有三种情况：合同权利转让、合同义务转移、权利和义务一并转让（概括转移）。

（一）合同权利的转让

合同权利的转让又称债权让与，是指债权人可以将合同的权利全部或者部分转让给第三人。但有下列情形之一的，不得转让：

（1）根据合同性质不得转让，如当事人基于信任关系订立的委托合同、赠与合同都属于权利不得转让的合同；

（2）按照当事人约定不得转让；

（3）依照法律规定不得转让，是指其他法律中规定不得转让的合同权利的情形，如《担保法》规定的最高额抵押的主合同债权不得转让。

债权人转让权利的，应当通知债务人。未经通知，该转让对债务人不发生效力。转让权利的通知不得撤销，但经受让人同意的除外。债权转让时，受让人取得与债权有关的从权利，但该权利专属于债权人自身的除外。债务人接到转让通知后，债务人对让与人的抗辩，可以向受让人主张。

（二）合同义务的转移

合同义务的转移又称债务承担，是指债务人经债权人同意将合同的义务全部或者部分转移给第三人。债务人将合同的义务全部或者部分转移给第三人，应当经债权人同意；否则债务人转移合同义务的行为对债权人不发生效力，债权人有权拒绝第三人向其履行，同时有权要求债务人履行义务并承担不履行或迟延履行合同的法律责任。

债务人全部转移合同义务时，新的债务人完全取代了旧的债务人的地位，承担全面履行合同义务的责任，享有债务人所应享有的抗辩权，可以主张原债务人对债权人的抗辩。同时，与所转移的主债务有关的从债务，也应当由新债务人承担，但该从债务专属于原债务人自身的除外。债务人部分转移合同义务时，新的债务人加入到原债务中，和原债务人一起向债权人履行义务。

（三）合同的概括转移

合同的概况转移是指当事人一方经对方同意，将自己在合同中的权利和义务一并转让给第三人。合同关系的一方当事人将权利和义务一并转让时，还应当遵守《合同法》有关转让权利和义务转移的其他规定：不得转让法律禁止转让的权利；转让合同权利和义务时，从权利和从债务一并转让，受让人取得与债权有关的从权利和从债务，但该从权利和从债务专属于让与人自身的除外；转让合同权利和义务不影响债务人抗辩权的行使；债务人对让与人享有债权的，可以依照有关规定向受让人主张抵销；法律、行政法规规定应当办理批准、登记手续的，应当依照其规定办理。

对于当事人订立合同后发生合并、分立的情况，法律规定，当事人订立合同后合并的，由合并后的法人或者其他组织行使合同权利，履行合同义务。当事人订立合同后分立的，除债权人和债务人另有约定的以外，由分立的法人或者其他组织对合同的权利和义务享有连带债权，承担连带债务。

【例 8-13】合同的转让就是合同的（　　）。

A. 主体的变更　　B. 客体的变更

C. 内容的变更　　D. 全部基本条款的变更

答案：A

【解析】合同的转让只是合同主体的变更。

第六节　合同权利义务的终止

一、合同权利义务终止的情形

合同权利义务关系的终止，又称合同的消灭，指合同关系不复存在，合同权利和合同义务归于消灭。《合同法》规定有下列情形之一的，合同的权利义务终止：①债务已经按照约定履行；②合同解除；③债务相互抵消；④债务人依法将标的物提存；⑤债权人免除债务；⑥债权债务同归于一人；⑦法律规定或者当事人约定终止的其他情形。

二、合同的解除

合同的解除是指合同依法成立后，未完全履行前，因当事人一方或双方的意思表示而使合同关系归于消灭的行为。合同的解除分为约定解除和法定解除两种情况。

（一）合同的约定解除

约定解除是根据合同自愿原则，当事人在法律规定范围内自愿解除合同的权利。它包括两种情形：一是合同有效成立后，情况发生变化，双方当事人协商一致解除合同。二是订立合同时，双方即在合同中设定解除条款，一旦合同约定的解除条件出现时，解除权人可以解除合同。

（二）合同的法定解除

法定解除是指在合同成立后，没有履行或没有完全履行完毕之前，当事人在法律规定的解除条件出现时，行使解除权而使合同关系消灭。法定解除属于单方解除，即享用合同解除权的一方当事人通过行使解除权而解除合同，不需要对方当事人同意。

《合同法》第九十四条规定：有下列情形之一的，当事人可以解除合同：

（1）因不可抗力致使不能实现合同目的。不可抗力是指不能预见、不能避免、并不能克服的客观情况。属于不可抗力的情况有：自然灾害、战争、社会异常事件、政府行为。只有不可抗力致使合同目的不能实现时，当事人才可以解除合同。

（2）在履行期限届满之前，当事人一方明确表示或者以自己的行为表明不履行主要债务（又称为预期违约解除合同）。

（3）当事人一方迟延履行主要债务，经催告后在合理期限内仍未履行。迟延履行指债务人无正当理由，在合同约定的履行期限届满，未履行合同债务，在债权人提出履行的催告后仍未履行。

（4）当事人一方迟延履行债务或者有其他违约行为致使不能实现合同目的。

（5）法律规定的其他情形。

合同的解除应通知对方。合同自通知到达对方时解除。对方有异议的，可以请求人民法院或者仲裁机构确认解除合同的效力。凡法律、行政法规规定解除合同应当办理批准、登记等手续的，依其规定。合同解除后，尚未履行的，终止履行；已经履行的，根据履行情况和合同性质，当事人可以要求恢复原状、采取其他补救措施，并有权要求赔偿损失。

【例 8-14】乙购买甲一套房屋，已经支付 1/3 价款，双方约定余款待过户手续办理完毕后付清。后甲反悔，要求解除合同，乙不同意，起诉要求甲继续履行合同，转移房屋所有权。下列哪一选项是正确的？

A. 合同尚未生效，甲应返还所受领的价款并承担缔约过失责任

B. 合同无效，甲应返还所受领的价款

C. 合同有效，甲应继续履行合同

D. 合同有效，法院应当判决解除合同、甲赔偿乙的损失

答案：C

【解析】该合同的解除是协议解除，双方不能达成一致协议则不能解除，如果违法解除，则要承担相应违约责任并赔偿对方损失。

三、合同的抵销

（一）抵销的概念

抵销，是指合同双方当事人互负债务时，各自用其债权来充当债务的清偿，从而使其债务与对方的债务在对等数额内相互消灭。当事人主张抵销的，应当通知对方。通知自到达对方时生效。抵销不得附条件或者附期限。

（二）抵销的种类

抵销有法定抵销和约定抵销之分。

1. 法定抵销

法定抵销是指合同当事人互负到期债务，该债务的标的物种类、品质相同，任何一方当事人做出的使相互间相当数额的债务同归消灭的行为。

法定抵销的要件是：

（1）合同当事人双方互负到期债务。

（2）债的标的物种类相同，品质相同。

（3）双方互负的债务都不是不能抵销的债务。不能抵销的债务包括法律规定不能抵销的债务或者按照合同性质不得抵销的债务。

2. 约定抵销

约定抵销是指合同当事人双方经过协商一致而发生的抵销。约定抵销的要件和法定抵销不同的是，当事人互负债务的标的物种类、品质可以不相同，只要双方协商同意，也可抵销。

四、合同的提存

（一）提存的概念

提存是在因债权人的原因而难以交付合同标的物时，债务人将该标的物提交给提

存机关而消灭合同的行为。债务的履行需要债权人的协助，如果债权人无正当理由拒绝受领或者不能受领，债权人虽应负担受领迟延的责任，但债务人的债务却不能消灭，债务人仍得随时准备履行。

（二）提存的适用情形

《合同法》规定，有下列情形之一，难以履行债务的，债务人可以将标的物提存：

（1）债权人无正当理由拒绝受领；

（2）债权人下落不明；

（3）债权人死亡未确定继承人或者丧失民事行为能力未确定监护人；

（4）法律规定的其他情形。

标的物提存后，除债权人下落不明的以外，债务人应当及时通知债权人或者债权人的继承人、监护人。

标的物提存后，毁损、灭失的风险由债权人承担。提存期间，标的物的孳息归债权人所有。提存费用由债权人负担。标的物不适于提存或者提存费用过高的，债务人依法可以拍卖或者变卖标的物，提存所得的价款。

标的物提存后，债权人可以随时领取提存物，但债权人对债务人负有到期债务的，在债权人未履行债务或者提供担保之前，提存部门根据债务人的要求应当拒绝其领取提存物。债权人领取提存物的权利，自提存之日起 5 年内不行使而消灭，提存物扣除提存物费用后归国家所有。

五、合同的免除

合同的免除即债务的免除，是指债权人免除债务人的债务而使合同权利义务部分或全部终止的意思表示。债务免除后，债务人即不再负担被免除的债务，债权人的债权也就不再存在。

六、合同的混同

混同是指债权与债务同归于一人，而使合同关系消灭的事实。混同导致债权债务的消灭。消灭的效力及于债权人和债务人的抗辩权，也及于债权的从权利。但在法律另有规定或合同标的涉及第三人利益时，混同不发生债权债务消灭的效力。涉及第三人利益，是指债权债务的标的上设有他人的权利。如债权上设有抵押权，即债权作为他人抵押权的标的。

第七节　违约责任

一、违约责任的概念

违约责任是违反合同的民事责任的简称。违约责任是指合同当事人不履行合同义务或者履行合同义务不符合约定而应承担的民事责任。英美法称之为违约的救济，大陆法则被包括在债务不履行的责任中，或被视为债的效力范畴。

二、承担违约责任的方式

我国合同法规定的违约责任形式主要有实际履行、采取补救措施、违约金、损害赔偿、定金责任、解除合同等。具体适用哪种违约责任，由当事人根据自己的要求加以选择。

（一）继续履行（实际履行）

继续履行合同，既是为了实现合同目的，又是一种承担违约责任的方式。当事人一方不履行合同义务或者履行合同义务不符合约定的，另一方可以要求继续履行。对金钱债务无条件适用继续履行，即当事人一方未支付价款或报酬的，对方可以要求其支付价款或者报酬。对非金钱债务则有条件适用继续履行，但有下列情形之一的除外：①法律上或者事实上不能履行；②债务的标的不适于强制履行或者履行费用过高；③债权人在合理期限内未要求履行。

（二）采取补救措施

合同标的质量不符合约定的，应当按照当事人的约定承担违约责任。对违约责任没有约定或者约定不明确，当事人未达成补充协议，也不能按照交易习惯或相关合同条款确定的，受损害方可以根据标的的性质以及损失的大小，合理选择要求对方采取修理、更换、重作、退货、减少价款或者报酬等补救措施。

（三）赔偿损失

《合同法》规定：当事人一方不履行合同义务或者履行合同义务不符合约定，给对方造成损失的，损失赔偿额应当相当于因违约所造成的损失，包括合同履行后可以获得的利益，但不得超过违反合同一方订立合同时预见到或者应当预见到的因违反合同可能造成的损失。由此可见，明确了双方当事人在合同中无约定时如何确定损失赔偿额的规定。合同中的损失，既包括直接损失，如现有财产的灭失、损坏和费用的支出，还包括可得利益损失，即合同履行后可以获得的利益，如利润。同时，对损失赔偿额又作了最高额的限制，即不得超过违约方在订立合同时预见到或应预见到的损失程度，即合理预见，违约方对超过合理预见的损失不应承担，这体现了公平合理的原则。

当事人一方违约后，对方应当采取适当措施防止损失的扩大；没有采取适当措施致使损失扩大的，不得就扩大的损失要求赔偿。当事人因防止损失扩大而支出的合理费用，由违约方承担。

（四）支付违约金

违约金是违约方向对方支付的一定数额的金钱。违约金有法定违约金和约定违约金之分。由法律直接规定数额和条件的是法定违约金；由当事人约定数额和支付条件的是约定违约金。有法定违约金的应执行法定违约金。法律在规定法定违约金时，又允许当事人约定违约金的，当事人的约定优先。

合同法规定的违约金以补偿因违约所造成的损失为原则，基本上是补偿性的，因而，如果约定的违约金低于造成的损失，当事人可以请求人民法院或者仲裁机构予以增加；如果约定的违约金过分高于造成的损失，当事人可以请求人民法院或者仲裁机构予以适当减少。当事人可以就迟延履行约定违约金，对迟延履行违约金，在违约方支付违约金后，还应当履行债务。

（五）定金

定金是合同当事人一方为了担保合同的履行而预先向对方支付的一定数额的金钱。按照《担保法》的规定，债务人履行债务后，定金应当抵作价款或者收回。给付定金的一方不履行约定的债务的，无权要求返还定金；收受定金的一方不履行约定的债务的，应当双倍返还定金。

当事人既约定违约金，又约定定金的，一方违约时，对方可以选择适用违约金或者定金条款。但由于二者在目的、性质、功能等方面具有共性而不能并用。当事人执行定金条款后不足以弥补所受损害的，仍可以请求赔偿损失。

【例 8-14】甲、乙签订的买卖合同约定了定金和违约金条款。甲违约，造成乙经济损失。下列选项中，乙可选择追究甲违约责任的方式有（　　）。

A. 要求单独适用定金条款

B. 要求单独适用违约金条款

C. 要求同时适用定金和违约金条款

D. 要求同时适用定金、违约金条款，并另行赔偿损失

答案：AB

【解析】当事人既约定违约金，又约定定金的，一方违约时，对方可以选择适用违约金或者定金条款。

三、违约责任的免除

合同法上的免责事由分为约定免责事由和法定免责事由。约定免责事由是当事人约定的免责条款；法定免责事由是由法律直接规定、不需要当事人约定即可援用的免责事由，主要是指不可抗力。

《合同法》规定，因不可抗力不能履行合同的，根据不可抗力的影响，部分或者全部免除责任；当事人迟延履行后发生不可抗力的，不能免除责任。不可抗力造成违约的，违约方虽然没有过错，但法律规定因不可抗力造成的违约也要承担违约责任的，违约方也要承担无过错的违约责任。当事人一方因不可抗力不能履行合同的，应当及时通知对方，以减轻可能给对方造成的损失，并应当在合理期限内提供证明。

【例 8-15】2015 年 10 月 15 日，A 公司与 B 公司签订了一份加工承揽合同。该合同约定，由 B 公司为 A 公司制作铝合金门窗 1 万件，原材料由 A 公司提供，加工承揽报酬总额为 150 万元，违约金为报酬总额的 10%；A 公司应在 2015 年 11 月 5 日前向 B 公司交 60%的原材料，B 公司应在 2010 年 3 月 1 日前完成 6 000 件门窗的加工制作并交货；A 公司应在 2016 年 3 月 5 日前交付其余 40%的原材料，B 公司应在 2016 年 5 月 20 日前完成其余门窗的加工制作并交货。A 公司应在收到 B 公司交付门窗后 3 日内付

清相应款项。

为确保A公司履行付款义务，B公司要求其提供担保。适值D公司委托A公司购买办公用房，D公司为此向A公司提供了盖有D公司公章及法定代表人签字的空白委托书和D公司的合同专用章。A公司遂利用上述空白委托书和合同专用章，将D公司列为该项加工承揽合同的连带保证人，与B公司签订了保证合同。

2015年11月1日A公司向B公司交付60%的原材料，B公司按约加工制作门窗。2016年2月28日，B公司将制作完成的6 000件门窗交付A公司，A公司按报酬总额的60%予以结算。

2016年3月1日B公司发生重组，加工型材的生产部门分立为C公司。3月5日，A公司既未按加工承揽合同的约定向B公司交付40%的原材料，也未向C公司交付。3月15日，C公司要求A公司继续履行其与B公司签订的加工承揽合同，A公司表示无法继续履行并要求解除合同。C公司遂在数日后向人民法院提起诉讼，要求判令A公司支付违约金并继续履行加工承揽合同，同时要求D公司承担连带责任。

经查明A公司与B公司签订的加工承揽合同仅有B公司及其法定代表人的签章，而无A公司的签章。

（1）A公司与B公司签订的加工承揽合同是否成立？为什么？

（2）C公司可否向A公司主张加工承揽合同的权利？为什么？

（3）C公司要求判令A公司支付违约金并继续履行加工承揽合同的主张能否获得支持？并说明理由。

（4）D公司应否承担保证责任？并说明理由。

【解析】

（1）A公司与B公司签订的加工承揽合同成立。根据《合同法》的规定，采用合同书形式订立合同，在签字或者盖章之前，当事人一方已经履行主要义务，对方接受的，该合同成立。（或：本案中，A公司虽未在加工承揽合同上签章，但已经履行了主要义务，且B公司已经接受，加工承揽合同成立。）

（2）C公司可向A公司主张加工承揽合同的权利。根据《合同法》的规定，当事人订立合同后分立的，除债权人和债务人另有约定的以外，由分立的法人或者其他组织对合同的权利和义务享有连带债权，承担连带债务。

（3）首先，C公司要求判令A公司支付违约金的主张可以获得支持。A公司未按加工承揽合同约定的时间向B公司交付40%的原材料，已构成违约，根据《合同法》的规定，应当承担违约责任，支付违约金。其次，C公司要求判令A公司继续履行合同的主张不能获得支持。根据《合同法》的规定，在加工承揽合同中，定作人可以随时解除承揽合同。A公司作为定作人，可以解除合同，故无需继续履行合同。

（4）D公司应承担保证责任。根据《合同法》的规定，行为人超越代理权以被代理人的名义订立合同，相对人有理由相信行为人有代理权的，该合同有效。本案中，A公司向B公司出具了D公司提供的盖有公章及法定代表人签字的空白委托书及合同专用章，B公司有理由相信A公司有代理权，A公司与B公司签订的以D公司为保证人的保证合同有效，因此D公司应承担担保责任。

第八节　合同法分则中的具体合同

《合同法》分则具体规定了 15 种合同类型，称为有名合同或典型合同。具体包括买卖合同、供用电、水、气、热力合同、赠与合同、借款合同、租赁合同、融资租赁合同、承揽合同、建设工程合同、运输合同、技术合同、保管合同、仓储合同、委托合同、行纪合同、居间合同等。最常见的有名合同是买卖合同、借款合同、租赁合同、运输合同等。

一、买卖合同

买卖合同是出卖人转移标的物的所有权于买受人，买受人支付价款的合同。买卖合同关系的主体是出卖人即卖方和买受人即买方。买卖合同是双务、有偿合同；可以是要式合同，也可以是不要式合同。

（一）买卖合同双方当事人的权利义务

1. 出卖人的义务

（1）按约定交付标的物或交付提取标的物的单证的义务。交付标的物是出卖人的首要义务，也是买卖合同最重要的合同目的。出卖人应当按照约定的期限、地点、质量、包装方式等交付标的物。

（2）转移标的物所有权的义务。买受人的最终目的是获得标的物的所有权，将标的物所有权转移给买受人是其主要义务。

（3）承担瑕疵担保责任的义务。出卖人应当按照约定或法定的质量标准交付标的物。其交付的标的物不符合约定或法定的，由其承担瑕疵担保责任。

2. 买受人的主要义务

（1）支付价款。买受人应依合同约定的数额、地点和时间向出卖人支付价款，这是买受人的主要义务。

（2）受领标的物。对于出卖人交付符合约定的标的物及其有关权利和凭证，买受人有受领义务。

（3）对标的物检查通知的义务。买受人受领标的物后，应当在当事人约定或法定期限内，依通常程序尽快检查标的物。若发现应由出卖人负担责任的瑕疵时，应妥善保管标的物并将其瑕疵立即通知出卖人。

（4）拒收时的保管义务。买受人受领标的物后发现瑕疵的，在与出卖人交涉期间，买受人有妥善保管标的物的义务。因买受人保管不善导致标的物灭失或价值减少的，应当承担责任；因保管标的物支出的必要费用，有请求出卖人赔偿的权利。

（二）标的物的所有权转移和风险责任承担

1. 标的物的所有权转移

买卖合同中的物就是标的，也称为标的物，除法律另有规定或当事人另有约定外，标的物的所有权自交付时起转移。

2. 标的物毁损、灭失风险责任的承担

《合同法》第一百四十二条规定：标的物毁损、灭失的风险，在标的物交付之前由出卖人承担，交付之后由买受人承担，但法律另有规定或者当事人另有约定的除外。

3. 孳息归属

交付前产生的孳息物，归出卖人；交付之后产生的孳息物，归买受人。

【例 8-16】甲、乙企业于 2016 年 5 月 6 日签订一份标的额为 100 万元的买卖合同，根据合同约定，乙企业应于 6 月 10 日前到甲企业的库房领取全部货物。但由于乙企业的原因，乙企业于 6 月 20 日才领取该批货物，但 6 月 15 日甲企业的库房发生火灾，致使部分货物受损。根据相关的规定，乙企业应当自（　　）之日起承担标的物毁损、灭失的风险。

A. 6 月 6 日　　B. 6 月 10 日

C. 6 月 15 日　　D. 6 月 20 日

答案：B

【解析】出卖人按照约定将标的物置于交付地点的，买受人违反约定没有收取的，标的物毁损、灭失的风险自违反约定之日起由买受人承担。

二、借款合同

借款合同，是借款人向贷款人借一定种类和数额的款项，到期返还借款并支付利息的合同。提供货币一方称贷款人，受领货币一方称借款人。

借款合同的内容包括借款种类、币种、借款用途、利率、还款期限和方式等。借款合同采用书面形式，但自然人之间的借款合同的形式由当事人自行约定。借款合同中，除自然人之间的借款合同为实践性合同外，均为诺成性合同。

（一）当事人的权利和义务

1. 借款人的义务

（1）订立借款合同，借款人应当按照贷款人的要求提供与借款有关的业务活动和财务状况的真实情况以及相应的担保。并应按照约定向贷款人定期提供有关财务会计报表等资料。

（2）按照约定收取和使用借款。借款人未按照约定的日期、数额收取借款的，应当按照约定的日期、数额支付利息。合同对借款有约定用途的，借款人须按照约定用途使用借款，否则，贷款人可以停止发放借款，提前收回借款或解除合同。

（3）按期归还借款本金和利息。当借款为无偿时，借款人须归还借款本金，当借款为有偿时，借款人除须归还借款本金外，还必须按约定支付利息。

2. 贷款人的权利义务

贷款人的义务是按照约定的日期、数额提供借款。贷款人未按照约定的日期、数额提供借款，造成借款人损失的，应当赔偿损失。在借款合同中，贷款人不得利用优势地位预先在本金中扣除利息。否则，应承担相应的法律责任。

贷款人的权利主要有：一是请求返还本金和利息权；二是对借款使用的监督检查权；三是停止发放借款；四是提前收回借款和解除合同权。

（二）自然人之间的借款合同的特殊规定

一是自然人间的借款合同是不要式合同，当事人可自行约定形式；二是自然人间的借款未约定利息的，视为无偿借款；三是自然人间有偿借款，其利率不得高于法定限制。依相关法律规定，民间借贷的利率可以适当高于银行的利率，但最高不得超过银行同类贷款利率的4倍，不允许计复利。

【例8-17】甲公司向乙银行借款1 000万元，甲公司未按约定的借款用途使用借款。根据合同法律制度的规定，乙银行可以采取的措施有（　　）。

A. 按已确定的借款利息双倍收取罚息

B. 提前收回借款

C. 解除借款合同

D. 停止发放借款

答案：BCD

【解析】根据规定，借款人应当按照借款合同约定的用途使用借款。借款人未按照约定的借款用途使用借款的，贷款人可以停止发放借款、提前收回借款或者解除合同。

三、租赁合同

（一）租赁合同的概念和内容

租赁合同是出租人将租赁物交付承租人使用、收益，承租人支付租金的合同。租赁合同中，承租人的目的是取得租赁物的使用收益权，在租赁合同终止时承租人要返还租赁物；出租人也只转让租赁物的使用收益权。租赁合同是双务、有偿、诺成合同。

租赁合同的内容包括租赁物的名称、数量、用途、租赁期限、租金及支付期限等条款。合同法规定，租赁期限6个月以下的，可以由当事人自由选择合同的形式。租赁期限6个月以上的，应当采用书面形式。未采用书面形式的，不论当事人对租赁期限是否作了约定，都视为不定期租赁。

（二）当事人的义务

1. 出租人的主要义务

（1）交付出租物并在租赁期内保持租赁物符合约定用途。出租人应按照合同约定的时间和方式将租赁物交付承租人，并在租赁期间保持租赁物符合约定的用途。若发生品质降低而损害承租人使用收益或其他权利时，则应维护修缮，恢复原状。

（2）出租人的赔偿责任。当租赁物有瑕疵或存在权利瑕疵使承租人不能依约使用收益时，承租人有权解除合同，承租人因此所受损失，出租人应负赔偿责任，但承租人订约时明知有瑕疵的除外。

2. 承租人的主要义务

（1）支付租金。承租人应当按照约定的期限支付租金，如无正当理由未支付租金或延期支付租金的，出租人可以要求承租人在合理期限内支付。如承租人逾期不支付的，出租人可解除合同。

（2）按合同约定使用租赁物。《合同法》规定：承租人按照约定的方法或者租赁物的性质使用租赁物，致使租赁物受到损耗的，不承担损害赔偿责任。承租人未按照约定的方法或者租赁物的性质使用租赁物，致使租赁物受到损失的，出租人可以解除合同并要求赔偿损失。

承租人经出租人同意，可以对租赁物进行改善或者增设他物。承租人未经出租人同意，对租赁物进行改善或者增设他物的，出租人可以要求承租人恢复原状或者赔偿损失。

（3）妥善保管租赁物。承租人应当妥善保管租赁物，因保管不善造成租赁物毁损、灭失的，应当承担损害赔偿责任

（4）返还租赁物。租赁期间届满，承租人应当返还租赁物。返还的租赁物应当符合按照约定或者租赁物的性质使用后的状态。逾期不还，即构成违约，须给付违约金或逾期租金，并须负担逾期中的风险。经出租人同意对租赁物进行改善和增设他物的，承租人可以请求出租人偿还租赁物增值部分的费用。

（三）承租人的转租权

承租人经出租人向意，可以将租赁物转租给第三人。承租人转租的，承租人与出租人之间的租赁合同继续有效，第三人对租赁物造成损失的，承租人应当赔偿损失；承租人未经出租人同意转租的，出租人可以解除合同。

（四）承租人的优先购买权

《合同法》第二百二十九条规定：租赁物在租赁期间发生所有权变动的，不影响租赁合同的效力。第二百三十条规定：出租人出卖租赁房屋的，应当在出卖之前的合理期限内通知承担人，承租人享有以同等条件优先购买的权利。

【例 8-18】在下列（　　）情形下，租赁合同的出租人有权解除合同。

A. 承租人未经同意对租赁物进行改善或增设他物

B. 承租人未按约定的方法或租赁物的性质使用租赁物

C. 承租人未经同意转租租赁物

D. 承租人无正当理由不支付租金，且在出租人要求的合理期限内仍不支付租金

答案：BCD

【解析】承租人未经同意对租赁物进行改善或增设他物的，出租人不能解除合同，只能要求承租人恢复原状或赔偿损失。

四、运输合同

运输合同又称为运送合同，是指承运人将旅客或者货物从起运地点运输到约定地点，旅客、托运人或收货人支付票款或运输费用的合同。运输合同分为客运合同、货运合同和多式联运合同。

运输合同的标的是运送行为。运输合同是双务有偿合同，多为格式合同。运输合

同的成立，在客运合同可为诺成或实践合同，但货运合同通常是诺成性合同。若当事人有约定或法律有特殊规定时，货运合同也可为实践合同。

(一) 客运合同

客运合同自旅客支付客票时成立。客运合同通常采用票证形式，如火车票、飞机票等。客票是客运合同的书面表现形式。

1. 旅客的义务

(1) 应当支付票款，持有效客运票乘运。旅客应当持有效客运票承运。旅客无票乘运、超程乘运、越级乘运或者持失效客票乘运的，应当补交票款，承运人可以按照规定加收票款。旅客不交付票款的，承运人可以拒绝运输。

(2) 限量携带行李的义务。旅客在运输中应当按照约定的限量携带行李。超过限量携带行李的，应当办理托运手续。

(3) 不得随身携带或者夹带危险品或其他违禁物品的义务。旅客不得随身携带或者在行李中夹带易燃、易爆、有毒、有腐蚀性、有放射性以及有可能危及运输工具上人身和财产安全的危险物品或者其他违禁物品。

2. 承运人的主要义务

(1) 按约定运输义务。承运人应当按照客票载明的时间和班次运输旅客到约定的目的地。承运人延迟运输的，应当根据旅客的要求安排改乘其他班次或者退票。承运人擅自变更运输工具而降低服务标准的，应当根据旅客的要求退票或者减收票款；提高服务标准的，不应当加收票款。

(2) 告知义务。承运人应当向旅客及时告知有关不能正常运输的重要事由和安全运输应当注意的事项。

(3) 救助义务。承运人在运输过程中，应当尽力救助患有急病、分娩、遇险的旅客。

(4) 对旅客伤亡的赔偿责任。承运人应当对运输过程中旅客的伤亡承担损害赔偿责任，但伤亡是旅客自身健康原因造成的或者承运人证明伤亡是旅客故意、重大过失造成的除外。该规定适用于按照规定免票、持优待票或者经承运人许可搭乘的无票旅客。

(5) 对行李的损害赔偿责任。在运输过程中旅客自带物品毁损、灭失，承运人有过错的，应当承担损害赔偿责任。旅客托运的行李毁损、灭失的，适用货物运输的有关规定

(二) 货运合同当事人的义务

货运合同是指承运人将托运人交付的货物运输到指定地点，而由托运人支付运费的合同。货运合同依据运输工具的不同，可分为公路货运合同、铁路货运合同、航空货运合同等。

1. 托运人的主要义务

托运人的主要义务包括支付运输费用的义务、准确提供受货人和告知必要情况的义务、按约定或适宜方法保护货物包装的义务、托运危险物品应妥善包装、警示的

义务。

2. 承运人的主要义务

（1）运送义务。承运人应按照约定的时间、地点安全无损地将物品运抵目的地。

（2）及时通知收货人的义务。货物运输到达后，承运人知道收货人的，应当及时通知收货人，收货人应当及时提货。收货人逾期提货的，应当向承运人支付保管费等费用。收货人不明或者收货人无正当理由拒绝受领货物的，承运人可以提存货物。

（3）对货物的损害赔偿责任。承运人对运输过程中货物的毁损、灭失承担损害赔偿责任，但承运人证明货物的毁损、灭失是因不可抗力、货物本身的自然性质或者合理损耗以及托运人、收货人的过错造成的，不承担损害赔偿责任。货物在运输过程中因不可抗力灭失，未收取运费的，承运人不得要求支付运费；已收取运费的，托运人可以要求返还。

（4）多个运送人的连带责任。两个以上承运人以同一运输方式联运的，与托运人订立合同的承运人应当对全程运输承担责任。损失发生在某一运输区段的，与托运人订立合同的承运人和该区段的承运人承担连带责任。

【例 8-19】在货运合同中，货物在运输过程中因不可抗力灭失的，（　　）。

A. 已收取运费的，托运人不得要求返还

B. 未收取运费的，承运人不得要求支付运费

C. 收取运费的，承运人可以要求支付运费

D. 已收取运费的，托运人可以要求返还

答案：BD

【解析】货物在运输过程中因不可抗力灭失，未收取运费的，承运人不得要求支付运费；已收取运费的，托运人可以要求返还。

本章复习思考题

1. 简述合同的概念和法律特征。
2. 合同的主要条款有哪些？
3. 简述要约和承诺的生效条件。
4. 简述合同成立与合同订立的关系。
5. 简述无效合同、可撤销合同和效力待定合同的法律规定。
6. 谈谈双务合同的同时履行抗辩权、后履行抗辩权、不安抗辩权的区别。
7. 简述合同保全措施的法律规定。
8. 我国的担保方式有哪几种？简述各种担保方式的主要内容。
9. 什么是合同的变更？允许变更合同的情形有哪些？
10. 什么是合同的转让？怎样转让合同的权利、义务？
11. 简述合同解除的法律规定。
12. 什么是违约责任？承担违约责任方式有哪些？

本章主要参考的法律法规

1.《中华人民共和国合同法》(1999 年 3 月 15 日通过，自 1999 年 10 月 1 日起施行)

2.《最高人民法院关于适用〈中华人民共和国合同法〉若干问题的解释（一)》(自 1999 年 12 月 29 日起施行)

3.《最高人民法院关于审理涉外民事或商事合同纠纷案件法律适用若干问题的规定》(自 2007 年 8 月 8 日起施行)

4.《中华人民共和国担保法》(1995 年 10 月 1 日起施行)

5.《最高人民法院关于适用〈中华人民共和国担保法〉若干问题的解释》（自 2000 年 12 月 13 日起施行)

7.《中华人民共和国物权法》(自 2007 年 10 月 1 日起施行)

第九章　劳动与社会保障法

本章知识要点：

本章串讲视频

（1）掌握劳动法的调整范围，劳动者与用人单位的权利和义务，劳动报酬制度等内容。

（2）掌握劳动合同订立、履行、变更和解除的规定。

（3）了解我国社会保障中养老保险制度、医疗保险制度、工伤保险制度，社会福利和社会救济制度等。

第一节　劳动法

一、劳动法的概念、调整对象和调整范围

劳动法是调整劳动关系以及与劳动关系相关的其他社会关系的法律规范的总称。

劳动法的调整对象是劳动关系，即是劳动者与用人单位之间在劳动过程中发生的社会关系。

《中华人民共和国劳动法》（以下简称《劳动法》）第二条规定：在中华人民共和国境内的企业、个体经济组织（以下统称用人单位）和与之形成劳动关系的劳动者，适用本法。国家机关、事业组织、社会团体和与之建立劳动合同关系的劳动者，依照本法执行。根据这一规定及有关劳动行政法规和劳动规章的规定，劳动法的适用范围具体为：

（1）在我国境内的企业、个体经济组织和与之形成劳动关系的劳动者。

（2）国家机关、事业组织、社会团体实行劳动合同制度的以及按规定应实行劳动合同制度的工勤人员。

（3）实行企业化管理的事业组织的人员。

（4）其他通过劳动合同与国家机关、事业组织、社会团体建立劳动关系的劳动者。

公务员以及比照公务员制度的事业组织和社会团体的工作人员、农村劳动者（乡镇企业职工和进城务工、经商的农民除外）、现役军人、家庭保姆、在我国境内享有外交特权和豁免权的外国人等不适用我国劳动法。

二、劳动法律关系的构成要素

劳动法律关系是劳动者与用人单位依据劳动法律规范，在劳动过程中形成的权利义务关系。劳动法律关系是由法律关系的主体、客体、内容三个要素构成。

（一）劳动法律关系主体

一方是劳动者，劳动者必须是自然人；一方是用人单位，包括企业、事业、机关等单位及个体经营组织。

劳动者是具有劳动能力，以从事劳动获取合法劳动报酬的自然人。自然人要成为劳动者，必须具备主体资格，即必须具有劳动权利能力和劳动行为能力。

依我国劳动法的规定，凡年满16周岁、有劳动能力的公民是具有劳动权利能力和劳动行为能力的人。即劳动者的法定最低就业年龄为16周岁，除法律另有规定外，任何单位不得与未满16周岁的未成年人发生劳动法律关系。对有可能危害未成年人健康、安全或道德的职业或工作，最低就业年龄不应低于18周岁，用人单位不得招用已满16周岁不满18周岁的公民从事过重、有毒、有害的劳动或者危险作业。

用人单位是指依法使用和管理劳动者并付给其劳动报酬的单位。在我国，用人单位包括依法成立的企事业单位、国家机关、社会团体和个体经济组织。

（二）劳动法律关系的内容

劳动法律关系的内容是指劳动法律关系的主体双方依法享有的权利和承担的义务。

1. 劳动者的权利和义务

劳动者的基本权利有：

平等就业和选择职业的权利，取得劳动报酬的权利，休息休假的权利，获得劳动安全卫生保护的权利、接受职业技能培训的权利，享受社会保险和福利的权利，依法参加和组织工会的权利，提请劳动争议处理的权利以及法律规定的其他劳动权利。

劳动者的主要义务有：

劳动者应当完成劳动任务，提高职业技能，执行劳动安全卫生规程，遵守劳动纪律和职业道德。

2. 用人单位的权利和义务

用人单位的权利主要有：

（1）招工权。用人单位根据本单位的需要招用职工，并有权自主决定招工方式、招工数量、招工条件和招工时间。

（2）用人权。用人单位依照法律和合同的规定使用和管理劳动者的权利。

（3）奖惩权。用人单位依照法律和本单位的劳动纪律，决定对职工奖惩的权利。

（4）分配权。用人单位在法律和合同规定的范围内，决定劳动报酬分配方面的权利。当然，用人单位确定的职工工资标准，不得低于当地政府所制定的最低工资标准。

（5）合理组织调配权。用人单位有权根据自身的生产规模、生产特点，自行决定内部机构设置和人员配备。

用人单位对劳动者的义务主要有：①支付劳动报酬的义务；②保护职工的义务；

③帮助职工的义务；④合理使用职工的义务；⑤培训职工的义务；⑥必须执行劳动法规、劳动政策和劳动标准的义务；⑦接受国家劳动计划的指导，服从劳动行政部门以及其他有关国家机关的管理和监督的义务。

【例题9-1】（多选题）劳动报酬权具体包括（　　）。

A. 依据劳动者提供的劳动量和按劳分配的原则，取得应有的劳动报酬的权利

B. 劳动者通过劳动，取得国家规定的最低工资的权利

C. 劳动者以货币的形式取得劳动报酬的权利。这项权利决定了用人单位不得以任何理由将劳动者的工资以商品或其他物资折抵

D. 劳动者在法律规定的时间内领取劳动报酬的权利

E. 凡是参加劳动的劳动者，都应当取得同样的劳动报酬

【解析】ABCD 按照法律规定，劳动者从事劳动，有获取报酬且报酬必须按时发放，工资只能以货币形式发放，工资标准不得低于国家规定的最低工资，按劳分配。

（三）劳动法律关系的客体

劳动法律关系的客体劳动法律关系主体双方的权利义务共同指向的对象，包括劳动行为、劳动待遇和劳动条件。劳动行为，是劳动法律关系的基本客体，即劳动者为完成用人单位安排的劳动任务而之处劳动力的活动；劳动待遇和劳动条件，是劳动法律关系的辅助客体，即劳动者因支出劳动力而有权获得的、用户单位因使用劳动力而有义务提供的各种待遇和条件。

三、劳动报酬制度

（一）工资制度

工资是指用人单位依据国家有关规定和集体合同、劳动合同约定的标准，根据劳动者提供劳动的数量和质量，以货币形式支付给劳动者的劳动报酬。

我国的工资形式主要有：

1. 计时工资

计时工资是按单位时间工资标准和劳动者实际工作时间计付劳动报酬的工资形式。我国常见的有小时工资、日工资、月工资。

2. 计件工资

计件工资是按照劳动者生产合格产品的数量或作业量以及预先规定的计件单价支付劳动报酬的一种工资形式。计件工资是计时工资的转化形式。

3. 奖金

奖金是给予劳动者的超额劳动报酬和增收节支的物质奖励。它包括：月奖、季度奖和年度奖；经常性奖金和一次性奖金；综合奖和单项奖等。

4. 津贴

津贴是对劳动者在特殊条件下的额外劳动消耗或额外费用支出给予物质补偿的一种工资形式。津贴主要有：岗位津贴、保健性津贴、技术性津贴等。

5. 补贴

补贴是为了保障劳动者的生活水平不受特殊因素的影响而支付给劳动者的工资形式。它与劳动者的劳动没有直接联系，其发放根据主要是国家有关政策规定，如物价补贴、边远地区生活补贴等。

6. 特殊情况下的工资

特殊情况下的工资是对非正常工作情况下的劳动者依法支付工资的一种工资形式。特殊情况的工资主要有：加班加点工资，事假、病假、婚假、探亲假等工资以及履行国家和社会义务期间的工资等。

（二）最低工资制度

最低工资，是指劳动者在法定工作时间提供了正常劳动的前提下，其所在用人单位必须按法定最低标准支付的劳动报酬。最低工资有三个涵义：

（1）获得最低工资的前提是劳动者在法定工作时间内提供了正常劳动；

（2）最低工资标准是由政府通过立法直接确定的；

（3）只要劳动者提供了法定工作时间的正常劳动，用人单位支付的劳动报酬不得低于政府规定的最低工资标准。

最低工资的特点主要有以下三方面：

（1）最低工资保障范围，不仅包括劳动者本人的基本生活需要，而且也包括劳动者赡养的家庭成员的生活需要。

（2）最低工资数额由最低工资率确定。

（3）最低工资只确定了劳动者的最低工资标准，它要求所有的用人单位在向本单位劳动者支付工资或通过劳动合同约定工资数额时，均不得低于最低工资率确定的工资标准，否则，约定无效，并按最低工资标准执行。

四、工作时间和休息休假制度

（一）工作时间的概念和种类

工作时间又称劳动时间，是指法律规定的劳动者在一昼夜和一周内从事劳动的时间。工作时间包括每日工作的小时数，每周工作的天数和小时数。

工作时间的种类包括标准工作时间、缩短工作时间、延长工作时间、定时工作时间和综合计算工作时间。以下主要简述三种工作时间：

1. 标准工作时间

标准工作时间又称标准工时，是指法律规定的在一般情况下都普遍适用的，按照正常作息办法安排的工作日和工作周的工时制度。我国的标准工时为：劳动者每日工作 8 小时，每周工作 40 小时，在一周（7 日）内工作 5 天。实行计件工作的劳动者，用人单位应当根据每日工作 8 小时、每周工作 40 小时的工时制度，合理确定其劳动定额和计件报酬标准。

2. 缩短工作时间

缩短工作时间是指法律规定的在特殊情况下劳动者的工作时间长度少于标准工作

时间的工时制度，即每日工作少于 8 小时。缩短工作日适用于：①从事矿山井下、高山、有毒有害、特别繁重或过度紧张等作业的劳动者；②从事夜班工作的劳动者；③哺乳期内的女职工。

3. 延长工作时间

延长工作时间是指超过标准工作日的工作时间，即日工作时间超过 8 小时，每周工作时间超过 40 小时。延长工作时间必须符合法律、法规的规定。

（二）休息休假制度

1. 休息休假的概念

休息休假是指劳动者为行使休息权在国家规定的法定工作时间以外，不从事生产或工作而自行支配的时间。

2. 休息时间的种类

（1）工作日内的间歇时间。它是指在工作日内给予劳动者休息和用膳的时间，一般为 1 至 2 小时，最短不得少于半小时。

（2）工作日间的休息时间。它是指两个临近工作日之间的休息时间，一般不少于 16 小时。

（3）公休假日，又称周休息日，是劳动者在 1 周（7 日）内享有的休息日，公休假日一般为每周 2 日，一般安排在周六和周日休息。不能实行国家标准工时制度的企业和事业组织，可根据实际情况灵活安排周休息日，应当保证劳动者每周至少休息 1 日。

3. 休假的种类

休假的种类包括：

（1）法定节假日。法定节假日是指法律规定用于开展纪念、庆祝活动的休息时间。

（2）探亲假。它是指劳动者享有保留工资、工作岗位而同分居两地的父母或配偶团聚的假期。探亲假适用于在国家机关、人民团体、全民所有制企业、事业单位工作满 1 年的固定职工。

（3）年休假。它是指职工工作满一定年限，每年可享有的带薪连续休息的时间。《劳动法》第四十五条规定，国家实行带薪年休假制度。劳动者连续工作 1 年以上的，享有带薪年休假。具体办法由国务院规定。

4. 加班加点的主要法律规定

加班是指劳动者在法定节假日或公休假日从事生产或工作。加点是指劳动者在标准工作日以外延长工作的时间。加班加点又统称为延长工作时间。

《劳动法》第四十一条规定，用人单位由于生产经营需要，经与工会和劳动者协商后可以延长工作时间，一般每日不得超过 1 小时；因特殊原因需要延长工作时间的，在保障劳动者身体健康的条件下延长工作时间每日不得超过 3 小时，但是每月不得超过 36 小时。

《劳动法》对加班加点的工资标准的规定有：

（1）安排劳动者延长工作时间的，支付不低于工资的 150%的工资报酬；

（2）休息日安排劳动者工作又不能安排补休的，支付不低于工资的200%的工资报酬；

（3）法定休假日安排劳动者工作的，支付不低于工资的300%的工资报酬。

【例题9-2】2016年10月，王可等25人成为某针织厂的合同制工人。为赶任务，经理决定从12月25日起每天延长2小时，元旦不放假，直到2017年1月15日才恢复正常工作时间。王某等虽不情愿，但怕丢了工作也没有表示异议，等到领工资时发现没有加班费，便找经理申诉，没有结果。

【解析】根据劳动法规定，日工作不超过八小时，在法定的节假日（元旦、星期日等）应安排劳动者休息休假。用人单位因生产经营需要，经与工会和劳动者协商后可延长工作时间，一般每日不超过1小时。但最多不超过3小时。本案中该经理不与劳动者协商，单方决定延长工作时间每天达10小时而且元旦不放假，违反职工意愿，是一种违反劳动法的行为，应受处罚。延长工作时间应付加班费。经理应支付王某等人在休息假日工资，并支付延长他们工作时间的工资。

五、劳动安全卫生制度

劳动安全卫生制度，是以保护劳动者的生命安全和身体健康为目的而设立的劳动保护法律制度。包括劳动安全技术规程、劳动卫生规程、企业安全卫生管理制度等。

生产经营单位应当具备有关法律、行政法规和国家标准或者行业标准规定的安全生产条件；不具备安全生产条件的，不得从事生产经营活动。

生产经营单位的主要负责人对本单位安全生产工作负有下列职责：

（1）建立、健全本单位安全生产责任制。

（2）组织制定本单位安全生产规章制度和操作规程。

（3）保证本单位安全生产投入的有效实施。

（4）督促、检查本单位的安全生产工作，及时消除生产安全事故隐患。

（5）组织制定并实施本单位的生产安全事故应急救援预案。

（6）及时、如实报告生产安全事故。

生产经营单位应当具备的安全生产条件：

（1）安全生产条件所必需的资金投入，由生产经营单位的决策机构、主要负责人或者个人经营的投资人予以保证，并对由于安全生产所必需的资金投入不足导致的后果承担责任。

（2）矿山、建筑施工单位和危险物品的生产、经营、储存单位，应当设置安全生产管理机构或者配备专职安全生产管理人员。

（3）生产经营单位的主要负责人和安全生产管理人员必须具备与本单位所从事的生产经营活动相应的安全生产知识和管理能力。

（4）生产经营单位应当对从业人员进行安全生产教育和培训，保证从业人员具备必要的安全生产知识，熟悉有关的安全生产规章制度和安全操作规程，掌握本岗位的安全操作技能。

（5）安全设施投资应当纳入建设项目概算。建设项目安全设施的设计人、设计单位应当对安全设施设计负责。

（6）国家对严重危及生产安全的工艺、设备实行淘汰制度。

（7）生产经营项目、场所有多个承包单位、承租单位的，生产经营单位应当与承包单位、承租单位签订专门的安全生产管理协议，或在承包合同、租赁合同中约定各自的安全生产管理职责。对承包单位、承租单位的安全生产工作统一协调、管理。

（8）生产经营单位必须依法参加工伤社会保险，为从业人员缴纳保险费。

六、劳动就业制度和职业培训制度

（一）劳动就业制度

劳动就业制度是为具有劳动能力的人获得职业提供有报酬的劳动和工作的法律制度。

劳动法规定，国家通过促进经济和社会发展，创造就业条件，扩大就业机会。国家鼓励企业、事业单位、社会团体在法律、行政法规规定的范围内兴办产业或者拓展经营，增加就业。

劳动法强调劳动就业不因民族种族性别不同而受歧视；妇女享有与男子平等的就业权利。

为保护未成年人的合法权益，劳动法还禁止用人单位招用未满 16 周岁的未成年人。并且规定了特殊情况下，必须履行审批手续，并保障未成年人接受义务教育的权利。

（二）职业培训制度

国家通过各种途径，采取各种措施，发展职业培训事业，开发劳动者的职业技能，提高劳动者素质，增强劳动者的就业能力和工作能力。

各级人民政府应当把发展职业培训纳入社会经济发展的规划，鼓励和支持有条件的企业、事业组织、社会团体和个人进行各种形式的职业培训。

用人单位应当建立职业培训制度，按照国家规定提取和使用职业培训经费，根据本单位实际，有计划地对劳动者进行职业培训。

从事技术工种的劳动者，上岗前必须经过培训。

国家确定职业分类，对规定的职业制度职业技能标准，实行职业资格证书制度，由经过政府批准的考核鉴定机构负责对劳动者实施职业技能考核鉴定。

第二节 劳动合同法

一、劳动合同法概述

（一）劳动合同的概念、特点和种类

劳动合同是劳动者和用人单位之间依法订立的，并明确双方劳动权利和义务关系的书面协议。

劳动合同的特点是：

（1）具有较强的法定性，强制性规范较多。法律允许双方当事人协商签订劳动合同，但协商的内容不得违反强制性规范。

（2）合同双方的主体特定。一方是劳动者，另一方是用人单位。

（3）劳动合同具有从属性。劳动者在组织、经济上从属于用人单位。

【例题 9-3】某甲长期为一商店运送货物挣取劳务费。一日，某甲因有事临时让某乙代其为商店运送货物，每日支付劳动报酬 80 元。谁知，某乙在第二次运送货物途中遭遇不幸身亡。肇事车辆逃逸，查无下落。某乙家人要求某甲与商店老板共同赔偿因某乙死亡造成的损失，双方为此发生纠纷，某乙家人以某乙与某甲和商店之间具有劳动合同关系要求按工伤处理为由，向劳动仲裁委员会申请仲裁。

某乙死亡造成的损失应由谁来承担及其家人能否向劳动仲裁委主张权利，涉及某乙与某甲之间以及他们与商店之间的法律关系。此案例中，某乙与某甲是雇佣关系，某甲与饭店是劳务关系，他们与商店之间都不具有劳动关系。那么，劳动合同关系与雇佣合同关系以及劳务合同关系有什么具体区别呢？

【解析】某甲以个人名义要求某乙代其送货并支付劳动报酬，与某乙具有雇佣合同关系，根据相关规定，雇主应承担受雇人在执行受雇事务时造成的自身损害的后果，因此某甲应承担某乙死亡给其家人造成的损失；商店让某甲为其送货并支付报酬，某甲并未成为商店一员，不受商店管理和约束，因此商店和某甲之间是劳务合同关系，根据劳务合同风险由提供劳务方自负的原则，商店不承担某乙死亡的责任。由于此案中不存在劳动合同关系，因此，某乙家人向劳动仲裁委申请仲裁是不对的，应当向人民法院提起诉讼。

劳动合同的种类有：

1. 有固定期限的劳动合同

有固定期限的劳动合同是双方当事人明确约定合同有效的起始日期和终止日期的劳动合同。期限届满，劳动合同终止。双方当事人可以根据生产、工作的需要确定劳动合同的期限。

2. 无固定期限的劳动合同

无固定期限的劳动合同是双方当事人只约定合同的起始日期，不约定合同的终止日期的劳动合同。根据《中华人民共和国劳动合同法》（以下简称《劳动劳动合同法》）规定，用人单位与劳动者协商一致，可以订立无固定期限劳动合同。有下列情形之一，劳动者提出或者同意续订、订立劳动合同的，除劳动者提出订立固定期限劳动合同外，应当订立无固定期限劳动合同：

（1）劳动者在该用人单位连续工作满十年的。

（2）用人单位初次实行劳动合同制度或者国有企业改制重新订立劳动合同时，劳动者在该用人单位连续工作满十年且距法定退休年龄不足十年的。

（3）连续订立二次固定期限劳动合同，且劳动者没有《劳动合同法》第三十九条解除劳动合同的情形和第四十条第 1、2 项规定的劳动者不能胜任工作的情形，续订劳动合同的。

除此以外，《劳动合同法》还规定，用人单位自用工之日起满一年不与劳动者订立书面劳动合同的，视为用人单位与劳动者已订立无固定期限劳动合同。

【例题 9-4】有下列情形之一，劳动者提出或者同意续订、订立劳动合同的，除劳动者提出订立固定期限劳动合同外，应当订立无固定期限劳动合同（　　）

A. 劳动者在该用人单位连续工作满十年的；

B. 用人单位初次实行劳动合同制度或者国有企业改制重新订立劳动合同时，劳动者在该用人单位连续工作满十年且距法定退休年龄不足十年的；

C. 连续订立二次固定期限劳动合同，且劳动者没有本法第三十九条和第四十条第一项、第二项规定的情形，续订劳动合同的；

D. 法律法规规定的其他情形

【解析】ABCD 。具体规定见上述内容。

3. 以完成一定工作为期限的劳动合同

以完成一定工作为期限的劳动合同是指用人单位与劳动者约定以某项工作的完成为合同期限的劳动合同，一般适用于建筑业、临时性、季节性的工作或由于其工作性质可以采取此种合同期限的工作岗位。

二、劳动合同的订立

（一）劳动合同的订立形式

建立劳动关系，应当订立书面劳动合同。

劳动合同应当采用书面形式，即劳动合同书，也可以在劳动合同书外达成补充协议，如岗位协议书、专项劳动协议、用人单位依法制定的劳动规章制度等。两者都具有同等的法律效力。

已建立劳动关系，未同时订立书面劳动合同的，应当自用工之日起一个月内订立书面劳动合同。用人单位与劳动者在用工前订立劳动合同的，劳动关系自用工之日起建立。

用人单位自用工之日起超过一个月不满一年未与劳动者订立书面劳动合同的，应当向劳动者每月支付二倍的工资。用人单位自用工之日起满一年不与劳动者订立书面劳动合同的，视为用人单位与劳动者已订立无固定期限劳动合同。

用人单位未在用工的同时订立书面劳动合同，与劳动者约定的劳动报酬不明确的，新招用的劳动者的劳动报酬按照集体合同规定的标准执行；没有集体合同或者集体合同未规定的，实行同工同酬。

（二）劳动合同的订立原则

《劳动合同法》第三条规定，订立劳动合同，应当遵循合法、公平、平等自愿、协商一致、诚实信用的原则。因此，劳动合同订立的原则有：合法原则；公平原则；平等自愿原则；协商一致原则、诚实信用原则。

三、劳动合同的条款

劳动合同的条款根据法律规定，分为必备条款和其他约定条款。

（一）必备条款

必备条款是法律规定的劳动合同生效必须具备的条款。根据《劳动合同法》的规定，劳动合同应当具备以下条款：

①用人单位的名称、住所和法定代表人或者主要负责人；②劳动者的姓名、住址和居民身份证或者其他有效身份证件号码；③劳动合同期限；④工作内容和工作地点；⑤工作时间和休息休假；⑥劳动报酬；⑦社会保险；⑧劳动保护、劳动条件和职业危害防护；⑨法律、法规规定应当纳入劳动合同的其他事项。

【例题 9-5】（多选题）劳动合同必须具备的法定条款包括（　　）。

A. 劳动合同期限　　B. 劳动保护和劳动条件

C. 工作内容　　D. 劳动合同终止的条件

E. 违反劳动合同的责任

【解析】ABC 见上述内容。

（二）其他约定条款

其他约定条款是法律规定的生效合同可以具备的条款。用人单位与劳动者可以约定试用期、培训、保守秘密、补充保险和福利待遇等其他事项。缺少约定条款不影响劳动合同的效力。

1. 试用期条款

劳动合同可以约定试用期，但不得约定违反法律规定的内容。《劳动合同法》规定：劳动合同期限三个月以上不满一年的，试用期不得超过一个月；劳动合同期限一年以上不满三年的，试用期不得超过二个月；三年以上固定期限和无固定期限的劳动合同，试用期不得超过六个月。

同一用人单位与同一劳动者只能约定一次试用期。以完成一定工作任务为期限的劳动合同或者劳动合同期限不满三个月的，不得约定试用期。试用期包含在劳动合同期限内。劳动合同仅约定试用期的，试用期不成立，该期限为劳动合同期限。

劳动者在试用期的工资不得低于本单位相同岗位最低档工资或者劳动合同约定工资的百分之八十，并不得低于用人单位所在地的最低工资标准。

【例题 9-6】2016 年 10 月，张某于烹饪学校毕业后到 A 饭店作厨师。A 饭店于 11 月和张某签订了为期 5 年的劳动合同。合同中约定试用期为半年，试用期满进行考试，不合格则延长试用期半年。饭店每月支付张某工资 1 500 元。张某在试用期内工作认真，但由于缺少经验，半年后，考试不合格，A 饭店决定延长试用期半年，并通知张某，延长试用期期间，张某的工资为原工资的 50%，即 750 元。张某认为这一决定没有道理，就找到饭店经理评理。饭店经理称：在延长试用期期间降低工资是本饭店多年的做法，对张某不能搞特殊。

【解析】A 饭店和张某约定的试用期和报酬都违背了法律的规定。法律规定三年以上固定期限和无固定期限的劳动合同，试用期不得超过六个月，同一用人单位与同一劳动者只能约定一次试用期。劳动者在试用期的工资不得低于本单位相同岗位最低档工资或者劳动合同约定工资的百分之八十，因此，既然A饭店和张某劳动合同有5年期间，在这5年期间，除非出现法定事由解除劳动合同，A饭店应依约支付张某月工资1 500元。

2. 培训服务期条款

用人单位为劳动者提供专项培训费用，对其进行专业技术培训的，可以与该劳动者订立协议，约定服务期。劳动者违反服务期约定的，应当按照约定向用人单位支付违约金。违约金的数额不得超过用人单位提供的培训费用。用人单位要求劳动者支付的违约金不得超过服务期尚未履行部分所应分摊的培训费用。用人单位与劳动者约定服务期的，不影响按照正常的工资调整机制提高劳动者在服务期期间的劳动报酬。

3. 保守商业秘密和专有技术秘密条款

双方当事人可以在劳动合同中约定在劳动关系存续期间劳动者负有保守用人单位商业秘密和专有技术秘密的义务，一般还可以约定在终止劳动关系后的一年以内劳动者继续承担保守原用人单位商业秘密和专有技术秘密的义务。

4. 竞业限制、禁止同业竞争条款

用人单位可以在劳动合同或者保密协议中与劳动者约定竞业限制条款，并约定在解除或者终止劳动合同后，在竞业限制期限内按月给予劳动者经济补偿。劳动者违反竞业限制约定的，应当按照约定向用人单位支付违约金。竞业限制的人员限于用人单位的高级管理人员、高级技术人员和其他负有保密义务的人员。竞业限制的范围、地域、期限由用人单位与劳动者约定，竞业限制的约定不得违反法律、法规的规定。

在解除或者终止劳动合同后，负有保密义务的人员到与本单位生产或者经营同类产品、从事同类业务的有竞争关系的其他用人单位，或者自己开业生产或者经营同类产品、从事同类业务的竞业限制期限，不得超过二年。

5. 违约金条款

劳动合同一般不得约定劳动者承担违约金。但有以下两种例外情形：劳动者违反服务期的违约金和违反竞业限制的违约金。

四、劳动合同的效力

劳动合同订立后，依法是否具有法律效力。一般来说，劳动合同分为有效的劳动合同和无效的劳动合同。

（一）劳动合同的有效

劳动合同依法由用人单位与劳动者协商一致，并经用人单位与劳动者在劳动合同文本上签字或者盖章并符合法律规定的劳动合同生效，劳动合同就具有法律效力，合同当事人就应当受约束。

（二）劳动合同的无效

按照《劳动合同法》的规定，下列劳动合同无效或者部分无效：

（1）以欺诈、胁迫的手段或者乘人之危，使对方在违背真实意思的情况下订立或者变更劳动合同的；

（2）用人单位免除自己的法定责任、排除劳动者权利的；

（3）违反法律、行政法规强制性规定的。

对劳动合同的无效或者部分无效有争议的，由劳动争议仲裁委员会或者人民法院确认。无效劳动合同，从订立时起就没有法律约束力。劳动合同部分无效，不影响其他部分的效力，其他部分仍然有效。

劳动合同被确认无效，劳动者已付出劳动的，用人单位应当向劳动者支付劳动报酬。劳动报酬的数额，参照本单位相同或者相近岗位劳动者的劳动报酬确定。

对导致劳动合同无效，无过错的一方当事人可选择解除或存续。因用人单位过错导致劳动合同无效的，劳动者可以即时辞职，并获得经济补偿；因劳动者过错导致用人单位意思表示不真实而使劳动合同无效的，用人单位可即时辞退。

劳动合同被确认无效，给对方造成损害的，有过错的一方应当承担赔偿责任。

五、劳动合同的履行、变更、解除和终止

劳动合同生效后，各方当事人应当履行劳动合同，因符合法律规定或当事人的约定可以变更或解除劳动合同。

（一）劳动合同的履行

劳动合同的履行，是指劳动合同当事人按照劳动合同的约定实现各自权利和义务的行为。用人单位和劳动者应当按照劳动合同的约定，全面履行各自的义务。用人单位应当按照劳动合同约定和国家规定，向劳动者及时足额支付劳动报酬；劳动者本人应当实际从事劳动合同约定的工作。劳动力派遣单位与接受单位应当按照劳动力派遣协议的约定，履行对被派遣的劳动者的义务；劳动力派遣协议约定不明的，劳动条件和劳动保护等与劳动过程直接相关的义务由接受单位履行，其他义务由劳动力派遣单位履行。

（二）劳动合同的变更

劳动合同的变更是指劳动合同双方当事人依据法律规定或约定，对劳动合同内容进行修改或者补充的法律行为。劳动法规定，变更劳动合同，应当遵循平等自愿、协商一致的原则，不得违反法律、行政法规的规定。

1. 变更的情形

（1）登记事项的变更

用人单位变更名称、法定代表人、主要负责人或者投资人等事项，不影响合同的履行。

（2）合并、分立

用人单位发生合并或分立等情况，原劳动合同继续有效，劳动合同由承继其权利和义务的用人单位继续履行。

（3）劳动合同订立时所依据的客观情况发生重大变化而发生的变更

劳动合同订立时所依据的客观情况发生重大变化，是劳动合同变更的一个重要事由。劳动合同订立时所依据的客观情况发生重大变化有三种情况，分别是：

①用人单位方面的原因

用人单位经上级主管部门批准或者根据市场变化决定转产、调整生产任务或者生产经营项目等，有些工种、生产岗位就可能因此而撤销或者为其他新的工种、岗位所替代，原劳动合同就可能因签订条件的改变而发生变更。

②劳动者方面的原因

如劳动者的身体健康状况发生变化、劳动能力部分丧失、所在岗位与其职业技能不相适应、职业技能提高了一定等级等，造成原劳动合同不能履行或者如果继续履行原合同规定的义务对劳动者明显不公平。

③客观方面的原因

客观方面的原因有：一是由于不可抗力的发生，使得原来合同的履行成为不可能或者失去意义。二是由于物价大幅度上升等客观经济情况变化致使劳动合同的履行会花费太大代价而失去经济上的价值。

合同变更的形式应当采用书面形式，变更后的文本由用人单位和劳动者各执一份。

（三）劳动合同的解除和终止

1. 劳动合同的解除

劳动合同的解除是指劳动合同当事人在劳动合同期限届满之前，依法提前终止劳动合同关系的法律行为。劳动合同的解除可分为协商解除、劳动者单方解除以及用人单位单方解除三种情况。

（1）双方协商解除劳动合同

根据《劳动合同法》第三十六条的规定，用人单位与劳动者协商一致，可以解除劳动合同。

（2）劳动者单方解除劳动合同

劳动者单方解除劳动合同有三种情况：

第一，预告解除。根据《劳动合同法》第三十七条的规定，劳动者提前三十日以书面形式通知用人单位，可以解除劳动合同。劳动者在试用期内提前三日通知用人单位，可以解除劳动合同。

第二，随时通知解除。根据《劳动合同法》第三十八条的规定，用人单位有下列情形之一的，劳动者均可以解除劳动合同，并可取得经济补偿：①未按照劳动合同约定提供劳动保护或者劳动条件的；②未及时足额支付劳动报酬的；③未依法为劳动者缴纳社会保险费的；④用人单位的规章制度违反法律、法规的规定，损害劳动者权益的；⑤因《劳动合同法》第二十六条第一款规定的情形致使劳动合同无效的；⑥法律、行政法规规定劳动者可以解除劳动合同的其他情形。

第三，无需通知解除。用人单位以暴力、威胁或者非法限制人身自由的手段强迫劳动者劳动的，或者用人单位违章指挥、强令冒险作业危及劳动者人身安全的，劳动者可以立即解除劳动合同，不需事先告知用人单位。

（3）用人单位单方解除劳动合同

用人单位单方解除劳动合同有三种情况：

第一，即时解除。根据《劳动合同法》第三十九条的规定，劳动者有下列情形之一的，用人单位可以解除劳动合同：①在试用期间被证明不符合录用条件的；②严重违反用人单位的规章制度的；严重失职，营私舞弊，给用人单位造成重大损害的；③劳动者同时与其他用人单位建立劳动关系，对完成本单位的工作任务造成严重影响，或者经用人单位提出，拒不改正的；④以欺诈、胁迫的手段或者乘人之危，使对方在违背真实意思的情况下订立或者变更劳动合同，致使劳动合同无效的；⑤被依法追究刑事责任的。

第二，预告解除。根据《劳动合同法》第四十条的规定，有下列情形之一的，用人单位提前三十日以书面形式通知劳动者本人或者额外支付劳动者一个月工资后，可以解除劳动合同：①劳动者患病或者非因工负伤，在规定的医疗期满后不能从事原工作，也不能从事由用人单位另行安排的工作的；②劳动者不能胜任工作，经过培训或者调整工作岗位，仍不能胜任工作的；③劳动合同订立时所依据的客观情况发生重大变化，致使劳动合同无法履行，经用人单位与劳动者协商，未能就变更劳动合同内容达成协议的。

第三，裁员。根据《劳动合同法》第四十一条的规定，有下列情形之一，需要裁减人员二十人以上或者裁减不足二十人但占企业职工总数百分之十以上的，用人单位提前三十日向工会或者全体职工说明情况，听取工会或者职工的意见后，裁减人员方案经向劳动行政部门报告，可以裁减人员：①依照企业破产法规定进行重整的；②生产经营发生严重困难的；③企业转产、重大技术革新或者经营方式调整，经变更劳动合同后，仍需裁减人员的；④其他因劳动合同订立时所依据的客观经济情况发生重大变化，致使劳动合同无法履行的。

裁减人员时，应当优先留用下列人员：与本单位订立较长期限的固定期限劳动合同的；与本单位订立无固定期限劳动合同的；家庭无其他就业人员，有需要扶养的老人或者未成年人的。用人单位依照上述规定裁减人员，在六个月内重新招用人员的，应当通知被裁减的人员，并在同等条件下优先招用被裁减的人员。

（4）禁止用人单位解除劳动合同的法律规定

劳动者有下列情形之一的，用人单位不得解除劳动合同：

①从事接触职业病危害作业的劳动者未进行离岗前职业健康检查，或者疑似职业病病人在诊断或者医学观察期间的；

②在本单位患职业病或者因工负伤并被确认丧失或者部分丧失劳动能力的；

③患病或者非因工负伤，在规定的医疗期内的；

④女职工在孕期、产期、哺乳期的；

⑤在本单位连续工作满十五年，且距法定退休年龄不足五年的；

⑥法律、行政法规规定的其他情形。

【例题 9-7】四名飞行员辞职被拒 申请仲裁被裁赔 2 480 万元

2007 年 9 月，因法定权益长期得不到保障，四名飞行员向某航空公司提出了辞职，结果遭到拒绝。无奈之下，他们向某区劳动仲裁委员会提出了劳动仲裁申请，近日，该委员会做出裁决，航空公司应为飞行员办理解除劳动合同，转移人事档案手续；而四名飞行员应向航空公司支付培训费、违约金共计约 2 480 万元。

劳动仲裁委：四飞行员赔偿 2 480 万元。同时支持了航空公司的反诉请求，认为飞行员在单方面解除劳动合同时，应该按照合同约定承担违约责任。另外，依照民航《关于规范飞行人员流动管理保证民航飞行队伍稳定的意见》，飞行员也应该按规定向航空公司支付培训费。

对此裁决，四人均表示不服，2008 年 1 月 2 日，他们向某区人民法院提起了诉讼。

【解析】四名飞行员提前以书面形式通知被诉人解除劳动合同，符合《劳动合同法》第三十七条“劳动者解除劳动合同，应当提前三十日以书面形式通知用人单位”的规定，所以对飞行员要求与航空公司解除劳动合同，并转移人事档案的请求予以支持。

但对于航空公司要求的赔偿数额，按照《劳动合同法》第二十二条规定：用人单位为劳动者提供专项培训费用，对其进行专业技术培训的，可以与该劳动者订立协议，约定服务期。劳动者违反服务期约定的，应当按照约定向用人单位支付违约金。违约金的数额不得超过用人单位提供的培训费用。用人单位要求劳动者支付的违约金不得超过服务期尚未履行部分所应分摊的培训费用。而天价赔偿 2 480 万元的依据不明确。

2. 劳动合同的终止

《劳动合同法》第四十四条规定，有下列情形之一的，劳动合同终止：

（1）劳动合同期满的；

（2）劳动者开始依法享受基本养老保险待遇的；

（3）劳动者死亡，或者被人民法院宣告死亡或者宣告失踪的；

（4）用人单位被依法宣告破产的；

（5）用人单位被吊销营业执照、责令关闭、撤销或者用人单位决定提前解散的；

（6）法律、行政法规规定的其他情形。

3. 解除、终止劳动合同的经济补偿

解除、终止劳动合同后，由用人单位给予劳动者的一次性经济补偿。

（1）用人单位应当向劳动者支付经济补偿的法定情形

根据《劳动合同法》第四十六条的规定，有下列情形之一的，用人单位应当向劳动者支付经济补偿：

①劳动者依照本法第三十八条规定依法解除劳动合同的；

②用人单位向劳动者提出解除劳动合同并与劳动者协商一致解除劳动合同的；

③用人单位依照本法第四十条规定提前 30 天通知劳动者解除劳动合同的；

④用人单位依照企业破产法规定进行重整的解除劳动合同的；

⑤除用人单位维持或者提高劳动合同约定条件续订劳动合同，劳动者不同意续订的情形外，劳动合同期满而终止固定期限劳动合同的；

⑥由于用人单位被依法宣告破产，用人单位被吊销营业执照、责令关闭、撤销或者用人单位决定提前解散而终止劳动合同的；

⑦法律、行政法规规定的其他情形。

（2）经济补偿的计算标准规定

根据《劳动合同法》第四十七条的规定，经济补偿按劳动者在本单位工作的年限，每满一年支付一个月工资的标准向劳动者支付。六个月以上不满一年的，按一年计算；不满六个月的，向劳动者支付半个月工资的经济补偿。

劳动者月工资高于用人单位所在直辖市、设区的市级人民政府公布的本地区上年度职工月平均工资三倍的，向其支付经济补偿的标准按职工月平均工资三倍的数额支付，向其支付经济补偿的年限最高不超过十二年。

所谓月工资是指劳动者在劳动合同解除或者终止前十二个月的平均工资。

经济补偿，根据劳动者在用人单位的工作年限和工资标准来计算具体金额，并以货币形式支付给劳动者。

根据《劳动合同法》规定，经济补偿金的计算公式有两种情况：

公式 1：经济补偿金=工作年限×月工资

公式 2：经济补偿金=工作年限（不超过 12 年）×职工月平均工资×3

4. 劳动合同解除和终止的后果

（1）合法解除和终止的后果

劳动合同自解除或终止之日起消灭。用人单位应当出具证明，作为享受失业保险待遇、失业登记、求职登记的凭证。劳动者应当与用人单位办理交接。用人单位要在办结工作交接时支付经济补偿。用人单位要在十五日内为劳动者办理档案和社会保险关系的转移手续。用人单位对劳动合同文本应当保存两年备查。

（2）违法解除和终止的后果

用人单位违法解除、终止劳动合同的，劳动者要求继续履行劳动合同的，用人单位应当继续履行；劳动者不要求或劳动合同不能继续履行的，依据《劳动合同法》第八十七条的规定两倍经济补偿金赔偿。

劳动者违法解除合同的，依据《劳动合同法》第九十条：劳动者违反本法规定解除劳动合同，或者违反劳动合同中约定的保密义务或者竞业限制，给用人单位造成损失的，应当承担赔偿责任。

六、集体合同、劳务派遣和非全日制用工的法律规定

（一）集体合同

集体合同，是指用人单位与本单位职工根据法律、法规、规章的规定，就劳动报酬、工作时间、休息休假、劳动安全卫生、保险福利等事项，通过集体协商签订的书面协议。集体合同是协调劳动关系、保护劳动者权益、建立现代企业管理制度的重要手段。

集体合同的订立是工会或职工代表与企业单位之间，为规定用人单位和全体职工

的权利义务而依法就集体合同条款经过协商一致，确立集体合同关系的法律行为。

在我国，集体合同主要是由代表劳动者的工会或职工代表与企业签订。

（二）劳务派遣

劳务派遣是劳务派遣单位与劳动者订立劳动合同后，由派遣单位与实际用工单位通过签订劳务派遣协议，将劳动者派遣到要派单位工作，要派单位实际使用劳动者，要派单位向劳务派遣单位支付管理费而形成的关系。劳务派遣是典型的“有关系无劳动，有劳动无关系”，造成了劳动力的雇用和劳动力的使用分离。

劳动合同用工是我国的企业基本用工形式。劳务派遣用工是补充形式，只能在临时性、辅助性或者替代性的工作岗位上实施。临时性工作岗位是指存续时间不超过六个月的岗位；辅助性工作岗位是指为主营业务岗位提供服务的非主营业务岗位；替代性工作岗位是指用工单位的劳动者因脱产学习、休假等原因无法工作的一定期间内，可以由其他劳动者替代工作的岗位。用工单位应当严格控制劳务派遣用工数量，不得超过其用工总量的一定比例，具体比例由国务院劳动行政部门规定。

劳务派遣单位是指将劳动者派遣到实际用工单位的企业法人。《劳动合同法》第十七条规定，经营劳务派遣业务应当具备下列条件：

（1）注册资本不得少于人民币二百万元；

（2）有与开展业务相适应的固定的经营场所和设施；

（3）有符合法律、行政法规规定的劳务派遣管理制度；

（4）法律、行政法规规定的其他条件。

经营劳务派遣业务，应当向劳动行政部门依法申请行政许可；经许可的，依法办理相应的公司登记。未经许可，任何单位和个人不得经营劳务派遣业务。

劳务派遣单位是用人单位，应当履行用人单位对劳动者的义务。劳务派遣单位与被派遣劳动者订立的劳动合同，除应当载明本法第十七条规定的事项外，还应当载明被派遣劳动者的用工单位以及派遣期限、工作岗位等情况。

劳务派遣单位应当与被派遣劳动者订立二年以上的固定期限劳动合同，按月支付劳动报酬；被派遣劳动者在无工作期间，劳务派遣单位应当按照所在地人民政府规定的最低工资标准，向其按月支付报酬。

【例题9-8】（单选题）劳务派遣单位应当与被派遣劳动者订立（　　）的固定期限劳动合同，按月支付劳动报酬；被派遣劳动者在无工作期间，劳务派遣单位应当按照所在地人民政府规定的最低工资标准，向其按月支付报酬。

A. 一年　　B. 一年以上　　C. 二年　　D. 二年以上

【解析】D 法律规定劳务派遣单位应当与被派遣劳动者订立2年以上的固定期限劳动合同。

2. 劳务派遣协议

劳务派遣协议是劳务派遣单位与实际用工单位就劳务派遣事项签订的书面协议。劳务派遣单位派遣劳动者应当与接受以劳务派遣形式用工的单位（以下称用工单位）订立劳务派遣协议。劳务派遣协议应当约定派遣岗位和人员数量、派遣期限、劳动报酬和社会保险费的数额与支付方式以及违反协议的责任。用工单位应当根据工作岗位的实际需要与劳务派遣单位确定派遣期限，不得将连续用工期限分割订立数个短期劳务派遣协议。劳务派遣单位应当将劳务派遣协议的内容告知被派遣劳动者。劳务派遣单位不得克扣用工单位按照劳务派遣协议支付给被派遣劳动者的劳动报酬。劳务派遣单位和用工单位不得向被派遣劳动者收取费用。

（三）非全日制用工

非全日制用工是指以小时计酬为主，劳动者在同一用人单位一般平均每日工作时间不超过四小时，每周工作时间累计不超过二十四小时的用工形式。

非全日制用工是灵活用工的一种形式，非全日制用工可以不订立书面劳动合同，双方当事人可以订立口头协议；法律允许非全日制用工建立双重或多重劳动关系，从事非全日制用工的劳动者可以与一个或者一个以上用人单位订立劳动合同；但是，后订立的劳动合同不得影响先订立的劳动合同的履行；非全日制用工双方当事人任何一方都可以随时通知对方终止用工。终止用工，用人单位不向劳动者支付经济补偿。

为保障非全日制用工劳动者的劳动权利，《劳动合同法》规定，非全日制用工双方当事人不得约定试用期；非全日制用工小时计酬标准不得低于用人单位所在地人民政府规定的最低小时工资标准；非全日制用工劳动报酬结算支付周期最长不得超过15日。

七、劳动争议处理

（一）劳动争议的范围

劳动争议的范围包括：

（1）因确认劳动关系发生的争议；

（2）因订立、履行、变更、解除和终止劳动合同发生的争议；

（3）因除名、辞退和辞职、离职发生的争议；

（4）因工作时间、休息休假、社会保险、福利、培训以及劳动保护发生的争议；

（5）因劳动报酬、工伤医疗费、经济补偿或者赔偿金等发生争议；

（6）法律、法规规定的其他劳动争议。

（二）劳动争议的处理机构

劳动争议的处理机构有：劳动争议调解委员会、劳动争议仲裁委员会和人民法院。

1. 劳动争议调解组织

劳动争议调解组织包括企业劳动争议调解委员会、依法设立的基层人民调解组织以及乡镇、街道设立的具有劳动争议调解职能的组织。

企业劳动争议调解委员会是用人单位内部设立的，调解本单位发生的劳动争议的群众性组织。它由职工代表和企业代表组成。职工代表由工会成员担任或者由全体职工推举产生，企业代表由企业负责人指定。企业劳动争议调解委员会主任由工会成员或者双方推举的人员担任。

2. 劳动争议仲裁委员会

劳动争议仲裁委员会是国家授权、依法独立地对劳动争议案件进行专门仲裁的机构。劳动争议仲裁委员会由劳动行政部门代表、同级工会代表、用人单位方面的代表组成，上述三方代表人数相等，仲裁委员会的总人数为单数，其主任由劳动行政部门代表担任。

3. 人民法院

由各级人民法院的民事审判庭审理劳动争议案件。

八、违反劳动合同法的法律责任

当事人由于自己的过错造成劳动合同的不履行或不适当履行，由此所应承担的相应的法律责任。

（一）用人单位应承担的法律责任

用人单位直接涉及劳动者切身利益的规章制度违反法律、法规规定的，由劳动行政部门责令改正，给予警告；给劳动者造成损害的，应当承担赔偿责任。

用人单位提供的劳动合同文本未载明本法规定的劳动合同必备条款或者用人单位未将劳动合同文本交付劳动者的，由劳动行政部门责令改正；给劳动者造成损害的，应当承担赔偿责任。

用人单位自用工之日起超过一个月不满一年未与劳动者订立书面劳动合同的，应当向劳动者每月支付二倍的工资。

用人单位违反本法规定不与劳动者订立无固定期限劳动合同的，自应当订立无固定期限劳动合同之日起向劳动者每月支付二倍的工资。

用人单位违反本法规定与劳动者约定试用期的，由劳动行政部门责令改正；违法约定的试用期已经履行的，由用人单位以劳动者试用期满月工资为标准，按已经履行的超过法定试用期的期间向劳动者支付赔偿金。

用人单位违反本法规定，扣押劳动者居民身份证等证件的，由劳动行政部门责令限期退还劳动者本人，并依照有关法律规定给予处罚。

用人单位违反本法规定，以担保或者其他名义向劳动者收取财物的，由劳动行政部门责令限期退还劳动者本人，并以每人五百元以上二千元以下的标准处以罚款；给劳动者造成损害的，应当承担赔偿责任。

劳动者依法解除或者终止劳动合同，用人单位扣押劳动者档案或者其他物品的，依照前款规定处罚。

用人单位有下列情形之一的，由劳动行政部门责令限期支付劳动报酬、加班费或者经济补偿；劳动报酬低于当地最低工资标准的，应当支付其差额部分；逾期不支付的，责令用人单位按应付金额百分之五十以上百分之一百以下的标准向劳动者加付赔偿金：

（1）未按照劳动合同的约定或者国家规定及时足额支付劳动者劳动报酬的；

（2）低于当地最低工资标准支付劳动者工资的；

（3）安排加班不支付加班费的；

（4）解除或者终止劳动合同，未依照本法规定向劳动者支付经济补偿的。

用人单位违反本法规定解除或者终止劳动合同的，应当按照规定的经济补偿标准的二倍向劳动者支付赔偿金。

用人单位有下列情形之一的，依法给予行政处罚；构成犯罪的，依法追究刑事责任；给劳动者造成损害的，应当承担赔偿责任：

（1）以暴力、威胁或者非法限制人身自由的手段强迫劳动的；

（2）违章指挥或者强令冒险作业危及劳动者人身安全的；

（3）侮辱、体罚、殴打、非法搜查或者拘禁劳动者的；

（4）劳动条件恶劣、环境污染严重，给劳动者身心健康造成严重损害的。

用人单位违反本法规定未向劳动者出具解除或者终止劳动合同的书面证明，由劳动行政部门责令改正；给劳动者造成损害的，应当承担赔偿责任。

（二）劳动者应承担的责任

根据《劳动合同法》第九十条的规定，劳动者违反本法规定解除劳动合同，或者违反劳动合同中约定的保密义务或者竞业限制，给用人单位造成损失的，应当承担赔偿责任。

又根据《违反〈劳动法〉有关劳动合同规定的赔偿办法》（劳部发〔1995〕223号）的规定，劳动者违反规定或劳动合同的约定解除劳动合同，对用人单位造成损失的，劳动者应赔偿用人单位下列损失：用人单位招收录用其所支付的费用；用人单位为其支付的培训费用，双方另有约定的按约定办理；对生产、经营和工作造成的直接经济损失；劳动合同约定的其他赔偿费用。劳动者违反劳动合同中约定的保密事项，对用人单位造成经济损失的，按《反不正当竞争法》第二十条的规定支付用人单位赔偿费用。

（三）连带赔偿责任

用人单位招用未解除劳动合同的劳动者，给原用人单位造成经济损失的，除该劳动者承担直接赔偿责任外，该用人单位应当承担连带赔偿责任。其连带赔偿的份额应不低于对原用人单位造成经济损失总额的70%。用人单位应向原用人单位赔偿下列损失：①对生产、经营和工作造成的直接经济损失；②因获取商业秘密给用人单位造成的经济损失。赔偿因获取商业秘密给原用人单位造成的经济损失，按《反不正当竞争法》第二十条的规定执行。

劳务派遣单位违反本法规定的，由劳动行政部门和其他有关主管部门责令改正；情节严重的，以每人一千元以上五千元以下的标准处以罚款，并由工商行政管理部门吊销营业执照；给被派遣劳动者造成损害的，劳务派遣单位与用工单位承担连带赔偿责任。

个人承包经营违反本法规定招用劳动者，给劳动者造成损害的，承包的组织与个人承包经营者承担连带赔偿责任。

（四）其他主体的法律责任

劳动行政部门和其他有关主管部门及其工作人员玩忽职守、不履行法定职责，或者违法行使职权，给劳动者或者用人单位造成损害的，应当承担赔偿责任；对直接负责的主管人员和其他直接责任人员，依法给予行政处分；构成犯罪的，依法追究刑事责任。

第三节　社会保障法

一、社会保障法概述

社会保障法是调整以国家和社会为主体，为了保证有困难的劳动者和其他社会成员以及特殊社会群体成员的基本生活并逐步提高其生活质量而发生的社会关系的法律规范的总称。

社会保障法的原则：普遍性原则，平等性原则，国家、用人单位、个人责任分担原则，基本社会保障与提高生活质量相结合原则，社会保障水平和生产力水平相适应原则。

二、我国的社会保障体系

社会保障是国家通过立法形式确立的，对社会成员在生育、年老、伤残、疾病、失业、丧失劳动能力或丧失就业机会，或者因自然灾害和意外事故面临生活困难时，以国民收入再分配方式提供物质帮助，保障每个公民的基本生活需要的一种社会制度。

其主要包括四个方面：社会保险、社会救助、社会福利和社会优抚。其中以社会保险为主，社会救助和社会福利为辅。

2008 年 12 月 28 日，全国人大常委会办公厅于 28 日向社会全文公布《社会保险法草案》及关于草案修改情况的汇报，广泛征求各方面意见和建议，标志着以保障公民共享社会发展成果，促进社会和谐稳定的我国社会保障立法进入到一个新的历史时期。

（一）社会保险

社会保险是国家通过立法，对劳动者在失去劳动能力或劳动机会后的基本生活给予必要的物质帮助的制度。其主要内容有养老保险、失业保险、医疗保险、工伤保险、生育保险等。它是最基本社会保障项目，是对劳动者提供的基本生活保障，处于社会保障的核心地位。

（二）社会救助

社会救助又称为社会救济，它是由国家和社会按照法定的标准，在公民无法维持最低生活水平时，向其提供满足最低生活需求的物质援助的社会保障制度，是最低层次的社会保障，其保障水平低于社会保险和社会福利。

（三）社会福利

社会福利囊括了除社会保险、社会救助之外的其他所有的社会保障内容，是最高层次的社会保障，保障全体社会成员的生活福利待遇。

(四) 社会优抚

社会优抚是针对部分社会群体而设立的，是国家或社会依据规定对法规定的优抚对象进行物质照顾和精神抚慰的一种社会保障制度。它是一种特殊性质的社会保障，保障特定社会成员的基本生活。

以下重点介绍我国的社会保险法。

三、社会保险法律制度

(一) 社会保险法概述

社会保险是指国家通过立法建立起一种社会保障制度，其目的是使劳动者由于生、老、病、死、伤、残等原因丧失劳动能力和失业中断劳动，本人和家庭失去生活收入时，从社会获得必要的物质帮助。我国社会保险包括：医疗、疾病、失业、老年、工伤、生育、伤残和遗属八个项目。

社会保险法是调整社会保险关系的法律规范总称。它对社会保险的项目、范围与对象、资金来源、待遇标准、发放办法等内容做出规定，并明确社会保险管理、基金运营及监督等具体事项。其调整的对象主要包括：社会保险管理机关与管理相对人之间的关系；社会保险经办机构与用人单位和劳动者之间的关系；社会保险监督机构与社会保险经办机构、用人单位和劳动者之间的关系。

(二) 我国社会保险的主要内容

1. 养老保险法律制度

(1) 养老保险的含义和组成

养老保险，又称年金保险或老年保险，是指劳动者因年老而失去工作能力后，按照法律规定，由国家或社会给予一定收入补偿和提供物资帮助，保障劳动者晚年生活的一种社会保险制度。

养老保险由三部分组成：基本养老社会保险、企业补充养老社会保险和个人储蓄性养老社会保险。

基本养老社会保险，又称国家基本养老社会保险，是由国家通过立法强制实行，保证劳动者在年老丧失劳动能力时，给予基本生活保障的制度。

企业补充养老社会保险，是在国家法定基本养老社会保险的基础上由企业为提高本企业职工的养老社会保险的待遇水平，用自有资金而设立的一种辅助性的养老社会保险。

个人储蓄性养老社会保险，是在国家法定基本养老社会保险的基础上由企业为提高本企业职工的养老社会保险的待遇水平，用自有资金而设立的一种辅助性的养老社会保险。

(2) 养老保险基金

养老保险基金，是国家为保障退休人员的基本生活而设置的专项基金，由各方缴纳的养老保险费构成。资金筹集的模式实行社会统筹和个人账户相结合的模式：即部分积累制，个人账户部分预积累，社会统筹部分现收现付制。

社会统筹部分在省级乃至国家层面上按退休前一年社会平均工资的一定比例（一般较低，维持最低生活水平）实行平等分配，其基金来源为企业缴纳和国家财政支持；个人账户积累金额则完全归属个人。

2. 失业保险法律制度

（1）失业保险概述

失业是指在法定的劳动年龄内，有就业能力并且有就业要求的人口没有就业机会的经济现象。

失业保险是指国家通过立法强制实行的，由社会集中建立基金，对因失业而暂时中断生活来源的劳动者提供物质帮助，以保障其基本生活并促进其再就业的一种社会保险制度。失业保险具有双重身份，既保障失业者的基本生活；又促进失业者再就业，从而减少失业。

（2）失业主体必须具备以下四个条件

一是在法定的劳动年龄之内，二是具有劳动能力，三是愿意工作，四是没有工作或虽有工作但劳动报酬低于当地城市居民最低生活保障标准。缺少了其中的任何一个条件，失业的定义就不完整。

（3）失业保险基金

失业保险基金，是国家为保障失业职工的基本生活需要而设置的专项基金。

我国失业保险制度建立以来，一直实行基金制，在基金来源上采取用人单位、职工缴费和财政补贴的方式。

用人单位和个人应缴纳的失业保险费标准：

①城镇企业和事业单位，按本单位工资总额的2%缴纳；

②职工个人按本人工资总额的1%缴纳。职工本人月平均工资总额高于上一年本市职工月平均工资总额的300%以上部分，不作为缴纳失业保险费的基数。

③用人单位招用的农民合同制工人本人不缴纳失业保险费。

（4）失业保险待遇：

失业保险待遇，是指对失业保障对象因失业造成生活困难，为保障其基本生活而给予的各种物质待遇。

失业社会保险的发放标准：

①在统筹地区采用统一的发放标准，不考虑家庭经济状况、失业人员失业前的收入状况及个人缴费时间等因素；

②参加失业保险并符合其他条件的失业人员才有资格领取失业保险金；

③根据失业人员的累计缴费时间确定失业保险金的发放期限；

④采取按月发放的方式。

失业社会保险待遇的给付标准无论如何不应该高于失业前的工资标准；给付标准无论如何不应低于，甚至不宜等于享有最低生活水平所需的收入。

（5）失业社会保险的申领

失业保险金的领取期限是由失业人员失业前所在单位和本人按照规定累计缴费时

间决定的：失业人员失业前所在单位和本人按照规定累计缴费时间满 1 年不足 5 年的，领取失业保险金的期限最长为 12 个月；

累计缴费时间满 5 年不足 10 年的，领取失业保险金的期限最长为 18 个月；

累计缴费时间 10 年以上的，领取失业保险金的期限最长为 24 个月；

重新就业后，再次失业的，缴费时间重新计算；

再次失业领取失业保险金的期限可以与前次失业应领取而尚未领取的失业保险金的期限合并计算，但是最长不得超过 24 个月。

（三）医疗保险法律制度

1. 医疗保险概述

医疗保险是指由国家立法，通过强制性社会保险原则和方法筹集医疗资金，为向保障范围内的劳动者提供患病时基本医疗需求保障而建立的社会保险制度。

我国的医疗保险由基本医疗保险、企业补充医疗保险和个人补充医疗保险三个层次构成。

医疗社会保险的对象和范围：

城镇所有用人单位及其职工，也即企业（国有、集体、私营股份、外资以及其他城镇企业）、机关、事业单位、社会团体、民办非企业单位及其职工。

2. 医疗社会保险准许及不予支付的规定

准允支付的项目种类：

（1）在指定的可选择的定点医疗机构和定点药店就医或购药；

（2）符合基本医疗保险药品目录范围；

（3）符合基本医疗保险诊疗项目范围；

（4）符合基本医疗保险医疗服务设施标准范围。

符合上述规定所发生的医疗费用，将由基本医疗保险基金按规定予以支付。

不予支付的服务和医疗项目

（1）服务项目类：挂号费、院外会诊费、病历工本费等；出诊费、自请特别护士等特需医疗服务。

（2）非疾病治疗项目类：各种美容、健美项目以及非功能性整容、健康体检、医疗鉴定等。

（3）诊疗设备及医用材料类：各种自用的保健、按摩、检查和治疗器械等。

（4）其他类：就（转）诊交通费、急救车费；空调费、陪护费、护工费服务费用。

（四）工伤保险法律制度

工伤包括因工意外伤害和职业病伤害。

1. 工伤保险概述

工伤保险，又称职业伤害保险，是指为劳动者在生产、工作或规定的某些特殊情况下遭受意外伤害、职业病伤害提供医疗服务、生活保障、经济补偿、医疗和职业康复，为因这两种情况造成死亡的劳动者的家属提供遗属抚恤等物质帮助的一种社会保险制度。

《中华人民共和国工伤保险条例》规定，中华人民共和国境内的企业、事业单位、社会团体、民办非企业单位、基金会、律师事务所、会计师事务所等组织和有雇工的个体工商户（以下称用人单位）应当依照本条例规定参加工伤保险，为本单位全部职工或者雇工（以下称职工）缴纳工伤保险费。

中华人民共和国境内的企业、事业单位、社会团体、民办非企业单位、基金会、律师事务所、会计师事务所等组织的职工和个体工商户的雇工，均有依照本条例的规定享受工伤保险待遇的权利。

2. 工伤的认定

《中华人民共和国工伤保险条例》第十四条规定了应当认定为工伤的情形：

（1）在工作时间和工作场所内，因工作原因受到事故伤害的；

（2）工作时间前后在工作场所内，从事与工作有关的预备性或者收尾性工作受到事故伤害的；

（3）在工作时间和工作场所内，因履行工作职责受到暴力等意外伤害的；

（4）患职业病的；

（5）因工外出期间，由于工作原因受到伤害或者发生事故下落不明的；

（6）在上下班途中，受到非本人主要责任的交通事故或者城市轨道交通、客运轮渡、火车事故伤害的；

（7）法律、行政法规规定应当认定为工伤的其他情形。

《中华人民共和国工伤保险条例》第十五条规定了视同工伤的情形：

（1）在工作时间和工作岗位，突发疾病死亡或者在 48 小时之内经抢救无效死亡的；

（2）在抢险救灾等维护国家利益、公共利益活动中受到伤害的；

（3）职工原在军队服役，因战、因公负伤致残，已取得革命伤残军人证，到用人单位后旧伤复发的。

职工有前款第（1）项、第（2）项情形的，按照本条例的有关规定享受工伤保险待遇；职工有前款第（3）项情形的，按照本条例的有关规定享受除一次性伤残补助金以外的工伤保险待遇。

职工符合本条例第十四条、第十五条的规定，但是有下列情形之一的，不得认定为工伤或者视同工伤：

（1）故意犯罪的；

（2）醉酒或者吸毒的；

（3）自残或者自杀的。

3. 工伤保险待遇

工伤保险待遇是职工因工造成伤亡或职业病时所获得的各种物质帮助。我国现行法律、法规规定，职工受伤被确认为工伤后，应该享受下列工伤保险待遇：

（1）工伤医疗待遇

包括职工治疗或职业病所需的挂号费、医疗费、住院费、药费、就医路费，住院伙食补助费，工伤医疗假期，护理费，辅助器械费用。

（2）工伤津贴

工伤职工在工伤医疗期内停发工资，改为按月发给工伤津贴，并享受本单位各项福利。

（3）伤残待遇

工伤职工应经评定伤残等级，并按照不同等级情况给予相应的待遇。伤残人员凭工伤伤残抚恤证，可以按月领取伤残抚恤金，以及领取一次性伤残补助金，安家补助费等。

（4）工亡待遇

职工因工死亡，应发给丧葬补助金，供养亲属抚恤金及一次性工亡补助金。

本章复习思考题

1. 举例说明劳动法律关系的构成要素。
2. 简述劳动法对工资、工作时间、休息休假及劳动安全的规定。
3. 简述劳动合同订立的形式、必备条款和其他条款的法律规定。
4. 简述用人单位、劳动者解除劳动合同的法定情形。
5. 社会保障法调整对象包括哪些范围？

本章主要参考的法律法规

1.《中华人民共和国劳动法》（1994 年通过，1995 年 1 月 1 日起施行）

2.《中华人民共和国劳动合同法》（2007 年 6 月通过，2008 年 1 月 1 日起施行；第十一届全国人民代表大会常务委员会第三十次会议于修订，2013 年 7 月 1 日起施行）

3.《中华人民共和国劳动争议调解仲裁法》（2007 年 12 月通过，2008 年 5 月 1 日起施行）

4.《国务院关于建立统一的企业职工基本养老保险制度的决定》（国发〔1997〕26 号）

5.《国务院关于建立城镇职工基本医疗保险制度的决定》（国发〔1998〕44 号）

6.《失业保险条例》（1999 年 1 月国务院令第 258 号）

7.《工伤保险条例》（2003 年 4 月国务院令第 586 号，2010 年 12 月 20 日修订）

参考文献

黎建飞. 劳动与社会保障法教程［M］. 北京：中国人民大学出版社，2007.

第十章　票据法律制度

本章知识要点：

（1）票据的概念及种类等。

（2）汇票的概念及出票、背书、承兑、保证及付款等程序。

（3）本票的概念及出票和见票付款等。

（4）支票的概念及付款等内容。

本章串讲视频

第一节　票据法概述

一、票据与票据法概述

（一）票据及票据法的概念

票据是指出票人依法签发的，约定由自己或他人在见票时或于指定日期，由本人或其指定人向持票人无条件支付确定金额给收款人或持票人的有价证券。我国现行票据法律规范主要包括：《中华人民共和国票据法》（以下简称《票据法》）（1995 年 5 月颁布，2004 年 8 月修正实施）；《最高人民法院关于审理票据纠纷案件若干问题的规定》（2000 年 2 月 24 日通过，2000 年 11 月 21 日起施行）。《票据法》所确定和调整的票据种类仅指汇票、本票、支票三种。

【例 10-1】下列有价证券中，属于我国《票据法》确定和调整的票据种类有（　　）。

A. 汇票　　B. 本票　　C. 支票　　D. 信用证

【解析】正确答案 ABC。我国《票据法》所指的票据是狭义的票据，因此《票据法》所确定和调整的票据种类仅指汇票、本票、支票三种。

（二）票据具有如下主要特征：

1. 票据是完全有价证券

完全有价证券是指证券和权利不可分离的有价证券，而不完全有价证券则是指权利和证券在一定条件下可以分离的有价证券如仓单、提单等。票据权利的产生、行使和处分都以票据的存在为条件，即票据权利不能离开票据而存在。没有票据，就没有票据权利。

2. 票据是流通证券

票据的基本功能即流通。票据较其他财产权利，流通方式更加灵活简便。票据上的权利，经背书或单纯交付即可让与他人，无需通知债务人。一般无记名票据，可依单纯交付而转让；记名票据须经背书交付才能转让。

3. 票据是无因证券

票据是一种无条件支付确定金额给收款人或持票人的有价证券，权利人享用票据权利只以持有符合票据法规定的有效票据为必要。至于票据赖以发生的原因如何，不影响票据的效力。所以，票据权利人在行使票据权利时，无须证明给付原因，票据债务人也不得以原因关系对抗善意第三人。

4. 票据是文义证券

票据上的权利义务必须严格依照票据所载文义确定，不能根据票据文义以外的事项确定，不能进行任意解释，以确保票据的安全流通。即使票据的书面记载内容与票据的事实不一致，也必须以该记载事项为准。

5. 票据是要式证券

票据必须依照法定方式进行记载，从而产生相应的效力；否则，就会影响票据的效力。因此，在票据上所为的一切行为，如出票、背书、承兑等也必须严格按照票据法规定的程序和方式进行，否则无效。因此，票据是要式证券。

6. 票据是设权证券

票据并非是证明已经存在的权利，而是创设将来要发生的权利。票据权利的产生必须首先做成证券。票据权利是随着票据的做成同时发生的。没有票据，就没有票据权利。这就是票据的设权性。

二、票据的功能

（一）汇兑功能

这是票据的最初功能。作为异地输送现金和兑换货币的工具，票据解决了大额现金在空间移动方面的困难和局限，从而使不同主体之间的交易变得简便、安全、节省。

（二）支付结算功能

票据最简单、最基本的作用就是作为支付手段，代替现金的使用。通过签发、转让、承兑、支付票据，就可以快捷、便利地解决不同主体间的支付和结算，提高了支付效率。

（三）信用功能

票据可以作为信用工具，在商品交换和金融流通中发挥重要作用。商品经济需要信用，卖方通常不能在交付货物的同时，获得价款的支付。如果这时买方向卖方签发票据，就可以将挂账信用转化为票据信用，把一般债权转化为票据债权。此外，票据贴现制度可以让持票人提前将票据转化为现金，将商业信用进一步转化为银行信用。

(四) 融资功能

融资功能即利用票据筹集、融通资金，这主要体现在票据贴现业务上。通过对未到期票据的买卖，使持有未到期票据的持票人通过出售票据获得现金。一般各国的商业银行都经营票据的贴现业务，中央银行则经营票据的再贴现业务。银行贴现业务的实质就是向需要资金的企业提供资金。

三、票据的种类

根据不同的分类标准，可以对票据进行不同角度的划分。如根据出票人的不同，票据可以分为银行票据和商业票据；根据是否载明收款人姓名或名称，票据可以分为记名式票据、无记名式票据、指示式票据；根据票据行为发生地的不同，票据可以分为国内票据和国际票据；根据票据性质的不同，票据可以分为汇票、本票、支票，这是最常用、最重要的分类方法。

(一) 汇票

1. 概念

汇票是出票人签发的，委托付款人在见票时或在指定日期无条件支付确定的金额给收款人或者持票人的票据。

2. 特征

汇票具有以下特征：

(1) 汇票关系中的基本当事人一般有三个：出票人、付款人、收款人。

出票人，又叫发票人、开票人，是签发汇票、委托他人付款的人；付款人是汇票上所记载的受委托付款的人，付款人在承兑后就成为承兑人；收款人是指持有汇票、有权接受付款的人。其中出票人和付款人为票据义务人，收款人为票据权利人。

(2) 汇票属于委付票据。

从性质上讲，汇票是他付证券。汇票的出票人仅是签发票据的人，而非付款人，他必须另行委托付款人支付票据金额。

(3) 承兑是汇票特有的行为。

汇票通常需要由付款人进行承兑，以确认其愿意承担绝对的付款义务。在付款人未承兑时，汇票上所载的付款人并无绝对付款义务。

3. 种类

根据不同标准，汇票有以下分类：

(1) 根据是否记载收款人名称或姓名，汇票可以分为记名式汇票、指示式汇票、无记名式汇票。

记名式汇票，是指明确记载收款人名称或姓名的汇票，它只能依背书转让，但发票人或背书人可记载禁止转让；指示式汇票，是指明确记载收款人名称或姓名或其指定的人的汇票，它仅依背书而转让，出票人或背书人不得记载禁止转让；无记名汇票，是指没有记载收款人名称或姓名，或仅记载付给来人或持票人的汇票，它仅依交付即可转让。应注意的是，我国票据法仅规定了记名式汇票，而没有规定无记名式汇票和指示式汇票。

（2）根据出票人的不同，汇票分为银行汇票和商业汇票。

银行汇票是指出票人、付款人都是银行的汇票。一般情况下，银行汇票中的出票行与付款行为同一银行。特殊情况下，也可能不是同一银行。商业汇票是指出票人为银行以外的公司等经济组织或个人的汇票。其中，如果付款人为银行并进行了承兑的，称为银行承兑汇票，当付款人为银行以外的公司、企业等并由其进行承兑的，称为商业承兑汇票。一般而言，银行汇票的信用高于商业汇票的信用。

（3）根据付款期间的不同，汇票分为即期汇票和远期汇票。

即期汇票是指见票即付的汇票，是指汇票上没有到期日的记载或者明确记载见票即付，收款人或者持票人一经向付款人提示汇票、请求付款，该汇票即为到期，付款人就应当承担付款责任。远期汇票是指在未来特定期间付款的汇票，汇票上记载了到期日，付款人在到期时承担付款责任的汇票。根据票据到期日不同，又可以分为定日付款汇票、出票后定期付款汇票、见票后定期付款汇票。

（二）本票

1. 概念

本票是出票人签发的，承诺自己在见票时无条件支付确定的金额给收款人或者持票人的票据。

2. 特征

本票具有如下特征：

（1）本票的基本当事人只有两个，即出票人和收款人；

（2）本票是自付证券，是出票人自己承担付款义务的证券；

（3）本票只需提示见票，不需承兑即可以获得付款，本票付款义务自出票人出票时即已确定。

与汇票一样，也可根据出票人、到期日、票据行为地等不同标准对本票进行进一步划分，根据我国法律规定，本票只有银行本票和即期本票，没有商业本票和远期本票。

【例 10-2】下列关于本票的表述中，正确的有哪些？

A. 付款日期是本票的绝对应记载事项

B. 本票的基本当事人只有出票人和收款人

C. 本票无须承兑

D. 本票是由出票人本人对持票人付款的票据

【解析】正确答案是 B C D。本票限于见票即付，随时支付，不允许另约定付款日期。

（三）支票

1. 概念

支票是出票人签发的，委托办理支票存款业务的银行或其他金融机构在见票时无条件支付确定的金额给收款人或者持票人的票据。

2. 特征

支票具有如下特征：

（1）支票的基本当事人有三个，即出票人、付款人和收款人。其中，付款人只限于银行等金融机构。

（2）支票是他付证券。但对于支票的性质，各国的看法不同。中国、日本等国认为，支票是一种“委托支付”证券，而英美法系很多国家认为，支票是一种“命令支付”证券。

（3）支票只限于即期支票。我国《票据法》第九十一条的规定，支票限于见票即付，因而，不存在远期支票。

根据其用途和保障程度的不同，支票可以分为普通支票、现金支票和转账支票等，普通支票既可以支取现金，也可以转账。现金支票只能支取现金，不能转账。转账支票只能转账，不能用于支取现金。

（四）汇票、本票和支票的关系

汇票、本票、支票三者相互联系又相互区别。从联系上看，三者都是票据的组成部分，都具有票据的共同特点，在不少具体规定上有相同点，本票与支票在不少方面沿用关于汇票的规定。从区别上看，三者的区别体现在：

（1）性质不同。汇票和支票是他付证券、委付证券，而本票则是自付证券。

（2）基本当事人不同。汇票的基本当事人一般是三个（出票人、收款人、付款人），支票的基本当事人也是三个（出票人、收款人、付款人），本票的基本当事人只有两个（出票人和收款人）。支票的付款人为银行等金融机构，本票付款人由出票人（我国仅限于银行）担任，汇票的付款人不限定。

（3）票据行为不同。汇票有承兑行为，支票有划线、保付行为，而本票则有见票行为。

（4）其他不同。比如，三者在到期日、主债务人等方面都不同。

【例 10-3】A 公司向 B 公司购买货物，于 2017 年 5 月 20 日签发一张转账支票给 B 公司用于支付货款，但 A 公司在支票上为记载收款人名称，约定由 B 公司自行填写，B 公司取得支票后，填写完毕并将该支票于 40 天后背书转让给 C 公司。

请问：（1）A 公司签发的未记载收款人名称的支票是否有效？

（2）A 公司签发的支票是否能向付款银行支取现金？

解析：（1）有效。根据票据法的规定，收款人名称不是支票的绝对必要记载事项，可由出票人授权补记。（2）不能。根据票据法规定，只有现金支票才可以向银行支取现金，转账支票不可以支取现金。（3）可以。因为我国票据法所规定的支票的提示付款期为自出票之日起 10 日内，C 公司于 6 月 5 日向银行提示付款已过此期限。

第二节　票据法律关系和票据行为

一、票据法律关系

有关票据上的法律关系，是指有关法律对与票据有关的经济关系进行调整后所形成的权利义务关系。可分为票据关系和非票据关系，非票据关系又可分为票据法关系和非票据法关系。

（一）票据关系

票据关系是指票据当事人基于票据行为而发生的债权债务关系。其中，票据的持有人（持票人）享有票据权利，对于在票据上签名的人可以主张行使票据法规定的一切权利；在票据上签名的票据债务人负担票据义务，即依自己在票据上的签名按照票据上记载的文义，承担相应的义务。票据关系当事人较为复杂，一般包括出票人、持票人、付款人、背书人和保证人等。其中，出票人、持票人和付款人三者之间的关系是票据基本关系。

（二）非票据关系

票据法上的非票据关系指由票据法直接规定的、不是基于票据行为而发生的法律关系。它与票据关系的不同之处在于，第一，票据关系由当事人的票据行为而发生的，非票据是直接由法律规定而发生的；第二，票据关系的内容是票据权利义务关系，它与票据紧密相连，权利人行使权利以持有票据为必要，而非票据关系则不需要。根据我国票据法的规定，票据法上的非票据关系主要包括：

1. 票据返还关系

票据的正当持票人要求因恶意或者重大过失而取得票据者返还票据而发生的关系。

2. 利益返还关系

因时效届满或因手续欠缺而丧失票据债权时，持票人要求出票人或承兑人返还利益而发生的关系。

（三）票据基础关系

票据基础关系，是指作为产生票据关系的事实和前提存在于票据关系之外而由民法规定的非票据关系。它是发生票据关系的原因或者前提，这些原因或前提是在票据关系成立以前就已经存在的实质法律关系，它是产生票据关系的基础，因此称为票据基础关系。包括以下三类：

1. 票据原因关系，又叫票据原因，是票据当事人之间授受票据的理由，包括出票人与收款人（或背书人与被背书人）之间的买卖、借贷、赠与等关系。

2. 票据资金关系，又叫票据资金，是指票据出票人与付款人之间的资金关系，如出票人在付款人处存有资金、付款人对出票人欠有债务、付款人承诺为出票人垫付资金。出票人与付款人的资金关系，不以金钱为限，债权、信用也可以构成资金关系。

3. 票据预约关系，又叫票据预约，是指票据当事人在票据授受之前，所达成的包括票据种类、金额、到期日、付款地等票据事项约定。

(四) 票据关系的当事人

票据关系的当事人是指参与票据关系，享有票据权利或承担义务的主体，包括出票人、收款人、付款人、背书人、保证人、承兑人等。

二、票据权利

(一) 票据权利概述

1. 票据权利的概念和种类

票据权利，是指持票人向票据债务人请求支付票据金额的权利，包括付款请求权和追索权。付款请求权，是指持票人对主债务人所享有的、依票据而请求支付票据所载金额的权利，具有主票据权利的性质。此权力属于第一权力。追索权是指付款请求权得不到满足时，向付款人以外的票据债务人要求清偿票据金额及有关费用的权利，又称为偿还请求权。此权力属于第二权利。

【例 10-4】A 公司与 B 公司签订了一份价款为 20 万元的买卖合同，收到 B 公司签发的商业承兑汇票一张，期限为 3 个月。1 个月后，A 将该汇票转让给 C，甲公司在票据上记载了保证事项，后 C 转让给了 D，D 又转让给了 E。E 公司于到期日向 B 公司提示付款，因银行存款不足遭退票。E 公司向甲行使追索权，甲以 E 应该先向 D 追索为由拒绝。试分析：

(1) 甲的主张是否合法？为什么？

(2) 若 E 未在取得拒绝证明书的 3 日内发出追索通知，还能否追索？

(3) 若 E 未在法定提示付款期内向 B 公司提示付款，能否向前手行使追索权？

【解析】

(1) 甲的主张不合法。持票人可以不按照汇票债务人的先后顺序行使追索权；

(2) 若 E 未在规定的期限发出追索通知，仍可以向前手追索，只是由此造成的损失自负；

(3) 若 E 未在法定提示付款期内向 B 公司提示付款，则丧失对其前手的追索权。

(二) 票据权利的取得

1. 票据权利取得的情形

票据权利的取得，也称票据权利的发生。票据权利以持有票据为依据，行为人合法取得票据，即取得了票据权利。当事人取得票据的情形主要有：

(1) 出票取得。出票是创设票据权利的票据行为，从出票人处取得票据，即取得票据权利。

(2) 转让取得。票据通过背书或交付等方式可以转让他人，以此取得票据即获得票据权利。

(3) 通过税收、继承、赠与、企业合并等方式取得票据。

2. 票据取得的限制

票据的取得，必须以给付对价，即应当给付票据双方当事人认可的相对应的代价。票据只有合法取得才享有票据权利。

票据在符合法律规定的情况下也可以善意取得。善意取得是指票据受让人从无处分权人手中，无恶意或重大过失受让票据，从而取得票据权利。

票据权利也可以继受取得。继受取得是指持票人依据前手票据权利而受让票据，从而取得票据权利。如因背书而取得，因税收、继承、赠与而取得，因公司合并而取得等。继受取得不受给付对价的限制，但所享有的票据权利不得优于其前手。

三、票据行为

（一）票据行为的概念及特征

票据行为有广义和狭义之分，狭义的票据行为是指以发生或负担票据债权债务为目的法律行为，包括出票、背书、承兑、保证。在票据行为中，出票是基本票据行为，是创设票据及其权利的行为，出票以外的其他行为是从票据行为，是在出票行为基础上所为的行为。出票、背书、保证是各种票据的共有行为，而承兑为汇票独有。而广义的票据行为是指票据当事人之间、产生、变更、终止票据关系的所有行为，即除了狭义的票据行为外，还包括票据违法行为，如伪造、变造票据和准票据行为，如付款、见票、划线等。我们一般所说的票据行为是指狭义的票据行为。

票据行为有如下特征：

（1）要式性。票据行为必须是合法行为，其中法律更强调行为形式的合法，即各种票据行为都必须严格依照法定形式、格式进行。

（2）文义性。它是指在票据上签章的人应依票据文义承担票据义务、责任，不允许用票据以外的证明方法加以变更或增补。

（3）独立性。它是指同一票据所为的若干票据行为互不牵连，都分别依各行为人在票据上记载的内容，独立地发生效力。其中任何一个行为的无效都不影响其他行为的效力。

（4）抽象性。票据行为的抽象性，又称无因性，是指票据行为仅具有抽象的形式即可产生票据上的效力。通常情况下，票据行为多以买卖、借贷等具有经济内容的法律行为为前提，但票据行为成立后，作为其前提条件的原因关系存在与否、其原因关系是否有效，对票据关系不产生影响，即票据行为的效力与其基础关系可以分离。

（二）票据行为成立的要件

票据行为属于民事法律行为，必须符合一般民事法律行为成立的要件。同时，票据行为又是特殊的要式民事法律行为，必须具备《票据法》规定的特别要件。

1. 票据行为的实质要件。票据行为的实质要件，包括行为人的票据能力和意思表示。

（1）行为人必须具有从事票据行为的能力。从事票据行为的能力即票据能力，包括票据权利能力和票据行为能力。票据权利能力是指行为人可以享有票据上的权利和承担票据上的义务的资格。票据行为能力是指行为人可以通过自己的票据行为取得票据上的权利和承担票据上的义务的资格。我国《票据法》规定，无民事行为能力人或者限制民事行为能力人在票据上签章的，其签章无效。

（2）票据行为人的意思表示必须合法、真实。以欺诈、偷盗或者胁迫等手段取得票据的，或者明知有前述情形，出于恶意取得票据的，不得享有票据权利。

2. 票据行为的形式要件。

票据行为的形式要件，有书面、签章、记载事项和交付四项。

（1）票据行为必须采用书面形式。票据当事人应当使用中国人民银行规定的统一格式的票据，未使用按中国人民银行统一规定印制的票据，票据无效。

（2）票据签章。票据签章是票据的绝对必要记载事项。票据上的签章因票据行为不同，签章人也不相同。票据签发时，由出票人签章；票据转让时，由背书人签章；票据承兑时，由承兑人签章；票据保证时，由保证人签章；票据代理时，由代理人签章；持票人行使票据权利时，由持票人签章等。

（三）出票

1. 出票的概念

出票，又叫票据的发行、发票，它是票据法律关系产生的基本票据行为。根据我国《票据法》规定，出票是指出票人签发票据并将其交付给收款人的票据行为。

2. 出票的记载事项

一般把票据记载事项分成绝对应记载事项、相对应记载事项和任意记载事项。

绝对应记载事项，是指必须记载，否则票据无效的事项。其包括：

（1）票据种类文句。它是指该票据必须标明是何种票据（指汇票、本票、支票）。

（2）无条件支付的委托（指汇票和支票）或承诺（指本票）。

（3）确定的金额。票据金额以中文大写和数码同时记载，二者必须一致，二者不一致的，票据无效。我国的这项规定不同于其他国家的做法，支票上的金额可以由出票人授权补记，未授权补记前的支票，不得使用。

（4）汇票和支票的付款人名称。

（5）汇票和本票的收款人名称。

（6）出票日期。票据上出票日期可能与实际出票日期不一致，应以票据上出票日期为准。

（7）出票人签章。票据上的签章，为签名、盖章或者签名加盖章。法人和其他使用票据的单位在票据上的签章，为该法人或者该单位的盖章加其法定代表人或者其授权的代理人的签章。在票据上的签名，应为该当事人的本名。银行汇票、银行本票的出票人以及银行承兑汇票的承兑人在票据上未加盖规定的专用章而加盖该银行的公章，支票的出票人在票据上未加盖与该单位在银行预留签章一致的财务专用章而加盖该出票人公章的，签章人应当承担票据责任。

相对应记载事项，是指应记载，如不记载就由法律另行规定从而不影响票据效力的事项。如汇票未记载付款日期的，为见票即付；未记载出票地的，汇票、支票以出票人的营业场所、住所或经常居住地为出票地，本票以出票人的营业场所为出票地；票据上未记载付款地的，汇票以付款人的营业场所、住所或者经常居住地为付款地，本票以出票人的营业场所为付款地，支票以付款人的营业场所为付款地。

任意记载事项，是指可以由当事人任意记载，经记载后该事项即具有票据法上的效力。比如出票人可以在支票上记载自己为收款人。

（四）背书

背书是指在票据背面或者粘单上记载有关事项并签章的票据行为。背书是票据行为的一种，因而，背书也应具有票据行为的有效要件，但具体要求不同。如对背书的位置、记载的事项等有具体规定。

根据我国法律的规定和使用的习惯，背书应在票据的背面进行。当票据凭证不能满足背书人记载事项的需要，就可以使用粘单（是指可以粘附在票据上的、留待持票人背书的空白纸）。应注意的是，粘单上的第一记载人（即第一个使用粘单的背书人），应在票据和粘单的粘接处签章，以确保粘单的有效和背书的连续。

根据我国《票据法》第三十一条的规定，背书应当连续。背书连续，是指在票据转让中，转让票据的背书人与受让票据的被背书人在票据上的签章依次前后衔接。持票人以背书的连续，证明其票据权利。背书不连续时，持票人在形式上不是合法权利人。

（五）承兑

根据我国《票据法》第三十八条的规定，承兑是指汇票付款人承诺在汇票到期日支付汇票金额的票据行为。因此，承兑是汇票的特有行为，是付款人承诺承担票据债务的单方行为。是由付款人在汇票正面记载“承兑”字样并签章的承兑。

不是所有的汇票都需要承兑。我国《票据法》第三十九条、第四十条的规定，见票即付的汇票无须提示承兑，定日付款或出票后定期付款的汇票，以及见票后定期付款的汇票都应提示承兑。

四、票据的伪造和变造

（一）票据的伪造

票据的伪造是指假冒他人名义或以虚构人的名义而进行的票据行为。如在空白票据上伪造出票人的签章或者盗盖出票人的印章而进行出票等。票据上有伪造签章的，不影响票据上其他真实签章的效力。即在票据上真实签章的人，仍应对被伪造的票据的债权人承担票据责任，当票据债权人依法行使票据权利时，在票据上真实签章人不能以伪造为由进行抗辩。

（二）票据的变造

票据的变造是指无权更改票据内容的人，对票据上签章以外的记载事项加以变更的行为。如变更票据上的到期日、付款日、付款地、金额等。

【例 10-5】下列选项中，属于变造票据的有哪些？

A. 变更票据金额　　B. 变更票据上的到期日

C. 变更票据上的签章　　D. 变更票据上的付款日

【解析】正确答案是 A、B、D。变更票据上的签章属于票据的伪造行为。

第三节　票据抗辩与补救

一、票据抗辩

（一）票据抗辩的概念

票据抗辩是指票据债务人根据票据法相关的规定对票据债权人拒绝履行义务的行为。票据抗辩是票据债务人的一种权利，是其保护自己的一种手段。

（二）票据抗辩的种类

根据抗辩原因和效力的不同，可将票据抗辩分为对物抗辩和对人抗辩。

1. 对物抗辩

这是指基于票据本身所存在的事由而发生的抗辩。对物的抗辩其抗辩事由来自于票据本身，是票据债务人可以对抗一切票据债权人的抗辩，属于对物的抗辩情形主要包括：①票据行为不成立而引起的抗辩，如票据欠缺应记载的内容、票据债务人无行为能力、无权代理而进行票据行为等；②依据票据记载引起的抗辩，如票据到期日未到、付款地不符等；③要载明的权利已经消灭，如票据已经依法付款、票据经判决为无效、依法提存等；④票据权利的保全手续欠缺而引起的抗辩。⑤票据上有伪造、变造情形引起的抗辩。

2. 对人抗辩

这是指特定的债务人对特定的债权人的抗辩。这种抗辩是基于当事人之间的特定关系而产生的，一旦持票人发生变更，就不得再进行抗辩，属于对人的抗辩包括：①票据原因关系不合法，比如为支付赌债而签发的支票；②原因关系不存在或消灭，比如为购货而签发票据但对方没有发货；③欠缺对价，比如持票人未按约提供与票款相当的商品或劳务等；④票据债务已经清偿、抵销或免除而未载于票据上，可对直接当事人抗辩；⑤票据交付前被盗或遗失，可对盗窃人或拾得人抗辩，等等。

（三）对票据抗辩的限制

票据的抗辩是为了防止不法行为，以保护债务人的合理权益。但对票据的抗辩如不加限制，有关票据债务人随意地抗辩就会影响到票据的流通性。对此，《票据法》第十三条对抗辩做出了如下限制：“票据债务人不得以自己与出票人或者持票人的前手之间的抗辩事由，对抗持票人。但是，持票人明知存在抗辩事由而取得票据的除外。票据债务人可以对不履行约定义务的与自己有直接债权债务关系的持票人进行抗辩。”

二、票据的丧失与权利补救

（一）概念

票据的丧失与补救是指票据权利人因灭失、遗失、被盗等原因丧失对票据的实际占有，使票据权利的行使遭到一定障碍时，为使权利人的票据权利能够实现而对其提供的特别的法律救济制度。《票据法》规定了三种补救措施，包括挂失止付、公示催告和普通诉讼。

（二）挂失止付

挂失止付，是指失票人将票据丧失的情况通知付款人并由接受通知的付款人暂停支付，以防止票据款项被他人取得，暂时保全失票人票据权利的一种补救措施。此补救措施，不是补救措施的必经程序，只是暂时性的补救措施。

《票据法》规定，票据丧失，失票人可以及时通知票据的付款人挂失止付，付款人在接到止付通知后，应停止对票据的付款。但是，未记载付款人的票据或者无法确定付款人及其代理付款人的票据不能挂失止付。

由于挂失止付只是失票人丧失票据后可以采取的一种临时补救措施，以防止所失票据被人冒领，故票据本身并不因挂失止付而无效。失票人的票据权利也不能因挂失止付得到最终的恢复。此外，挂失止付也不是公示催告程序和诉讼程序的必经程序。《票据法》第十五条第三款规定失票人可以在票据丧失后，直接向人民法院申请公示催告或提起诉讼。

（三）公示催告

公示催告，是指在票据丧失后，由失票人向人民法院提出申请，请求人民法院以公告方法通知不确定的利害关系人限期申报权利，逾期未申报者，由人民法院通过除权判决宣告所丧失票据无效的一种制度。《票据法》规定，失票人应当在通知挂失止付后 3 日内，也可以在票据丧失后，依法向人民法院申请公示催告。《民事诉讼法》规定，按照规定可以背书转让的票据持有人，因票据被盗、遗失或者灭失，可以向票据支付地的基层人民法院申请公示催告。

票据丧失后的公示催告程序如下：

（1）失票人向票据支付地的基层人民法院提出公示催告的申请。银行汇票以出票人所在地为支付地；商业汇票以承兑人或付款人所在地为支付地；银行本票以出票人所在地为支付地；支票以出票人开户银行所在地为支付地。失票人向人民法院递交公示催告申请书时，应当写明票据金额、出票人、持票人、背书人等主要内容和申请的理由以及事实等。

（2）人民法院决定受理申请后，应当同时向付款人及其代理付款人发出止付通知，并自立案之日起 3 日内发出公告。止付通知是由人民法院向付款人发出的停止付款的通知，付款人接到停止付款通知后，应当停止支付，直至公示催告程序终结。如果付款人拒不止付，由此给失票人造成损失的，应承担相应的责任。公示催告的期间不得少于60日，涉外票据可根据情况适当延长，但最长不得超过90日。

（3）公示催告的终结。公示催告程序的终结有两种情况，一是经法院裁定终结公示催告程序，在公示催告期间，有人提出权利申报或提出相关票据主张权利时，法院即裁定终止公示催告程序，并通知申请人和票据付款人。在公示催告期间届满后、除权判决做出前，又有利害关系人申报权利的，也应该裁定终结公示催告。此后，申请人和权利申报人就应通过普通民事诉讼程序解决其纠纷。二是经法院终结公示催告。公示催告期间届满，没有人提出权利申报或提出相关票据，或申报人提出的票据非申请人丧失的票据时，则由法院依申请人的申请做成判决，宣告票据无效。法院做出除权判决，是公示催告的最终结果，是对公示催告申请人票据权利恢复的确认。自该判决做出之日起，申请人就有权依该判决，行使其付款请求权和追索权；已做出除权判决的票据，则丧失其效力，持有人不能再依此票据行使任何票据权利。对票据债务人而言，对获得除权判决的申请人进行的清偿，与对持票人所为的清偿具有同一法律效力，可以依此主张免责。

【例10-6】郑某系某市某摩托车经销公司会计。2017年3月的一天，郑某代表公司到本市的代理商吴某处催收货款。当时，吴某刚好收到其客户恒强商贸公司（出票人）支付给他的一张15万元金额的支票。吴某某见郑某前来收款，就将该支票背书给了摩托车经销公司，作为支付货款的款项。由于当时已届下班时间，郑某打算第二天再去银行办理手续，遂准备将收到的支票带回家中，但回家途中郑某不慎将支票遗失。在郑某焦急万分时，其丈夫陆某提议郑某可以要求出票人恒强商贸公司重新签发一张，也有人提议郑某回单位请摩托车经销公司向法院提起公示催告程序即可。法院在审查了该摩托车经销公司的申请公示催告书并了解到有关情况后，拒绝受理。理由是摩托车经销公司不是该支票的收款人，申请公示催告应由支票上的收款人吴某某提起。同时，法院也认为应先到银行办理挂失止付，然后才可以提起公示催告程序。

请问：1. 本案中的支票是否属于票据丧失，其丈夫陆某的建议是否可行？2. 法院的拒绝受理公示催告程序的理由能否成立，为什么？

【解析】1. 本案中的支票属于票据丧失。因为原支票被盗后，票据权利人已经不能使其作为证券来证明其权利，应当认定为票据丧失。郑某的丈夫陆某建议不可行，因为摩托车经销公司因为并不是该支票出票的票据原因关系的直接当事人，所以其不能要求出票人重新签发票据。

2. 法院的理由不成立，《票据法》规定，有权提起公示催告的申请人是失票人而非收款人，挂失止付并不是提起公示催告程序的必要程序，也不是票据的复权方法。

（三）诉讼

票据诉讼，是指丧失票据的失票人向人民法院提起民事诉讼，要求法院判定付款人向其支付票据金额的活动。

失票人向人民法院提起诉讼的主要条件和程序为：

（1）被告一般是付款人，但在找不到付款人或付款人不能付款时，也可将其他票据债务人（出票人、背书人、保证人等）作为被告。

（2）诉讼请求的内容是要求付款人或其他票据债务人在票据到期日或判决生效后支付或清偿票据金额。

（3）失票人在向法院起诉时，应提供所丧失票据的有关书面证明，同时还应向法院说明所丧失票据上的有关记载事项。

（4）失票人向法院起诉时，应当提供担保，以防由于付款人支付已丧失票据票款后可能出现的损失。担保的数额相当于票据载明的金额。

三、涉外票据的法律适用

（一）涉外票据的概念

随着世界经济一体化和经济全球化的加快，票据在国际经济活动中越来越发挥出巨大功效和不可替代的作用，由此也产生了大量具有一定涉外因素的票据涉外票据。《票据法》规定，涉外票据是指出票、背书、承兑、保证、付款等各类行为中，既有发生在我国境内，同时也有发生在我国境外的票据。

（二）涉外票据的法律适用原则

我国《票据法》根据通常法律冲突的处理原则，规定了涉外票据发生法律冲突时的准据法。具体为：

（1）出票时记载事项的法律适用。汇票、本票出票时的记载事项，适用出票地法律；支票出票时的记载事项，适用出票地法律，经当事人协议，也可以适用付款地法律。

（2）追索权行使期限的法律适用。票据追索权的行使期限，适用出票地法律。

（3）当事人行为能力的法律适用。一般情况下，票据债务人的民事行为能力，适用其本国法律；如果依照其本国法律为无民事行为能力或者为限制民事行为能力而依照行为地法律为完全民事行为能力的，适用行为地法律。

（4）背书、承兑、保证、付款行为的法律适用。票据的背书、承兑、付款和保证行为，适用行为地法律。

（5）票据提示期限、拒绝证明的方式及出具期限的法律适用。票据的提示期限、有关拒绝证明的方式、出具拒绝证明的期限，适用付款地法律。

（6）票据丧失时保全票据权利程序的法律适用。票据丧失时，失票人请求保全票据权利的程序，适用付款地法律。

（7）支票出票时的记载事项，可以适用付款地法律，也可以适用出票地法律。

本章复习思考题

1. 票据具有哪些特征，这些特征和其具备的功能有何联系？
2. 汇票、本票与支票之间有哪些异同？
3. 简述票据行为的独立性及其表现？
4. 票据的绝对应记载事项有哪些？

5. 票据丧失的补救方法有哪些?

本章主要参考的法律法规

1. 中华人民共和国票据法（1995 年 5 月 10 日第八届全国人民代表大会常务委员会第 13 次会议通过，根据 2004 年 8 月 28 日第十届全国人民代表大会常务委员会第 11 次会议《关于修改〈中华人民共和国票据法〉的决定》修正）

2. 票据管理实施办法（1997 年 6 月 23 目国务院批准，1997 年 8 月 21 日中国人民银行发布。2011 年 01 月 08 日修正）

3. 最高人民法院关于审理票据纠纷案件若干问题的规定（2000 年 2 月 24 日最高人民法院审判委员会通过，自 2000 年 11 月 21 日起施行）

第十一章　会计审计法

本章知识要点：

本章串讲视频

（1）了解会计制度的构成，会计工作管理体制。

（2）掌握会计核算、会计监督、会计档案管理和会计机构与会计人员的法律规定。

（3）掌握审计机关和审计人员、审计机关的职责和权限以及审计程序的法律规定。

第一节　会计法律制度

一、会计法概述

（一）会计的概念和特点

会计是以货币为主要计量单位，以凭证为依据，借助于专门的技术方法，对企事业、机关单位或者其他经济组织的经济活动进行全面、连续、系统的核算与监督，并向有关方面提供会计信息的一种经济管理活动。

会计的特点：

1. 会计以货币为主要计量单位

会计以货币为主要计量单位，可以综合反映特定对象的经济活动情况，为经济管理提供可靠的会计信息。

2. 会计必须以合法的原始凭证为核算依据

原始凭证是经济业务发生或完成时取得或填制的记录，是记账的依据。如：发货票、入库单等。

3. 会计核算具有完整性、连续性和系统性

完整性：是指凡属会计核算的内容都必须加以记录，不能遗漏。连续性：是指对各种经济业务应按发生的时间顺序依次进行登记，而不能有所中断。系统性：是指会计提供的数据资料体现在科学分类的基础上形成相互联系的有序整体。我国《企业会计准则》将会计要素分为资产、负债、所有者权益（股东权益）、收入、费用（成本）和利润六个会计要素，进一步分类开设若干个会计科目等都体现了系统性。

4. 会计具有一套比较科学、完整的核算方法

会计核算方法是对经济业务或经济事项确认、计量、记录、报告的方法，是实现

会计目标的基本手段，是整个会计体系的基础。我国将会计核算方法概括为七种，即设置会计科目和账户、复式记账、填制和审核会计凭证、登记账簿、成本计算、财产清查以及编制会计报表。

（二）会计法的含义

会计法是调整经济关系中各种会计关系的法律规范。会计法的概念有广义和狭义之分。广义的会计法是指国家权力机关和行政机关制定的各种会计规范性文件的总称，包括会计法律、会计行政法规、会计地方性法规、会计规章等。狭义的会计法仅指国家最高权力机关通过一定立法程序发布施行的会计法律。本书所讲的会计法，主要是指狭义的会计法，即 1985 年颁布的《中华人民共和国会计法》（以下简称《会计法》），1993 年、1999 年两次修订。

二、会计核算

会计核算是指以货币为主要计量单位，运用专门的会计方法，对生产经营活动及其结果进行连续、系统、全面的记录，计算、分析、定期编制并提供财务会计报告和其他一系列内部管理所需要的会计资料。会计核算是会计最基本的职能。

为规范会计核算，我国会计法律法规对会计核算的原则、会计核算的基本要求、会计年度、记账本位币、填制会计凭证、登记会计簿、编制财务会计报告、财产清查、会计档案管理等做出了统一规定。

（一）会计核算的基本要求

《会计法》对会计资料所作的基本要求是：会计凭证、会计账簿、财务会计报告和其他会计资料，必须符合国家统一的会计制度的规定。各单位必须根据实际发生的经济业务事项进行会计核算，填制会计凭证，登记会计账簿，编制财务会计报告。任何单位不得以虚假的经济业务事项或者资料进行会计核算，即任何单位和个人不得伪造、变造会计凭证、会计账簿和其他会计资料，不得提供虚假的财务会计报告。

（二）会计核算的内容

《会计法》第十条规定：下列经济业务事项，应当办理会计手续，进行会计核算：

（1）款项和有价证券的收付；

（2）财物的收发、增减和使用；

（3）债权债务的发生和结算；

（4）资本、基金的增减；

（5）收入、支出、费用、成本的计算；

（6）财务成果的计算和处理；

（7）需要办理会计手续、进行会计核算的其他事项。

（三）会计年度和记账本位币

《会计法》对我国会计年度的规定是“会计年度自公历 1 月 1 日起至 12 月 31 日止。”会计年度是以公历年度为单位进行会计核算的时间区间，是反映单位财务状况，核算经营成果的时间界限。

《会计法》对我国记账本位币的规定："会计核算以人民币为记账本位币。业务收支以人民币以外的货币为主的单位，可以选定其中一种货币作为记账本位币，但是编报的财务会计报告应当折算为人民币。"

（四）会计核算的程序

1. 取得、填制和审核会计凭证

会计凭证，是具有一定格式，用以记录经济业务事项的发生和完成情况，明确经济责任，并作为记账依据的书面证明。会计凭证分为原始凭证和记账凭证。

原始凭证，又称单据，是在经济业务发生时，由业务经办人员直接取得或者填制，用以表明某项经济业务事项已经发生或完成情况并明确有关经济责任的一种凭据。它是会计核算的原始依据。

对原始凭证的审核：

（1）对不真实、不合法的原始凭证，有权不予接受，并向单位负责人报告。

（2）对记载不准确、不完整的原始凭证，有权予以退回，并要求进行更正、补充。

（3）原始凭证记载的各项内容均不得涂改。

（4）原始凭证有错误的，应当由出具单位重开或者更正，更正处应当加盖出具单位印章。

（5）原始凭证金额有错误的，应当由出具单位"重开"，不得在原始凭证上更正。

记账凭证，亦称传票，是指对经济业务事项按其性质加以归类，确定会计分录，并据以登记会计账簿的凭证，它具有分类归纳原始凭证和满足登记会计账簿需要的作用。

2. 设置和登记会计账簿

会计账簿是由一定格式、相互联系的账页所组成，用来序时地、分类地全面记录和反映一个单位经济业务事项的会计簿籍，是会计资料的主要载体之一，也是会计资料的重要组成部分。会计账簿的主要作用是对会计凭证提供的大量分散数据或资料进行分类归集整理，以全面、连续、系统地记录和反映经济活动情况，是编制财务会计报告，检查、分析和控制单位经济活动的重要依据。

根据《会计法》规定，各单位应当设置的会计账簿包括：总账、明细账、日记账和其他辅助性账簿。任何单位都不得在法定会计账簿之外私设会计账簿。

会计账簿登记，必须以经过审核的会计凭证为依据，并符合有关法律、行政法规和国家统一的会计制度的规定。

会计账簿应当按照连续编号的页码顺序登记。会计账簿记录发生错误或者隔页、缺号、跳行的，应当按照国家统一的会计制度规定的方法更正，并由会计人员和会计机构负责人（会计主管人员）在更正处盖章；实行会计电算化的单位，其会计账簿的登记、更正应符合国家统一会计制度的规定。

（五）会计档案管理

1. 会计档案的概念和种类

《会计法》对会计档案管理提出的原则要求是"各单位对会计凭证、会计账簿、财务会计报告和其他会计资料应当建立档案，妥善保管。会计档案的保管期限和销毁办法，由国务院财政部门会同有关部门制定。”

会计档案，是指会计凭证、会计账簿、财务会计报告等会计核算专业资料。

会计档案一般分为：会计凭证类，包括原始凭证、记账凭证、汇总凭证和银行存款余额调节表等；会计账簿类，包括总账、日记账、明细账、辅助账等；财务报告类，包括月度、季度、半年度、年度财务报告及相关文字分析材料等；其他类，包括会计移交清册、会计档案保管清册、会计档案销毁清册等。

2. 会计档案的归档

（1）当年形成的会计档案在会计年度终了后，可暂由本单位会计部门保管一年。

（2）原则上应当保持原卷册的封装，个别需要拆封重新整理的，应当会同会计部门和原经办人共同拆封整理，以分清责任。

（3）会计档案原件“原则上”不得借出，如有特殊需要，须经本单位负责人批准，在“不拆散”原卷册的前提下，可以提供查阅或者复制，并办理登记手续。

3. 会计档案的保管期限

会计档案保管期限：分为永久和定期两类。定期保管期限分为 3 年、5 年、10 年、15 年和 25 年 5 种。会计档案的保管期限是从会计年度终了后的第一天算起。

企业会计档案保管主要时间见表 11-1。

表 11-1　　企业会计档案保管主要时间

保管期限	会计档案范围
永久	年度财务报告（决算）、会计档案保管清册、会计档案销毁清册
25 年	现金、银行存款日记账
15 年	会计凭证类、会计账簿类（除现金、银行存款日记账）、会计移交清册
5 年	银行余额调节表、银行对账单、报废清理后的固定资产卡片
3 年	月、季度财务报告

财政总预算中的国家金库编送的各种报表及缴库退库凭证、各收入机关编送的报表，税收年报（决算），国家金库年报（决算），基本建设拨、贷款年报（决算）的保管期限为 10 年。

【例 11-1】根据《会计档案管理办法》的规定，会计档案的保管期限分为永久和定期两类。关于会计档案定期保管期限的下列表述中，符合规定的是（　　）。

A. 保管期限分为 3 年、5 年、10 年三种

B. 保管期限分为 5 年、10 年、15 年三种

C. 保管期限分为 3 年、5 年、10 年、15 年四种

D. 保管期限分为 3 年、5 年、10 年、15 年、25 年五种

【解析】D。根据规定，会计档案的定期保管期限分为 3 年、5 年、10 年、15 年、25 年五种。

4. 会计档案的销毁

（1）编制会计档案销毁清册。“单位负责人”应当在会计档案销毁清册上签署意见。

（2）专人负责监销。销毁会计档案时，应当由单位的档案部门和会计部门共同派人监销；国家机关销毁会计档案时，还应当有同级财政、审计部门派人监销；各级财政部门销毁会计档案时，应当由同级审计部门派人监销。销毁后，监销人应当在会计档案销毁清册上签名盖章，并将监销情况报告本单位负责人。

（3）不得销毁的会计档案。

①保管期满但尚未结清的债权债务的原始凭证；

②保管期满其他未了事项的原始凭证；

③在建项目。

（六）编制财务会计报告

财务会计报告是企业和其他单位对外提供的反映某一特定日期财务状况和某一会计期间经营成果、现金流量情况的书面文件。财务会计报告由会计报表、会计报表附注和财务情况说明书三部分组成。财务会计报告分为年度、半年度、季度和月度财务会计报告。

财务会计报告的编制，包括编制依据、编制要求、提供对象、提供期限等，是会计核算工作的重要环节。

1. 财务会计报告的编制依据

作为编制依据的会计账簿记录和其他有关资料必须是真实的、完整的。在编制财务会计报告前，必须对会计账簿的记录和有关资料进行严格的审核，并完成下列工作：

（1）进行全面清查财产、核实债务，并按规定程序报批，进行相应的会计处理；

（2）按规定的结账日进行结账，结出有关会计账簿的余额和发生额，并核对各会计账簿之间的余额；

（3）检查相关的会计核算是否按照国家统一的会计制度的规定进行；

（4）检查是否存在因会计差错、会计政策变更等原因需要调整前期或本期相关项目的情况等。

2. 财务会计报告的编制规定

（1）财务会计报告的编制要求

①应当按照国家统一的会计制度规定的会计报表格式和内容，进行编制，做到数字真实、内容完整、说明清楚，不得漏报或者任意取舍。

②会计报表之间、会计报表各项目之间，凡有对应关系的数字，应当相互一致。年度、半年度会计报表至少应当反映两个年度或者相关两个期间的比较数据。不得随意改变财务会计报告的编制基础、编制依据、编制原则和方法。

（2）财务会计报表的对外提供

①各单位应当按照法律、行政法规和国家统一的会计制度有关财务会计报告提供期限的规定，及时对外提供财务会计报告。

②对外提供的财务会计报告应当依次编定页码、加具封面，装订成册，加盖公章。封面上应当注明：单位名称、单位统一代码、组织形式、地址、报表所属年度或季度或月份、报出日期，并由单位负责人和主管会计工作的负责人、会计机构负责人（会计主管人员）签名并盖章；设置总会计师的单位，还须由总会计师签名并盖章。

③单位负责人是单位对外提供的财务会计报告的责任主体，必须保证对外提供的财务会计报告的真实、完整。

④财务会计报告须经注册会计师审计的，注册会计师及其所在的会计师事务所出具的审计报告应当随同财务会计报告一并提供。

（七）公司、企业会计核算的特别规定

1. 公司、企业必须根据实际发生的经济业务事项，按照国家统一的会计制度的规定确认、计量和记录资产、负债、所有者权益、收入、费用、成本和利润。

2. 公司、企业进行会计核算不得有下列行为：

（1）随意改变资产、负债、所有者权益的确认标准或者计量方法，虚列、多列、不列或者少列资产、负债、所有者权益；

（2）虚列或者隐瞒收入，推迟或者提前确认收入；

（3）随意改变费用、成本的确认标准或者计量方法，虚列、多列、不到或者少列费用、成本；

（4）随意调整利润的计算、分配方法，编造虚假利润或者隐瞒利润；

（5）违反国家统一的会计制度规定的其他行为。

三、会计监督

会计监督可以分为单位内部监督、国家监督和社会监督。

（一）单位内部监督

1. 单位内部会计监督的概念

单位内部会计监督是指为了保护单位资产的安全、完整，保证其经营活动符合国家法律、法规和内部有关管理制度，提高经营管理水平和效率，而在单位内部采取的一系列相互制约、相互监督的制度和方法。

2. 单位内部会计监督的主体和对象

各单位的会计机构、会计人员对本单位的经济活动进行会计监督。内部会计监督的主体是单位的会计机构和会计人员；内部会计监督的对象是单位的经济活动。单位负责人应当支持和保障会计机构、会计人员行使好会计监督职权。根据规定，单位负责人负责单位内部会计监督制度的组织实施，对本单位内部会计监督制度的建立及有效实施承担最终责任。

3. 单位内部会计监督制度

根据《会计法》的规定，各单位应当建立、健全本单位内部会计监督制度和内部控制制度。单位内部会计监督制度应当符合以下要求：

（1）记账人员与经济业务事项或会计事项的审批人员、经办人员、财物保管人员的职责权限应当明确，并相互分离、相互制约；

（2）重大对外投资、资产处置、资金调度和其他重要经济业务事项的决策和执行的相互监督、相互制约的程序应当明确；

（3）财产清查的范围、期限和组织程序应当明确；

（4）对会计资料定期进行内部审计的办法和程序应当明确。

4. 单位内部控制制度

内控制度的方法有八项：

（1）不相容职务相互分离控制：不相容职务主要包括授权批准与业务经办、业务经办与会计记录、会计记录与财产保管、业务经办与稽核检查、授权批准与监督检查等。

（2）授权批准控制：必须明确一般授权和特别授权的责任和权限，以及每笔经济业务的授权批准程序，并要按照规定的权限和程序执行。

（3）会计系统控制。

（4）预算控制：由内部审计部门负责监督预算的执行。

（5）财产保全控制：包括接近控制、定期盘点控制。

（6）风险控制：包括经营风险、财务风险。

（7）内部报告控制。

（8）电子信息技术控制。

【例 11-2】下列各项中，属于单位内部会计控制制度的方法有（　　）。

A. 不相容职务相互分离控制

B. 授权批准控制

C. 预算控制

D. 电子信息技术控制

【解析】ABCD 本题考核单位内部会计控制制度的方法。以上四项均属于单位内部会计控制制度的方法。

《会计法》规定了会计机构和会计人员在单位内部会计监督中具有以下职权：

（1）会计机构、会计人员对违反《会计法》和国家统一的会计制度规定的会计事项，有权拒绝办理或者按照职权予以纠正。如会计人员对未经单位负责人批准的超标准开支的报销事宜，有权拒绝报销。

（2）会计机构、会计人员发现会计账簿记录与实物、款项及有关资料不相符的，按照国家统一的会计制度的规定有权自行处理的，应当及时处理；无权处理的，应当立即向单位负责人报告，请求查明原因，做出处理。

（二）外部监督

1. 政府会计监督

会计工作的政府监督主要是指财政部门代表国家对单位和单位中相关人员的会计行为实施的监督检查，以及对发现的违法会计行为实施行政处罚的一种外部监督。

（1）政府会计监督的实施主体、监督对象和范围。

实施主体：县级以上人民政府财政部门为各单位会计工作的监督检查部门，对各单位会计工作行使监督权，对违法会计行为实施行政处罚。审计、税务、人民银行、证券监管、保险监管等部门依照有关法律、行政法规规定的职责和权限，可以对有关单位的会计资料实施监督检查。

财政部门实施会计监督检查的对象是会计行为，并对发现的有违法会计行为的单位和个人实施行政处罚。违法会计行为是指公民、法人和其他组织违反《会计法》和其他有关法律、行政法规、国家统一的会计制度的行为。

财政部门实施会计监督的内容：

①是否依法设置会计账簿；各单位设置会计账簿是否规范，是否符合法律、法规和国家统一的会计制度的要求。

②会计凭证、会计账簿、财务会计报告和其他会计资料是否真实、完整，是否做到账实相符、账证相符、账账相符、账表相符；各单位提供的财务会计报告是否符合法律、行政法规和国家统一的会计制度的规定等。

③会计核算是否符合《会计法》和国家统一的会计制度的规定。

④从事会计工作的人员是否具备会计从业资格。

此外，国务院财政部门和省、自治区、直辖市人民政府财政部门，依法对注册会计师、会计师事务所和注册会计师协会进行监督、指导。财政部门对会计师事务所出具审计报告的程序和内容进行监督。

（2）实施监督检查中发现重大违法嫌疑时，国务院财政部门及其派出机构可以向与被监督单位有经济业务往来的单位和被监督单位开立账户的金融机构查询有关情况，有关单位和金融机构应予以支持。

2. 社会监督

（1）社会监督的概念。

会计工作的社会监督主要是指由注册会计师及其所在的会计师事务所依法对委托单位的经济活动进行的审计、鉴证的一种监督制度。此外，单位和个人检举违反《会计法》和国家统一的会计制度规定的行为，也属于会计工作社会监督的范畴。

（2）注册会计师及其所在的会计师事务所的业务范围与审计业务约定书。

注册会计师及其所在的会计师事务所的业务范围主要有审计、会计咨询、会计服务。具体规定如下：

①审查企业财务会计报告，出具审计报告；

②验证企业资本，出具验资报告；

③办理企业合并、分立、清算事宜中的审计业务，出具有关报告；

④法律、行政法规规定的其他审计业务。

审计业务约定书：注册会计师不能以个人名义承接业务，而必须由会计师事务所统一接受委托，并与委托人签订审计业务约定书。审计业务约定书，是书面的，具有法定约束力。注册会计师在审计过程中，有权查阅被审计单位的财务会计资料和有关文件，有权查看业务现场和设施，并向有关单位和个人进行调查与核实。

审计报告的种类有五种：无保留意见、带强调段的无保留意见、保留意见的审计报告、否定意见、无法表示意见。

（3）会计责任与审计责任。

①会计责任：是被审计单位对建立健全和有效执行本单位的内部控制制度，保证本单位提交的会计资料的真实性、合法性和完整性，保护本单位资产的安全与完整等负有的责任。

②审计责任：是注册会计师依法独立实施审计程序、获取充分适当的审计证据，依法出具审计报告，清楚地表达对被审计单位财务会计报告整体的意见，并对出具的审计报告负责。现阶段，审计责任以验证被审计单位财务会计报告的公允性为主，同时也要求揭露被审计单位的重大错误和舞弊。

③会计责任与审计责任关系：均应在审计业务约定书中明确。但两种责任不能相互替代、减轻或免除。

四、会计机构和会计人员

《会计法》规定："各单位应依据会计业务的需要，设置会计机构，或者在有关机构中设置会计人员并指定会计主管人员；不具备设置条件的，应当委托经批准设立从事会计代理记账业务的中介机构代理记账"。

（一）会计机构设置

各单位可以根据本单位的会计业务繁简情况和会计管理工作的需要决定是否设置会计机构。一个单位是否单独设置会计机构，主要取决于以下几个因素：

一是单位规模大小。一般来说，实行企业化管理的事业单位或集团公司、股份有限公司、有限责任公司等应当单独设置会计机构，以便及时组织对本单位各项经济活动和财务收支的核算，实施有效的会计监督。

二是经济业务和财务收支的繁简。具有一定规模的行政、事业单位，以及财务收支数额较大、会计业务较多的社会团体和其他经济组织，也应单独设置会计机构，以保证会计工作的效率和会计信息的质量。

三是经营管理的要求。一个单位在经营管理上的要求越高，对会计信息的需求也会相应增加，对会计信息系统的要求也越高，从而决定了该单位设置会计机构的必要性。

（二）代理记账

代理记账是指从事代理记账业务的社会中介机构接受委托人的委托办理会计业务。委托人是指委托代理记账机构办理会计业务的单位。代理记账机构是指从事代理记账业务的中介机构。

1. 代理记账机构的设立条件和审批

（1）至少有3名持有会计从业资格证书的专职从业人员；

（2）主管代理记账业务的负责人必须具有会计师以上的专业技术资格；

（3）有固定的办公场所；

（4）有健全的代理记账业务规范和财务会计管理制度。

从事代理记账业务，应当经所在地县级以上（含县级）人民政府财政部门批准。

2. 代理记账的业务范围

代理记账机构可以接受委托，受托办理委托人的以下业务：

（1）根据委托人提供的原始凭证和其他资料，按照国家统一的会计制度的规定进行会计核算，包括审核原始凭证、填制记账凭证、登记会计账簿、编制财务会计报告等；

（2）对外提供财务会计报告。代理记账机构为委托人编制的财务会计报告，经代理记账机构负责人和委托人签名并盖章后，按照有关法律、行政法规和国家统一的会计制度的规定对外提供；

（3）定期向税务机关提供税务资料；

（4）承办委托人委托的其他会计业务。

3. 委托代理记账的委托人的义务

（1）对本单位发生的经济业务事项，应当填制或者取得符合国家统一会计制度规定的原始凭证；

（2）应当配备专人负责日常货币收支和保管；

（3）及时向代理记账机构提供真实、完整的原始凭证和其他相关资料；

（4）对于代理记账机构退回的要求按照国家统一的会计制度规定进行更正、补充的原始凭证，应当及时予以更正、补充。

4. 代理记账机构及其从业人员的义务

（1）按照委托合同办理代理记账业务，遵守有关法律、行政法规和国家统一的会计制度的规定；

（2）对在执行业务中知悉的商业秘密应当保密；

（3）对委托人示意其做出不当的会计处理，提供不实的会计资料，以及其他不符合法律、行政法规和国家统一的会计制度规定的要求，应当拒绝；

（4）对委托人提出的有关会计处理原则问题应当予以解释。

（三）会计机构负责人的任职资格

《会计法》规定，担任单位会计机构负责人（会计主管人员）的，除取得会计从业资格证书外，还应当具备会计师以上专业技术职务资格或者从事会计工作 3 年以上经历。

（四）会计人员的从业资格

《会计法》第三十八条规定："从事会计工作的人员，必须取得会计从业资格证书"，"会计人员从业资格管理办法由国务院财政部门规定"。对从事会计工作的人员实行资格准入制度。

财政部根据《会计法》，于 2000 年 5 月发布了《会计从业资格管理办法》。2005 年 1 月 22 日以财政部第 26 号令的形式予以公布了新的《会计从业资格管理办法》，并自 2005 年 3 月 1 日起施行。

1. 会计从业资格的概念

会计从业资格是指进入会计职业、从事会计工作的一种法定资质。从事会计工作的人员必须首先取得会计从业资格证书，才能从事会计工作。

2. 取得会计从业资格的范围

在国家机关、社会团体、公司、企业、事业单位和其他组织从事会计工作的人员，必须取得会计从业资格，持有会计从业资格证书，并注册登记。

（1）会计机构负责人（会计主管人员）；

（2）出纳；

（3）稽核；

（4）资本核算、收入、支出、债权债务核算、工资、成本费用，财务成果核算；

（5）财产物资的收发、增减核算；

（6）总账、财务会计报告编制；

（7）会计机构内会计档案管理。

3. 会计从业资格的后续管理

会计从业资格管理实行属地原则。县级以上人民政府财政部门（含县级）负责本行政区域内的会计从业资格管理。

（1）持证人员从事会计工作，应当自从事会计工作之日起 90 日内，到单位所在地的会计从业资格管理机构办理注册登记。

（2）持证人员离开会计工作岗位超过 6 个月的，应当向原注册登记的会计从业资格管理机构备案。

（3）调转登记。

①在同一管辖范围内：自离开工作单位之日起 90 日内，办理调转登记。

②在不同管辖范围的：到原注册登记的会计从业资格管理机构办理调出手续；并自办理调出手续之日起 90 日内，持调入单位开具的从事会计工作的证明，到调入单位所在地的会计从业资格管理机构办理调入手续。

【例 11-3】根据《会计从业资格管理办法》的规定，会计人员在同一会计从业资格管理机构管辖范围内调转工作单位，且继续从事会计工作的，应当自离开原工作单位之日起一定期限内，持会计从业资格证书及有关材料，办理会计从业资格调转登记。该期限是（　　）。

A. 30 日内　　B. 60 日内　　C. 90 日内　　D. 180 日内

【解析】C。根据规定，会计人员在同一会计从业资格管理机构管辖范围内调转工作单位，且继续从事会计工作的，应当自离开原工作单位之日起 90 日内办理调转登记。

4. 会计人员继续教育

会计人员继续教育是指取得会计从业资格的人员持续接受一定形式的、有组织的理论知识、专业技能和职业道德的教育和培训活动，从而保持和不断提高其专业胜任能力和职业道德水平。

会计人员继续教育的内容主要包括：会计理论与实务；财务、会计法规制度；会计职业道德规范；其他相关的知识与法规。根据《会计从业资格管理办法》规定，持证人员接受继续教育，每年参加继续教育培训不得少于 24 小时。

5. 会计专业技术资格

会计专业技术资格分为初级资格、中级资格和高级资格三个级别。初级、中级会计资格的取得实行全国统一考试制度；高级会计师资格实行考试与评审相结合制度。会计专业技术资格考试是一种通过考试确认担任会计专业职务任职资格的制度。

6. 会计人员回避制度

回避制度是为了保证执法或者执业的公正性，对可能影响其公正执法或者执业的人员实行任职回避和业务回避的一种制度。《会计基础工作规范》规定："国家机关、国有企业、事业单位任用会计人员应当实行回避制度。单位领导人的直系亲属不得担任本单位的会计机构负责人、会计主管人员。会计机构负责人、会计主管人员的直系亲属不得在本单位会计机构中担任出纳工作。"需要回避的主要有以下三种：

（1）单位负责人的直系亲属不得担任本单位的会计机构负责人、会计主管人员。

（2）会计机构负责人、会计主管人员的直系亲属不得担任在本单位的会计机构中担任出纳工作。

（3）出纳人员不得兼管稽核、会计档案保管和收入、费用、债权债务账目的登记工作。

7. 会计人员的工作交接

《会计法》规定："会计人员调动工作或者离职，必须与接管人员办清交接手续。"除此之外，会计人员在临时离职或其他原因暂时不能工作时，也应办理会计工作交接。《会计基础工作规范》对此做了进一步的规定：

（1）临时离职或因病不能工作，需要接替或代理的，会计机构负责人（会计主管人员）或单位负责人必须指定专人接替或者代理，并办理会计工作交接手续。

（2）临时离职或因病不能工作的会计人员恢复工作时，应当与接替或代理人员办理交接手续。

（3）移交人员因病或其他特殊原因不能亲自办理移交手续的，经单位负责人批准，可由移交人委托他人代办交接，但委托人应当对所移交的会计凭证、会计账簿、财务会计报告和其他有关资料的真实性、完整性承担法律责任。

交接的基本程序：

（1）做好办理移交手续前的准备工作。

根据规定，会计人员在办理移交手续前，必须及时办理完毕未了的会计事项，具体包括：

①对已经受理的经济业务尚未填制会计凭证的，应当填制完毕。

②尚未登记的账目应当登记完毕，结出余额，并在最后一笔余额后加盖经办人员印章。

③整理好应该移交的各项资料，对未了事项和遗留问题要写出书面说明材料。

④编制移交清册，列明应当移交的会计凭证、会计账簿、财务会计报告、公章、现金、有价证券、支票簿、发票、文件以及其他会计资料和物品等内容；实行会计电算化的单位，从事该项工作的移交人员应在移交清册上列明会计软件及密码、会计软件数据盘、磁带等内容。

⑤会计机构负责人（会计主管人员）移交时，应将全部财务会计工作、重大财务收支问题和会计人员的情况等，向接替人员介绍清楚。

（2）专人负责监交。

对监交的具体要求是：

①一般会计人员办理交接手续，由单位的会计机构负责人（会计主管人员）负责监交；

②会计机构负责人（会计主管人员）办理交接手续，由单位负责人负责监交，必要时上级主管部门可以派人会同监交。

（3）交接后的相关工作。

①会计工作交接完毕后，交接双方和监交人在移交清册上签名或盖章，并应在移交清册上注明：单位名称，交接日期，交接双方和监交人的职务、姓名，移交清册页数以及需要说明的问题和意见等。

②接替人员应继续使用移交前的账簿，不得擅自另立账簿，以保证会计记录前后衔接，内容完整。

③移交清册一般应填制一式三份，交接双方各执一份，存档一份。

④会计账簿应该继续使用，不得更换，以保持会计记录的连续性。

（4）会计资料移交后的责任界定。

①移交人员对移交的会计凭证、会计账簿、会计报表和其他会计资料的合法性、真实性承担法律责任。

②即便接替人员在交接时因疏忽没有发现所接会计资料在合法性、真实性、完整性方面存在的问题，仍由原移交人员负责，原移交人员不应以会计资料已移交而推卸责任。

五、违反会计法律制度的法律责任

单位或者个人违反会计法律制度应当承担法律责任，受到法律制裁。违反会计法的行为承担法律责任的形式有行政处罚、行政处分、刑事责任等。

（一）违反国家统一的会计制度行为的法律后果

违反《会计法》规定，有下列行为之一的，由县级以上人民政府财政部门责令限期改正，可以对单位并处3 000元以上50 000元以下的罚款；对其直接负责的主管人员和其他直接责任人员，可以处2 000元以上20 000元以下的罚款；属于国家工作人员的，还应当由其所在单位或者有关单位依法给予行政处分；构成犯罪的，依法追究刑事责任：

根据《会计法》规定，应承担法律责任的违法行为包括：

（1）不依法设置会计账簿的行为；

（2）私设会计账簿的行为；

（3）未按照规定填制、取得原始凭证或者填制、取得的原始凭证不符合规定的行为；

（4）以未经审核的会计凭证为依据登记会计账簿或者登记会计账簿不符合规定的行为；

（5）随意变更会计处理方法的行为；

（6）向不同的会计资料使用者提供的财务会计报告编制依据不一致的行为；

（7）未按规定使用会计记录文字或者记账本位币的行为；

（8）未按照规定保管会计资料，致使会计资料毁损、灭失的行为；

（9）未按照规定建立并实施单位内部会计监督制度，或者拒绝依法实施的监督，或者不如实提供有关会计资料及情况的行为；

（10）任用会计人员不符合《会计法》规定的行为。

会计人员有上述行为之一，情节严重的，由县级以上人民政府财政部门吊销会计从业资格证书。

（二）伪造、变造会计凭证、会计账簿，编制虚假财务会计报告的法律责任

单位或者个人伪造、变造会计凭证、会计账簿，编制虚假财务会计报告，由县级以上人民政府财政部门予以通报，可以对单位并处5 000元以上100 000元以下的罚款；对其直接负责的主管人员和其他直接责任人员，可以处3 000元以上50 000元以下的罚款；属于国家工作人员的，还应当由其所在单位或者有关单位依法给予撤职直至开除的行政处分；对其中的会计人员，并由县级以上人民政府财政部门吊销会计从业资格证书。情节严重构成犯罪的，依法追究刑事责任。

（三）隐匿或者故意销毁会计资料的法律责任

隐匿或者故意销毁依法应当保存的会计凭证、会计账簿、财务会计报告，由县级以上人民政府财政部门予以通报，可以对单位并处5 000元以上100 000元以下的罚款；对其直接负责的主管人员和其他直接责任人员，可以处3 000元以上50 000元以下的罚款；属于国家工作人员的，还应当由其所在单位或者有关单位依法给予撤职直至开除的行政处分；对其中的会计人员，并由县级以上人民政府财政部门吊销会计从业资格证书。情节严重构成犯罪的，依法追究刑事责任。

（四）授意、强令提供虚假会计信息的法律责任

授意、指使、强令会计机构、会计人员及其他人员伪造、变造会计凭证、会计账簿，编制虚假财务会计报告或者隐匿、故意销毁依法应当保存的会计凭证、会计账簿、财务会计报告，可以处5 000元以上50 000元以下的罚款；属于国家工作人员的，还应当由其所在单位或者有关单位依法给予降级、撤职、开除的行政处分。情节严重构成犯罪的，依法追究刑事责任。

（五）打击报复依法履行会计职责的会计人员的法律责任

单位负责人对依法履行职责、抵制违反会计法规定行为的会计人员以降级、撤职、调离工作岗位、解聘或者开除等方式实行打击报复的，由其所在单位或者有关单位依法给予行政处分；构成犯罪的，依法追究刑事责任。对受打击报复的会计人员，应当恢复其名誉和原有职务、级别。

（六）国家机关及其工作人员违法行为的法律责任

财政部门及有关行政部门的工作人员在实施监督管理中滥用职权、玩忽职守、徇私舞弊或者泄露国家秘密、商业秘密，构成犯罪的，依法追究刑事责任；尚不构成犯罪的，依法给予行政处分。

【例 11-4】临海化工有限责任公司 2016 年度发生了以下事项：

(1) 3 月 5 日，公司会计科一名档案管理人员生病临时交接工作，胡某委托单位出纳员李某临时保管会计档案。

(2) 4 月 15 日，公司从外地购买一批原材料，收到发票后，与实际支付款项进行核对时发现发票金额错误，经办人员在原始凭证上进行了更改，并加盖了自己的印章，作为报销凭证。

(3) 5 月 2 日，公司会计科科长退休，公司决定任命自参加工作以来一直从事文秘工作的办公室副主任王某为会计科科长。

(4) 6 月 30 日，公司有一批保管期满的会计档案，按规定需要进行销毁。公司档案管理部门编制了会计档案销毁清册，档案管理部门的负责人在会计档案销毁清册上签了字，并于当天销毁。

(5) 9 月 9 日，公司人事部门从外省招聘了一名具有高级会计师资格的会计人员。该高级会计师持有外省的会计从业资格证书，其相关的会计从业资格业务档案资料仍保存在外省的原单位所在地财政部门。

(6) 12 月 1 日，公司董事会研究决定，公司以后对外报送的财务会计报告由王科长签字、盖章后报出。

要求：根据上述情况和会计法律制度的有关规定，回答下列问题：

(1) 该公司由出纳员临时保管会计档案的做法是否符合法律规定？为什么？

【解析】由出纳员临时保管会计档案不符合规定。根据规定，出纳人员不得兼管稽核、会计档案保管和收入、费用、债权债务账目的登记工作。

(2) 该公司经办人员更改原始凭证金额的做法是否符合法律规定？为什么？

【解析】更改原始凭证金额的做法不符合规定。根据规定，原始凭证金额有错误的，应当由出具单位重开，不得在原始凭证上更正。

(3) 该公司王某担任会计科科长是否符合法律规定？为什么？

【解析】不符合规定。根据规定，担任会计机构负责人，除取得会计从业资格证书外，还应当具备会计师以上专业技术资格或者从事会计工作 3 年以上经历。在本题中，王某自参加工作以来一直从事文秘工作，不可能具备从事会计工作 3 年以上的工作经历。

(4) 该公司销毁会计档案的做法是否符合法律规定？为什么？

【解析】销毁会计档案的做法不符合规定。根据规定，会计档案销毁清册必须经单位负责人签字。

(5) 该公司招聘的高级会计师是否需要办理会计从业资格调转手续？如需办理，应怎样处理？

【解析】需要办理调转手续。根据规定，持证人员在不同会计从业资格管理机构管辖范围内调转工作单位，且继续从事会计工作的，应当到原注册登记的会计从业资格管理机构办理调出手续；并自办理调出手续之日起90日内，持调入单位开具的从事会计工作的证明，到调入单位所在地的会计从业资格管理机构办理调入手续。

(6) 该公司董事会做出的关于对外报送财务会计报告的决定是否符合法律规定？为什么？

【解析】不符合规定。根据规定，企业对外提供的财务会计报告，应当由企业负责人、主管会计工作的负责人、会计机构负责人（会计主管人员）、总会计师签名并盖章。

第二节　审计法律制度

一、审计的概念和分类

审计是指由专职机构和专职人员依法对规定的单位的财政收支进行审核、评价的监督活动。审计具有三个基本要素，即审计主体、审计客体和审计授权或委托人。审计主体，是指审计行为的执行者，有审计机关、内部审计机构、社会审计机构和审计人员；审计客体，指审计行为的接受者，即规定的单位，指被审计的资产代管或经营者；审计授权或委托人，指依法授权或委托审计主体行使审计职责的单位或人员。

从不同的角度对审计做出不同的分类，具体分类如下：

（一）按审计执行主体分类

按审计活动执行主体的性质分类，审计可分为政府审计、独立审计和内部审计三种。

政府审计是由政府审计机关依法进行的审计，在我国一般称为国家审计。我国国家审计机关包括国务院设置的审计署及其派出机构和地方各级人民政府设置的审计厅（局）两个层次。

独立审计，即由注册会计师受托有偿进行的审计活动，也称为民间审计。我国注册会计师协会在发布的《独立审计基本准则》中指出："独立审计是指注册会计师依法接受委托，对被审计单位的会计报表及其相关资料进行独立审查并发表审计意见。"独立审计的风险高，责任重。

内部审计是指由本单位内部专门的审计机构和人员对本单位财务收支和经济活动实施的独立审查和评价，审计结果向本单位主要负责人报告。内部审计具有显著的建设性和内向服务性，其目的在于帮助本单位健全内部控制，改善经营管理，提高经济效益。

（二）按审计基本内容分类

按审计内容分类，我国一般将审计分为财政财务审计和经济效益审计。

财政财务审计是指对被审计单位财政财务收支的真实性和合法合规性进行审查，旨在纠正错误、防止舞弊。具体来说，财政审计又包括财政预算执行审计、财政决算审计和其他财政收支审计。财务审计则是指对企事业单位的资产、负债和损益的真实性和合法合规性进行审查。由于企业的财务状况、经营成果和现金流量是以会计报表为媒介集中反映的，因而财务审计时常又表现为会计报表审计。

经济效益审计是指对被审计单位经济活动的效率、效果和效益状况进行审查、评价，目的是促进被审计单位提高人财物等各种资源的利用效率，增强盈利能力，实现经营目标。

（三）按审计实施时间分类

按审计实施时间相对于被审单位经济业务发生的前后分类，审计可分为事前审计、事中审计和事后审计。

事前审计是指在被审单位经济业务实际发生以前进行的审计。事前审计是对计划、预算、预测和决策进行审计。

事中审计是指在被审单位经济业务执行过程中进行的审计。如对费用预算、经济合同的执行情况进行审查。通过这种审计，能够及时发现和反馈问题，尽早纠正偏差。

事后审计是指在被审单位经济业务完成之后进行的审计。大多数审计活动都属于事后审计。事后审计的目标是监督经济活动的合法合规性，鉴证企业会计报表的真实公允性，评价经济活动的效果和效益状况。

二、审计监督的原则

（1）依法审计原则。

审计机关对国家财政收支、财务收支的真实、合法和效益，依法进行审计监督；审计机关进行审计时，应当依照法律规定的职权和程序；对违反国家规定的财政收支、财务收支行为，在法定职权范围内，依照法律、行政法规的规定处理、处罚。

（2）独立审计原则。

审计机关依照法律规定独立行使审计监督权，不受其他行政机关、社会团体和个人的干涉。并从审计机关组织、职能独立，审计机关经费独立，审计人员独立方面，保障审计监督权的独立行使。

（3）地方审计机关实行双重领导体制原则。

地方各级审计机关对本级人民政府和上一级审计机关负责并报告工作，审计业务以上级审计机关领导为主，为地方审计机关依法审计和独立审计提供有力的组织保障。

三、审计机关和审计人员

审计机关和审计人员，主要规定了审计机关的设置、职责、领导体系、经费保证、审计特派员的设置，具体规定有以下九项：

（1）国务院设立审计署，在国务院总理领导下，主管全国的审计工作。审计长是审计署的行政首长。

（2）省、自治区、直辖市、设区的市、自治州、县、自治县、不设区的市、市辖区的人民政府的审计机关，分别在省长、自治区主席、市长、州长、县长、区长和上一级审计机关的领导下，负责本行政区域内的审计工作。

（3）地方各级审计机关对本级人民政府和上一级审计机关负责并报告工作，审计业务以上级审计机关领导为主。

（4）审计机关根据工作需要，经本级人民政府批准，可以在其审计管辖范围内设立派出机构。

派出机构根据审计机关的授权，依法进行审计工作。

（5）审计机关履行职责所必需的经费，应当列入财政预算，由本级人民政府予以保证。

（6）审计人员应当具备与其从事的审计工作相适应的专业知识和业务能力。

（7）审计人员办理审计事项，与被审计单位或者审计事项有利害关系的，应当回避。

（8）审计人员对其在执行职务中知悉的国家秘密和被审计单位的商业秘密，负有保密的义务。

（9）审计人员依法执行职务，受法律保护。

任何组织和个人不得拒绝、阻碍审计人员依法执行职务，不得打击报复审计人员。

审计机关负责人依照法定程序任免。审计机关负责人没有违法失职或者其他不符合任职条件的情况的，不得随意撤换。

地方各级审计机关负责人的任免，应当事先征求上一级审计机关的意见。

四、审计机关的职责

审计机关的职责，分别对审计范围、专项审计调整作了规定。

《审计法》规定了审计机关的职责，主要包括12项：

（1）审计机关对本级各部门（含直属单位）和下级政府预算的执行情况和决算以及其他财政收支情况，进行审计监督。

（2）审计署在国务院总理领导下，对中央预算执行情况和其他财政收支情况进行审计监督，向国务院总理提出审计结果报告。

地方各级审计机关分别在省长、自治区主席、市长、州长、县长、区长和上一级审计机关的领导下，对本级预算执行情况和其他财政收支情况进行审计监督，向本级人民政府和上一级审计机关提出审计结果报告。

（3）审计署对中央银行的财务收支，进行审计监督；审计机关对国有金融机构的资产、负债、损益，进行审计监督。

（4）审计机关对国家的事业组织和使用财政资金的其他事业组织的财务收支，进行审计监督。

（5）审计机关对国有企业的资产、负债、损益，进行审计监督。

（6）对国有资本占控股地位或者主导地位的企业、金融机构的审计监督，由国务院规定。

（7）审计机关对政府投资和以政府投资为主的建设项目的预算执行情况和决算，进行审计监督。

（8）审计机关对政府部门管理的和其他单位受政府委托管理的社会保障基金、社会捐赠资金以及其他有关基金、资金的财务收支，进行审计监督。

（9）审计机关对国际组织和外国政府援助、贷款项目的财务收支，进行审计监督。

（10）审计机关按照国家有关规定，对国家机关和依法属于审计机关审计监督对象的其他单位的主要负责人，在任职期间对本地区、本部门或者本单位的财政收支、财务收支以及有关经济活动应负经济责任的履行情况，进行审计监督。

（11）除本法规定的审计事项外，审计机关对其他法律、行政法规规定应当由审计机关进行审计的事项，依照本法和有关法律、行政法规的规定进行审计监督。

（12）审计机关有权对与国家财政收支有关的特定事项，向有关地方、部门、单位进行专项审计调查，并向本级人民政府和上一级审计机关报告审计调查结果。

五、审计管辖

审计管辖规定了审计管辖范围及发生管辖争议的解决办法。

审计机关根据被审计单位的财政、财务隶属关系或者国有资产监督管理关系，确定审计管辖范围。

审计机关之间对审计管辖范围有争议的，由其共同的上级审计机关确定。

上级审计机关可以将其审计管辖范围内的本法第十八条第二款至第二十五条规定的审计事项，授权下级审计机关进行审计；上级审计机关对下级审计机关审计管辖范围内的重大审计事项，可以直接进行审计，但是应当防止不必要的重复审计。

六、审计机关的权限

审计机关的权限，是审计监督权的具体体现，能保障审计工作的顺利进行，充分发挥审计监督应有的作用。

（1）审计机关有权要求被审计单位按照审计机关的规定提供预算或者财务收支计划、预算执行情况、决算、财务会计报告，运用电子计算机储存、处理的财政收支、财务收支电子数据和必要的电子计算机技术文档，在金融机构开立账户的情况，社会审计机构出具的审计报告，以及其他与财政收支或者财务收支有关的资料，被审计单位不得拒绝、拖延、谎报。

被审计单位负责人对本单位提供的财务会计资料的真实性和完整性负责。

（2）审计机关进行审计时，有权检查被审计单位的会计凭证、会计账簿、财务会计报告和运用电子计算机管理财政收支、财务收支电子数据的系统，以及其他与财政收支、财务收支有关的资料和资产，被审计单位不得拒绝。

（3）审计机关进行审计时，有权就审计事项的有关问题向有关单位和个人进行调查，并取得有关证明材料。有关单位和个人应当支持、协助审计机关工作，如实向审计机关反映情况，提供有关证明材料。

审计机关经县级以上人民政府审计机关负责人批准，有权查询被审计单位在金融机构的账户。

审计机关有证据证明被审计单位以个人名义存储公款的，经县级以上人民政府审计机关主要负责人批准，有权查询被审计单位以个人名义在金融机构的存款。

（4）审计机关进行审计时，被审计单位不得转移、隐匿、篡改、毁弃会计凭证、会计账簿、财务会计报告以及其他与财政收支或者财务收支有关的资料，不得转移、隐匿所持有的违反国家规定取得的资产。

审计机关对被审计单位违反前款规定的行为，有权予以制止；必要时，经县级以上人民政府审计机关负责人批准，有权封存有关资料和违反国家规定取得的资产；对其中在金融机构的有关存款需要予以冻结的，应当向人民法院提出申请。

审计机关对被审计单位正在进行的违反国家规定的财政收支、财务收支行为，有权予以制止；制止无效的，经县级以上人民政府审计机关负责人批准，通知财政部门和有关主管部门暂停拨付与违反国家规定的财政收支、财务收支行为直接有关的款项，已经拨付的，暂停使用。

审计机关采取前两款规定的措施不得影响被审计单位合法的业务活动和生产经营活动。

（5）审计机关认为被审计单位所执行的上级主管部门有关财政收支、财务收支的规定与法律、行政法规相抵触的，应当建议有关主管部门纠正；有关主管部门不予纠正的，审计机关应当提请有权处理的机关依法处理。

（6）审计机关可以向政府有关部门通报或者向社会公布审计结果。

审计机关通报或者公布审计结果，应当依法保守国家秘密和被审计单位的商业秘密，遵守国务院的有关规定。

（7）审计机关履行审计监督职责，可以提请公安、监察、财政、税务、海关、价格、工商行政管理等机关予以协助。

七、审计程序

审计程序，是审计监督活动中，审计机关和被审计单位双方必须遵循的法定顺序、形式、期限等，是实现审计工作规范化，使审计监督活动顺利进行的重要保证，也是依法审计原则和独立审计原则的基本要求。

（1）审计机关根据审计项目计划确定的审计事项组成审计组，并应当在实施审计三日前，向被审计单位送达审计通知书；遇有特殊情况，经本级人民政府批准，审计机关可以直接持审计通知书实施审计。

被审计单位应当配合审计机关的工作，并提供必要的工作条件。

（2）审计人员通过审查会计凭证、会计账簿、财务会计报告，查阅与审计事项有关的文件、资料，检查现金、实物、有价证券，向有关单位和个人调查等方式进行审计，并取得证明材料。

审计人员向有关单位和个人进行调查时，应当出示审计人员的工作证件和审计通知书副本。

（3）审计组对审计事项实施审计后，应当向审计机关提出审计组的审计报告。审计组的审计报告报送审计机关前，应当征求被审计对象的意见。被审计对象应当自接到审计组的审计报告之日起十日内，将其书面意见送交审计组。审计组应当将被审计对象的书面意见一并报送审计机关。

（4）审计机关按照审计署规定的程序对审计组的审计报告进行审议，并对被审计对象对审计组的审计报告提出的意见一并研究后，提出审计机关的审计报告；对违反国家规定的财政收支、财务收支行为，依法应当给予处理、处罚的，在法定职权范围内做出审计决定或者向有关主管机关提出处理、处罚的意见。

审计机关应当将审计机关的审计报告和审计决定送达被审计单位和有关主管机关、单位。审计决定自送达之日起生效。

（5）上级审计机关认为下级审计机关做出的审计决定违反国家有关规定的，可以责成下级审计机关予以变更或者撤销，必要时也可以直接做出变更或者撤销的决定。

八、法律责任

（1）被审计单位违反审计法规定，拒绝或者拖延提供与审计事项有关的资料的，或者提供的资料不真实、不完整的，或者拒绝、阻碍检查的，由审计机关责令改正，可以通报批评，给予警告；拒不改正的，依法追究责任。

（2）被审计单位违反审计法规定，转移、隐匿、篡改、毁弃会计凭证、会计账簿、财务会计报告以及其他与财政收支、财务收支有关的资料，或者转移、隐匿所持有的违反国家规定取得的资产，审计机关认为对直接负责的主管人员和其他直接责任人员依法应当给予处分的，应当提出给予处分的建议，被审计单位或者其上级机关、监察机关应当依法及时做出决定，并将结果书面通知审计机关；构成犯罪的，依法追究刑事责任。

（3）对本级各部门（含直属单位）和下级政府违反预算的行为或者其他违反国家规定的财政收支行为，审计机关、人民政府或者有关主管部门在法定职权范围内，依照法律、行政法规的规定，区别情况采取下列处理措施：①责令限期缴纳应当上缴的款项；②责令限期退还被侵占的国有资产；③责令限期退还违法所得；④责令按照国家统一的会计制度的有关规定进行处理；⑤其他处理措施。

（4）对被审计单位违反国家规定的财务收支行为，审计机关、人民政府或者有关主管部门在法定职权范围内，依照法律、行政法规的规定，区别情况采取前条规定的处理措施，并可以依法给予处罚。

（5）审计机关在法定职权范围内做出的审计决定，被审计单位应当执行。审计机关依法责令被审计单位上缴应当上缴的款项，被审计单位拒不执行的，审计机关应当通报有关主管部门，有关主管部门应当依照有关法律、行政法规的规定予以扣缴或者采取其他处理措施，并将结果书面通知审计机关。

（6）被审计单位对审计机关做出的有关财务收支的审计决定不服的，可以依法申请行政复议或者提起行政诉讼。被审计单位对审计机关做出的有关财政收支的审计决定不服的，可以提请审计机关的本级人民政府裁决，本级人民政府的裁决为最终决定。

（7）被审计单位的财政收支、财务收支违反国家规定，审计机关认为对直接负责的主管人员和其他直接责任人员依法应当给予处分的，应当提出给予处分的建议，被审计单位或者其上级机关、监察机关应当依法及时做出决定，并将结果书面通知审计机关。

（8）被审计单位的财政收支、财务收支违反法律、行政法规的规定，构成犯罪的，依法追究刑事责任。

（9）报复陷害审计人员的，依法给予处分；构成犯罪的，依法追究刑事责任。

（10）审计人员滥用职权、徇私舞弊、玩忽职守或者泄露所知悉的国家秘密、商业秘密的，依法给予处分；构成犯罪的，依法追究刑事责任。

【例 11-5】某县审计局对该县的国有某制药厂进行财务审计，最终做出了该药厂某些经济活动的会计记载不真实的审计结论，并做出了相应的审计处理决定，包括对该药厂处以罚款 10 万元。县政府在得知这一情况后，以制药厂是本县的利税大户为由，出面要求审计局取消对制药厂的处罚。审计局予以拒绝。于是县政府宣布免去审计局长的职务，并任命了新的局长。

试对本案中县政府的做法依法进行评析。

【解析】

县政府免去审计局长职务的行为是违法的。我国《审计法》规定：审计人员依法履行职务，受法律保护。法律明确规定审计机关和审计人员依照法律的规定独立行使审计监督权，不受其他行政机关、社会团体和个人的干涉。审计机关的负责人依照法定的程序任免，地方审计领导人员任免的规定与地方审计机关双重领导的体制相适应，在地方人大或其常委会决定的基础上由本级人民政府任免，但需事先征求上一级审计机关的意见。审计机关负责人在没有违法失职或其他不符合任职条件的情况下，不得随意撤换。而在本案中，县审计局对制药厂做出的审计结论和处理结果是客观公正的，县政府以非法定的理由妄图改变审计结论的做法是干涉独立审计的行为，撤销审计局长的职务也是不符合法律程序，没有法律依据的。该案中审计局有权向上级审计机关或监察部门提出申诉和控告；审计局长有权要求县政府对撤职的处理结果复议，并由县人民代表大会或其常务委员会宣布县政府的处理决定无效。

本章复习思考题

1. 简述我国会计法律制度的构成。
2.《会计法》对国家统一的会计制度及制定权限是如何规定的？
3. 单位进行会计核算和会计监督，一般要符合哪些基本要求？
4. 会计机构设置有何要求？设立代理记账机构应具备什么条件？
5. 如何申请和取得会计从业资格证书？
6.《审计法》对审计机构的设置、审计机关的权限与职责、审计管辖的法律有哪些？

本章主要参考的法律法规

1.《中华人民共和国会计法》(1985 年 1 月 21 日第六届全国人民代表大会常务委员会第九次会议通过，1999 年 10 月 31 日第九届全国人民代表大会常务委员会第十二次会议修订)

2.《会计基础工作规范》(1996 年 6 月 17 日财政部财会字 19 号发布)

3.《企业财务会计报告条例》(2000 年 6 月国务院令第 287 号)

4.《中华人民共和国审计法》(1994 年 8 月 31 日第八届全国人民代表大会常务委员会第九次会议通过，2006 年 2 月 28 日第十届全国人民代表大会常务委员会修正)

5.《企业会计准则——基本准则》(2006 年财政部令第 33 号，2007 年 1 月 1 日起施行)

6.《会计档案管理办法》(1998 年 8 月国家财政部 国家档案局发布)

参考文献

[1] 安建. 中华人民共和国审计法释义 [M]. 北京：法律出版社，2006.
[2] 程思，王辉. 会计法规 [M]. 大连：东北财经大学出版社，2006.

第十二章　知识产权法

本章知识要点：

本章串讲视频

（1）了解知识产权的法律特征、范围，知识产权的国际国内立法，以及知识产权的国际保护的基本原则。

（2）掌握商标法律关系，商标的申请和审批的法律规定，商标权的法律保护等内容。

（3）掌握专利法律关系、专利的申请和审批的法律规定，专利权的法律保护等内容。

（4）了解著作权的取得，著作权的保护等法律规定。

第一节　知识产权法概述

一、知识产权的概念和法律特征

（一）知识产权的概念和法律特征

1. 知识产权的概念

知识产权也称为智力成果权，是指人们对其创造性劳动所创造的知识产品（或智力成果）依法享有的专有权利。知识产权有广义和狭义之分，广义的知识产权，是指所有在保护期限内的智力创造成果。狭义的知识产权是指工业产权和著作权两部分。工业产权主要是指专利权和商标权。

2. 知识产权的法律特征

（1）专有性。

知识产权的权利人在保护期限内具有独占性和排他性，知识产权的客体是智力成果，占有、使用知识产权，并且能为其带来经济效益。因此在法律上必须给予其专有权利，使权利人的权利受法律保护。。

（2）地域性

地域性也称国界性，知识产权在空间上的效力是有限的，其效力仅限于授权国境内。根据国家主权原则，一国法律确认和保护的知识产权，原则上只能在该国领域内发生法律效力，如要在其他国家发生法律效力，在其他国家取得法律保护，必须通过法定程序，获得该国法律的确认，或参加知识产权的国际公约与双边互惠协定而获得缔约国的保护。

（3）时间性。

时间性也称期限性，是指知识产权的保护在时间上是有期限限定的，即知识产权的权利人在法定时间内享有专有权利，保护期限届满，知识产品就成为社会财富。

（二）知识产权的范围

知识产权的范围是指有关知识产权法规定的受法律保护的智力成果范围。

1. 国际法确定的知识产权范围

《建立世界知识产权组织公约》第 2 条规定知识产权包括下列项目的权利：文学、艺术和科学作品；表演艺术家的表演、唱片和广播的权利；人们在一切领域中的发明权利；科学发现的权利；工业品外观设计的权利；商标、服务标志、厂商名称和标记；制止不正当竞争；以及在工业、科学、文学和艺术中一切其他源自智力活动的权利等共 8 项。世界贸易组织（WTO）的《与贸易有关的知识产权协议》中规定知识产权的范围是：著作权与邻接权、商标权、地理标记权、工业品外观设计权、专利权、集成电路布图设计权以及未披露过的信息专有权，共 7 项。我国是这两个国际条约的成员国，必须遵守这些规定，将上述智力成果归入知识产权范围。

2. 我国法律确定的知识产权范围

《民法总则》第一百二十三条规定的知识产权范围是：作品；发明、实用新型、外观设计；商标；地理标志；商业秘密；集成电路布图设计；植物新品种；法律规定的其他客体。我国其他知识产权单行法律法规以国际条约的范围为基础，进一步完善我国的知识产权内容，使知识产权的范围扩大。

二、知识产权法

知识产权法是调整知识产权在取得、使用、保护等过程中产生的各种社会关系的法律规范的总称。

（一）知识产权国际立法

知识产权国际保护的主要方式是国际条约，在知识产权的国际条约中，首先必须遵守各国国内法对知识产权的规定，其次是防止外国对本国知识产权权利人的侵害。我国自 1980 年以后陆续加入的知识产权国际条约主要有：《世界知识产权组织公约》《保护工业产权巴黎公约》《商标国际注册马德里协定》《关于集成电路知识产权条约》《保护文学艺术作品伯尔尼公约》《与贸易有关的知识产权协议》等。

（二）我国知识产权立法

在国内立法上，自 1982 年以后陆续颁布和实施了《中华人民共和国商标法》《商标法实施细则》《中华人民共和国专利法》《专利法实施细则》《中华人民共和国著作权法》《计算机软件保护条例》《中华人民共和国反不正当竞争法》《集成电路布图设计保护条例》和《中华人民共和国知识产权海关保护条例》等。我国知识产权立法时间仅 20 余年，目前已经具有一套完整的知识产权立法、执法、司法体系，知识产权法律体系日趋健全和完善。

三、知识产权的保护

（一）知识产权国内保护

我国解决知识产权纠纷的方式，有自行协商、行政处理、仲裁和诉讼等。其中知识产权的行政处理是由我国有关知识产权的行政机关如工商管理部门、知识产权局等依法对知识产权的违法行为采取的没收、责令停止侵权、罚款等行政措施。

（二）知识产权纠纷国际保护

知识产权保护制度从其诞生之日起就蕴含着国际协调问题，随着国际贸易的发展，知识产权的保护已从原来的国内法律制度向国际法方向发展。1883 年，就诞生了保护知识产权的第一个国际公约——《保护工业产权巴黎公约》，1967 年世界知识产权组织成立，有国际性知识产权问题的专门管理机构。1994 年世界贸易组织的成立以及其下属基本协议《与贸易有关的知识产权协议》，对知识产权的保护与限制有深远的影响。知识产权的国际条约规定了知识产权保护的基本原则、范围和最低标准等内容，以下阐述知识产权国际保护的基本原则。

1. 国民待遇原则

《TRIPS 协议》第 3 条第 1 款中规定："在知识产权保护方面，在遵守《巴黎公约》《伯尔尼公约》《罗马公约》或《关于集成电路的知识产权条约》中各自规定的例外的前提下，每一成员给予其他成员国民的待遇不得低于给予本国国民的待遇。"

2. 最惠国待遇原则

《TRIPS 协议》第 4 条规定："对于知识产权保护，一成员对任何其他国家国民给予的任何利益、优惠、特权或豁免，应立即无条件地给予所有其他成员的国民。"最惠国待遇原则是 WTO 制度的基石，将其吸收到 TRIPS 中，有助于将知识产权保护统一到国际贸易的法律框架下，其影响深远。

3. 优先权原则

优先权原则是指申请人在一个缔约成员国提出商标、专利的正式申请后，当其在一定时期内再向其他成员国提出同样内容的申请时，都根据第一次申请的时间被确认申请日。享有优先权的期限限定是，发明和实用新型为第一次申请日起 12 个月，外观设计和商标为 6 个月。

【例 12-1】法国发明家克利特于 1990 年 10 月 20 日就一项发明在法国申请了专利。1991 年 9 月 30 日，克利特又就该发明向中国专利局提出了申请，并申请优先权。后克利特该发明在法国和中国分别于 1992 年 12 月 31 日、1993 年 8 月 5 日被授予专利权。根据专利法，其在中国的申请日以及专利权有效期截止于下列哪些日期？

A. 1990 年 10 月 20 日　　B. 1991 年 9 月 30 日

C. 2010 年 10 月 20 日　　D. 2012 年 12 月 31 日

【解析】A C。发明的优先权期限为 12 个月，有优先权的，优先权日为申请日。发明专利权的期限为 20 年，自申请日起计算。

第二节 商标法

一、商标与商标权概述

（一）商标的概念和分类

1. 商标的概念

商标又称牌子，商标是任何能够将自然人、法人或者其他组织的商品和服务与他人的商品和服务区别开来的可视性标志，包括文字、图形、字母、数字、三维标志和颜色组合，以及上述要素的组合。

2. 商标的分类

（1）按照商标的使用对象不同，划分为商品商标和服务商标。

商品商标是表明商品来源的标志，而服务商标则是服务提供者标明其服务并与他人相区别的标志。

（2）按照商标的形态不同，划分为平面商标和立体商标。

平面商标是二维商标，按照其构成要素分为文字商标、图形商标和组合商标三种。文字商标是由文字符号构成的商标，文字商标的文字可以是语言文字、字母和数字。图形商标是由图形构成的商标。组合商标是由文字和图形共同构成的商标。

立体商标是占据一定立体空间的三维商标。立体标志也能识别和区分商品和服务。

（3）按照商标注册人的身份和作用的不同，划分为集体商标和证明商标。

集体商标是由团体、协会或其他组织名义注册，供该组织成员在商事活动中使用，以表明使用者在该组织中的成员资格的商标。

证明商标是由对某种商品或服务具有监督能力的组织所注册并控制，然后由该组织以外的单位或个人使用于其商品或服务，用以证明该商品或服务的原产地、原料、制造方法、质量或其他特定品质的标志。如纯羊毛标志就是由国际羊毛局注册并管理的证明商标。

（4）按照商标的知名度高低不同，划分普通商标、驰名商标。

普通商标是由普通经营者自行注册的商标。驰名商标，又称名牌，是由于经过长期使用或进行大量商业宣传，在相关公众和市场都享有较高知名度的商标。普通商标与驰名商标是相对而言的，《保护工业产权巴黎公约》和《与贸易有关的知识产权协定》对驰名商标都做出了规定，在确定一商标是否驰名时，各成员应考虑相关部门公众对该商标的了解程度，包括在该成员中因促销该商标而获得的了解程度。

驰名商标是我国法律上认可的、受到保护的一种商标，同时在商标法中还对认定驰名商标的基本标准做出了规定，即认定驰名商标应当考虑下列因素："①相关公众对该商标的知晓程度；②该商标使用的持续时间；③该商标的任何宣传工作的持续时间、程度和地理范围；④该商标作为驰名商标受保护的记录；⑤该商标驰名的其他因素"。这些关于认定驰名商标的基本标准，将使驰名商标与其他的商标有所区别。

（二）商标权的概念和内容

1. 商标权的概念

商标权，又称为商标专用权，是指商标注册人对其注册商标所享有的专用权利。经商标局核准注册的商标为注册商标，商标注册人享有商标专用权，受法律保护。

2. 商标专用权的内容

商标专用权的内容，是指商标注册人依法享有的权利，包括注册商标的专有使用权、禁止权、转让权、许可使用权和续展权等。其中最重要的是专有使用权和禁止权。

二、商标权的取得

商标权的取得，是指特定的人对其商标依法申请并经商标主管机关核准注册而获得商标权。

（一）商标权的取得

1. 商标权的取得方式

原始取得：是指商标申请人依据《中华人民共和国商标法》（以下简称《商标法》）的规定，具备了法定条件并经商标主管机关核准直接取得的商标权。

继受取得：是以原商标所有人的商标权及其意志为依据，通过一定的法律程序实现商标权的转移。继受取得有两种方式：一种是根据转让合同，由受让人向出让人有偿或无偿地取得商标权；第二种方式是根据继承程序，由法定继承人或遗嘱继承人继承已死亡的被继承人的商标权。

2. 不得作为商标使用的禁用标志

根据《商标法》第十条的规定，下列标志不得作为商标使用：

（1）同中华人民共和国的国家名称、国旗、国徽、国歌、军旗、军徽、军歌、勋章等相同或者近似的，以及同中央国家机关的名称、标志、所在地特定地点的名称或者标志性建筑物的名称、图形相同的；

（2）同外国的国家名称、国旗、国徽、军旗相同或者近似的，但经该国政府同意的除外；

（3）同政府间国际组织的名称、旗帜、徽记相同或者近似的，但经该组织同意或者不易误导公众的除外；

（4）与表明实施控制、予以保证的官方标志、检验印记相同或者近似的，但经授权的除外；

（5）同“红十字”“红新月”的名称、标志相同或者近似的；

（6）带有民族歧视性的；

（7）带有欺骗性，容易使公众对商品的质量等特点或者产地产生误认的；

（8）有害于社会主义道德风尚或者有其他不良影响的。

县级以上行政区划的地名或者公众知晓的外国地名，不得作为商标。但是，地名具有其他含义或者作为集体商标、证明商标组成部分的除外；已经注册的使用地名的商标继续有效。

【例 12-2】商标禁止使用的标志是（　　）

A. 与中国国旗相同的

B. 与中国中央政府所在地标志性建筑、名称相同的

C. 外国州、省行政区划名称

D. 与“红十字”名称相同的

【解析】A B D。根据《商标法》第十条的规定，我国的国家名称、国旗、国徽等不能用作商标；同中央国家机关的名称、标志、所在地特定地点的名称或者标志性建筑物的名称、图形相同的，同“红十字”“红新月”的名称、标志相同或者近似的也不能用作商标。

（二）商标注册申请

1. 商标注册申请人（申请商标注册的主体）

（1）国内申请人和国外申请人

商标申请人按申请主体不同可以分为国内申请人和国外申请人。

《商标法》第四条规定，自然人、法人或者其他组织在生产经营活动中，对其商品或者服务需要取得商标专用权的，应当向商标局申请商标注册。，即国内外的自然人、法人和其他组织都可以成为商标申请人。

根据《商标法》第十七条规定，外国人或者外国企业在中国申请商标注册的，应当按其所属国和中华人民共和国签订的协议或者共同参加的国际条约办理，或者按对等原则办理。

（2）单一申请人和共同申请人

根据申请人的人数多少可以分为单一申请人和共同申请人。《商标法》第五条规定，两个以上的自然人、法人或者其他组织可以共同向商标局申请注册同一商标，共同享有和行使该商标专用权。

2. 商标注册的原则

（1）自愿注册原则

我国实行商标自愿注册原则，是否需要使用商标，使用商标是否需要取得专用权，完全由使用人自己决定。根据商标是否注册，商标又分为注册商标和未注册商标，但使用未注册商标，则不能享有商标法所赋予的专用权，也不能禁止他人使用相同的商标。

自愿注册是相对强制注册而言的。强制注册是指使用的商标必须注册，否则不得使用。我国《商标法》第六条规定，法律、行政法规规定必须使用注册商标的商品，必须申请商标注册，未经核准注册的，不得在市场销售。现在国家规定必须使用注册商标的商品主要有烟草制品和人用药品。

（2）申请在先原则

申请在先原则，是指两个或两个以上的申请人，在同一或者类似的商品上以相同或者相近似的商标申请注册时，注册申请在先的商标申请人获得商标专用权，在后的商标注册申请予以驳回。

我国商标专用权的归属原则是申请在先原则。《商标法》第三十一条规定，两个或者两个以上的商标注册申请人，在同一种商品或者类似商品上，以相同或者近似的商标申请注册的，初步审定并公告申请在先的商标；同一天申请的，初步审定并公告使用在先的商标，驳回其他人的申请，不予公告。

【例 12-3】商品使用未经核准注册商标的，应如何处理：

A. 一律不得在市场上销售，违者应受行政处罚

B. 原则上不许在市场上销售，但商标法另有规定的除外。

C. 一律可以在市场上销售，但其商标不受法律保护。

D. 原则上可以在市场上销售，但商标法另有规定的除外

【解析】D 我国实行商标自愿注册原则，是否需要使用商标，使用商标是否需要取得专用权，完全由使用人自己决定。但法律另有规定的除外。

3. 商标注册申请的条件

商标的注册条件主要是：

（1）申请注册的商标，应当有显著特征，便于识别。

商标的基本功能在于有区别性，只有商标具有显著特征，才能使人们借助于商标识别商品的来源。同时又决定了与他人相同的商标，或者与他人近似的容易混同的商标不能注册。

（2）中请注册的商标，不得与他人在先取得的合法权利相冲突。

通过商标注册取得的商标专用权不得与他人依法在先取得的权利相冲突。如果他人已经依照法律的规定在先于商标注册的时间里取得了专利方面的外观设计权利，商标注册时就不得与此项权利相冲突。

（3）下列标志不得作为商标注册：一是本商品的通用名称、图形、型号的；二是直接表示商品的质量、主要原料、功能、用途、重量、数量及其他特点的；三是缺乏显著特征的。上列标志不得作为商标注册，也不是绝对的，如果经过使用而取得显著特征，也是可以作为商标注册的。

总之，商标的显著特征是其注册条件，没有显著特征不能成为商标，但是显著特征可以在使用中获得。

4. 商标注册申请形式

（1）申请注册应按商品分类表填报。

申请商标注册应当按规定的商品分类表填报使用商标的商品类别和商品名称。商品分类就是根据商品的原料、用途、性能、制造方式或服务性质等因素，将所有的商品和服务分成若干类，然后制成分类表。我国于 1988 年开始采用商标注册用商品和服务国际分类，目前这个分类共包括四十二个类，其中商品三十四个类，服务项目八个类，其包含一万多个商品和服务项目。

（2）同一商标使用于不同类别商品的应分类申请。

同一个商标注册申请人需要将同一商标注册使用在不同类别的商品上时，应当按照商品分类表提出注册申请。

（3）同一类的不同商品使用注册商标应另行提出申请。

商标法的规定注册商标需要在同一类的其他商品上使用的，应当另行提出注册申请。一件商标在同一类的商品上使用，需要每种商品单独提出注册申请。

（4）改变商标标志应当重新提出注册申请。

商标标志的改变就意味着商标的改变，也意味着原有商标专用权的放弃。所以改变商标标志应当重新提出注册申请，重新注册一个新的商标。

（5）变更申请。

商标注册后，在其有效期内，如果该商标注册人的名义、地址或者其他的注册事项发生变更的，应当及时办理变更手续，以保证商标注册人合法地享有权利并获得法律保护。

（6）关于注册商标申请的优先权。

商标注册申请人自其商标在外国第一次提出商标注册申请之日起六个月内，又在中国就相同商品以同一商标提出商标注册申请的，依照该外国同中国签订的协议或者共同参加的国际条约，或者按照相互承认优先权的原则，可以享有优先权。

（三）商标注册审查

商标注册审查就是商标注册的国家管理机关，根据商标法的有关规定，对商标注册的申请手续、申请文件、商标的注册条件、商标的基本标准等方面进行审查、检索、调研、分析对比，决定给予初步审定或驳回注册申请的法定程序。

1. 商标注册审查内容

商标注册的审查可以分为形式审查和实质审查两个部分，形式审查的内容主要包括该商标注册申请是否具备法定条件和符合法定手续，填报项目是否符合要求；实质审查是对经形式审查合格的商标注册申请，依法审核其商标注册的合法性，包括审查商标是否具有显著性，是否违反法定的禁用条款，是否与在先注册或者初步审定用在同一种商品或者类似商品上的商标相同或者近似，以确定对申请注册的商标是否给予初步审定。

（1）初步审定，予以公告。

申请注册的商标，由商标局初步审定，予以公告。初步审定就是对受理的商标注册申请，由商标局予以审查，认为申请的商标是符合商标法的有关规定的，就做出初步核准的决定。经初步审定的商标在商标局编辑出版的商标公告上予以公告。

（2）驳回申请，不予公告。

凡是不符合商标法的有关规定，或同他人在同一种商品或者类似商品上已经注册的或者初步审定的商标相同或者近似的，由商标局驳回申请，不予公告。

（3）维护在先权利，制止抢注。

在商标注册中保护的是合理的有创造性的成果，商标法明确规定，申请注册商标不得损害他人现有的在先权利，也不得以不正当手段抢注他人已经使用并有一定影响的商标。

2. 商标注册的核准

商标注册核准是商标注册申请获得准许的重要程序，主要有以下几种情况：

（1）公告期内无异议而获核准。

对初步审定的商标，自公告之日起三个月内，任何人均可以提出异议。公告期满无异议的，予以核准注册，发给商标注册证。商标注册申请人取得商标注册证就获得了商标专用权。

（2）公告期内有异议但经裁定不能成立而获核准。

对初步审定、予以公告的商标提出异议的，商标局应当听取异议人和被异议人陈述事实和理由，经调查核实后，做出裁定；当事人不服的，可以自收到通知之日起十五日内向商标评审委员会申请复审，由商标评审委员会做出裁定，并书面通知异议人和被异议人；当事人对商标评审委员会的裁定不服的，可以自收到通知之日起三十日内向人民法院起诉。

（3）商标异议。

商标异议是对初步审定并予以公告的商标，在三个月内，任何人都可以提出不同意该商标注册的理由。

对初步审定的商标提出异议的，应当在法定期限内提交商标异议书；商标局对异议做出裁定。当事人不服的可以向商标评审委员会申请复审，商标评审委员会做出裁定，当事人不服的可以向人民法院起诉。

在商标异议期内，对申请注册的商标是不得予以核准注册的，商标注册申请人是不能取得商标专用权的。

对初步审定的商标，自公告之日起三个月内，任何人均可以提出异议。公告期满无异议的，予以核准注册，发给商标注册证，并予公告。

商标注册证，是国家法定的商标主管机关颁发给商标注册人的法律凭证，是商标注册人取得商标专用权的有法律效力的依据。商标注册人在注册有效期限范围内使用注册商标。商标的续展注册、变更注册、转让注册等，都需由商标主管机关在商标注册证上加注。

【例 12-4】甲电机厂生产的取暖器，使用“太阳”牌商标，由于产品质量较好，销路很畅，商标没有注册。2012 年 8 月该地另一电机厂（简称乙电机厂）成立，主要生产取暖器，也拟使用“太阳”牌商标，并于 2012 年 10 月 20 日向商标局递交了商标注册申请书。甲电机厂得知这一消息后，便匆忙办理商标注册的申请手续，于同年 11 月 8 日也向商标局递交了商标注册申请书。

问：1. 商标局应如何处理？为什么？

2. 若甲电机厂与乙电机厂同日申请，商标局应如何处理？为什么？

【解析】

1. 初步审定并公告乙的商标。我国实行商标注册申请在先原则，而非使用在先。

2. 初步审定并公告甲的商标。因为两个或者两个以上的商标注册申请人，在同一种商品或者类似商品上，以相同或者近似的商标申请注册的，商标局初步审定并公告申请在先的商标；同一天申请的，初步审定并公告使用在先的商标，驳回其他人的申请，不予公告。

(4) 商标复审有关程序

商标复审是指驳回商标复审和商标异议复审，当事人对商标局的裁定不服，而依法申请由商标评审委员会进行评议审核，做出裁定。对于商标异议复审前面已经有所叙述，关于驳回商标复审，就是对驳回申请、不予公告的商标，商标局应当书面通知商标注册申请人；商标注册申请人不服的，可以自收到通知之日起十五日内向商标评审委员会申请复审，由商标评审委员会做出决定，并书面通知申请人；当事人对这个决定不服的，可以向人民法院起诉。

3. 商标续展注册

已经获得商标专用权的商标，商标注册人需要继续享有这种权利的，应当在有效期内，申请续展注册。

三、商标权的保护

商标权的保护是商标法律制度的一项核心内容。商标法规定，通过商标注册，取得商标专用权，商标注册人享有商标专用权，受法律保护。注册商标的专用权，以核准注册的商标和核定使用的商品为限。

1. 注册商标的注销和撤销

(1) 商标权的注销

商标权的注销是指商标局依据商标注册人或者公众的申请，或者依据注册商标有效期满的事实，将其注册商标从《商标注册簿》中注销，从而使被注销的注册商标的专用权终止的法律程序。商标局办理注销，应在《商标注册簿》上注明，并刊登在《商标公告》上。为了保护消费者利益，以免产生误认，在注销一年之内，他人不得以相同或近似商标再进行注册。

商标局可以注销注册商标的情形有：

(1) 注册商标法定期限届满，未续展和续展未获批准的。

(2) 商标注册人申请注销其注册商标或者注销其商标在部分指定商品上的注册的，该注册商标专用权或者该注册商标专用权在该部分指定商品上的效力自商标局收到其注销申请之日起终止。

(3) 商标注册人死亡或者终止，自死亡或者终止之日起 1 年期满，该注册商标没有办理转移手续的，任何人可以向商标局申请注销该注册商标。

在商标注册中，出现违法、欺骗，以及其他原因，使不符合条件的商标取得了商标注册，对于不符合法定条件的注册商标，商标法规定应当予以撤销。商标局可以撤销注册商标的情形有：

(1) 违反商标法关于禁用条款、商标注册条件、立体商标注册限制性规定的，已注册的商标由商标局撤销注册，其他单位或者个人可以请求商标评审委员会裁定撤销该注册商标。

(2) 以欺骗手段或者其他不正当手段取得商标注册的，由商标局撤销该注册商标，其他单位或者个人可以请求商标评审委员会裁定撤销该注册商标。

（3）违反商标法规定已经注册的商标，自商标注册之日起五年内，商标所有人或者利害关系人可以请求商标评审委员会裁定撤销该注册商标。对于恶意注册的，驰名商标所有人不受五年的时间限制。

2. 注册商标使用的管理规定

商标经核准注册，取得商标专用权，就必须依法行使权利，商标法对注册商标的使用做出了如下规定：

（1）不得自行改变注册商标，如果自行改变的，由商标局责令限期改正或者撤销其注册商标。

（2）自行改变注册商标的注册人名义、地址或者其他注册事项的，由商标局责令限期改正或者撤销其注册商标。

（3）自行转让注册商标的，由商标局责令限期改正或者撤销其注册商标。

（4）注册商标连续三年停止使用的，应当撤销其注册商标。

（5）使用注册商标，其商品粗制滥造，以次充好，欺骗消费者的，由各级工商行政管理部门视不同情况，责令其在限期内改正，并可以予以通报或者处以罚款，或者由商标局撤销其注册商标。

3. 商标权的期限和终止

注册商标的有效期为十年，自核准注册之日起计算。《商标法》第四十条规定，注册商标有效期满，需要继续使用的，应当在期满前十二个月内按照规定办理续展手续；在此期间未能办理的，可以给予六个月的宽展期。每次续展注册的有效期为十年，自该商标上一届有效期满次日起计算。期满未办理续展手续的，注销其注册商标。

4. 商标侵权行为

商标法对侵犯商标专用权的行为做出了法律上的界定，有下列行为之一的，均属侵犯注册商标专用权：

（1）未经商标注册人的许可，在同一种商品上使用与其注册商标相同的商标的；

（2）未经商标注册人的许可，在同一种商品上使用与其注册商标近似的商标，或者在类似商品上使用与其注册商标相同或者近似的商标，容易导致混淆的；

（3）销售侵犯注册商标专用权的商品的；

（4）伪造、擅自制造他人注册商标标识或者销售伪造、擅自制造的注册商标标识的；

（5）未经商标注册人同意，更换其注册商标并将该更换商标的商品又投入市场的；

（6）故意为侵犯他人商标专用权行为提供便利条件，帮助他人实施侵犯商标专用权行为的；

（7）给他人的注册商标专用权造成其他损害的。

5. 对商标侵权行为的处置

一是有商标法所列侵犯商标专用权行为之一，引起纠纷的，由当事人协商解决。

二是对于商标侵权纠纷，当事人不愿协商或者协商不成的，商标注册人或者利害关系人可以向人民法院起诉，也可以请求工商行政管理部门处理。

三是向人民法院起诉的，依法定程序进行；如果是由工商行政管理部门处理的，在处理时认定侵权行为成立的，责令立即停止侵权行为，没收、销毁侵权商品和专门用于制造侵权商品、伪造注册商标标识的工具，并可处以罚款。

四是当事人对工商行政管理部门的处理决定不服的，可以依照行政诉讼法向人民法院起诉；侵权人期满不起诉又不履行的，工商行政管理部门可以申请人民法院强制执行。

五是进行处理的工商行政管理部门根据当事人的请求，可以就侵犯商标专用权的赔偿数额进行调解，调解不成的，当事人可以依照民事诉讼法向人民法院提起诉讼。

6. 商标侵权赔偿责任

侵犯商标专用权的，应该承担侵权责任。商标法规定，侵犯商标专用权的赔偿额，按照权利人因被侵权所受到的实际损失确定；实际损失难以确定的，可以按照侵权人因侵权所获得的利益确定；权利人的损失或者侵权人获得的利益难以确定的，参照该商标许可使用费的倍数合理确定。对恶意侵犯商标专用权，情节严重的，可以在按照上述方法确定数额的一倍以上三倍以下确定赔偿数额。赔偿数额应当包括权利人为制止侵权行为所支付的合理开支。

第三节　专利法

一、专利和专利权概述

（一）专利的含义

专利有三种含义：一是指专利权；二是指受到专利权保护的发明创造；三是指专利文献。

（二）专利权的概念和内容

专利权就是由国家知识产权主管机关依据专利法授予申请人的一种实施其发明创造的专有权。专利权需要申请人按照专利法规定的程序和手续向国家知识产权局专利局提出申请，经国家知识产权局专利局审查，认为符合专利法规定的申请才能授予专利权。

专利权的内容主要有制造权、使用权、销售权、进口权、转让权和许可使用权。此外，专利权还包括放弃权、标记权、署名权等。

二、专利权的取得

（一）专利申请

1. 专利申请人

专利法的规定，发明人、设计人有权获得非职务发明创造的专利权；职务发明创造的专利权属于发明人或者设计人所在单位；外国人可以在我国申请和拥有专利权。

（1）发明人与设计人。

发明专利的人称为发明人；实用新型专利和外观设计专利的人称为设计人。发明人和设计人基于发明创造活动而取得专利申请人和专利权人的资格，是专利权利最基本的主体。

（2）专利申请人和专利权人。

现代社会的发明日益复杂，大量的发明因为成本高昂，已经很少能由个人承担，单位法人成为许多发明创造的开发者，也成为许多专利权的所有者。因此，发明人或者设计人作为申请人以及专利权人是有条件限制的，依照我国专利法的规定，只有非职务（或非雇员）发明创造的发明人才能作为申请人以及专利权人。

（3）外国人、外国企业或者外国其他组织。

外国人在我国可以依法取得专利权，成为专利权的主体。《中华人民共和国专利法》（以下简称《专利法》）第十八条的规定，外国人在中国申请专利的，应当“依照其所属国同中国签订的协议或者共同参加的国际条约，或者依照互惠原则，根据本法办理。”外国人申请专利，必须按照《专利法》十九条规定的程序，委托国家专利局指定的专利代理机构进行。

专利权的归属分为职务发明、非职务发明和委托发明创造与合作发明创造。

①职务发明。

职务发明创造的专利申请人和取得的专利权是发明人或者设计人所在的单位。

我国专利法所称的职务发明创造是指“执行本单位的任务”和“主要利用本单位的物质条件”所完成的发明创造。

②非职务发明创造。

我国《专利法》第六条第二款规定，非职务发明创造，申请专利的权利属于发明人或者设计人；申请被批准后，该发明人或者设计人为专利权人。

③委托发明创造与合作发明创造。

我国《专利法》第8条规定，两个以上单位或者个人合作完成的发明创造、一个单位或者个人接受其他单位或者个人委托所完成的发明创造，除另有协议的以外，申请专利的权利属于完成或者共同完成的单位或者个人；申请被批准后，申请的单位或者个人为专利权人。

【例12-5】下列选项中哪项不属于《专利法》所称的执行本单位的任务所完成的职务发明创造？

A. 在职人员使用本单位的物质条件所做的发明创造

B. 在本职工作中所做出的发明创造

C. 履行本单位交付的工作之外所做的发明创造

D. 退休后1年后做出的，与其在原单位承担的工作无关的发明创造

【解析】A。《专利法实施细则》第十条规定：“《专利法》第六条所称执行本单位的任务所完成的职务发明创造是指：在本职工作中做出的发明创造；履行本单位交付的本职工作之外的任务所做出的发明创造；退职，退休或者调动工作后1年内做出的，与其在原单位承担的本职工作或者原单位分配的任务有关的发明创造。《专利法》第六条所称本单位的物质条件，是指本单位的资金，设备，零部件，原材料或者不对外公开的技术资料等。”

2. 专利权客体

专利权的客体是专利权人的权利和义务所指向的对象，包括发明、实用新型和外观设计。

（1）发明专利。

我国《专利法实施细则》第二条第一款规定，专利法所称的发明，是指对产品、方法或者其改进所提出的新的技术方案。

专利法上所指的发明必须是一种具体的技术方案，并且一种新的技术方案，具有一定的实用性，与现有技术相比是前所未有的。根据专利法发明的定义，可以将发明分为三大类：产品发明、方法发明和改进发明。

①产品发明。

产品发明是指人工制造的具有特定性质的可移动的有形体，如机器、设备、仪表、物质等发明。产品发明取得专利后称为产品专利，产品专利只保护产品本身，不考虑保护该产品的制造方法。

②方法发明。

方法发明是指把一种物品变为另一种物品所使用的或制造一种产品的具有特性的方法和手段。所说的方法可以是化学方法、机械方法、通讯方法及工艺规定的顺序来描述的方法。方法发明取得专利后，称为方法专利。我国专利法对专利方法的保护并不延及该方法制造的产品都加以保护。

③改进发明。

改进发明既非新的产品，也非新方法的创造，而是指在现有产品或者方法的基础之上，在保持其独特性质的条件下，又改善了其性能、使之具有新的功效的改进技术方案。它仅给带来部分质变，并没有从根本上突破原有的技术。如日光灯是对白炽灯的改进。

（2）实用新型专利。

实用新型是指对产品的形状、构造或者其结合所提出的适于实用的新的技术方案。实用新型专利在技术创新水平上略低于发明专利，所以人们又称之为“小发明”或“小专利”。

根据实用新型的定义，它应具备以下特征：

①必须是一种产品，该产品应当是经过工业方法制造的占据一定空间的实体。

②必须是具有一定形状和构造的产品。产品的形状是指产品具有的、可能从外部观察到的空间形状，即三维产品。气体、液体等没有固定形态的产品不视为具有形状。

③必须具有应用性技术特征，可以用工业方法反复地再现。

（3）外观设计专利。

《专利法实施细则》第二条第三款规定：“专利法所称外观设计，是指对产品的形状、图案或者其结合以及色彩与形状、图案的结合所做出的富有美感并适于工业应用的新设计。”外观设计是对工业产品的设计，不是艺术品，因此要求能够进行工业化批量生产。新设计是指该外观设计是一种新的设计方案，在现有技术中找不到与之相同或相近似的外观设计。

3. 专利申请文件的种类及要求

(1) 发明专利和实用新型申请的基本文件。

1. 请求书

请求书是申请人表示请求授予发明或实用新型专利的愿望。申请人在请求书中要写明发明或实用新型的名称，发明人、申请人的姓名，地址，代理人及代理机构的情况。

2. 权利要求书

权利要求书是申请文件中最重要也是最基本的文件，它是确定专利权的依据。它的任务是指出发明创造中最关键的技术特征，为发明划定一个适当的保护范围。

一份权利要求书中至少应包括一项独立权利要求，还可以包括从属权利要求。独立权利要求应当从整体上反映发明或实用新型的技术方案，记载为达到发明或者实用新型目的的必要技术特征。从属权利要求是对引用的另一项权利要求的进一步限定，指出要求保护的附加技术特征。

3. 说明书

说明书是专利申请的核心文件，它应将发明创造的内容清楚、完整地公开出来，应使本专业任何一个普通技术人员在阅读后都能够实施该发明创造。说明书应当有附图。

4. 说明书摘要

说明书摘要是对整个发明创造的简短概述，它仅是一种供有关人员迅速获知发明或实用新型内容的情报检索性文件，不具有法律效力，也不属于原始公开的内容，不能用来解释专利权的保护范围。

5. 其他文件

主要有：申请专利如果委托专利代理机构办理的，应当填写专利代理人委托书；要求享受优先权的，应递交优先权的有关证明文件；发明专利如果在申请时就请求实质审查，还应填写实质审查申请书。

2. 外观设计专利申请的基本文件

(1) 请求书。

首先应填写使用外观设计的产品名称。该名称应准确地表明请求给予保护的产品。申请外观设计专利的请求书中的其他栏目的要求同发明和实用新型专利的请求书相同。

(2) 图片和照片。

申请产品的立体外观设计，应当递交能清楚、完整、准确显示外观设计的照片或者图片，即正投影六面视图和立体图（或照片）；申请产品的平面外观设计，应当是两面视图

(3) 简要说明。

对于外观设计产品的主要创作部位要求特殊说明的，或者请求保护色彩、省略视图等情况，应递交简要说明。

(4) 其他文件。

关于委托书等其他文件同发明专利和实用新型专利的要求相同。

（二）授予专利权的条件

1. 发明和实用新型专利的授予条件

我国专利法对发明专利和实用新型专利的条件规定为应具备新颖性、创造性、实用性，即所谓的“三性”标准。

（1）新颖性。

对于发明专利和实用新型专利的新颖性要求条件是相同的。《专利法》第二十二条第二款规定：新颖性，是指在申请日以前没有同样的发明或者实用新型在国内外出版物上公开发表过、在国内公开使用过或者以其他方式为公众所知，也没有同样的发明或者实用新型由他人向国家专利局提出过申请并记载在申请日以后公布的专利申请文件中。一项发明创造在其申请日以前未曾向社会公开过，不构成公众能够得知的现有技术的一部分。

我国新颖性的时间标准是以申请日划定的，凡是在申请日以前（不包括该日）已经有相同的发明创造，由他人完成并公开或者发明人自己公开，如在新闻发布会、科研鉴定会、展览会上披露了该发明创造的实质性内容都会丧失新颖性，不能再申请专利。

新颖性的地域标准按公开的方式可划分下列三种情况：① 出版物公开；②使用公开；③其他方式公开。

（2）创造性。

《专利法》第二十二条第三款规定，是指与现有技术相比，该发明具有突出的实质性特点和显著的进步，该实用新型具有实质性特点和进步。

“突出的实质性特点”是指发明与现有技术相比具有明显的本质区别，对于发明所属技术领域是不能直接从现有技术中得出构成该发明全部必要的技术特征。

“显著的进步”是指从发明的技术效果上看，与现有技术相比具有长足的进步，它表现在发明解决了人们一直渴望解决，但始终未能获得成功的技术难题，或者该发明代表某种新技术趋势。

（3）实用性

《专利法》第二十二条第四款规定，实用性，是指该发明或者实用新型能够制造或者使用，并且能够产生积极效果。

2. 外观设计的授予条件

《专利法》第二十三条规定，“授予专利权的外观设计，应当同申请日以前在国内外出版物上公开发表过或者国内公开使用过的外观设计不相同和不相近似，并不得与他人在先取得的合法权利相冲突。”外观设计专利应具备下列条件：新颖性、独创性、不得与他人在先取得的合法权利相冲突。这些在先权利包括：“商标权、著作权、企业名称权、肖像权、知名商品特有包装或者装潢使用权等。

3. 丧失新颖性的例外

对于专利新颖性的时间标准均是以申请日划分的，但我国《专利法》第二十四条又规定了下列三种例外情况：

（1）在中国政府主办或者承认的国际展览会上首次展出的发明创造，在展出之日起六个月内申请专利的，可认为不丧失新颖性。中国政府主办的国际展览会，包括国务院、各部委主办或国务院批准由其他机关或者地方政府举办的国际展览会。

（2）在规定的学术会议或者技术会议上首次发表的发明创造，在发表后六个月内申请专利的；不丧失新颖性。这里说的学术会议或技术会议是指国务院有关主管部门或者全国性学术团体组织召开的学术会议或者技术会议，不包括省以下或者受国务院各部委或者全国性学会委托或者以其名义组织召开的学术会议或技术会议。

（3）他人未经申请人同意而泄露发明创造内容的，申请人于泄露之日起六个月内申请专利仍可认为不丧失新颖性。他人未经申请人同意对发明创造所作的公开，包括他人未遵守明示的或者默示的保密条约而将发明创造的内容公开，也包括他人用威胁、欺诈或者间谍活动等手段，从发明人或者经其告诉而得知发明创造内容的任何其他人那里得知发明创造的内容而后公开。

对于这些例外情况，我国法律规定了申请的宽限期。但是，如果向国外申请专利，宽限期的优惠保护可能就不存在。

（三）专利申请的审核和批准

1. 专利申请的审批原则

专利申请必须以书面形式提交国务院专利行政部门。

（1）先申请原则。

两个以上的申请人分别就同样发明创造申请专利的，专利权授予最先申请的人。如果是在同一天申请的，申请人应当在收到国务院专利行政部门通知后自行协商确定申请人，协商不成的，该发明即成为社会公有技术。

（2）一发明一申请原则（单一性原则）。

一发明一申请原则是指一件发明或实用新型专利的申请应当限于一项发明或实用新型，一件外观设计专利的申请应当限于一种产品所使用的一项外观设计。

2. 专利申请的审查

（1）发明专利申请的审查。

审查制度：我国发明专利采用“早期公开、延迟审查”制度。国家专利局收到申请文件后经初审合格，在 18 个月时即行公开其申请文件，然后再根据申请人的请求进入实质审查程序。

审查程序：发明专利的审查流程如下：

受理申请、初步审查、公开申请（自申请日 18 个月即行公开）、实质审查（自递交申请 3 年内）、授权公告、无效期、专利权终止。

①受理申请。

国家专利局收到发明专利申请的请求书、说明书（有附图的应包括附图）和权利要求书后，应当发出受理通知书，明确申请日，给予申请号。

②初步审查（形式审查）。

国家专利局收到申请文件后，对申请文件的格式、法律要求、费用缴纳等情况作形式审查。初审合格后，进入公开程序。

③公开申请。

发明专利申请初审合格后，自申请日起满 18 个月，即行在《发明专利公报》上公布。申请人如果希望提前公布，可以填写《提前公开请求书》，要求早日公布其申请，国家专利局在初审合格后，立即公布。

④实质审查。

发明专利申请自申请日起三年内，国家专利局可以根据申请人随时提出的请求，对其申请进行实质审查。

实质审查的主要内容有：

第一，对发明主题的新颖性、创造性、实用性进行审查。

第二，对说明书和权利要求书的审查。说明书应当清楚完整地说明发明的主要技术特征，充分公开使同领域的技术人员能够实施，同时，还要对权利要求给予支持。

如果申请人在三年之内没有提出实质审查请求的，该申请即被视为撤回。但由于不可抗力或其他正当理由没有及时提出实审请求的，可以出具证明，再提出请求。

⑤授权公告。

在经过实质审查后，没有发现驳回理由的，国家专利局即做出授予发明专利权的决定，发给发明专利证书、在《发明专利公报》上予以登记和公告。发明专利权自公告之日起生效。

（2）实用新型和外观设计的审查。

①审查制度。

实用新型和外观设计的内容较发明简单，采用“初审登记”审查。

②审查程序。

实用新型和外观设计的审查流程是：

受理申请→初步审查→授权公告其中每一流程中的工作内容与发明专利审批相同，只是实用新型和外观设计授权公告的文件没有经过实质审查。

3. 专利申请的无效宣告

（1）无效宣告的请求人、提出时间及受理机构。

《专利法》第四十五条规定，自国家专利局公告授予专利权之日起，任何单位或者个人认为该专利权的授予不符合本法有关规定的，可以请求专利复审委员会宣告该专利权无效。专利无效请求的受理机构是专利复审委员会。提出无效请求的法定时间是自国家专利局公告授予专利权之日起任何时间，即使专利权终止后，也可以提出无效宣告请求。

（2）无效宣告请求的理由。

请求宣告专利权无效的理由法律有所限定，只有在下列情况下才可以对专利权提出无效宣告请求：

①不符合专利的实质条件的；

②说明书公开不充分，权利要求书得不到说明书的支持；

③权利要求书没有说明发明创造的技术特征，独立权利要求没有从整体上反映发

明或者实用新型的技术方案，没有记在解决技术问题的必要技术特征；等等。

三、专利权的保护

1. 专利权的保护范围和保护期限

专利权的保护范围，是指专利权法律效力所涉及的发明创造的范围。

发明或者实用新型专利权的保护范围以其权利要求的内容为准，说明书及附图可以用于解释权利要求。权利要求是确定发明或者实用新型专利权保护范围的直接依据，处于主导地位。说明书和附图处于从属地位，一项技术特征如在权利要求中叙述不清的，可以通过说明书和附图加以理解。

外观设计专利权的保护范围以表示在图片或者照片中的该外观设计专利产品为准。确定专利权保护范围的法律文件是权利要求书、说明书、外观设计的照片或图片。根据申请人在递交的外观设计图片或照片上记载的内容、模型、样品确定，并仅仅限制在指定的产品类别上。

多数国家发明专利的保护期都规定为14~20年，实用新型专利和外观设计专利的保护期相对较短。我国现行《专利法》第四十二条规定，发明专利权的期限为二十年，实用新型专利权和外观设计专利权的期限为十年，均自申请日起计算。

2. 专利权的终止

专利权的终止是指因专利权期满或由于某种原因使专利权失效，主要有以下几种情况：

（1）没有按照规定缴纳年费的。

（2）专利权人以书面声明放弃专利权的。

（3）专利权期满，专利权即行终止，专利技术进入公有领域。

3. 专利侵权行为及不视为侵犯专利权的行为

（1）专利侵权及其认定。

专利侵权行为是指未经专利权人许可实施其专利的行为。这里的实施是指制造、使用、许诺销售、销售、进口其专利产品或者使用其专利方法以及使用、销售、许诺销售、进口依该方法直接获得的产品。

侵权行为的构成必须具备下列条件：

①侵害的对象为有效的专利。

②必须有侵害行为的发生。

③侵权行为人是以生产经营为目的实施侵权行为。

④侵权行为人主观上无需有过错。

（2）专利侵权的种类。

依照侵权行为是否由行为人本身的行为所造成，将专利侵权行为划分为直接侵权行为和间接侵权行为。

①直接侵权行为。

一是未经专利权人许可实施其专利的侵权行为；二是假冒专利与冒充专利。

②间接侵权行为。

间接侵权是指鼓励或诱使别人实施侵害专利权的行为。其常见的形态有：

一是未经专利权人许可，以生产经营为目的的制造、出售专门用于专利产品的关键部件或者专门用于实施专利方法的设备或材料；二是未经专利权人授权或委托，擅自许可或者委托他人实施专利。

（3）非生产经营目的利用专利不视为专利侵权。

为科学研究和实验目的，为教育、个人及其他非为生产经营目的使用专利技术的，可以不经专利权人的许可，不视为侵权行为。

4. 专利侵权纠纷的处理

针对不同性质的专利纠纷，有调解、仲裁、行政处理、诉讼等不同的解决方式，双方当事人可以自愿选择。

专利侵权的责任类型有民事责任、行政责任和刑事责任。

民事责任的方式主要有：诉前禁令、停止侵害、赔偿损失、消除影响。赔偿额的计算可以以权利人的实际损失为准；也可以侵权人的非法所得为准；也可以是许可使用费 1 到 3 倍的数额。没有上述标准可参照的，赔偿额在 5 000 元以上 30 万元以下，最多不超过 50 万元。

行政责任主要有：责令改正并公告、没收违法所得、并处违法所得三倍以下罚款，没有违法所得，处 5 万以下罚款。

刑事责任针对假冒专利行为。我国《专利法》第五十八条规定，假冒他人专利，构成犯罪的，依法追究刑事责任。我国《刑法》第 216 条规定，假冒他人专利，情节严重的，处三年以下有期徒刑或者拘役，并处或者单处罚金。

第四节　著作权法

一、著作权与著作权法概述

（一）著作权的概念、种类和特征

著作是指属于文学、科学、艺术或其他学术范围的创作。

著作权（版权）是指文学、艺术、科学或其他学术范围的创作者依照法律规定对其创作的作品所享有的一种民事权利。

著作权包括人身权和财产权两大类。人身权也称精神权利，它是指与作者人身密不可分的权利。主要有以下四项权利：发表权、修改权、署名权和保护作品完整权。财产权也称经济权利，是指作者对于其创作的作品享有使用和获得报酬的权利。主要是以复制、摄制、表演、发行、广播、出租、展览、放映、信息网络传播、改编、注释、翻译、编辑等方式使用作品的权利，还可以许可他人以上述方式使用作品，而获得报酬的权利。

著作权属于知识产权，其保护的对象是智力作品，它与专利权、商标权相比，有

两个独有的特征：

1. 突出对人身权的保护

著作人身权是一种人格权，不得让与或继承，因人身权是专属于著作人本身。著作权中的署名权、修改权，保护作品完整权没有保护期限，永远归作者享有，这些人身权不能随作品进入公有领域而丧失，且不能被继承，其中署名权和保护作品完整权也不能被转让。但著作财产权则可让与。

2. 权利自动产生

著作权基于作品的创作而产生。著作权采用创作主义，即创作完成时即享有著作权，不用去任何部门作著作权登记。而商标权和专利权的取得，必须经过申请和审批，经主管部门授权后才能享有权利。

（二）著作权法的概念和特点

著作权法是调整文学、艺术、科学或其他学术范围因创作作品而产生的各种社会关系的法律规范的总和。2010 年修改实施的《著作权法》是我国著作权保护的一部基本的法律。

我国《著作权法》的特点如下：

1. 权利保护充分

著作权的权利保护分为两大部分：一是人身权利；二是财产权。

2. 权利主体规定合理

《著作权法》第二条规定："中国公民、法人或者其他组织的作品，不论是否发表，依照本法享有著作权"。我国公民、法人或其他组织都可以成为著作权的主体。

3. 保护的作品范围广泛

著作权法对于受保护的作品列举得比较全面。作品的范围是：文字作品，口述作品，音乐、戏剧、曲艺、舞蹈、杂技艺术作品，美术、建筑作品，摄影作品、电影作品和以类似摄制电影的方法创作的作品，工程设计图、产品设计图、地图、示意图等图形作品和模型作品，计算机软件，法律、行政法规规定的其他作品。

二、著作权法律关系

（一）著作权的主体

著作权的主体是创作作品的作者，以及依法享有著作权的公民、法人和其他组织，其依照法律对作品享有著作权。

作者（自然人）以外的著作权人，可以分为六种情况：

（1）著作权属于公民的，公民（作者）死后，按照继承法继承了著作财产权的继承人或者受遗赠人作为著作权人行使权利。

（2）委托作品的著作权人，可以按照合同的规定，不是由受托人（作者），而是由委托人成为著作权人。

（3）电影作品和以类似摄制电影的方法创作的作品的著作权除了署名权外，由该作品的制片人行使。因此，制片人是电影作品和以类似摄制电影的方法创作的作品的著作权人。

（4）法人或者其他组织被视为作者的，法人或者其他组织为作者。

（5）职务作品在法律有特别规定的情况下，作者仅享有署名权、著作权的其他权利由法人或者其他组织享有。

【例 12-6】A 是位医学专家，想出版一本细胞学图谱，但不会作图，即与 B 商量请其作图，B 在 A 的指导下，按 A 的意图绘制了图谱，A 即编排整理成《细胞学图谱》并交付出版，但两人在谁是作者的问题上发生争议，回答下列问题：

（1）该图谱是否为合作作品？为什么？

（2）该图谱的著作权归属如何？为什么？

【解析】

1. 属于合作作品，二人在作品完成中有合作和合意，都对作品的完成做出了实质性的贡献，故属合作作品。

2. 两人以上合作创作的作品，著作权由合作作者共同享有。

（二）著作权的客体

著作权的客体是作品，分为受法律保护的作品和不受法律保护的作品。受保护的作品主要有以下八类：《著作权法》第三条："本法所称的作品，包括以下列形式创作的文学、艺术和自然科学、社会科学、工程技术等作品"。受保护的作品具体类别如下：①文字作品；②口述作品；③音乐、戏剧、曲艺、舞蹈、杂技艺术作品；④美术、建筑作品；⑤摄影作品；⑥电影作品和以类似摄制电影的方法创作的作品；⑦工程设计、产品设计图纸、地图、示意图等图形作品和模型作品；⑧计算机软件；⑨法律、行政法规规定的其他作品。

不保护的作品，主要有三类：① 法律、法规、国家机关的决议、决定、命令和其他具有立法、行政、司法性质的文件，及其官方正式译文；②时事新闻；③历法、通用数表、通用表格和公式。

（三）著作权的内容

著作权的内容是著作权人享有的人身权和财产权，主要有以下 17 项：

①发表权；②署名权；③ 修改权；④保护作品完整权；⑤复制权；⑥发行权；⑦出租权；⑧展览权；⑨表演权；⑩放映权；⑪广播权；⑫信息网络传播权；⑬摄制权；⑭改编权；⑮翻译权；⑯汇编权；⑰应当由著作权人享有的其他权利。

【例 12-7】甲经乙许可，将乙的小说改编成电影剧本，丙获该剧本手稿后，未征得甲和乙的同意，将该电影剧本改编为电视剧本并予以发表，下列对丙的行为的说法哪项是正确的？

A. 侵犯了甲的著作权，但未侵犯乙的著作权

B. 侵犯了乙的著作权，但未侵犯甲的著作权

C. 不构成侵权

D. 同时侵犯了甲的著作权和乙的著作权

【解析】D 甲对乙的小说进行改编，则乙是小说的作者，享有小说这部作品的著作

权，甲经乙同意，将小说改编为剧本，享有改编权，如果丙要将电影剧本进行改编，须经甲、乙同意。

三、著作权的限制

我国《著作权法》规定了下列两种限制：

（一）作品的合理使用（著作权的合理使用）

著作权的合理使用属于著作权的一种限制，它是指自然人、法人或者其他组织为了个人欣赏、评论、新闻报道、教学与学术研究以及公益事业等目的，根据著作权法的规定，可以不经过作者同意而使用其已经发表的作品，不需要向其支付报酬。合理使用的对象是已经发表的作品。合理使用应尊重作者的人身权利，应当指明作者姓名、作品名称，并且不得影响作品的正常使用，也不得不合理损害著作权人的合法利益。

（二）法定许可使用和强制许可

所谓法定许可，是由法律规定使用他人作品时，不需要征得著作权人的同意，但需要向著作权人支付报酬。《著作权法》第三十三条第二款规定，作品刊登后，除著作权人声明不得转载、摘编的外，其他报刊可以转载或者作为文摘、资料刊登，但应当按规定向著作权人支付报酬。如报刊复印资料、报刊文摘等刊登的内容都属于这一类。

强制许可，是指在著作权人无正当理由而拒绝与使用人达成使用作品的协议时，被拒绝人可以向法定部门申请并获得授权使用作品，但是应当尊重著作权人的人身权利，并且支付报酬。这种使用主要是翻译和复制。

四、邻接权

（一）邻接权的概念

邻接权是指作品的表演者对其表演，录音录像制作者对其录制品，广播、电视组织对其播放的广播、电视节目依法所享有的权利。

邻接权作为一种与著作权相关的权益，与著作权的保护是密不可分的，作品是作者表达自己的思想，传播是完成创作目的所不可缺少的手段。著作权的许多权利必须靠传播实现的。在传播中会发生侵权行为，需要法律保护。

（二）邻接权的法律关系

1. 邻接权的主体

邻接权的主体主要是指作品的传播者，即图书、期刊的出版者；音乐、戏剧等表演者；录音、录像的制作者以及电台、电视台。

2. 邻接权的客体

邻接权的客体也称邻接权的对象，是指用以传播的作品，即演绎作品。它是以原作品为前提，根据传播形式的需要加工而成，如戏剧、音乐演奏、诗朗诵、相声等。

3. 邻接权的内容

（1）出版者的权利和义务。

《著作权法》第三十条规定，图书出版者出版图书应当和著作权人订立出版合同，并支付报酬。出版合同是一种著作权许可使用合同。

（2）表演者的权利义务。

根据我国著作权法的规定，表演者主要有如下几项权利：

①表明表演者身份权。即表演者对自己的表演享有的署名权。

②许可他人从现场直播和公开传送其现场表演，并获得报酬。

③许可他人录音录像，并获得报酬。

④许可他人复制、发行录有其表演的录音录像制品，并获得报酬。

⑤许可他人通过信息网络向公众传播其表演，并获得报酬。

上述后四项权利的保护期为50年，截止于该表演发生后第50年的12月31日。

表演者的义务：表演者表演他人的作品，应当征得著作权人的许可并向其支付报酬；由演出组织者组织演出的，由该组织者取得著作权人许可，并支付报酬。

五、著作权的取得和保护

（一）著作权的取得

我国实行的是自动获得原则。著作权自动获得是指作品创作完毕，不需要履行任何手续便自动地无条件地享有著作权。

（二）著作权的保护期限

（1）公民创作的作品，发表权、使用权与获得报酬权的保护期为作者终生及其死亡后五十年；

（2）法人或者非法人单位的作品，其发表权、使用权和获得报酬权的保护期为五十年。如果作品自创作完成之后五十年内未发表的，不再受著作权法保护。

（3）电影、电视、录像和摄影作品的发表权、使用权与获得报酬权的保护期为五十年。如果作品创作完成之后五十年内没有发表，不再受著作权法保护。

本章复习思考题

1. 知识产权的范围有哪些？
2. 知识产权的特征有哪些？
3. 简述我国保护知识产权的执法体系。
4. 商标的种类有哪些？商标权的特征和内容是什么？
6. 申请注册商标的商标应具备哪些条件？
7. 简述专利法律关系的构成要素。
8. 简述专利的注册、取得和保护期限的法律规定。
9. 简述著作权法律关系的构成要素。

10. 简述邻接权与著作权的关系。

本章主要参考的法律法规

1.《中华人民共和国商标法》(1982 年颁布施行，1993 年、2001、2013 年三次修正)

2.《中华人民共和国商标法实施细则》(1983 年 3 月 10 日国务院发布，1988 年、2002、2014 年三次修订)

3.《中华人民共和国专利法》(1984 年 3 月 12 日第六届全国人民代表大会常务委员会第四次会议通过，1992 年、2000 年、2008 年三次修订)

4.《中华人民共和国专利法实施细则》(2001 年 6 月 15 日国务院令第 306 号公布，2002 年、2009 年两次修订)

5.《中华人民共和国著作权法》(1990 年颁布施行，2001、2010 年两次修正)

6.《中华人民共和国著作权法实施条例》(2002 年 8 月 2 日国务院令第 359 号公布，2013 年修订)

参考文献

王迁．知识产权法教程［M］．北京：中国人民大学出版社，2007．

全真模拟试题　扫一扫

全真模拟试题答案　扫一扫